Baustellen der Demokratie

Frank Decker

Baustellen der Demokratie

Von Stuttgart 21 bis zur Corona-Krise

Über den Autor: Frank Decker, geb. 1964, ist Professor für Politische Wissenschaft an der Rheinischen Friedrich-Wilhelms-Universität Bonn und Wissenschaftlicher Leiter der Bonner Akademie für Forschung und Lehre praktischer Politik (BAPP).

Bibliografische Information der Deutschen Nationalbibliothek
Die Deutsche Nationalbibliothek verzeichnet
diese Publikation in der Deutschen Nationalbibliografie;
detaillierte bibliografische Daten sind im Internet
über http://dnb.dnb.de abrufbar.

ISBN 978-3-8012-0627-7

Copyright © 2021 by
Verlag J.H.W. Dietz Nachf. GmbH
Dreizehnmorgenweg 24, 53175 Bonn

Umschlag: Antje Hack | Lichten, Hamburg
Satz: Rohtext, Bonn
Druck und Verarbeitung: Bookpress, Olszytn

Alle Rechte vorbehalten
Printed in Poland 2021

Besuchen Sie uns im Internet: *www.dietz-verlag.de*

Inhalt

Inhalt	5
Vorwort	7
TEIL I: Verfassungs- und Demokratiepolitik	**9**
Möglichkeiten und Grenzen der direkten Demokratie – das Beispiel Stuttgart 21	11
Verbieten oder nicht?	22
Unsicherheiten	25
Besser wählen	29
Direktwahl des Ministerpräsidenten	32
Schluss mit den vielen Wahlterminen?	37
Weniger Wahlen, mehr Demokratie?	41
Blamage mit Ansage	45
Sinkende Wahlbeteiligung	48
Was läuft falsch in der Debatte um »mehr direkte Demokratie«?	58
Bewährungsprobe nicht bestanden	63
Sächsische Schweiz	66
Ein sehr alter Zopf	73
Krise und Zukunft der Demokratie – was verändert sich durch Corona?	76
Der Totalschaden	81
Brennglas Pandemie (mit Fedor Ruhose)	84
Gschaftlhuber mit Gewinnbeteiligungen	88
Bürgerräte – ein Weg aus der Repräsentationskrise?	91
Ist zwei Mal wirklich genug?	97
Herausforderungen der lokalen Demokratie	105
Schafft endlich die Geheimwahl ab!	107
Hohes Haus, ziemlich breit	110
TEIL II: Parteien und Parteiensystem	**115**
Warum der parteiförmige Rechtspopulismus in Deutschland so erfolglos ist	117
Attraktiv für Deutschland?	127
Auf Nummer sicher	132
Merkels Angst vor dem Sieg	139
Große Koalition ohne Alternative?	142
Behagen und Missbehagen	151
Die SPD auf verlorenem Posten?	155

Verspätete Ankunft	158
Über die Große Koalition hinaus	162
In dramatischen Zeiten	167
Österreichische Verhältnisse?	172
Die Lage der SPD im Spiegel der Krise der europäischen Sozialdemokratie	180
Eisern Union	186
Doch die eine Falle bleibt	191
Auf dem Weg in die Kenia-Republik (mit Fedor Ruhose)	196
Kanzlerwahlverein 2.0	203
Renaissance des Sozialliberalismus?	206
Parteienlandschaft in Zeiten von Corona	213
Alles schwarz-grün oder was?	224
Dreikampf um das Kanzleramt – droht der Union der Machtverlust?	227
Das Schwächeln der Ränder	231
Leiernde Wahlkampfschlager	236
Die FDP sitzt in der Falle	239
TEIL III: Europa und die Europäische Union	**245**
Wo der Kern des EU-Demokratiedefizits liegt (mit Florian Grotz)	247
Kandidaten zweiter Klasse	252
»Kriegserklärung« oder »kleine Revolution«?	255
Europäische Wutbürger	260
Die nationalistische Internationale	270
Europawahlen im Zeichen populistischer Herausforderungen	275
Welche Zukunft hat das Spitzenkandidatensystem?	286
Am liebsten abperlen lassen	293
TEIL IV: Politikwissenschaft und politische Bildung	**297**
Demontage eines Denkmals	299
Fach ohne Ausstrahlung (mit Eckhard Jesse)	306
Glossar ausgewählter Begriffe	310
Ambivalenzen des Populismus	314
Zur »Versozialwissenschaftlichung« der Politikwissenschaft	318
Personenregister	325

Vorwort

Das vorliegende Buch ist der »Follow up« des Bandes »Wenn die Populisten kommen«. 2013 bei Springer VS erschienen, enthielt dieser eine Auswahl von Kommentaren und Essays, die zwischen 2000 und 2012 entstanden und in diversen deutschen Tages- und Wochenzeitungen veröffentlicht worden waren. Mein Kollege Eckhard Jesse äußerte am Ende seines Vorwortes den Wunsch, der Autor möge in zehn Jahren einen weiteren solchen Band vorlegen. Dass aus den zehn neun Jahre geworden sind, hängt mit der geballten Fülle der seither eingetretenen Ereignisse und Entwicklungen zusammen. Gleichzeitig erschien es mir ratsam, den Beobachtungszeitraum mit der Corona-Krise enden zu lassen, die für Staat, Politik und Gesellschaft einen tiefen, vielleicht sogar epochalen Einschnitt markiert.

Den roten Faden der Beiträge bilden das Funktionieren der demokratischen Staats- und Gesellschaftsform im allgemeinen und der Zustand der bundesdeutschen Demokratie im Besonderen. Jeweils chronologisch angeordnet, sind die insgesamt 58 Texte in vier Rubriken unterteilt. In der ersten Rubrik werden Fragen der Verfassungspolitik und institutionellen Ordnung behandelt. Ein Dauerbrenner ist hier die bereits im vorangegangenen Band dokumentierte Unfähigkeit des Deutschen Bundestages, das Wahlsystem zu reformieren. Auf der Länderebene sind die Hin- und Herbewegungen bei der Ausgestaltung der direktdemokratischen Verfahren ein ähnlich notorisches Thema. Weitere Beiträge befassen sich mit der wehrhaften Demokratie, der geheimen Wahl der Regierungschefs in den Parlamenten, der Forderung nach einer Amtszeitbegrenzung für Bundeskanzler und der wachsenden sozialen Ungleichheit der Wahlbeteiligung. Das letztgenannte Problem, das in den Jahren 2015 und 2016 öffentlich stark diskutiert wurde, ist seit dem Aufkommen der »Alternative für Deutschland« bezeichnenderweise aus der Debatte weitgehend wieder verschwunden.

Die AfD ist ein Bezugspunkt vieler Beiträge in der zweiten Rubrik, die um das Parteiensystem kreisen. Die von mir noch 2012 identifizierten Gründe für Scheitern des Rechtspopulismus in der Bundesrepublik wurden durch die 2013 gegründete Partei und deren raschen, bis heute anhaltenden Erfolg offenkundig dementiert. Ob meine damalige Analyse dennoch richtig war, davon möge sich jede Leserin / jeder Leser überzeugen. Zu den unter Demokratiegesichtspunkten problematischen Folgen der AfD gehört die Erschwerung der Koalitionsbildung. Kamen Union und SPD 2013 noch mehr oder weniger bereitwillig zusammen, so stand die erzwungene Neuauflage der Großen Koalition 2018 von Anfang an unter keinem guten Stern. Eine europäische Entwicklung, die mit zeitlicher Verzögerung auch die Bundesrepublik erfasst hat, ist der sich beschleunigende Niedergang der Volksparteien. Neben den Sozialdemokraten, die bei der Bundestagswahl 2021 nach Jahren der Tristesse eine unerwartete Renaissance erlebten, betrifft dies inzwischen genauso die Christdemokraten. Wie sich das Parteiensystem in der Post-Merkel-Ära neu sortieren wird, bleibt eine offene Frage.

In der dritten Rubrik wird der Blick auf die EU-Ebene geweitet. Auch hier geht es sowohl um die Entwicklung der Parteiensysteme, die in nahezu sämtlichen Mitgliedsländern durch euroskeptische Parteien am rechten und – zum Teil – linken Rand herausgefordert werden, als auch um institutionelle Probleme des Regierungssystems. Letztere betreffen zum Beispiel den Wahlprozess und das sogenannte »Spitzenkandidatensystem«, das im Umfeld der beiden letzten Europawahlen (2014 und 2019) heftige Diskussionen auslöste. Gegenstand der vierten und letzten Rubrik sind zum einen die Folgen der populistischen Revolte für die politische Bildung, zum anderen setze ich mich mit Problemen des eigenen Faches – der Politikwissenschaft – auseinander, das seine öffentliche Rolle meines Erachtens zu wenig wahrnimmt. Auch hier ist Widerspruch erwünscht und bereits erfolgt.

Bücher wie das vorliegende, die keine Darstellung »aus einem Guss« sind, auch wenn sie wie eine Monografie daherkommen, wecken bei den Lesern leicht falsche Erwartungen. Als »Projekt« gewinnen sie für die Autoren manchmal größere Bedeutung als für die Verlage. Umso herzlicher danke ich Alexander Behrens, dass er meine diesbezüglichen Zweifel ausgeräumt und die Publikation ermöglicht hat.

Bonn, im Oktober 2021

Frank Decker

TEIL I:
VERFASSUNGS- UND DEMOKRATIEPOLITIK

Möglichkeiten und Grenzen der direkten Demokratie – das Beispiel Stuttgart 21

Die Debatte um die Einführung und Ausweitung direktdemokratischer Beteiligungsformen ist in der Bundesrepublik durch eine merkwürdige Ambivalenz gekennzeichnet. Auf der einen Seite führen die unbestreitbaren Legitimationsschwächen der repräsentativ-parlamentarischen Parteiendemokratie dazu, dass sich die Forderungen nach mehr unmittelbaren Mitspracherechten der Bürger mehren. Auf der anderen Seite wachsen die Bedenken, je mehr Erfahrung die Menschen mit den plebiszitären Instrumenten tatsächlich machen und je stärker diese in den politischen Prozess eingreifen. Zwei Ereignisse aus der jüngsten Vergangenheit – der Volksentscheid zu »Stuttgart 21« in Baden-Württemberg und der Volksentscheid zur Schulreform in Hamburg – markieren exemplarisch die Pole der Diskussion. Während Stuttgart 21 zu einem Synonym dafür geworden ist, dass die herkömmlichen Entscheidungsverfahren bei der Planung und Durchsetzung infrastruktureller Großprojekte an prinzipielle Grenzen stoßen, bestätigte die Hamburger Abstimmung scheinbar den Verdacht, wonach plebiszitäre Elemente in der Praxis zu einem Instrument gut situierter und organisierter Minderheiten mutieren können. Beide Verfahren lenken den Blick erneut auf die problematische Ausgestaltung der direkten Demokratie in den deutschen Länderverfassungen und die daraus zu ziehenden Lehren für die Bundesebene.

Stuttgart 21 – ein lokales Ereignis mit nationaler Ausstrahlung

Die nationale Aufmerksamkeit, die der Protest gegen den Umbau des Stuttgarter Hauptbahnhofs nach sich zog, wirkt angesichts des Streitgegenstandes überraschend. Auch wenn Stuttgart 21 von der Deutschen Bahn als Teil eines überregionalen, ja europäischen Verkehrsprojekts konzipiert wurde, handelte es sich doch im Kern um eine lokale Angelegenheit, die in erster Linie die Bürger der baden-württembergischen

Landeshauptstadt betraf. Dass es sich bei deren Protest keineswegs um etwas Neuartiges, Singuläres handelt, zeigt auch ein Blick auf die aktuellen Auseinandersetzungen um die Flughafenaus- und -neubauten in Frankfurt, München und Berlin, wo sich die Bürger gegen vorhandene beziehungsweise zu erwartende Lärmbelästigungen massiv zur Wehr setzen. Auch wenn eine Wechselwirkung der Protestereignisse nicht auszuschließen ist, dürfte es sich bei deren zeitgleichem Auftreten eher um einen Zufall handeln. Stellt man allerdings in Rechnung, dass die von der Bundesregierung eingeleitete Energiewende in den nächsten Jahren erhebliche Eingriffe in die Infrastruktur erforderlich machen wird, lässt sich eine weitere Zunahme solcher Ereignisse in Zukunft leicht voraussagen. Die politischen Akteure sind daher gehalten, den drohenden Widerständen durch eine bessere Vermittlung und Legitimation der Großprojekte vorsorglich entgegenzutreten. Eine nachträgliche Befriedung, wie sie in Stuttgart mit dem Schlichtungsverfahren und der von oben angesetzten Volksabstimmung versucht wurde, kann allenfalls lindernd wirken.

Dass gerade infrastrukturelle Großvorhaben den Protest auf den Plan rufen, liegt in deren spezifischen Natur begründet:

Erstens zeichnen sich solche Vorhaben durch eine stark asymmetrische Kosten-Nutzen-Verteilung aus. Während sich die positiven Effekte relativ gleichmäßig und unmerklich auf breite Bevölkerungsgruppen verschiedener Regionen verteilen, sind nur wenige, zahlenmäßig kleine und lokal konzentrierte Gruppen von den Nachteilen betroffen, die sich dafür aber umso intensiver auswirken und bemerkbar machen.

Zweitens besteht eine Asymmetrie der Betroffenheit auch in zeitlicher Hinsicht. Da Infrastrukturvorhaben überwiegend aus der Exekutive heraus initiiert werden, finden die potenziellen Einwände von Anliegern, Nachbarn und anderen Betroffenen häufig erst in einem späten Stadium des Entscheidungsprozesses Berücksichtigung. Erwacht das Interesse, wenn die sprichwörtlichen Bagger bereits angerollt sind, lassen sich die Vorhaben meistens nicht mehr verhindern oder substanziell verändern.

Drittens kommt hinzu, dass die Politik durch Raumordnung und Planfeststellungen in der Regel nur den Rahmen für die Vorhaben abstecken kann – ob und wie ein Grundstück bebaut wird, entscheidet am Ende der Investor. Verschärft wird das Dilemma durch die vom Staat selbst vorgenommenen Privatisierungen, die viele Bereiche der Infrastruktur der öffentlichen Gestaltungsmacht entzogen haben. Wo die Politik ihre Zuständigkeit abtritt, kann es auch keine Bürgerbeteiligung geben.

Viertens ist die schiere zeitliche Dimension der Großvorhaben zu nennen. Von der ursprünglichen Idee bis zur finalen Realisierung vergehen mitunter Jahrzehnte, in denen sich die Planungsparameter stark verändern können. Letzteres gilt zum Beispiel für die Kosten, die womöglich stetig nach oben korrigiert werden müssen, oder den falsch angesetzten Bedarf. Solche ungeplante Entscheidungsfolgen stellen, auch wenn sie bis zu einem gewissen Grade unvermeidlich sind und zugleich in anderen Politikbereichen auftreten, aus demokratischer Sicht stets ein Problem dar. Sie lassen sich nur durch ein transparentes Entscheidungsverfahren im Zaum halten, das die Betreiber eines Vorhabens zwingt, alle Informationen offen auf den Tisch zu legen.

In Stuttgart verbanden sich mehrere dieser Problemumstände zu einer Melange, die für die Hartnäckigkeit der Proteste ausschlaggebend war. Auf der einen Seite hatte man es mit einem wenig sensiblen Bauherrn namens Deutsche Bahn AG zu tun, der sich gegen die Bedürfnisse öffentlicher Kommunikation lange Zeit sperrte und sein Herrschaftswissen vor dem Publikum verbarg. Auf der anderen Seite gelang es den Entscheidungsträgern aus Bund und Land weder die Finanzierung des Projekts rechtzeitig sicherzustellen, noch konnten sie den Verdacht zerstreuen, die Bahn habe den Kostenrahmen des Projekts von vornherein zu niedrig veranschlagt. Nach ihren Protestmotiven gefragt, nannten die Gegner des Bahnhofsneubaus entsprechend zuerst die hohen Kosten, sodann die Profitinteressen der Banken und Bauunternehmen und als drittes die undemokratische Durchsetzung des Vorhabens. Sachargumente wie die geringere Kapazität des Tiefbahnhofs (im Vergleich zu der von den Kritikern als Alternative vorgeschlagenen Variante eines verbesserten Kopfbahnhofs) spielten dagegen nur eine untergeordnete Rolle.[1]

Noch aufschlussreicher sind die Antworten auf die Frage, welches Ereignis die Demonstranten bewogen hat, sich am Protest gegen Stuttgart 21 zu beteiligen. Hier nannten die meisten Befragten (31 Prozent) die Verweigerung eines Bürgerentscheides über den geplanten Bahnhofsneubau in der Stadt Stuttgart. Dieser war im Jahre 2007 von einer qualifizierten Minderheit der Bürger verlangt, vom Gemeinderat dann aber als rechtlich

---

1 Wissenschaftszentrum Berlin für Sozialforschung, Befragung von Demonstranten gegen Stuttgart 21 am 18. Oktober 2010.

unzulässig abgelehnt worden. Andere Anlässe wie der Abriss des Seitenflügels (August 2010), der offizielle Baubeginn (Februar 2010) oder der Beginn der Montagsdemonstrationen (November 2009) rangierten weit dahinter.

Die Forderung nach mehr direkter Demokratie

In den Umfrageergebnissen schlägt sich zum einen der Wunsch der Bürger nieder, an den Entscheidungsprozessen unmittelbarer beteiligt zu werden, zum anderen die Unzufriedenheit mit dem Ist-Zustand der direkten Demokratie in Deutschland, die in Kommunen und Ländern wenig zu bewirken scheint und auf der Bundesebene ganz fehlt. Der Ruf nach plebiszitären Verfahren entspricht einem allgemeinen Trend, der in ähnlicher Form auch in anderen europäischen Staaten anzutreffen ist. Er stellt eine Reaktion auf die Krise der demokratischen Vermittlungsinstitutionen dar. Bildungsexpansion und gesellschaftliche Individualisierungsprozesse haben nicht nur das Bedürfnis nach mehr und anspruchsvollerer Partizipation geweckt, sondern auch die Erwartungen an die Responsivität der politischen Systeme erhöht. Deren demokratische Substanz erschöpft sich heute immer weniger in Parteien und Wahlen. Die letzteren dienen zwar nach wie vor dazu, die Regierungen zu bestellen, sie »legitimieren aber nicht mehr a priori die später betriebene Politik«, wie es der französische Historiker Pierre Rosanvallon ausgedrückt hat. Die Parteien als Hauptträger des auf Wahlen bezogenen Wettbewerbs büßen damit ihre Vorrangstellung unter den demokratischen Institutionen ein. Die Einführung von zusätzlichen Formen der Abstimmungsdemokratie erscheint vor diesem Hintergrund folgerichtig. Dass dies die Bürger selbst genauso sehen, mag zunächst nicht überraschen. Deren Unzufriedenheit mit den bestehenden repräsentativen Institutionen spiegelt sich in der positiven Bewertung der direktdemokratischen Verfahren wider, denen eine nützliche Korrektivfunktion zugeschrieben wird. So formuliert laut einer aktuellen Befragung[1] eine große Mehrheit (81 Prozent) die Erwartung, dass die Bürger mittels Volksentscheiden selber Themen in die politische Diskussion einbringen könnten. Ähnlich hoch (76 beziehungsweise 70 Prozent) liegt der Anteil derjenigen, die sich von den Abstimmungen eine

---

1 Frank Decker/Marcel Lewandowsky/Marcel Solar, Demokratie ohne Wähler. Neue Herausforderungen der politischen Partizipation, Bonn 2013, S. 55 ff.

Zunahme des politischen Interesses und der Zufriedenheit versprechen. Und 66 Prozent stimmen der Ansicht zu, dass durch Volksentscheide die Politiker besser kontrolliert werden könnten.

Die Wertschätzung der direkten Demokratie wird noch deutlicher, wenn man sie mit anderen Partizipationsformen vergleicht. Auf die Frage, wie sie gegen ein Gesetz oder einen Beschluss vorgehen würden, mit dem sie nicht einverstanden seien, antworten die meisten Bürger (83 Prozent), dass sie ein Volksbegehren unterstützen würden. 74 Prozent wollten bei der nächsten Wahl eine andere Partei wählen und jeweils 71 Prozent konnten sich vorstellen, in einer Bürgerinitiative mitzuarbeiten oder seinen beziehungsweise ihren Abgeordneten anzusprechen. Nur eine Minderheit (47 Prozent) wollte vor Gericht ziehen oder an einer Demonstration teilnehmen (49 Prozent).

Der positiven Grundhaltung korrespondiert eine kritische Bewertung der vorhandenen direktdemokratischen Einrichtungen. Nach den Gründen befragt, warum in der Regel nur ein kleiner Teil der Bürger an den Abstimmungen teilnehme, antworten die meisten (82 Prozent), dass die Bürger über diese Beteiligungsformen zu wenig wüssten. 59 Prozent sehen sogar eine grundsätzliche Überforderung; sie halten die Bürger für nicht gut genug informiert, um selber politische Entscheidungen zu treffen. Eine große Mehrheit (77 Prozent) stimmt der Ansicht zu, dass die Bürger über die wichtigsten Fragen gar nicht abstimmen dürften, und fast genauso vielen (69 Prozent) fehlt das Vertrauen, dass sich die Politiker an die Ergebnisse der Volksabstimmungen halten. Zu hohe Hürden nennen dagegen nur 54 Prozent der Befragten als Grund.

Bei der Frage nach den Themen, über die sie gerne abstimmen würden, werden gerade die Bereiche am häufigsten aufgeführt, die der direkten Demokratie heute nahezu vollständig entzogen sind: Sozialleistungen, Steuern, Abgeordnetendiäten und Haushalt. Auffällig ist die vergleichsweise geringe Priorität der Infrastrukturpolitik. Zwar hält auch hier eine deutliche Mehrheit Volksabstimmungen für wichtig (40 Prozent), sehr wichtig (28 Prozent) oder sogar außerordentlich wichtig (8 Prozent). Der Bereich rangiert aber unter den gewünschten Abstimmungsgegenständen an vorletzter Stelle; nur die Zuständigkeiten der EU werden als noch weniger wichtig eingestuft.

Lehren aus Stuttgart 21 für die Weiterentwicklung der direkten Demokratie

Bei Stuttgart 21 konnten die in Ländern und Kommunen bestehenden Verfahren der Direktdemokratie nicht nur nichts ausrichten; sie haben sogar dazu beigetragen, das Legitimationsproblem, das aus der fehlenden Akzeptanz eines über die Köpfe der Betroffenen hinweg durchgesetzten Großprojekts entstanden ist, zu verschärfen. Insofern lohnt es sich, die Besonderheiten des Falles genauer zu betrachten und zu fragen, welche Lehren daraus für die Einführung beziehungsweise Erweiterung der plebiszitären Instrumente zu ziehen sind.

1. Der Widerstand wurde auf die Bahn des außerparlamentarischen Protests gedrängt, nachdem ein von den Stuttgartern angestrengtes Bürgerbegehren gegen den Bahnhofsneubau 2007 aus rechtlichen Gründen nicht zustande gekommen war. In der Begründung der Nicht-Zulassung stellte der Gemeinderat zum einen auf die Fristverletzung ab, da der Grundsatzbeschluss über Stuttgart 21 in einer Rahmenvereinbarung schon 1995 getroffen worden sei. Zum anderen habe das Begehren die finanziellen Folgekosten verschwiegen, die bei einem Ausstieg auf die Stadt zugekommen wären.

Bei der Abstimmung am 27. November 2011, die eine Mehrheit für Stuttgart 21 ergab, handelte es sich um keinen Volksentscheid im Rahmen eines Volksgesetzgebungsverfahrens, sondern um eine von der Regierung herbeigeführte Abstimmung (gemäß Art. 60 Abs. 3 der Landesverfassung). Die Landesregierung kann danach eine von ihr eingebrachte Gesetzesvorlage vor das Volk bringen, wenn das Gesetz im Landtag keine Mehrheit findet und ein Drittel des Landtags eine solche Abstimmung beantragt. Die politische Voraussetzung für eine Anwendung des Artikels war gegeben, weil die nach der Landtagswahl im März 2011 ins Amt gekommene neue Regierung aus Grünen und SPD in der Frage des Bahnhofsneubaus uneins war und es im Landtag für einen Ausstieg des Landes aus dem Projekt keine Mehrheit gab.

Außer Baden-Württemberg sehen nur drei weitere Bundesländer (Bremen, Nordrhein-Westfalen und Rheinland-Pfalz) ein solches, »von oben« anzuberaumendes Referendum vor. Der Vorteil dieses Verfahrens gegenüber der Initiative liegt darin, dass es einen größeren Anwendungsbereich umfasst. Weil sich die Volksabstimmung unmittelbar auf einen Beschluss des Landtags bezieht, kann auch über Gegenstände abgestimmt werden, die im Rahmen eines Volksgesetzgebungsverfahren dem plebiszitären Zugriff entzogen wären. Dies gilt vor allem für finanzwirksame Vorlagen. Das Referendum mag zwar aus demokratischer Sicht wenig ambitioniert sein und den bestehenden repräsentativen Verfahren nur einen bescheidenen Mehrwert hinzufügen; im Unterschied zur Volksgesetzgebung verspricht es aber nicht mehr, als es halten kann.

2. Infrastrukturprojekte wie Stuttgart 21 basieren in der Regel auf einem komplizierten Entscheidungsgeflecht – und zwar sowohl in horizontaler wie zeitlicher Hinsicht. Auf der horizontalen Ebene sind häufig mehrere staatliche Ebenen involviert. Die enge Verflechtung von Bundes- und Länderzuständigkeiten, die ein Kennzeichen des deutschen Verbundföderalismus ist, hat zur Folge, dass die Entscheidungsprozesse dabei von den Exekutiven dominiert werden. Plebiszitäre Verfahren lassen sich in ein solches Verhandlungssystem nur schwer integrieren, das sich auch der Kontrolle durch die Parlamente weithin entzieht. Verschärft wird das Problem, wenn über die staatlichen Stellen hinaus private Akteure in das Geflecht einbezogen sind, was bei Infrastrukturprojekten den Normalfall darstellt. Gehen beide Seiten vertragliche Verpflichtungen ein, lassen sich diese nicht ohne Weiteres aufkündigen. So wäre es selbst bei einem Volksbeschluss für den Ausstieg keineswegs sicher gewesen, ob das Land Baden-Württemberg seine finanzielle Beteiligung an Stuttgart 21 hätte rückgängig machen können.

Dasselbe gilt in zeitlicher Hinsicht. Die von der grün-roten Landesregierung herbeigeführte Abstimmung fand zu einem Zeitpunkt statt, als das Bahnhofsprojekt alle Planungs- und Beschlussphasen durchlaufen hatte und sich bereits mitten in der Ausführung befand. Um das zur Befriedung der Situation durchgeführte Schlichtungsverfahren und die spätere Volksabstimmung nicht zu einer Farce zu machen, musste deshalb zunächst eine Unterbrechung der Bauarbeiten vereinbart werden. Ob das Projekt selber auch bei einem Ausstiegsbeschluss noch hätte aufgehalten werden können, ist fraglich. Die Crux der Bürgerbeteiligung liegt also darin, dass sie rechtzeitig erfolgt. Doch was heißt das genau?

Die staatlichen und privaten Betreiber eines Infrastrukturprojekts mögen darauf aus sein, durch verborgene Entscheidungen oder sogar bewusste Täuschungen Fakten zu schaffen, die später nur noch schwer revidierbar sind. Auf der anderen Seite kann eine Beteiligung aber auch zu früh erfolgen. Ändern sich die Verhältnisse, treten neue Erkenntnisse auf oder werden die vorhandenen Erkenntnisse anders bewertet, muss eine Korrektur der Entscheidungen möglich sein. Protest regt sich ohnehin meistens erst, wenn es konkret wird. Für die Beteiligung gibt es insofern nicht den einen richtigen Zeitpunkt und auch nicht die eine richtige Form.

3. Bei Infrastrukturprojekten wie Stuttgart 21 stößt das Mehrheitsprinzip als Abstimmungsregel an Grenzen. Der Grund liegt im sogenannten »Intensitätsproblem«. Weil die einzelnen aufgrund ihrer unterschiedlichen materiellen oder ideellen Betroffenheit unterschiedlich starke Präferenzen in den zur Abstimmung stehenden Sachfragen entwickeln, ergeben sich normativ zwei Probleme: Wer soll berechtigt sein, an der Abstimmung teilzunehmen? Und wie soll man die Präferenzen bei der Entscheidung gewichten? Rechtlich stehen die Antworten fest: Abstimmen darf, wer über das Wahlrecht verfügt und der Gebietskörperschaft angehört, in deren Zuständigkeit die Frage fällt. Und die Präferenzen wiegen, wenn sie in Stimmen ausgedrückt werden, alle gleich.

Unter Legitimationsgesichtspunkten bleibt das mögliche Auseinanderfallen von rechtlicher Zuständigkeit und faktischer Betroffenheit allerdings heikel. Wenn eine nur mäßig interessierte Mehrheit die Interessen einer stark interessierten Minderheit überspielt oder der Minderheit das Recht versagt bleibt, an der Abstimmung teilzunehmen, ist Widerstand vorprogrammiert. Letzteres lässt sich beispielsweise am bevorstehenden Bürgerentscheid über die Erweiterung des Münchener Flughafens illustrieren. Abstimmen dürften hier nur die Bürger der Stadt München, die als Anteilseigner den Bau der dritten Startbahn befürworten muss (und somit auch verhindern könnte), nicht dagegen die Bewohner der vom Fluglärm hauptsächlich betroffenen Anliegergemeinden. Diese würden ein Votum für den Ausbau deshalb wohl kaum akzeptieren.

4. In der vom Landtag angesetzten Volksabstimmung sprachen sich die Baden-Württemberger am 27. November 2011 mit deutlicher Mehrheit (58,9 gegen 41,1 Prozent) für den Neubau des Stuttgarter Bahnhofs aus. Selbst in der Stadt Stuttgart waren die Gegner des Projekts den Befürwortern unterlegen (52,9 gegen 47,1 Prozent). Nur in den Universitätsstädten und Grünen-Hochburgen Freiburg, Heidelberg, Mannheim und Karlsruhe überwogen die Stimmen für den Ausstieg. Weniger als das Ergebnis überraschte die mit 48,3 Prozent außergewöhnlich hohe

Abstimmungsbeteiligung. (In Stuttgart betrug sie sogar 67,8 Prozent.) Unter den 18 Volksentscheiden, die in den Ländern von 1946 bis 2011 im Rahmen eines Volksgesetzgebungsverfahrens abgehalten wurden, verzeichnen nur diejenigen eine höheren Wert, die zeitgleich mit Bundestags-, Landtags- oder Europawahlen stattfanden.

Die starke Beteiligung war nicht erwartet worden, weil die Landesverfassung (Art. 60 Abs. 5 Satz 2) in Baden-Württemberg ein Zustimmungsquorum von einem Drittel vorsieht. Das Quorum soll verhindern, dass sich kleine Minderheiten auf Kosten der »schweigenden« Mehrheit durchsetzen. Die Legitimität des Abstimmungsergebnisses wird durch eine Mindestbeteiligung oder -zustimmung aber nicht zwangsläufig erhöht. Weil sie es für die Gegner einer Vorlage rationaler erscheinen lassen könnte, der Abstimmung fernzubleiben, gibt deren Ergebnis die tatsächlichen Präferenzen der Stimmberechtigten nämlich nur verzerrt wider – stimmt die Mehrheit zu, ohne dass das Quorum erreicht wird, spricht man vom »unechten« Scheitern. Die beim Volksentscheid unterlegene Seite könnte dies zum Anlass nehmen, das Ergebnis der Abstimmung nachträglich zu delegitimieren. Dass es dazu in Baden-Württemberg nicht gekommen ist, lag an der unerwartet hohen Mobilisierung der dieses Mal gerade nicht schweigenden Mehrheit, die offenbar genau das durchkreuzen wollte. Damit gab sie auch ihrem Wunsch Ausdruck, die lang anhaltende, zwischen Gegnern und Befürwortern leidenschaftlich geführte Auseinandersetzung endlich zu beenden. Dass das Ergebnis den Präferenzen der Wähler ziemlich nahe gekommen sein dürfte, belegen die regelmäßig durchgeführten Umfragen zu Stuttgart 21, die nur auf dem Höhepunkt der Proteste (im September und Oktober 2010) für kurze Zeit eine Mehrheit im Land gegen das Projekt auswiesen.[1]

Schlussbemerkung

Die heftigen Proteste gegen Stuttgart 21 lassen sich nicht nur auf sachbezogene Einwände oder die Partikularinteressen der von den Um- und Neubaumaßnahmen unmittelbar tangierten Anwohner zurückzuführen, die bei solchen Vorhaben gang und gäbe sind. Der Widerstand gründete vielmehr auf der Art und Weise wie das Infrastrukturprojekt von den

---

1 Infratest dimap, Baden WürttembergTREND: August 2011, Einstellung zu Stuttgart 21 im Zeitverlauf.

politischen und wirtschaftlichen Interessenten über die Köpfe der Bürger hinweg durchgesetzt wurde. Gleichwohl greift es zu kurz, in der Eskalation der Proteste vor allem ein Problem der mangelnden kommunikativen Vermittlung zu sehen. Dass sich eine verfehlte Politik durch Kommunikation nicht heilen lässt, mag im Stuttgarter Fall das geringere Problem darstellen, denn für das Vorhaben gab es zweifellos gute Argumente (auch in städtebaulicher und ökologischer Hinsicht). Die eigentliche Frage lautet, ob die Betreiber des Projekts an einer solchen »Legitimation durch Kommunikation« überhaupt interessiert waren. Eine offene Diskussion, die den Kritikern von Beginn an eine Plattform geboten hätte, wäre ihnen womöglich als das größere Risiko erschienen.

Die Akzeptanz von Großprojekten ist insofern nicht allein eine Frage der »Politik von oben«. Sie bedarf auch geeigneter Anreizstrukturen, um den angestrebten Interessenausgleich zwischen Projektbetreibern und betroffenen Bevölkerungsgruppen zu ermöglichen. Direktdemokratische Instrumente können dabei eine wichtige Funktion einnehmen. Ob sie den erhofften Nutzen erbringen, hängt allerdings maßgeblich davon ab, wie sie ausgestaltet sind. Die in der Bundesrepublik auf der kommunalen und Länderebene vorherrschenden Verfahren, bei denen die Initiativen »von unten« ausgehen, haben den Nachteil, dass sie gerade in den besonders legitimationsrelevanten Bereichen der Infrastrukturpolitik häufig nicht greifen. Auf der anderen Seite verfügen Regierung und Parlament nur in Ausnahmefällen über die Möglichkeit, von sich aus eine Frage vor das Volk zu bringen. Auch obligatorische Referenden sind beim Verfassungsgeber hierzulande weitgehend verpönt.

Der frühere Bundesminister und CDU-Generalsekretär Heiner Geißler hat zum Abschluss des von ihm moderierten Schlichtungsverfahrens zu Stuttgart 21 empfohlen, bei der Planung und Durchsetzung von großen Infrastrukturprojekten künftig ähnlich vorzugehen wie in der Schweiz.

»1. Phase: Formulierung des Ziels, z. B. Basistunnel durch den Gotthard, dann Abstimmung.

2. Phase: Entwicklung der Pläne, mögliche Alternativen, dann Abstimmung.

3. Phase: Realisierung mit begleitender Begründung und Information.«[1]

Die Empfehlung zur dritten Phase dürfte sich von selbst verstehen. Mit einem Parlaments- oder Volksbeschluss ist die Demokratie noch nicht am

---

1 Schlichtung Stuttgart 21 PLUS, 30. November 2010.

Ende. Dies gilt vor allem, wenn bis zur Realisierung eines Vorhabens lange Zeiträume vergehen. Strittiger ist die Empfehlung zur zweiten Phase. In Bezug auf das »Intensitätsproblem« stellt sich die Frage, ob Abstimmungen die Interessen der stark betroffenen Minderheiten ausreichend berücksichtigen würden; alternative Verfahren wie Mediation oder Planungszellen kämen hier vielleicht zu besseren Ergebnissen. In der ersten Phase geht es um die demokratische Gretchenfrage schlechthin: Sind direktdemokratische Verfahren der Infrastrukturpolitik überhaupt zuträglich? Die deutsche Skepsis erscheint hier vor dem Hintergrund der positiven Schweizer Erfahrungen übertrieben. Wenn die Bürger über Schulreformen oder Nichtrauchergesetze beschließen, warum sollten sie dann nicht ebenso über Verkehrsprojekte oder die Energieerzeugung abstimmen können? Die Schwächen des vorhandenen repräsentativen Systems machen absehbar, dass wir in Zukunft mehr direkte Demokratie bekommen werden. In welcher Form und mit welchen Ergebnissen, bleibt eine offene Frage.

Stephan Braun / Alexander Geisler (Hg.), Die verstimmte Demokratie. Moderne Volksherrschaft zwischen Aufbruch und Resignation, Wiesbaden 2012, S. 209–218.

Verbieten oder nicht?

Es war leicht vorauszusehen, dass es nach der Aufdeckung der NSU-Mordserie Ende 2011 zu einer neuen Debatte um ein Verbot der rechtsextremen NPD kommen würde. Inzwischen haben die Bundesländer Tatsachen geschaffen und die Klage gemeinsam auf den Weg gebracht. Anders als beim ersten Verfahren 2001 möchte die Bundesregierung dieses Mal nicht beitreten. Dass ausgerechnet der zuständige Bundesinnenminister die Erfolgsaussichten der Klage skeptisch beurteilt, macht die Zerrissenheit der politischen Akteure in der Frage deutlich. Dasselbe gilt für die Wissenschaft, die seit mehr als einem Jahrzehnt über das Pro und Kontra des NPD-Verbots streitet. Wenn es nicht zynisch wäre, könnte man den größten Nutzen des Verfahrens darin sehen, dass die Debatte damit endlich vom Tisch kommt.

Nicht vom Tisch sind allerdings die zu Recht geäußerten Zweifel an der Sinnhaftigkeit des Verbots. Sie beziehen sich zum einen auf die rechtlichen Hürden, die ein Scheitern der Klage keineswegs ausgeschlossen erscheinen lassen – sei es vor dem deutschen Verfassungsgericht oder, worin Kritiker inzwischen das größere Risiko sehen, vor dem Europäischen Gerichtshof für Menschenrechte. Zum anderen ist nicht sicher, ob ein Verschwinden der NPD tatsächlich zu einer Schwächung des Rechtsextremismus führt. Ein Verfahren, das sich über mehrere Jahre erstreckt, böte der NPD nicht nur eine öffentliche Bühne, die sie zur Selbstdarstellung propagandistisch nutzen könnte. Es hätte auch eine Reorganisation des rechtsextremen Lagers zur Folge, dessen Gesinnungs- und Wählerpotenzial dann in andere Kanäle gelenkt würde – seien es Untergrundorganisationen, Parteien, Subkulturen oder schiere Gewaltakte. Schon nach wenigen Jahren käme es wahrscheinlich zu einer Neugründung. Als reine Symbolhandlung bringt ein Parteienverbot folglich nichts. Es könnte sogar schädlich sein, wenn es nur dazu dienen soll, von den tiefer liegenden Ursachen des Rechtsextremismus abzulenken, deren Bekämpfung komplexere Strategien und einen längeren Atem erfordert. Oder wenn es den Eindruck erweckt, man sei den Verfassungsfeinden in der streitbaren Demokratie anders nicht gewachsen.

Die Zweifel werden durch die Erfahrungen der letzten zwanzig Jahre bestätigt. Das Verbot von nicht weniger als dreißig rechtextremen Vereinigungen durch die Innenbehörden hat zum Erstarken sowohl der NPD als auch der militanten Kameradschaftsszene beigetragen. Die NPD ist auf die Unterstützung der Kameradschaften, in deren Reihen die offen gewaltbereiten Autonomen Nationalisten (AN) eine immer wichtigere Rolle spielen, heute stärker angewiesen als die Kameradschaften umgekehrt auf die Unterstützung der NPD. Immer mehr radikale Neonazis wenden sich von der Partei ab, weil sie diese für zu »weich« halten. Deshalb wäre es trotz der bestehenden Querverbindungen naiv zu glauben, ein Verbot der NPD könnte zu einer organisatorischen Austrocknung der Kameradschaften führen.

Der streitbaren Demokratie der Bundesrepublik mangelt es nicht an Möglichkeiten, gegen den Extremismus repressiv vorzugehen. Dies geht soweit, dass sich die Instrumente mitunter sogar in die Quere kommen. Das erste NPD-Verbotsverfahren musste 2003 eingestellt werden, weil der Verfassungsschutz zur Überwachung der Partei V-Leute in deren Führungsgremien eingeschleust hatte. Gegen diese Praxis erheben sich auch prinzipielle rechtsstaatliche Bedenken, weil sie den Staat zum »Mittäter« macht. Auf der anderen Seite haben der Verfassungsschutz und die anderen Sicherheitsbehörden die von der Neonaziszene ausgehenden Gefährdungen systematisch unterschätzt. Von den Autonomen Nationalisten nahmen sie kaum Notiz und bei den NSU-Morden ermittelten sie jahrelang in die falsche Richtung. Das Versagen war so eklatant, dass in der Öffentlichkeit sogar der Verdacht aufkam, die Geheimdienstler steckten mit den Rechtsextremisten unter einer Decke. Erst mit dem Auffliegen der Zwickauer Terrorzelle hat sich der Fahndungsdruck auf die militanten Neonazis sichtbar erhöht.

Auch unabhängig von der Gewaltfrage geht von der NPD für den demokratischen Verfassungsstaat keine echte Gefahr aus. Nimmt man ihre Wahlergebnisse zum Maßstab, würde ein Verbot bedeuten, mit »Kanonen auf Spatzen« zu schießen. Von den 4,3 Prozent, die sie 1969 erreicht hatte, ist die NPD bei den zurückliegenden Bundestagswahlen weit entfernt geblieben. Fest etablieren konnte sie sich nur in Teilen Ostdeutschlands, vor allem in Sachsen und Vorpommern, wo die Partei in bestimmten Gegenden tief in die Kapillaren der »bürgerlichen« Gesellschaft eingedrungen ist und stabile Wahlergebnisse von über 20 Prozent verbucht.

Solche Strukturen lassen sich nicht durch Verbote aufbrechen, sondern – wenn überhaupt – nur mit politischen und gesellschaftlichen Mitteln. Politisch muss man die »Argumentation« der Rechtsextremisten bloßstellen, ohne diesen allzu viel Beachtung zu schenken. Zumindest was die parlamentarische Auseinandersetzung angeht, haben die demokratischen Parteien das in den letzten Jahren meistens gut hingekriegt. Dasselbe gilt für die Medien, die über das Phänomen heute relativ unaufgeregt berichten. Schwieriger ist die Auseinandersetzung auf der gesellschaftlichen Ebene. Sie bedeutet einerseits, nicht wegzuschauen, sondern den rechtsextremen Provokationen bewusst entgegenzutreten. Andererseits müssen die Tendenzen der sozialen Desintegration, die gerade junge Menschen für rechtsextreme Ideologieangebote empfänglich machen, durch eine neue Politik des Zusammenhalts korrigiert werden. Dazu bedarf es entsprechender Investitionen in das Erziehungs- und Bildungswesen.

Nichts wäre verheerender, als den intermediären Bereich zwischen den Einzelnen beziehungsweise Familien und dem Staat einfach den Rechtsextremen zu überlassen, wie es mancherorts im Bereich der Jugendszene bereits traurige Realität ist. Statt alibimäßig Sonderprogramme aufzulegen, die in ihrer bloßen Symbolwirkung dem Verlangen nach härterer Repression nicht nachstehen, muss die Politik hier gründlicher ansetzen und mehr Ressourcen mobilisieren, damit das rechtsextreme Unterstützermilieu für die Gesellschaft nicht dauerhaft verloren bleibt.

Letzteres bedeutet auch, dass es bei der gesellschaftlichen Bekämpfung des Rechtsextremismus nicht um Ausgrenzung geht. Die politische Bekämpfung der »Anbieter« der rechtsextremen Ideologie und das werbende Zugehen auf ihre gesellschaftlichen »Nachfrager« sind Seiten derselben Medaille. So wie die Politiker lernen müssen, die Auseinandersetzung mit den rechtsextremen Rattenfängern offensiv zu führen, so müssen sie zugleich versuchen, sich in die Lebenswelt der Unterprivilegierten hineinzuversetzen, deren Ängste ernst zu nehmen und sie für demokratische und zivile Werte empfänglich zu machen. Nur so – und nicht durch Verbieten oder Wegdiskutieren – kann verhindert werden, dass sich das rechtsextreme Virus an der gesellschaftlichen Basis weiter ausbreitet.

Das Parlament Nr. 15/16 vom 8. April 2013, S. 12.

Unsicherheiten

Jenseits des Wahlausgangs und der Frage, welche Parteien die neue Bundesregierung bilden werden, hält der 22. September durch die kürzlich in Kraft getretene Änderung des Wahlrechts ein weiteres, eigentümliches Spannungsmoment bereit, nämlich die Größe des Deutschen Bundestages. Je nachdem, wie viele Überhang- und Ausgleichsmandate anfallen, könnten diesem deutlich mehr als die 598 Abgeordneten angehören, die das Gesetz vorschreibt. Die Parteien, die – mit Ausnahme der Linken – das neue Wahlrecht einvernehmlich beschlossen haben, blicken deshalb mit Sorge auf den Termin. Denn je stärker das Parlament »aufgebläht« wird, umso schwerer dürfte es ihnen fallen, den im Februar gefundenen Kompromiss vor der Öffentlichkeit zu verteidigen. Damit könnten Forderungen laut werden, das Wahlgesetz in der nächsten Legislaturperiode erneut zu ändern und zwar so, dass eine dauerhaft oder zumindest längerfristig tragfähige Lösung zustande kommt.

Dass es kein »perfektes« Wahlrecht gibt, ist eine Banalität. Schließlich verfolgen Wahlsysteme unterschiedliche Ziele, die nicht alle gleichzeitig erreichbar sind. Für die Bundesrepublik lassen sich jeweils drei Haupt- und drei Nebenziele (beziehungsweise Nebenbedingungen) unterscheiden. Hauptziele sind erstens die proportionale Repräsentation (Erfolgswertgleichheit der Stimmen), zweitens die Möglichkeit, mit oder neben der Wahl einer Partei zugleich eine Personenwahl zu treffen (Personalisierung), und drittens die Gewährleistung der Regierungs- beziehungsweise Koalitionsbildung durch Vermeidung einer übermäßigen Zersplitterung des Parlaments (Sperrklausel). Zu den Nebenzielen beziehungsweise -bedingungen gehören erstens die Wahrung des Regionalproporzes im Rahmen der territorialen Repräsentation, zweitens die Verständlichkeit des Wahlsystems und drittens die Gewährleistung der Arbeitsfähigkeit des Parlaments.

Die Vereinbarung dieser verschiedenen Ziele bereitete lange Zeit kein Problem. Einerseits sorgte die stabile Entwicklung des Parteiensystems für ebenso stabile Regierungen, indem sie die Koalitionsbildung erleichterte. Andererseits wurde das Prinzip der Erfolgswertgleichheit nicht über Gebühr verletzt, weil der Fünfprozenthürde nur relativ wenige Stimmen zum Opfer fielen und die Zahl der Überhangmandate überschaubar blieb. Erst mit der Pluralisierung der Parteienlandschaft sollten die Schwächen des Wahlrechts zum Vorschein kommen. Die Verfassungsgerichte in Bund und Ländern nahmen dies unter anderem zum Anlass, die Sperrklauseln auf der kommunalen Ebene und – später – bei den Wahlen zum Europäischen Parlament zu kippen. Gleichzeitig gerieten die vermehrt auftretenden Überhangmandate unter Rechtfertigungszwang. Die Frage, wie diese im Zieldreieck von gleicher Repräsentation, Personalisierung und Mehrheitsbildung zu bewerten seien, wurde seit Mitte der 1990er Jahre zu einem Dauerthema der verfassungspolitischen und -rechtlichen Diskussion, die erst mit dem Urteil des Bundesverfassungsgerichts vom 25. Juli 2012 ein (vorläufiges?) Ende fand und die Einigung der Parteien auf die jetzt gültige Regelung ermöglichte.

Der argumentative Umgang des Gerichts mit den Überhangmandaten ist kurios. In Kontinuität zur früheren Rechtsprechung erklärt es diese auch im jüngsten Urteil nicht per se für verfassungswidrig, sondern erst, wenn sie in größerem Umfang anfallen. Dieser Umfang wird jetzt mit 15 Mandaten genau festgelegt. Dass eine solche Grenzziehung nicht nur willkürlich, sondern auch logisch unstimmig ist, liegt auf der Hand: 30 Überhangmandate, die sich gleichmäßig auf die beiden großen Parteien verteilen, verletzen den Gleichheitsgrundsatz weniger als 15 Mandate, die nur einer Seite zugute kommen! Das Gericht nahm die Unstimmigkeit in Kauf, um innerhalb des Senats einen Kompromiss zwischen den überhangfreundlichen und -skeptischen Kräften herbeizuführen. Indem es eine Konstellation wie beim berühmten Verfahren von 1997 vermied, als nur vier Richter das überhangfreundliche Urteil mitgetragen hatten, wollte es bewusst ein Zeichen setzen und die Parteien im Bundestag animieren, sich um einen Kompromiss zu bemühen.

Dieses Kalkül ist aufgegangen. Bewegt hat sich dabei in erster Linie die Union. Nach dem 2008 ergangenen Urteil zum negativen Stimmgewicht hatte die schwarz-gelbe Regierung ihre Mehrheit genutzt, um gegen den Willen der Opposition eine Wahlrechtsänderung durchzusetzen, die die Überhangmandate im Kern nicht antastete. Als das handwerklich schlecht gemachte Gesetz in Karlsruhe erneut durchfiel, kam ein solches Vorgehen nicht mehr in Betracht. Die Union schwenkte auf die Linie von Sozialdemokraten und Grünen ein, die eine vollständige Neutralisierung der Überhangmandate anstrebten. Dafür gab und gibt es im Prinzip zwei

Möglichkeiten: Entweder man verrechnet die Überhänge mit Listenmandaten derselben Partei in anderen Bundesländern oder man gleicht sie durch zusätzliche Mandate für die anderen Parteien aus.

Für die Verrechnungslösung optierten (neben der Linken) vor allem die Grünen, die von den Überhangmandaten ohnehin keinen Vorteil haben. Die beiden großen Parteien als deren potenzielle Nutznießer taten sich mit dem Vorschlag hingegen schwer, der auf eine Verschärfung der durch die Überhangmandate entstehenden föderalen Ungleichgewichte hinausgelaufen wäre: Die Landesverbände in Bundesland x hätten dann für Überhänge derselben Partei in Bundesland y »bluten« müssen. Die stattdessen gefundene Ausgleichslösung sieht vor, die Gesamtzahl der Sitze des Bundestages soweit zu erhöhen, dass bei der bundesweiten Oberverteilung der Mandate an die Parteien und der Unterverteilung auf die Landeslisten alle Wahlkreismandate auf die Zweitstimmenmandate der Parteien angerechnet werden können. Das Stimmenverhältnis, das sich aufgrund der Zweitstimmen ergibt, wird dadurch wiederhergestellt. Um eine Inflationierung der Zusatzmandate zu vermeiden, ist allerdings nur ein parteipolitischer, kein föderaler Ausgleich geplant.

Kritiker stoßen sich an der erwarteten Aufblähung des Bundestages durch die zusätzlichen Mandate. Drei »Risikofaktoren« für eine übermäßige Vergrößerung lassen sich ausmachen. Der erste Faktor betrifft die Überhangmandate. Je mehr Überhänge zugunsten einer der beiden großen Parteien anfallen, desto mehr Ausgleichsmandate sind erforderlich. Der zweite Faktor betrifft speziell die Überhangmandate der CSU. Weil sich die Zahl der Ausgleichsmandate aus dem bundesweiten Überhang ergibt, werden aufgrund des geringen bundesweiten Zweitstimmenanteils der CSU für deren Überhänge wesentlich mehr Ausgleichsmandate benötigt als für die Überhänge der CDU. Der dritte Faktor bezieht sich auf die unterschiedlichen Wahlbeteiligungen in den Bundesländern. Diese versucht das neue Gesetz auszugleichen, um zu gewährleisten, dass hinter jedem Mandat gleich viele Stimmen stehen. Klaffen die Wahlbeteiligungen stark auseinander, kommt es zu einer höheren Zahl an Ausgleichsmandaten.

Verteidiger des neuen Wahlrechts weisen darauf hin, dass der Bundestag auch bei einer hohen Zahl von Überhang- und Ausgleichsmandaten gemessen an der Bevölkerungsgröße immer noch kleiner wäre als vergleichbare Parlamente anderer europäischer Länder. Dieser Hinweis geht aus zwei Gründen an der Sache vorbei. Erstens nimmt mit steigender

Bevölkerungsgröße die Größe der Parlamente stets degressiv ab. Da Deutschland der bevölkerungsreichste Staat der EU ist, hat es also nicht zufällig auch das relativ kleinste Parlament. Gemessen an bevölkerungsreicheren Staaten (oder Staatenverbünden wie der EU) verfügt es dagegen über ein relativ großes Parlament. Die fast viermal so großen USA kommen im Repräsentantenhaus sogar absolut mit weniger Abgeordneten (435) aus als der Deutsche Bundestag. Zweitens ist weniger die Vergrößerung des Parlaments an sich problematisch als die Tatsache, dass sie die Zahl der Abgeordneten zu einer disponiblen Größe macht. Wie groß der Bundestag ist, steht nicht von vornherein fest, sondern hängt von den Unbilden des Wählerverhaltens ab. Gleichzeitig unterminieren die Zusatzmandate den Sanktionscharakter der Wahl. Parteien, die Stimmen verlieren, können trotzdem damit rechnen, mit einer größeren oder gleich bleibenden Zahl an Abgeordneten im Parlament vertreten zu sein. Insofern haben die vier das Gesetz tragenden Fraktionen mit den Ausgleichsmandaten den für sich bequemsten Lösungsweg gewählt.

Es ist müßig darüber zu spekulieren, ab welcher Größe des Bundestages die Fraktionen unter Handlungsdruck geraten, das Wahlgesetz in der kommenden Legislaturperiode wieder zu ändern. Konsequente Lösungen, die bereits bei der Entstehung der Überhangmandate ansetzen, würden einen Neuzuschnitt sämtlicher Wahlkreise erforderlich machen, an dem die Parteien wegen der dann zu erwartenden Konflikte kein großes Interesse haben dürften. Dasselbe gilt für noch weitergehende Reformüberlegungen, sei es die Abschaffung des intransparenten und zur Manipulation einladenden Zweistimmensystems oder die Einführung offener Listen. Selbst die unter dem Gesichtspunkt der Wahlrechtsgleichheit schwer zu rechtfertigende Grundmandatsklausel zieht unter den politischen Akteuren kaum jemand in Zweifel. Das Wahlrecht gehört zu den Fragen, in denen die Parteien stark in institutionellen Eigeninteressen befangen sind und nicht selten kartellartige Strukturen ausbilden. Die Verfassungsgerichte können zwar korrigierend eingreifen, aber keinen grundlegenden Wandel bewirken. Eine Revision der Ausgleichslösung nach der Bundestagswahl erscheint unter diesen Bedingungen eher unwahrscheinlich.

Das Parlament Nr. 32/33 vom 5. August 2013, S. 11.

Besser wählen

Es ist kein Zufall, dass in Zeiten Großer Koalition verstärkt über Reformen des politischen Systems nachgedacht wird. Zum einen ist das Zusammengehen der beiden stärksten Parteien unter Demokratiegesichtspunkten stets problematisch, weil es die parlamentarische Opposition dramatisch schwächt. Zum anderen bieten gerade große Koalitionen die Chance, Institutionenreformen anzustoßen, zumal wenn sie, wie derzeit, im Bundestag über jene Zweidrittelmehrheit verfügen, die für eine Verfassungsänderung notwendig ist.

Zur Schwäche der Opposition: Die Nutzung der beiden wichtigsten Kontrollrechte der Opposition – Einsetzung eines Untersuchungsausschusses und Normenkontrollklage vor dem Bundesverfassungsgericht – darf nicht vom guten Willen der Regierungsparteien abhängen. Deshalb erscheint eine Anpassung der Quoren unumgänglich. Möglich wäre eine Absenkung auf 20 Prozent, die aber bei einer nur geringfügig schwächeren Opposition ihr Ziel ebenfalls verfehlen würde. Mit Blick auf die verschiedenen Parteiensystemkonstellationen erscheint folgender Vorschlag besser: Man belässt es bei der heutigen 25-Prozent-Grenze, sieht aber zugleich vor, dass ein Verfahren auch beantragt werden kann, wenn ihm mindestens zwei Fraktionen beitreten.

Wenig Hoffnungen sollte man sich auf Änderungen beim Wahlrecht machen. Die Parteien bleiben hier in ihren institutionellen Eigeninteressen befangen. Als zum Beispiel das Verfassungsgericht die Fünfprozenthürde bei Europawahlen für verfassungswidrig erklärte, reagierten die Parteien mit der Einführung einer Dreiprozenthürde. Dies könnte demnächst ein erneutes Veto aus Karlsruhe nach sich ziehen. Und auch bei der Bundestagswahl hat sich das nach zweifacher Korrektur durch das Gericht 2012 neu beschlossene Wahlgesetz nur scheinbar bewährt. Weil die Zahl der von der Union erzielten Überhangmandate dank ihres hervorragenden Zweitstimmenergebnisses von 24 auf vier zurückging, konnte eine übermäßige Aufblähung des Bundestages vermieden werden. Dennoch waren 29 zusätzliche Mandate notwendig, um die vier Überhänge auszugleichen.

In einem Interview mit der Wochenzeitung *Das Parlament* hat Parlamentspräsident Norbert Lammert auf den Reformbedarf beim Wahlrecht hingewiesen und eine Abschaffung des bestehenden Zwei-Stimmen-Systems angeregt. So wie bei der Bundestagswahl 1949 würde die Wahlkreisstimme dann wieder gleichzeitig als Parteienstimme gewertet (und umgekehrt). Eine solche Vereinfachung hätte drei Vorteile: Erstens wäre mit dem Wegfall des Stimmensplittings den Zweitstimmenkampagnen der Boden entzogen und das Missverständnis beseitigt, die Erststimme sei wichtiger oder genauso wichtig wie die Zweitstimme. Zweitens hätten die Parteien einen größeren Anreiz, zugkräftige Kandidaten in den Wahlkreisen aufzustellen. Und drittens käme es automatisch zu weniger Überhangmandaten.

Untauglich ist dagegen ein anderer Vorschlag, den Lammert wieder einmal in die Debatte geworfen hat: eine Verlängerung der Wahlperiode von vier auf fünf Jahre. Der Hinweis des Bundestagspräsidenten, wonach die meisten nationalen Parlamente in Europa für fünf Jahre gewählt werden, ist schlicht falsch: In Wirklichkeit wählen von den 28 Staaten der Europäischen Union 20 alle vier und nur acht alle fünf Jahre! Auch der Verweis auf die Bundesländer, wo die fünfjährige Wahlperiode bis auf Hamburg und Bremen inzwischen überall eingeführt worden sei, geht an der Sache vorbei. Denn hier war es ja nicht das Ziel einer verbesserten Regierungseffizienz, das bei der Verlängerung Pate gestanden hatte, sondern vielmehr die Tatsache, dass die Landespolitik mangels relevanter gesetzgeberischer Kompetenzen eher zu wenig ausgelastet ist und gerade nicht unter hohem Handlungsdruck leidet. Darüber hinaus muss die Reform in Zusammenhang mit der in etwa zeitgleich erfolgten Einführung und Ausweitung plebiszitärer Beteiligungsformen gesehen werden. In Lammerts Vorschlag ist ein solcher Ausgleich für die entdemokratisierenden Wirkungen einer verlängerten Wahlperiode bezeichnenderweise nicht enthalten.

Die SPD hat die Einführung von Volksentscheiden auf Bundesebene jetzt erneut als Forderung in die Koalitionsverhandlungen eingebracht. Interessanterweise ist sie dabei von ihrem eigenen Modell der Volksgesetzgebung abgerückt, deren Einfügung in das Grundgesetz schon wegen des Bundesrates unüberwindliche Schwierigkeiten aufwerfen würde. Stattdessen sollen die Bürger »nur« noch das Recht erhalten, innerhalb einer bestimmten Frist über ein bereits beschlossenes Gesetz noch einmal abstimmen zu können. Dass ein solches Volksveto den Charakter des parlamentarischen Regierungssystems fundamental verändern würde, scheint den Sozialdemokraten nicht in den Sinn zu kommen. Ihr Vorschlag dürfte deshalb ebenso chancenlos sein wie die Forderung der CSU nach obligatorischen Volksentscheiden in Europafragen. Sinnvoll wäre es, sich stattdessen in der Diskussion auf solche Verfahren zu konzentrieren, die den Primat der parlamentarischen Repräsentation unangetastet ließen und deshalb vergleichsweise problemlos in die bestehende Verfassungsordnung integriert werden könnten: etwa ein von Regierung und Parlament anzuberaumendes Referendum oder eine unverbindliche Volksinitiative.

Verdient machen könnte sich eine große Koalition, wenn sie ihre Macht zu einer Reform der überkommenen Abstimmungsregeln im Bundesrat nutzte. Weil im Zuge der Pluralisierung der Parteienlandschaft immer mehr Länder von »gemischten«, das heißt aus Parteien der Bundesregierung und -opposition zusammengesetzten Koalitionen regiert werden, die sich bei Uneinigkeit über ihr Abstimmungsverhalten vertraglich auf eine Stimmenthaltung verpflichten, wird die Mehrheitsbildung in der Zweiten Kammer erschwert, denn die Enthaltungen wirken durch das Erfordernis der absoluten Mehrheit bei den zustimmungspflichtigen Gesetzen de facto wie ein Nein. Auch die neue Regierung wäre bei der aktuellen Stimmenverteilung auf die Zustimmung mindestens zwei gemischt regierter Länder angewiesen.

Die sinnvollste Lösung läge in eine Abkehr von der bisherigen positiven Zustimmungspflicht. Würde man stattdessen fragen, wer dem Gesetz die Zustimmung verweigert, könnten die Enthaltungen nicht mehr gegen das Gesetz wirken. Die Länderrechte blieben gleichwohl gewahrt, da es den Regierungen jederzeit frei stünde, mit Nein zu stimmen.

Süddeutsche Zeitung vom 13. November 2013, S. 2.

Direktwahl des Ministerpräsidenten

Eine direkte Wahl des Ministerpräsidenten durch das Volk wäre gleichbedeutend mit dem Wechsel von der parlamentarischen zur präsidentiellen Regierungsform. Entsprechende Überlegungen wurden für die Länderverfassungen von Politologen wie Theodor Eschenburg oder Wilhelm Hennis bereits in den 1950er Jahren angestellt, die damit aber nicht durchdrangen. Dass die Forderung in den 1990er Jahren neu aufgetaucht ist, liegt zum einen an den zwischenzeitlich in allen Bundesländern eingerichteten Verfahren der direkten Demokratie. Diese geben den Bürgern die Möglichkeit, Verfassungsreformen in eigener Regie zu betreiben – wenn es sein muss auch gegen den Willen von Parlament und Regierung. So konnten zum Beispiel in Bayern die Abschaffung des Senats als zweiter Kammer oder in Hamburg die Einführung eines neuen Wahlrechts durchgesetzt werden. Zum anderen wurden in den 1990er Jahren gleichzeitig mit der Einführung und dem Ausbau der Direktdemokratie (und mit deren Hilfe) die Kommunalverfassungen »präsidentialisiert«, indem man die bis dahin nur in Bayern und Baden-Württemberg vorgesehene Direktwahl der Bürgermeister in den anderen Ländern übernahm.

Hennis und Eschenburg hatten ihr Plädoyer für die Abkehr vom parlamentarischen System seinerzeit an der Eigenart der Länderpolitik festgemacht, die aufgrund der Verwaltungslastigkeit ihrer Materien näher bei der kommunalen Ebene liege als beim Bund. Dieses Argument hat an Richtigkeit nichts eingebüßt. Es lässt sich unter anderem am geringen Umfang der legislativen Tätigkeit der Landtage ablesen, der nur etwa ein Viertel derjenigen des Bundes ausmacht. Auch der Hinweis auf die Mitwirkung der Landesregierungen an der Bundesgesetzgebung, die tatsächlich eine bedeutsamen Unterschied zu den Kommunen markiert, taugt als Gegenargument nicht, weil sie von der Direktwahl unberührt bliebe. Mit Blick auf den Bundesrat könnte sich die Abkehr vom parlamentarischen System sogar als Vorteil erweisen, indem sie die Inflationierung der Enthaltungen zurückdrängt, die heute durch die »gemischten« Koalitionen verursacht werden.

Weil die Länder weder ein separates Staatsoberhaupt noch mitregierende Zweite Kammern kennen und auch die Verfassungsgerichtsbarkeit dort mangels substanzieller Gesetzgebungskompetenzen kaum eine Rolle spielt, sind ihre parlamentarischen Systeme stärker mehrheitsdemokratisch ausgerichtet als dasjenige des Bundes. Gerade verwaltungsbezogene Materien legen aber einen konsensuellen, auf Ausgleich gerichteten Politikstil nahe, der im Rahmen einer präsidentiellen Regierungsform eher zu verwirklichen wäre als im gewaltenfusionierenden Parlamentarismus. Damit soll nicht behauptet werden, dass das präsidentielle dem parlamentarischen System unter demokratischen oder Gewaltenteilungsaspekten per se überlegen ist. Wäre dies der Fall, müsste seine Einführung ja konsequenterweise auch auf der Bundesebene gefordert werden. Die Kritiker hätten dann Recht, wenn sie vor einem »Kamineffekt« warnen. Hier wird lediglich argumentiert, dass der Präsidentialismus *für die Länder* die passendere Regierungsform darstellt.

Die Passförmigkeit resultiert dabei nicht nur aus den Zuständigkeiten der Länder. Sie ergibt sich auch mit Blick auf die institutionellen Strukturen der Länderpolitik, die durch die Einführung der direktdemokratischen Verfahren einen Wandel der parlamentarischen Regierungsform eingeleitet haben, dessen systemische Implikationen in der Literatur bisher kaum zur Kenntnis genommen wurden. Ähnlich wie in der Schweiz oder in den US-Bundesstaaten sind die plebiszitären Elemente in der Bundesrepublik überwiegend als Initiativrechte ausgestaltet. Indem sie den Bürgern ein Mittel an die Hand geben, geplante oder bereits beschlossene Gesetzesvorhaben der Regierenden zu Fall zu bringen, widerstreiten sie der Funktionslogik des parlamentarischen Systems, die auf einer festgelegten Rollenteilung zwischen regierender Mehrheit und Opposition beruht.

Im präsidentiellen System wären die Volksrechte besser aufgehoben, weil die Regierungsmacht hier ohnehin zwischen Exekutive und Legislative geteilt ist. Opposition wird fallweise ausgeübt; es gibt keine dauerhaft festgefügten Koalitionen. Tritt das Volk als weiterer Vetospieler hinzu, wird die Funktionslogik dieses Systems nicht prinzipiell gestört, auch wenn die Komplexität des Verhandlungsprozesses nochmals zunimmt. Die plebiszitären Verfahren können sogar eine ausgesprochen nützliche Rolle spielen, wenn sie dazu beitragen, Blockaden zwischen Präsident und Parlament aufzulösen – diese gehören bekanntlich zu den Hauptschwächen des Präsidentialismus.

Mit der Einführung der Direktwahl würde man das Pferd sozusagen von hinten aufzäumen. Statt die Volksgesetzgebung dem bestehenden parlamentarischen System anzupassen, was auf einen Dauerstreit um die richtige Ausgestaltung hinausläuft, würde die Regierungsform auf das bestehende System der Direktdemokratie zugeschnitten. Ein solcher Schritt drängt sich auch deshalb auf, weil es den Ländern kaum möglich sein wird, die plebiszitären Elemente zurückzudrängen oder gar abzuschaffen. Die Entwicklung dürfte eher in Richtung einer weiteren Erleichterung der Verfahren gehen, die den potenziellen Konflikt zwischen parlamentarischer und Volksgesetzgebung verschärft. Mit Blick auf die Bundesebene könnte sich ein Systemwechsel ebenfalls als segensreich erweisen, weil er den Druck vermindern würde, die Verfahren der Direktdemokratie in das Grundgesetz zu übernehmen. *Denn so wie das Vorhandensein der Volksgesetzgebung in den Ländern Zweifel an der Sinnhaftigkeit der dortigen parlamentarischen Regierungsform weckt, so weckt das vorhandene parlamentarische Regierungssystem im Bund Zweifel an der Sinnhaftigkeit einer dort einzuführenden Volksgesetzgebung.*

Die Abkehr vom parlamentarischen System würde die Regierungsformen der beiden staatlichen Ebenen stärker voneinander abschichten. Dies wäre auch unter Demokratiegesichtspunkten zu begrüßen, weil es den unitarischen Tendenzen im deutschen Föderalismus entgegenwirkt. Die starke bundespolitische Überlagerung der Landespolitik erweist sich vor allem bei den Landtagswahlen als Problem, wo die Regierungen häufig für Entscheidungen belohnt oder bestraft werden, an deren Zustandekommen sie unmittelbar gar keinen Anteil haben. Die Ursachen dafür liegen nicht nur in der föderalen Aufgabenverteilung, die bei den Bürgern zu Recht den Eindruck entstehen lässt, dass über ihre materielle Lebenswirklichkeit primär auf der Bundesebene entschieden wird. Sie gehen auch auf die institutionelle Gleichförmigkeit der Landes- und Bundespolitik zurück. Weil die Länder das parlamentarische System des Grundgesetzes bis ins Detail nachahmen, brechen sich die Strukturen des bundespolitischen Parteienwettbewerbs auf die gliedstaatliche Ebene herunter. Damit unterliegen auch die Koalitions- und Regierungsbildung denselben Gesetzmäßigkeiten. Welche absurden Konsequenzen das haben kann, zeigte sich zum Beispiel nach der Landtagswahl in Hessen 2008, als die Republik über mehrere Monate von der Debatte in Atem gehalten wurde, ob die SPD-Spitzenkandidatin Andrea Ypsilanti sich mithilfe der Linken zur Ministerpräsidentin wählen lassen dürfe. Die Schockwellen, die davon ausgingen, sollten am Ende sogar den SPD-Bundesvorsitzenden Kurt

Beck das Amt kosten. Dass eine Mehrheitsbildung unter präsidentiellen Vorzeichen ähnliche Aufmerksamkeit auf sich ziehen könnte, erscheint kaum vorstellbar und wird auch durch die Erfahrung der präsidentiell verfassten Kommunen widerlegt. (Wer weiß schon, von wem Frankfurt oder Köln regiert werden?) Eine Abkehr vom parlamentarischen System würde die Eigenständigkeit der Länderpolitik also – unabhängig von der Kompetenzverteilung – automatisch stärker hervorheben.

Ein Haupteinwand gegen das präsidentielle System lautet, dass es zu Blockaden neige und dadurch in seiner Regierungseffizienz beeinträchtigt sei. Aus diesem Grund wird der Präsidentialismus in der Vergleichenden Politikwissenschaft überwiegend kritisch beäugt. Heikel sind insbesondere die Konstellationen eines *divided government*, also auseinanderfallender Mehrheitsverhältnisse zwischen Regierung (Ministerpräsident) und Parlament. Die Frage ist berechtigt, ob das System unter solchen Bedingungen tatsächlich so problemlos funktioniert, wie die Befürworter glauben machen wollen. Die Rivalität der Parteien, die in der Bundesrepublik über Jahrzehnte entstanden ist, würde ja nach einer Reform ebensowenig über Nacht verschwinden wie die starke Ausstrahlung der Bundespolitik auf die Länder. Das Blockadeargument lässt sich insofern nicht einfach von der Hand weisen. Es stellt jedoch kein prinzipielles Hindernis dar, sondern verweist stattdessen auf die Notwendigkeit einer adäquaten Ausgestaltung der Reform, die die neu einzubringenden präsidentiellen mit den zu übernehmenden oder zu modifizierenden parlamentarischen Elementen in eine funktionsfähige Balance bringen muss. Dabei gilt es die Gesetze der Pfadabhängigkeit zu beachten. Weil es sich um keine konstitutionelle Neugründung handelt, sondern um eine Reorganisation im Rahmen bestehender Verfassungen, kann das System nicht auf der »grünen Wiese« völlig neu errichtet werden. Auch die Einführung eines präsidentiellen Systems in Reinform kommt deshalb wohl kaum in Frage.

Die zentrale Herausforderung besteht darin, den Ministerpräsidenten und seine Regierung in den Willen der Parlamentsmehrheit so einzubinden, dass ein konsistentes, auf innovative Problemlösungen abzielendes Regieren möglich bleibt. Dies könnte entweder durch ein Vetorecht in der Gesetzgebung nach US-amerikanischem Vorbild oder durch eine Mitwirkung des Parlaments bei der Regierungsbestellung und -abberufung erreicht werden. Weil die Regierung in Gestalt der Ministerialverwaltung ohnehin über eine starke Position bei der Gesetzesvorbereitung verfügt, erscheint die zweite Lösung im deutschen Kontext zweckmäßiger. Allerdings dürfte man um eine wenigstens teilweise Umwidmung der ministeriellen Ressourcen nicht ganz umhinkommen, wenn das Parlament seiner Gesetzgebungsfunktion auch materiell gerecht werden soll.

Bleibt die Frage, ob die Gesetze der pfadabhängigen institutionellen Entwicklung einer Abkehr vom parlamentarischen System nicht überhaupt entgegenstehen. Hier sollte man sich vor einer Überstrapazierung der Theorie hüten. Zum einen eröffnen die flächendeckend vorhandenen direktdemokratischen Verfahren heute die handfeste Chance, Verfassungsreformen auch jenseits der vorhandenen Traditionen und eingefahrenen Interessen anzustoßen. Dass die parlamentarische Regierungsform – von zwei vergeblichen Versuchen in Rheinland-Pfalz und Bayern abgesehen – bisher noch nicht in das Visier in das Volksgesetzgebers gelangt ist, schließt eine erfolgreiche Initiative in Zukunft keineswegs aus. Die besten Gelegenheiten dürften in den Stadtstaaten bestehen, wo die Nähe zur kommunalen Politik am größten ist. Zum anderen kann man sich den Gesetzen der Pfadabhängigkeit kognitiv entgegenstellen, indem man mit liebgewonnenen Denkgewohnheiten bricht. Die Politikwissenschaft erscheint hierfür aufgrund ihrer komparativen, systemischen Betrachtungsweise besser gerüstet als das vergleichsweise strukturkonservative Staatsrecht. Umso erstaunlicher ist, dass das Fach die Frage nach der Angemessenheit der parlamentarischen Regierungsform in den Ländern jahrzehntelang ignorieren konnte und sich erst in jüngster Zeit ein zaghafter Neubeginn der Debatte abzeichnet.

Gesellschaft – Wirtschaft – Politik 62 (2013) H. 4, S. 581–584.

Schluss mit den vielen Wahlterminen?

Es gibt Ideen, die liegen soweit neben der Sache, dass man sich fragt, warum sie dennoch immer wieder aus dem Hut gezaubert werden. Dazu gehört der Vorschlag, die Landtagswahlen zusammenzulegen – entweder auf denselben Tag wie die Bundestagswahl oder auf einen Termin inmitten der Legislaturperiode. Damit soll die Regierungspolitik aus den Fängen eines Dauerwahlkampfs befreit werden, in dem sie sich durch die Häufung der Wahlen angeblich befindet. Die Klage, dass ein konsequentes Regieren mit gelegentlich auch unpopulären Maßnahmen aufgrund der ständig anstehenden Wahlen nicht möglich sei, ist so alt wie die Bundesrepublik selbst. Die Forderung nach einer Zusammenlegung der Landtagswahlen wurde bereits 1953 vom damaligen CSU-Finanzminister Schäffer erhoben. 50 Jahre später erneuerte SPD-Kanzler Gerhard Schröder den Vorschlag, nachdem seine Partei eine Landtagswahl nach der anderen verloren hatte. Dies ging so weit, dass die rot-grüne Regierung 2005 im Bundesrat praktisch handlungsunfähig war. Dies – und nicht die von Schröder behauptete fehlende Unterstützung in der SPD-Bundestagsfraktion – war der Hauptgrund für die von ihm selbst veranlassten vorgezogenen Neuwahlen.

Die Klage über die »störenden« Landtagswahlen hängt mit deren starken bundespolitischen Überlagerung zusammen. Weil die Länder über vergleichsweise geringe gesetzgeberische Zuständigkeiten verfügen, nutzen die Bürger die Landtagswahlen, um gleichzeitig auch über die Bundespolitik abzustimmen. Finden die Wahlen zwischen den Bundestagswahlen statt, schadet das in der Regel den Regierungsparteien, während die Opposition mit Stimmengewinnen rechnen kann. Weil die Wähler bei den Landtagswahlen nicht über das Schicksal der Regierung direkt bestimmen, können sie sich diese Form der Sanktionswahl »gefahrlos« leisten. Finden die Landtagswahlen dagegen in zeitlicher Nähe zur Bundestagswahl statt, gleichen sich die Ergebnisse zum Vorteil der Regierungsparteien des Bundes in der Tendenz an. Am stärksten ist dieser Effekt, wenn Landtag und Bundestag – wie zuletzt in Hessen – am selben Tag gewählt werden.

Die bundespolitische Überlagerung der Landtagswahlen ist unter Demokratiegesichtspunkten prekär, weil die jeweiligen Landesregierungen dadurch für Leistungen und Versäumnisse belohnt beziehungsweise bestraft werden, an deren Zustandekommen sie unmittelbar gar keinen Anteil haben. Dieses Problem könnte freilich durch eine Zusammenlegung der Landtagswahlen nicht behoben werden, es würde sich im Gegenteil noch verschärfen. Fänden die Wahlen an einem Termin inmitten der Legislaturperiode statt, würden diese in der öffentlichen Wahrnehmung erst recht als Zwischenwahlen aufgefasst, bei denen die Politik der Bundesregierung auf dem Prüfstand steht. Das hätte auch dramatische Auswirkungen auf die Zusammensetzung des Bundesrates. Eine Bundesregierung müsste schon zu Beginn ihrer Amtszeit damit rechnen, nach einem solchen Wahltag mit einer gegenläufigen Mehrheit in der Länderkammer konfrontiert zu sein. Die Landtagswahlen würden faktisch zu einer zweiten Bundestagswahl. Nicht minder absurde Folgen hätte es, die Wahlen zeitgleich mit der Bundestagswahl abzuhalten. Hier würde die Verzerrung genau in der umgekehrten Richtung eintreten. Für die Regierungsparteien hätte das den Vorteil, dass sie mit gleichlautenden Mehrheitsverhältnissen im Bundesrat rechnen könnten. Der Preis dafür wäre jedoch eine noch stärkere Unitarisierung: Die Landespolitik würde vollends ins Hintertreffen geraten.

So gesehen ist es einigermaßen beruhigend, dass eine Zusammenlegung der Landtagswahlen ohnehin kaum realisierbar sein dürfte. Ihre Umsetzung wäre ja nur mit Zustimmung der Länder möglich, die bereit sein müssten, die Dauer der Wahlperioden und Modalitäten der Parlamentsauflösung untereinander anzugleichen. Warum sollten sie einen solchen Eingriff in ihre Verfassungsautonomie, die ja den Kern des eigenen Staatsverständnisses ausmacht, dulden oder unterstützen? Selbst dann könnte es immer noch zu vorgezogenen Neuwahlen kommen, die den Wahlkalender wieder durcheinander bringen. Seit 2008 war dies immerhin fünfmal der Fall (in Hessen, Hamburg, Schleswig-Holstein, Nordrhein-Westfalen und im Saarland).

Dies bedeutet selbstverständlich nicht, dass man sich mit dem bestehenden Zustand abfinden muss. Welche Lösungen kommen in Frage?

1. Am konsequentesten wäre es, wenn man die bundespolitische Überlagerung der Landtagswahlen durch eine Aufwertung der Länderpolitik zurückdrängt. Die Chancen dafür sind in der unitarisch geprägten

Bundesrepublik allerdings fast gleich Null. Dies lässt sich auch an den bescheidenen Ergebnissen der 2006 beschlossenen Föderalismusreform ablesen, die den Ländern nur wenige Zuständigkeiten zurückgegeben hat (zum Beispiel bei der Beamtenbesoldung, beim Ladenschluss oder beim Strafvollzug).

2. Genauso unrealistisch ist eine Reduktion der Zahl der Länder durch eine Neugliederung des Bundesgebietes. Dafür hat das Grundgesetz nahezu unüberwindliche Hürden aufgebaut.

3. Erfolgversprechender erscheint der Ansatz, die Eigenständigkeit der Länder in institutioneller Hinsicht stärker zu betonen. Weil die Länder das parlamentarische Regierungssystem des Bundes bis ins Detail nachahmen, brechen sich auch die Strukturen der Parteipolitik und Koalitionsbeziehungen auf die gliedstaatliche Ebene herunter. Würde man nach dem Vorbild der Kommunen Parlament und Regierung getrennt voneinander bestellen, das heißt von der parlamentarischen zur präsidentiellen Regierungsform wechseln, wäre die bundespolitische Überlagerung automatisch geringer. Durch die in den Ländern bestehenden Verfahren der Volksgesetzgebung könnte eine solche Reform gegebenenfalls auch gegen den Willen der Parteien durchgesetzt werden.

4. Wenig bringen würde der von Bundestagspräsident Norbert Lammert jetzt erneut in die Debatte geworfene Vorschlag, die Wahlperiode des Bundes von vier auf fünf Jahre zu verlängern. Dieser Vorschlag erscheint auch unter Demokratiegesichtspunkten problematisch. Nachdem die meisten Bundesländer von der vier- zur fünfjährigen Legislaturperiode übergegangen sind, ist die Zahl der Wahlen ja bereits reduziert worden, ohne dass dies zu einer merklichen Verbesserung der Regierungseffizienz geführt hätte.

5. Um eine wenigstens partielle Zusammenlegung zu erreichen, könnten die Bundesländer ihre schon vorhandenen Bemühungen um eine Koordinierung der Wahltermine weiter verstärken. Nichts spricht dagegen, dass die Landtage in – sagen wir – drei oder vier Bundesländern am gleichen Tag gewählt werden. Darüber hinaus ließen sich einzelne Landtagswahlen und die ebenfalls landesweit stattfindenden Kommunalwahlen mit den bundesweiten Europawahlen verbinden. Zu überlegen wäre auch, ob nicht Abstimmungen über Sachfragen generell an Wahltagen stattfinden sollten, um von der dort in der Regel höheren Beteiligung zu profitieren.

6. Wegen der starken bundespolitischen Beeinflussung der Landtagswahlen stellt es ein Problem dar, wenn der Landtagswahltermin einseitig von den Regierungsparteien festgelegt werden kann. So hat zum Beispiel die hessische CDU davon profitiert, dass die jüngste Landtagswahl zeitgleich mit der Bundestagswahl stattfand, während die bayerische Staatsregierung umgekehrt eine Zusammenlegung gerade deshalb vermeiden wollte, weil die CSU bei Wahlen im Land traditionell besser abschneidet als im Bund. Um solchen Missbräuchen vorzubeugen, sollte der Wahltermin von der Regierung nur im Einvernehmen mit der Opposition festgesetzt werden können, was zurzeit nur Brandenburg und Sachsen so vorsehen. Lässt sich eine Einigung nicht herstellen, wäre es am fairsten, den Termin per Los zu bestimmen.

Bonner Perspektiven. Magazin der Bonner Akademie
für Forschung und Lehre praktischer Politik (BAPP), Nr. 2/2013, S. 44–47.

Weniger Wahlen, mehr Demokratie?

Der Kern der neuzeitlichen Demokratie ist das Prinzip der Volkssouveränität, die »Regierung des Volkes durch das Volk und für das Volk«, wie es Abraham Lincoln in seiner berühmten Gettysburg-Rede prägnant ausgedrückt hat. Praktische Geltung erlangt die Volkssouveränität durch periodisch stattfindende Wahlen. In diesen bestellt das Volk seine Vertreter und autorisiert sie, in seinem Namen und seinem Interesse zu regieren. Während Volksvertretungen (Parlamente) in der Demokratie ubiquitär sind, gestatten manche Verfassungen den Bürgern auch, bestimmte Entscheidungen unmittelbar selbst zu treffen. Die »repräsentative« Demokratie als Regelverfahren wird hier durch »direktdemokratische« Verfahren erweitert beziehungsweise ergänzt. Sieht man von wenigen Ausnahmen wie der Schweiz ab, haben direktdemokratische Elemente im Vergleich zu den Wahlen aber nirgendwo systemprägende Wirkung erlangt. Die repräsentative Demokratie bleibt also ganz und zuvörderst Wahldemokratie. Beide Institutionen sind so eng miteinander verwoben, dass Demokratie und Wahlen heute fast schon zu Synonymen geworden sind.

Der belgische Schriftsteller und Historiker David Van Reybrouck stellt diese Gleichsetzung infrage.[1] Mit einem Rückblick auf die griechische und neuzeitliche Geschichte möchte er zeigen, warum Wahlen weder ein selbstverständliches noch ein notwendigerweise demokratisches Mittel waren (und sind), um das Herrschaftsproblem in einem politischen Verband zu lösen.

War es von der Antike (griechische Polis) bis in die Zeit der Renaissance (italienische Stadtrepubliken) noch weithin üblich gewesen, die Volksvertreter und Amtsträger per Los zu bestimmen, sollte die Bestellung durch Wahlen den gleichmacherischen Tendenzen einer Lotterie gerade entgegenwirken. Die Väter der Französischen und Amerikanischen Revolution waren keine Demokraten, sondern Republikaner, denen es darum ging, die alte erbliche Aristokratie durch eine gewählte Aristokratie zu ersetzen. Wahlrecht und Wahlsystem wurden deshalb so ausgestaltet, dass es den

---

1 David Van Reybrouck, Gegen Wahlen. Warum Abstimmen nicht demokratisch ist, Göttingen: Wallstein 2016.

»Besten« – womit die besitzenden Klassen des gehobenen Bürgertums gemeint waren – die Regierungsmacht sicherte.

Reybrouck verwendet viel Mühe darauf, die Krise der heutigen Demokratie vor allem als eine Krise der Wahldemokratie erscheinen zu lassen. Gerade hier gerät seine Argumentation aber sehr verkürzt und holzschnittartig. Wenn er die Wahlen dafür verantwortlich macht, dass »die Langfristigkeit und das Gemeinwohl wieder und wieder hinter der Kurzfristigkeit und dem Parteiwohl zurückstehen (müssen)«, handelt es sich bestenfalls um die halbe Wahrheit.

Liegt das Problem nicht vielmehr darin, dass die Wahlen selbst an Bedeutung verlieren, weil der politische Entscheidungsbereich, über den die gewählten Volksvertreter verfügen können, in den nationalstaatlich verfassten Demokratien immer mehr abnimmt? Und sind die Nutznießer dieser schleichenden Entdemokratisierung nicht gerade »nicht-parteiliche« Institutionen wie Behörden oder Verfassungsgerichte, die sich eher an Grundprinzipien und langfristigen Zielen orientieren als die vermeintlich nur auf ihren kurzfristigen Machtvorteil bedachten gewählten Politiker?

Die These des Autors, dass wir »die Demokratie auf die repräsentative Demokratie reduziert haben und die repräsentative Demokratie auf Wahlen«, ist auch historisch korrekturbedürftig, bildet die neuzeitliche Demokratie doch eine Synthese aus zwei normativen Prinzipien: der Volkssouveränität und der Verfassungsstaatlichkeit. Beide stehen in einem komplementären Spannungsverhältnis zueinander.

Während das Demokratieprinzip eine Regierungsform postuliert, in der Herrschaft stets unter Berufung auf den Willen des Volkes beziehungsweise der Mehrheit des Volkes ausgeübt wird, laufen die verfassungsstaatlichen Strukturen auf eine Befestigung der Demokratie hinaus, indem sie deren Herrschaftsanspruch begrenzen. Sie sorgen dafür, dass die vom Volk bestellten Vertreter in ihrer Machtausübung kontrolliert werden, und definieren einen Bereich geschützter Rechte, über die keine demokratische Mehrheit – sei sie auch noch so groß – verfügen kann. Institutionell durch verschiedene Formen der organschaftlichen Gewaltenteilung verbürgt, findet das verfassungsstaatliche Prinzip seinen sichtbarsten Ausdruck heute in der justiziellen Normenkontrolle. Zeitlich geht es dem demokratischen Prinzip um mehr als ein Jahrhundert voraus, da letzteres erst mit der Durchsetzung des allgemeinen und gleichen Wahlrechts vollständige Geltung erlangte.

Reybrouck tut die Demokratisierung der Wahlen im 19. und 20. Jahrhundert jedoch als historische Petitesse und »Scheinprozess« ab, so als ob sie für die weitere politische Entwicklung – etwa die Herausbildung des modernen Sozialstaats – unbeachtlich gewesen sei. Seine Darstellung des angeblichen Wahlfundamentalismus grenzt in diesem Teil des Buches an Geschichtsklitterung.

Auf der anderen Seite ist es verwunderlich, dass er der Frage nicht näher auf den Grund geht, was es für die Allgemeinheit und Gleichheit der Wahl bedeutet, wenn heute die benachteiligten Gruppen von ihrem Wahlrecht keinen Gebrauch mehr machen und den Wahlen immer häufiger fernbleiben. Der Grund für das Ausblenden dieser Frage liegt vermutlich darin, dass sich dieses Problem in seinem eigenen Land – Belgien – aufgrund der dort vorhandenen Wahlpflicht noch am wenigsten stellt.

Mit Überlegungen, wie man das Wahlverfahren und den Wahlprozess reformieren könnte, gibt sich der Autor erst gar nicht ab. Ihm geht es um ein viel größeres Ziel, nämlich die grundsätzliche Ergänzung oder gar Verdrängung der Wahlen durch eine »auf dem Losverfahren basierende Demokratie«. Dazu dient zum einen ein Rückblick auf dessen historische Genese und Verwendung in den Stadtrepubliken (Athen, Venedig, Florenz, Aragón), zum anderen eine Darstellung der Anwendungsformen in der Gegenwart, die weiter verbreitet sind, als man gemeinhin vermutet. Reybrouck reklamiert die Wiederentdeckung der Zufallsauswahl nicht für sich selbst, sondern bezieht sich auf eine Reihe von Autoren, die seit den 1990er Jahren über das Thema gearbeitet haben. In den Vereinigten Staaten zählen dazu beispielsweise James Fishkin, Oliver Dowlen und Terrill Bouricius, in Frankreich Yves Sintomer und in Deutschland Hubertus Buchstein. Viele der dort gemachten Vorschläge wurden in der Praxis bereits erprobt, zum Teil sogar auf der nationalen Ebene.

Schaut man sich diese Erfahrungen genauer an, erweist sich die vom Autor eingangs suggerierte Vorstellung, dass Wahl- und Losverfahren in grundsätzlichem Gegensatz zueinander stünden, als maßlos übertrieben. Selbst in den antiken und neuzeitlichen Stadtrepubliken wurde das Los nie als ausschließliches Auswahlverfahren angewandt, sondern mit Wahlen und anderen Formen der Ernennung kombiniert. Dies ließe sich zum Beispiel auf Regierungssysteme mit Zweikammerparlamenten übertragen, in denen dann eine der beiden Kammern durch das Los bestellt werden könnte. (Reybrouck schlägt dies für den belgischen Senat vor.)

Bezogen auf die Entscheidungsgegenstände liegt der sinnvollste Anwendungsbereich der Zufallsauswahl in der Verfassungs- und Institutionenpolitik, und hier vor allem bei der Gestaltung des Wahlrechts, weil die gewählten Parteipolitiker gerade in diesem wichtigen Bereich häufig sachfremde Eigeninteressen vertreten. Die Folge sind dann entweder Blockaden wie bei der Verfassungskommission im Land Nordrhein-Westfalen, wo es den Parteien nicht gelungen ist, sich auch nur auf ein einziges der geplanten Reformvorhaben zu verständigen (Absenkung des Wahlalters auf 16 Jahre, kommunales Wahlrecht für Nicht-Deutsche, erleichterte Verfahren der Direktdemokratie und Einführung einer Schuldenbremse). Oder die Parteien einigen sich auf Kosten »Dritter«. So wurde etwa bei der Reform des Bundestagswahlrechts statt der möglichen Verrechnung der Überhang- mit bestehenden Listenmandaten eine Ausgleichslösung vereinbart, die das Parlament im ungünstigsten Fall um mehrere Dutzend Abgeordnete vergrößert.

Wie es anders gehen könnte, haben die Iren mit ihrer Verfassungsreform im Jahr 2015 vorgemacht. Hier wurden die Vorschläge von einem Gremium erarbeitet, das zu einem Drittel aus Vertretern der Parteien und zu zwei Dritteln aus per Los bestimmten Bürgern bestand. Dies erzeugte unter den Abgeordneten und im Volk eine so starke Verpflichtungswirkung, dass sogar die Legalisierung der Ehe für Homosexuelle im abschließenden Referendum eine klare Mehrheit fand.

Reybroucks Darstellung würde an Überzeugungskraft gewinnen, wenn sie neben den Möglichkeiten auch die Grenzen des Losverfahrens stärker reflektiert hätte. Sein Plädoyer hinterlässt deshalb einen zwiespältigen Eindruck. So richtig es ist, über andere Formen der politischen Beteiligung nachzudenken, so anmaßend bleibt die in dem Buch entwickelte Vorstellung, man müsse die Demokratie als Organisationsform politischer Herrschaft völlig neu erfinden.

Berliner Republik 17 (2016) H. 5, S. 84–86.

Blamage mit Ansage

Als ob die Folgen des erstarkenden Rechtspopulismus für das Parteiensystem nicht schlimm genug wären, droht den Parteien durch die AfD bei der kommenden Bundestagswahl weiteres Ungemach. Das hat mit dem 2013 in Kraft getretenen Wahlrecht zu tun. Fallen die Unionsparteien gegenüber ihrem 41-Prozent-Ergebnis von 2013 auf unter 35 oder gar 30 Prozent zurück, könnte eine hohe Zahl von Überhangmandaten entstehen, die nach dem heute geltenden Wahlrecht vollständig auszugleichen sind; der neue Bundestag würde dadurch erheblich vergrößert.

Die Sitzverteilung im Parlament richtet sich ausschließlich nach den auf die einzelnen Parteien entfallenden Zweitstimmen (oberhalb einer Grenze von fünf Prozent). Überhangmandate entstehen, wenn eine Partei mit den auf ihre Wahlkreiskandidaten entfallenden Erststimmen mehr Mandate direkt gewinnt, als sie nach dem Zweitstimmenergebnis insgesamt erhalten dürfte. Die Mandate kann sie dann trotzdem behalten. Der sich aus dem Zweitstimmenergebnis ergebende Proporz wird dadurch allerdings verzerrt. Eine Partei oder Parteienkoalition könnte so unter Umständen eine Mehrheit der Sitze erreichen, ohne gleichzeitig über die Mehrheit der Wählerstimmen zu verfügen. Kritiker sehen in den Überhangmandaten deshalb einen Verstoß gegen den Gleichheitsgrundsatz. In seinem letzten Wahlrechtsurteil hat das Bundesverfassungsgericht sie bis zu einer (auf 15) festgelegten Grenze zwar weiterhin für zulässig erklärt. Um eine Einigung mit SPD und Grünen zu erreichen, verzichtete die Union bei der Neufassung des Gesetzes aber darauf, diesen Spielraum auszuschöpfen und akzeptierte stattdessen die Forderung der anderen Parteien nach einer Ausgleichslösung. Danach wird der durch die Überhangmandate verletzte Proporz durch Ausgleichsmandate für andere Parteien wiederhergestellt.

Im Bemühen um ein möglichst perfektes Gesetz schossen die Fraktionen freilich über ihr Ziel hinaus. Um zu gewährleisten, dass hinter jedem Mandat gleich viele Stimmen stehen, haben sie auch die unterschiedliche Wahlbeteiligung in den Bundesländern berücksichtigt, indem sie diesen vorab bestimmte Mindestsitzkontingente zuteilten. Dies führt dazu, dass für ein einzelnes Überhangmandat unter Umständen mehrere

Ausgleichsmandate benötigt werden. Der nächste Bundestag könnte so leicht von heute 630 auf 650 oder vielleicht sogar 700 Abgeordnete wachsen.

Dass dies kaum zu legitimieren wäre, liegt auf der Hand. Warum sollte es vom Zufall des Wahlergebnisses abhängig sein, aus wie vielen Abgeordneten ein Parlament besteht? Die Kosten, die durch zusätzliche Diäten, Mitarbeiter, Büros und Umbaumaßnahmen entstehen, belasten die Steuerzahler unnötig. Noch problematischer ist, dass Überhang- und Ausgleichsmandate den Sanktionscharakter einer Wahl unterminieren. Parteien, die Stimmen verlieren, können dann trotzdem genauso viele oder sogar mehr Abgeordnete entsenden wie vorher. Vorurteile, wonach die Politiker nur an ihren eigenen Vorteil denken, werden so befördert – Wasser auf die Mühlen der von Populisten geschürten Parteienkritik.

Statt das Problem gleich nach Beginn der Legislaturperiode anzugehen, haben Union und SPD das Thema absichtlich schleifen lassen. Nennenswertem öffentlichen Druck, die für sie bequeme Ausgleichslösung zu korrigieren, unterlagen sie nicht, da die Vergrößerung 2013 vergleichsweise moderat ausgefallen war. Dabei ist die Absurdität des Wahlrechts schon damals deutlich geworden. Für die relativ geringe Zahl von vier Überhangmandaten gab es nicht weniger als 29 Ausgleichsmandate; selbst die Union wurde als alleiniger Nutznießer der Überhangmandate für diese mit 13 weiteren Mandaten belohnt.

Bundestagspräsident Norbert Lammert hat die Weigerung der großen Fraktionen, das Wahlrecht zu ändern, zu Recht wiederholt kritisiert. Das ging soweit, dass er im April sogar einen eigenen Vorschlag vorlegte, der den Ausgleich der Überhänge nur noch bis zu einer Obergrenze vorsah; die Gesamtzahl der Abgeordneten würde danach bei 630 gedeckelt. Der Vorschlag war sowohl in der Sache missglückt als auch politisch unklug, da er hinter den 2013 erreichten Kompromiss einer vollständigen Neutralisierung der Überhänge zurückfiel. Er hätte mithin Lammerts eigene Partei, die CDU, einseitig begünstigt. Überzeugender wäre es gewesen, wenn der Bundestagspräsident eine mit seinen Stellvertretern aus den anderen Fraktionen abgestimmte Konsenslösung vorgeschlagen hätte; dem hätten sich die Fraktionsspitzen nicht mehr ohne Weiteres verweigern können.

Eine solche Lösung könnte zum Beispiel so aussehen, dass man die Überhangmandate nicht durch zusätzliche Ausgleichsmandate neutralisiert, sondern indem man der begünstigten Partei eine entsprechende Zahl von Listenmandaten in anderen Bundesländern abzieht. Die Sitze werden also verrechnet, statt sie oben draufzusatteln. Nachteilig wäre, dass die Verrechnung zulasten des föderalen Proporzes ginge. Wollen Union und SPD die Vergrößerung des Bundestags in vertretbaren Grenzen halten, müssten sie bereit sein, diese Kröte zu schlucken. Da es bei einer Bundestagswahl ohnehin in erster Linie auf die Gesamtstärke der Fraktionen ankommt, sollte ihnen das nicht allzu schwerfallen.

Eine Änderung des Wahlrechts, die die Blamage einer übermäßigen Vergrößerung des Bundestages vermeidet, wäre auch in der bis zur Wahl verbleibenden Zeit noch zu schaffen, da Vorschläge für eine Verrechnung der Überhangmandate – wie der des Augsburger Mathematikers Friedrich Pukelsheim – schon lange auf dem Tisch liegen. Während Grüne und FDP die von den großen Parteien favorisierte Ausgleichslösung 2013 am Ende mittrugen, hatte sich die Linke schon damals für das Pukelsheim-Modell stark gemacht und dem Kompromiss die Zustimmung verweigert. Es wäre nicht ohne Ironie, wenn die anderen Parteien jetzt auf diese Linie einschwenkten.

Dass es dazu noch vor der Wahl kommt, ist freilich nicht sehr wahrscheinlich. Wie so oft braucht es offenbar erst den Schaden, damit die Parteien klug werden. Sollte der Bundestag 2017 tatsächlich übermäßig wachsen, stehen die Vorschläge erneut auf der Tagesordnung, die man bei gutem Willen schon heute umsetzen könnte. Vielleicht öffnet sich dann sogar das Fenster für eine breiter angelegte Reform, die das Problem der Überhänge durch eine Reduktion der Wahlkreismandate bei der Wurzel packt und nebenbei auch andere Schwachstellen des Wahlrechts – das intransparente Zweitstimmensystem oder die Sperrklausel – behandelt.

Süddeutsche Zeitung vom 11.Oktober 2016, S. 2.

Sinkende Wahlbeteiligung

Neben dem wachsenden Stimmenanteil rechts- und linkspopulistischer Protestparteien gelten geringe oder rückläufige Wahlbeteiligungen als wichtigster Beleg dafür, dass sich die repräsentative Demokratie in einer Krise befindet. In Deutschland ist die Beteiligung bei Bundestagswahlen, die in den 1970er Jahren Rekordwerte von über 90 Prozent erreicht hatte, zuletzt auf gut 70 Prozent gesunken. Dies entspricht einem allgemeinen europäischen Trend, von dem nur wenige Länder ausgenommen sind – etwa Schweden, Norwegen, Dänemark oder Spanien. Die Bundesrepublik bildet auch einen Spiegel der Entwicklung im West-Ost-Vergleich, indem die neuen mittelosteuropäischen Demokratien beziehungsweise neuen Bundesländer von der Wahlabstinenz überproportional betroffen sind.

Was bedeutet dies für die Qualität der repräsentativen Parteiendemokratien? Um Antworten darauf zu erhalten, müssen wir uns zunächst bewusst machen, dass die absolute Höhe der Wahlbeteiligung wie auch deren Entwicklung im Zeitverlauf von zahlreichen Faktoren abhängt und Unterschiedliches widerspiegelt: »Wählerapathie oder Wählerzufriedenheit, Wahlpflicht oder freiwillige Wahl, vielleicht sogar das Wetter am Wahltag, oder auch bloße Akklamation« (Manfred G. Schmidt). Diese Faktoren voneinander zu isolieren und in ihrem jeweiligen Gewicht zu bestimmen, wirft forschungspraktisch nahezu unlösbare Probleme auf. Dies gilt zumal, als sie sich nach Ländern und der Art der Wahlen (etwa Haupt- und Nebenwahlen) nochmals deutlich unterscheiden.

Um das Problem der rückläufigen Wahlbeteiligung angemessen zu betrachten, werden im Folgenden drei Differenzierungen beziehungsweise Relativierungen vorgenommen, die wiederum die Grundlage für die am Ende angestellten Reformüberlegungen bilden.

Die erste Differenzierung betrifft die absolute Höhe der Wahlbeteiligung. Diese gewinnt ihre Bedeutung unter Legitimationsgesichtspunkten durch das bei Wahlen und Abstimmungen gültige Mehrheitsprinzip, das vor allem bei der Bildung einer Regierungsmehrheit zum Tragen kommt. Je geringer die Wahlbeteiligung, umso geringer fällt der Anteil der Stimmen aus, auf den sich die gewählte Regierung faktisch stützen kann. Verschärft wird das Problem, wenn durch ein disproportionales Wahlsystem unterlegene Stimmen ganz oder teilweise unter den Tisch fallen, also beim Mandatsgewinn unberücksichtigt bleiben. Hinter der regierenden Mehrheit steht dann unter Umständen nur noch eine zahlenmäßig kleine Minderheit. Bei Abstimmungen kann man das Problem dadurch lindern, dass eine Mindestbeteiligung oder -zustimmung verlangt wird. Bei Wahlen, die ja im Unterschied zu Abstimmungen ein zwingender und nicht nur optionaler Bestandteil der repräsentativen Demokratie sind, besteht diese Möglichkeit nicht.[1] Deshalb ist auch der von sogenannten Parteienkritikern des Öfteren formulierte Vorschlag abwegig, die Zahl der zu vergebenden Mandate an die Wahlbeteiligung zu koppeln.

Für die demokratische Bewertung der Wahlbeteiligung ist neben ihrer absoluten Höhe zugleich ihre Repräsentativität wichtig. Im Anschluss an die Politikwissenschaftlerin Hanna Pitkin lässt sich darunter zum einen die soziale Repräsentativität verstehen: also der Umstand, dass sich die faktischen Wählerinnen und Wähler in Bezug auf Merkmale wie Alter, Geschlecht, Bildung und Einkommen ähnlich zusammensetzen wie die Wahlberechtigten. Zum anderen geht es um die daraus ableitbaren Interessen, Wünsche und Bedürfnisse der Wählerschaft, das heißt um ihre (partei)politischen Präferenzen. Das Maß der Orientierung der Repräsentanten an diesen Präferenzen wird in der Demokratieforschung »Responsivität« genannt. Darüber hinaus sind als Objekte der Repräsentation auch diejenigen Teile der Bevölkerung in den Blick zu nehmen, die aufgrund ihres Wahlalters oder ihrer Staatsbürgerschaft nicht über das Wahlrecht verfügen, im weiteren Sinne sogar die Angehörigen anderer Nationen sowie künftiger Generationen.

Bezogen auf die Zusammensetzung der parlamentarischen Vertretungsorgane stellt die fehlende soziale Repräsentativität kein prinzipielles Problem dar; speziell beim Merkmal Bildung erweist sie sich vielmehr als Vorzug, denn wer möchte schon von Dummköpfen regiert werden? Allerdings würden wir oder jedenfalls die meisten von uns genauso der

---

1 Die »indirekte« Wahlpflicht in Gestalt einer Mindestbeteiligung war im 19. Jahrhundert in einer Reihe von deutschen Fürstentümern geläufig, etwa in Sachsen, Braunschweig, Württemberg, Bayern und Baden, wurde dort jedoch bereits vor der Jahrhundertwende nicht mehr umgesetzt. Neuerdings ist sie auf der kommunalen Ebene in Brandenburg wieder eingeführt worden, wo bei der Direktwahl der Bürgermeister und Landräte ein 15-prozentiges Zustimmungsquorum gilt. Wird dieses nicht erreicht, erfolgt die Wahl ersatzweise durch die Gemeindevertretung beziehungsweise den Kreistag.

Forderung zustimmen, dass sich die soziale Zusammensetzung der Repräsentanten nicht zu weit von derjenigen der Wählerschaft entfernen sollte. Auch wenn sich von der sozialstrukturellen Zugehörigkeit der Abgeordneten keine direkte Verbindung zu ihren politischen Positionen ziehen lässt, gänzlich unberührt sind sie davon nicht. Die zunehmende soziale Selektivität der Wahlbeteiligung, die Autoren wie der Politikwissenschaftler Armin Schäfer für die Bundesrepublik seit den 1990er Jahren eindrucksvoll belegt haben, droht dieses Problem zu verschärfen. Denn indem die soziale Selektivität die Interessenwahrnehmung der Wähler von derjenigen der Wahlberechtigten und übrigen Bevölkerung entfernt, entfernt sie mit hoher Wahrscheinlichkeit auch die Politik der Repräsentanten von diesen. Die Folge ist ein sich selbst verstärkender Prozess: Bleiben die Wähler aus den benachteiligten Schichten den Wahlen fern, können sie nicht mehr damit rechnen, dass ihre Interessen von Parteien und Politikern vertreten werden. Und vertreten Parteien und Politiker ihre Interessen nicht, haben diese Wähler noch weniger Grund, an den Wahlen teilzunehmen.

Wahlen sind und bleiben die wichtigste Form der Partizipation, in der sich die politische Gleichheit der Bürgerinnen und Bürger manifestiert. Das allgemeine und gleiche Wahlrecht wird deshalb zu einer Farce, wenn die benachteiligten Gruppen der Gesellschaft von ihm keinen Gebrauch machen und den Wahlen immer häufiger fernbleiben. Zwar gibt es keine Belege, dass das Problem durch den Ausbau und die Nutzung anderer Partizipationsformen (etwa im Bereich der direkten Demokratie) zusätzlich verschärft wird: Die Benachteiligten bleiben nicht in noch größerer Zahl Wahlen fern, weil die politisch Interessierten aus den bessergestellten Schichten solche Beteiligungsangebote wahrnehmen. Dennoch muss es verwundern, wie wenig sich die Politikwissenschaft um dieses Problem bisher gekümmert hat, während sie den neuen Beteiligungsmodellen breite Aufmerksamkeit schenkt.

Auch wenn es sich lohnt, über eine Verbesserung der institutionellen Anreizstrukturen nachzudenken, wird man die in Resignation gefallenen Wähler nicht primär durch Reformen des Wahlrechts oder Wahlsystems in das politische System zurückholen können. Selbst eine Wahlpflicht würde an den Ursachen der sozialen Spaltung nichts ändern. Notwendig ist stattdessen eine Agenda, die dieser Spaltung durch mehr Chancengerechtigkeit begegnet, indem sie die Integration in den Arbeitsmarkt verbessert und stärker in Bildung, Kinderbetreuung und Gesundheitsvorsorge investiert. Am skandinavischen Beispiel lässt sich belegen, welche Bedeutung ein erneuerter Wohlfahrtsstaat für den gesellschaftlichen Zusammenhalt gewinnt. Dies gilt gerade unter den Bedingungen der Globalisierung. Je mehr sich die Volkswirtschaften nach außen öffnen, desto wichtiger werden Bildung und Ausbildung, um sich für den Wettbewerb zu wappnen, aber auch die Absicherung gegen die durch den Wettbewerb entstehenden Risiken im Inneren. Gelingt es der Politik nicht, den Menschen diese Sicherheit zu vermitteln beziehungsweise zurückzugeben, dann wird sich auch die Krise der Partizipation nicht beheben lassen.

Die zweite Differenzierung zielt auf die Frage, ob die rückläufige Wahlbeteiligung, selbst wenn sie überwiegend die benachteiligten Gruppen betrifft, überhaupt als Krisenzeichen interpretiert werden kann. Gegen eine solche Auffassung könnte man mehrerlei zu bedenken geben: *Erstens* stehen dem Verlust repräsentativer Qualität in sozialer Hinsicht, die eine Folge des Auseinanderdriftens der Gesellschaften ist, in anderen Bereichen genauso beträchtliche Repräsentationsgewinne gegenüber – man denke nur an die Geschlechtergleichheit und den Abbau der Diskriminierung von Homosexuellen. *Zweitens* ist der Rückgang der Wahlbeteiligung eine natürliche Folge der abnehmenden Bedeutung der Wahlen selbst. Die heutigen nationalstaatlich verfassten Demokratien haben ein sich verschärfendes »Souveränitätsproblem«. Der politische Entscheidungsbereich, über den in Wahlen verfügt werden kann, nimmt in ihnen tendenziell ab. Ursächlich dafür sind die Verlagerung von Entscheidungszuständigkeiten auf die supra- und transnationale Ebene, wo sie sich der demokratischen Kontrolle und Beeinflussbarkeit weitgehend entziehen, die Krise der öffentlichen Haushalte, die den Spielraum für verteilungspolitische Maßnahmen reduziert, und die Abgabe von staatlichen an private Zuständigkeiten. Die allmähliche Aushöhlung demokratischer Prinzipien, für die der britische Sozialwissenschaftler Colin Crouch mit der »Postdemokratie« eine einprägsame Formel gefunden hat, trägt also zum Teil auch hausgemachte Züge.

Hauptleidtragende dieser Entwicklung sind die Parteien, die als Träger des demokratischen Wettbewerbs ihre frühere Vorrangstellung einbüßen. In der staatlichen Sphäre sind sie gezwungen, einen Teil ihrer repräsentativen Funktionen an unabhängige Behörden oder Verfassungsgerichte abzutreten, die sich eher an Grundprinzipien und Langfristzielen orientieren als die nach verbreiteter Meinung nur auf ihren kurzfristigen Machtvorteil bedachten gewählten Vertreter. Diese Institutionen genießen deshalb in der Bevölkerung eine größere Wertschätzung. In der elektoralen Sphäre sind die Parteien immer weniger in der Lage, grundlegende Entscheidungsalternativen zu formulieren und sich von der Konkurrenz abzuheben. Und in der gesellschaftlichen Sphäre sehen sie sich mit der Tatsache konfrontiert, dass die Partizipation vermehrt außerhalb der Parteien stattfindet, die Bürger also andere Formen und Kanäle der Einflussnahme vorziehen, etwa Bürgerinitiativen, soziale Bewegungen und Nichtregierungsorganisationen. Der Rückgang der Wahlbeteiligung ist somit weder gleichbedeutend mit einem Rückgang der Partizipation insgesamt, noch lässt er sich auf abnehmendes politisches Interesse zurückführen.

Letzteres verweist auf einen weiteren wichtigen Punkt: Laut der sogenannten Zufriedenheitsthese ist der Verzicht auf die Stimmabgabe ein Zeichen für die Zufriedenheit der Bürger mit der Politik der Regierung und der Funktionsweise der Demokratie. Verfechter dieser These verweisen gerne auf das Beispiel der Weimarer Republik, wo die Wahlbeteiligung am Ende, als sich die Demokratie bereits im Zangengriff der extremistischen Kräfte befand, Rekordwerte erreichte. Die heutigen Befunde zeigen dagegen eindrucksvoll, dass die Zustimmung zur Demokratie im Allgemeinen (als Idee und System) in der Bundesrepublik hoch bleibt, auch wenn die Unzufriedenheit mit ihren Institutionen und der Regierungspolitik zunimmt. Häufig sind es ja gerade die unzufriedenen Bürger, die sich zu zentralen demokratischen Prinzipien bekennen. Geht dieses Bekenntnis mit der Bereitschaft einher, die Politik kritisch zu beobachten und ihr gegenüber nötigenfalls zu intervenieren, dürfte sich das auf die Entwicklung der Demokratie insgesamt positiv auswirken, auch wenn es im Einzelfall zu mehr Unzufriedenheit führt.

Die ambivalente Beziehung zwischen politischer Zufriedenheit/Unzufriedenheit und Mobilisierung lässt sich an den Ergebnissen der Landtagswahlen im März und September 2016 (in Baden-Württemberg, Rheinland-Pfalz, Sachsen-Anhalt und Mecklenburg-Vorpommern) veranschaulichen, bei denen die Wahlbeteiligung entgegen dem Trend um etwa zehn Prozentpunkte gestiegen ist. Der Hauptgrund dafür lag in der durch das Flüchtlingsthema herbeigeführten parteipolitischen Polarisierung. Weil sie mit Rekordergebnissen für die erst 2013 gegründete rechtspopulistische AfD einherging, sorgte die Trendumkehr gerade bei den linken Parteien und Beobachtern für Irritationen – vor allem bei den Sozialdemokraten. Nachdem sich der Rückgang der Wahlbeteiligung bei der Bundestagswahl 2009 und erneut 2013 im Vergleich zu 2005 zu einem großen Teil aus deren Klientel gespeist hatte, musste die SPD nun mit ansehen, dass die Wähler zwar an die Urne zurückkehrten, ihr Kreuz aber mehrheitlich nicht bei ihr machten, sondern bei einer Partei, die elementare demokratische Prinzipien offen oder versteckt negiert. Würde die gestiegene Wahlbeteiligung der Demokratie damit nicht einen Bärendienst erweisen?

Gegen diese Sichtweise sprechen mindestens zwei Punkte. Zum einen gelang es nicht nur der AfD, sondern auch den anderen Parteien, die Stimmen bisheriger Nichtwähler zu gewinnen. Der Erfolg der Rechtspopulisten geht insofern weniger auf die gestiegene Wahlbeteiligung zurück als darauf, dass Wähler der etablierten Parteien in beträchtlicher Zahl zur AfD abwanderten. Zum anderen hat sich mit dem Erfolg der AfD die Repräsentationslücke im Parteiensystem verringert, in dem einwanderungs- und EU-skeptische Positionen zuvor nicht vertreten waren. Die Kehrseite dieser an sich begrüßenswerten Entwicklung besteht darin, dass sich der Parteienwettbewerb vom Zentrum an die politischen Ränder verlagert. Weil die Positionen der Rechtspopulisten kaum kompromissfähig sind, macht deren Erstarken die parlamentarische Mehrheitsbildung schwieriger. Das Parteiensystem könnte dadurch künftig in eine ähnlich prekäre Situation geraten wie in Österreich, wo die mangels anderer Möglichkeiten erzwungene Fortsetzung der Großen Koalition den rechten Herausforderern direkt in die Hände spielt.

Die dritte Differenzierung bezieht sich auf die verschiedenen Ebenen des politischen Systems. Schlüsselt man die Entwicklung der Wahlbeteiligung nach diesen auf, zeigt sich bei Kommunalwahlen, Landtagswahlen und Europawahlen ein stärkerer Rückgang als bei den Bundestagswahlen: Während die Quote bei Bundestagswahlen auch im europäischen Vergleich mit 70 Prozent immer noch recht hoch liegt, ist sie bei Landtagswahlen mittlerweile im Schnitt unter die 60-Prozent- und bei Kommunalwahlen unter die 50-Prozent-Marke gefallen; bei den Wahlen zum Europäischen Parlament lag sie zuletzt (2014) sogar nur knapp oberhalb der 40-Prozent-Marke.

Kann man den Niveauunterschied mit der geringeren Bedeutung, die die Bürger den – von der Politikwissenschaft aus diesem Grund als »Nebenwahlen« apostrophierten – Kommunal-, Landtags- und Europawahlen im Vergleich zu den Bundestagswahlen beimessen, leicht erklären, so bleibt die Frage, warum der Rückgang bei den Nebenwahlen auch prozentual höher ausfällt als bei den Hauptwahlen. Ein möglicher Grund könnte darin liegen, dass sich die soziale Selektivität hier noch stärker auswirkt. Dies erscheint mit Blick auf die föderale Aufgabenverteilung plausibel, da die materielle Lebenswirklichkeit der Bürger faktisch und in ihrer eigenen Wahrnehmung in erster Linie von bundespolitischen Entscheidungen abhängt – anhand der vorliegenden Daten lässt sich dieser Zusammenhang allerdings nicht sicher belegen.

Eine andere Erklärung für den Einbruch der Wahlbeteiligung stellt auf die seit den 1990er Jahren durchgesetzten Verfassungsreformen ab, die durch die Einführung der zweistufigen Bürgermeisterdirektwahlen und Ausweitung direktdemokratischer Verfahren in Ländern und Gemeinden insbesondere auf der kommunalen Ebene zu einer »Inflationierung« der Wahltermine geführt haben. So wie in anderen Ländern (etwa der Schweiz) wird der Ausbau der institutionellen Partizipationsrechte durch einen Rückgang der individuellen Wahl- oder Abstimmungsbeteiligung erkauft, so die Erklärung. Die nachfolgend diskutierten institutionellen Vorschläge beziehen sich deshalb vor allem auf die kommunale und Länderebene. Dort haben sie einerseits den größten potenziellen Nutzen, zum anderen bieten sich die Länder als Experimentierfeld der Institutionenpolitik an, indem Reformen in einem Bundesland auf andere Länder und den Bund ausstrahlen.

Bei der Diskussion des Für und Wider solcher Reformen ist zunächst wichtig, dass die Vorschläge auf ihre Verfassungskonformität und mögliche schädliche Nebenwirkungen in anderen Bereichen geprüft werden. Des Weiteren bedürfen sie der Akzeptanz durch die parteipolitischen Akteure und die allgemeine Öffentlichkeit. Beides lässt sich gut an dem ebenso naheliegenden wie radikalen Vorschlag illustrieren, der rückläufigen Wahlbeteiligung mit einer sanktionsbewährten Wahlpflicht zu begegnen. Weil man die soziale Schieflage der Wahlbeteiligung damit auf vergleichsweise einfache Art bekämpfen könnte, wird dieser Vorschlag heute gerade von Wissenschaftlern beziehungsweise Autoren (aber noch nicht von Politikern) ins Spiel gebracht, die politisch der Sozialdemokratie nahestehen. Im Umkehrschluss kann man sich leicht ausmalen, warum die bürgerlichen Parteien an einer solchen Lösung kein Interesse haben. Argumentativ spielt ihnen dabei nicht nur die Meinung der Bevölkerung in die Hände, die die Einführung einer Wahlpflicht zu zwei Dritteln ablehnt. Die – international kaum verbreitete – Wahlpflicht wäre in der Bundesrepublik auch ein verfassungspolitischer und -rechtlicher »Fremdkörper«. Ob sie sich mit dem Verfassungsgebot der freien Wahl in Einklang bringen ließe, ist zweifelhaft.

Die sonstigen Vorschläge lassen sich grob in vier Bereiche einteilen: Wahlberechtigung, Wahlsystem, Technik des Wählens und Zusammenlegung von Wahlen (Regierungsform). Bei der Wahlberechtigung geht es vor allem um die Einführung eines kommunalen Wahlrechts für Nichtdeutsche und die Absenkung des aktiven Wahlalters auf 16 Jahre. Beide Maßnahmen hätten mit Blick auf die faktische Wahlbeteiligung vermutlich einen negativen Effekt. Weisen die neu hinzutretenden Wähler eine unterdurchschnittliche Beteiligung auf, wovon bei beiden Gruppen auszugehen ist, drückt das auf die Gesamtwahlbeteiligung. Mittel- und langfristig könnte sich dagegen die Absenkung des Wahlalters positiv auswirken, wenn durch die Erstwahl ein Kohorteneffekt entsteht, der durch das weitere Leben des Wahlbürgers »durchträgt«. Die Absenkung des Wahlalters hätte den Vorteil, dass die Vorbereitung auf den staatsbürgerlichen »Ernstfall« in den Schulen lebens- und praxisnäher gestaltet werden könnte.

Wenig Belege gibt es dafür, dass sich durch Veränderungen im Wahlsystem zusätzliche Beteiligungsanreize vermitteln ließen. Die von Demokratielobbyisten gelegentlich geäußerte These, die Fünfprozent-Sperrklausel oder fehlende Möglichkeiten der Personenwahl schreckten die Bürger von der Teilnahme ab, ist reines Wunschdenken. Gutgemeinte Demokratisierungsvorschläge wie die Einführung einer Ersatzstimme oder die Ermöglichung einer Stimmenthaltung könnten hier sogar kontraproduktiv wirken, indem sie das Wahlsystem verkomplizieren.

Vielversprechender erscheinen Überlegungen, die bei der Technik des Wählens ansetzen, das heißt den Orten und Zeitpunkten der Stimmabgabe. Hier könnte man nahtlos an die bestehenden Formen anknüpfen, indem man etwa die Öffnungszeiten der Wahllokale und/oder die Fristen der Briefwahl ausweitet. Beides ließe sich ohne nennenswert größeren Aufwand realisieren. Keine grundsätzlichen Bedenken bestehen gegen die

Einführung einer universellen Briefwahl. Diese sollte sich aber – zumindest im ersten Schritt – nur auf Volksabstimmungen (wenn diese nicht zeitgleich mit einer regulären Wahl stattfinden) und die Nebenwahlen erstrecken, wo sie nach den vorliegenden ausländischen Befunden (insbesondere aus der Schweiz) ihre größten Effekte erzielt. Auf kommunaler und Landesebene wäre die universelle Briefwahl durch die Verfassungsautonomie der Länder problemlos umsetzbar; bei den Volksabstimmungen ist sie (wie in Hamburg) zum Teil schon Realität. Weil die Briefwahl mit Einschränkungen bei der Geheimheit, Freiheit und Öffentlichkeit der Wahl verbunden ist, darf und kann sie die klassische Präsenzwahl nicht ersetzen; diese muss vielmehr durch ein dichtes, insofern nicht beliebig ausdünnbares Netz an Wahllokalen und Abstimmungsstellen in möglichst vollem Umfang aufrechterhalten bleiben. Des Weiteren ist durch das gleichberechtigte Nebeneinander beider Formen noch stärker als heute Sorge zu tragen, dass Fehler bei der Briefwahl vermieden werden und es zu keinen Doppelzählungen kommt.

Größere Skepsis ist mit Blick auf Einführung von Wahlwochen beziehungsweise das »Wählen im Supermarkt« angebracht – ein Vorschlag, den Yasmin Fahimi als SPD-Generalsekretärin 2014 in die Debatte gebracht hat. Der finanzielle und administrative Mehraufwand steht hier in keiner vernünftigen Relation zu den wahrscheinlich nur minimalen Zuwächsen bei der Wahlbeteiligung, zumal mit der Briefwahl in der Bundesrepublik eine bequeme Möglichkeit der vorzeitigen Stimmabgabe bereits besteht. Darüber hinaus entwerten die unkonventionellen Orte den Wahlakt in seiner staatsbürgerschaftlichen »Sakralität«, die neben einem würdigen Rahmen auch eine gewisse Bringschuld des Wählers verlangt. Daher lässt sich nachvollziehen, warum sie mit Ausnahme Schwedens auf nationaler Ebene nirgendwo vorkommen.

Für die Stimmabgabe über das Internet, die eine moderne Form der Briefwahl darstellt, ist die Zeit noch nicht reif. Gegen Onlinewahlen sprechen nicht nur die nach wie vor bestehenden technischen Sicherheitsmängel, sondern auch die digitale Spaltung der Gesellschaft, die sich vor allem in der geringeren bis nicht vorhanden Netzaffinität der älteren Wählergruppen ausdrückt. Beide Probleme könnten in etwa zehn bis zwanzig Jahren überwunden sein. Bis dahin würde es sich auch in der Bundesrepublik anbieten, die elektronischen Formen der Stimmabgabe ähnlich wie in Großbritannien, Kanada, den Niederlanden oder Norwegen im Rahmen von Pilotprojekten auf der kommunalen und regionalen Ebene zu erproben, um in diesem Bereich international nicht den Anschluss zu verlieren. Eine weitere Möglichkeit, der rückläufigen Wahlbeteiligung institutionell entgegenzuwirken, bestünde in der Zusammenlegung von Wahlen. Dies könnte zum einen durch Veränderungen im Regierungs- und Wahlsystem erreicht werden, indem man zum Beispiel die Wahlperioden von Bürgermeistern und Räten synchronisiert oder anstelle der heutigen Stichwahl ein Präferenzstimmensystem einführt. Damit ließen sich gleich zwei Urnengänge einsparen. Zum anderen könnten Wahlen auf verschiedenen Ebenen gleichzeitig stattfinden. Dabei muss aber beachtet werden, dass nicht alle Wahlen zusammenlegungsfähig sind. So ist es etwa unter Föderalismusgesichtspunkten wenig zweckmäßig, die ohnehin stark von der Bundespolitik überlagerten Landtagswahlen zeitgleich mit einer Bundestagswahl anzusetzen. Auch die Abhaltung von Volksentscheiden an Wahlterminen erscheint aus demokratiepolitischer Sicht prekär, wenn sie dazu beiträgt, Beteiligungs- oder Zustimmungsquoren künstlich auszuhebeln.

Was läuft falsch in der Debatte um »mehr direkte Demokratie«?

Anders als die territoriale Herrschaftsgliederung, die Verfassungsgerichtsbarkeit oder das Wahlsystem gehören direktdemokratische Verfahren nicht zu den zwingend notwendigen, sondern zu den »optionalen« Einrichtungen eines demokratischen Regierungssystems. Wer sie neu einführen will, muss deshalb den Nachweis führen, dass sie in das System hineinpassen und ihnen ein demokratischer Mehrwert innewohnt. Letzteres setzt voraus, dass die Plebiszite nicht nur eine symbolische Funktion erfüllen; sie müssen tatsächlich politische Wirkung entfalten. Handelt es sich bei der Direktdemokratie um ein in der Praxis nicht einlösbares Versprechen an die Bürger, wäre es ehrlicher und damit auch unter Legitimationsaspekten besser, auf ihre Einführung zu verzichten.

Ein Mehrwert der direktdemokratischen Verfahren wäre gegeben, wenn diese a) zu einer verbesserten Entscheidungsqualität im Sinne des Gemeinwohls (Output- Legitimation) und b) zu einem höheren Maß an Interessenberücksichtigung beitragen, die zugleich die Zufriedenheit mit dem politischen System vergrößern (Input-Legitimation). Aus der bisherigen Praxis in den deutschen Ländern und Kommunen gibt es für beides keine empirischen Belege. In der Schweiz lässt sich die größere Systemzufriedenheit tatsächlich nachweisen, doch fußen die Volksrechte dort auf historischen und kulturellen Bedingungen, die auf die Bundesrepublik nicht ohne Weiteres übertragbar sind. Die Schweizer Erfahrungen können deshalb allenfalls bei der Ausgestaltung der Verfahren nützlich sein.

Direktdemokratische Verfahren müssen sich in das vorhandene parlamentarische Regierungssystem einfügen und mit dessen Funktionsprinzipien »vertragen«. Entscheidend dafür ist primär, wer berechtigt sein soll, einen Volksentscheid auszulösen. Liegt diese Befugnis bei der Regierung beziehungsweise Parlamentsmehrheit oder schreibt die Verfassung selber vor, dass über eine bestimmte Angelegenheit ein Volksentscheid stattzufinden hat, bliebe das Prä der repräsentativen Institutionen gewahrt. Kann das Volk – und das heißt de facto immer: eine Minderheit des Volkes – einen Volksentscheid herbeizwingen, hätte die

Opposition (die parlamentarische wie die außerparlamentarische) dagegen die Möglichkeit, am Regierungsgeschehen über die »Hintertür« der Plebiszite unmittelbar teilzunehmen. Das Gestaltungsmonopol der regierenden Mehrheit, auf dem das gewaltenfusionierende parlamentarische System gründet, würde aufgehoben. Dies gilt sowohl bei der »positiven« Volksgesetzgebung, wo das Volk selber die Gesetze vorschlägt, als auch bei einer »Vetoinitiative«, wenn das Volk über ein vom Parlament bereits beschlossenes Gesetz eine Abstimmung verlangt.

Der Primat der parlamentarischen Repräsentation (im Sinne einer bloß »ergänzenden« Funktion der Plebiszite) kann bei den von unten ausgelösten Verfahren nur gesichert werden, wenn deren Inanspruchnahme durch thematische Auschlussgegenstände, hohe Quoren, sonstige Verfahrensvorschriften und die parlamentarische Konterlegislatur (also die nachträgliche Aufhebung oder Korrektur von Volksbeschlüssen) so stark eingeschränkt wird, dass die direkte Demokratie in der Praxis kaum zum Tragen kommt. Damit ist ein Dauerstreit um die Öffnung oder Schließung der Verfahren vorprogrammiert, der gleich in mehrfacher Hinsicht ungute Folgen hat. Erstens widerspricht er der Idee der Verfassung, die als institutionelle Grundordnung des Gemeinwesens zwar nicht unveränderbar, aber doch auf eine gewisse Beständigkeit hin angelegt sein sollte. Zweitens macht er die Institutionenpolitik zum Selbstzweck. Statt sich im Rahmen der direktdemokratischen Verfahren politisch zu streiten, streitet man politisch über die direktdemokratischen Verfahren. Und drittens gibt er der Verfassungsgerichtsbarkeit ein übermäßiges Gewicht, die über die Zulässigkeit und Gültigkeit der Verfahren am Ende zu entscheiden hat.

Das Haupthindernis für die Einführung von Volksabstimmungen auf Bundesebene liegt in der Fixierung der direktdemokratischen Verfassungsgebung auf die von unten ausgelosten Verfahren. Die Gründe dafür reichen bis ins 19. Jahrhundert zurück. Die Volksgesetzgebung wurde einerseits von dem frühsozialistischen Politiker Moritz Rittinghausen erfunden (dessen Name auch unter den Befürwortern der direkten Demokratie heute kaum noch geläufig ist), andererseits geht sie auf Überlegungen der südwestdeutschen Liberalen zurück. Beide Traditionsstränge erklären, warum die Forderung nach mehr direkter Demokratie in Deutschland bis zuletzt überwiegend ein Thema der linken Parteien gewesen und geblieben ist. Dass sich der Rechtspopulismus der Forderung jetzt in noch entschiedenerer Form bemächtigt, muss die Befürworter naturgemäß verunsichern.

Rittinghausen hatte das Konzept einer »direkten Gesetzgebung durch das Volk« als Alternative zum monarchisch-konstitutionellen Repräsentativsystem entwickelt. Sein Ziel, den Parlamentarismus ganz zu überwinden, stieß in der Arbeiterbewegung auf große Sympathie, war diese doch nach dem Scheitern der 1848er Revolution von jeglicher Teilhabe an der politischen Macht ausgeschlossen. Die Forderung wurde deshalb von den Sozialdemokraten 1869 in ihr Eisenacher Programm aufgenommen und in nur leicht abgeschwächter Form im Gothaer Programm (1875) und Erfurter Programm (1891) beibehalten. Letzteres war bemerkenswert, da die SPD ab den 1890er Jahren, als sie selbst in den Parlamentarismus hineinwuchs, eigentlich kein Interesse mehr daran haben konnte, mit diesem zu brechen. Spätestens mit der 1918 erfolgten Einführung des parlamentarischen Systems und ihrer eigenen Regierungsübernahme war die Notwendigkeit eines plebiszitären Korrektivs der Gesetzgebung aus demokratischer Sicht nicht mehr gegeben.

Dennoch wurden die von unten ausgelösten Verfahren in die Weimarer Reichsverfassung und – noch wichtiger – sämtliche Länderverfassungen eingeführt. Damit gaben sie einen Pfad der Verfassungsgebung vor, der – entgegen der Legende von den »Weimarer Erfahrungen« – auch nach 1945 bestehen blieb. Von dort an setzte zwar eine lange Phase der »plebiszitären Enthaltsamkeit« ein, weil das Grundgesetz auf die Einführung der Abstimmungen (jenseits des Art. 29) von vornherein verzichtete und die Instrumente auf der Länderebene kaum eine Rolle spielten. Als die Funktionsschwächen der repräsentativen Parteiendemokratie den Ruf nach mehr direkter Demokratie ab Ende der 1980er Jahre lauter werden ließ, griff man in den Ländern aber wie selbstverständlich auf das tradierte Instrument der Initiative zurück.

Weil die Volksgesetzgebung heute in allen Bundesländern und Kommunen existiert (dort als Bürgerbegehren und -entscheid), ist sie als »Modell« auch für den Bund automatisch gesetzt. Ein solches Junktim lässt sich aber institutionell nicht begründen. Zum einen weisen beide Ebenen hinsichtlich ihrer Gesetzgebungszuständigkeiten enorme Unterschiede auf: nicht nur die meisten, sondern auch die wichtigsten und komplexesten Materien liegen beim Bund. Eine Übernahme der Volksgesetzgebung hätte deshalb vermutlich zur Folge, dass über die finanzwirksamen

Gesetze hinaus weitere Ausschlussgegenstände benannt und auch die übrigen Verfahrensregeln restriktiver gehandhabt werden müssten als in den Ländern. Zum anderen wirft die Einführung der Plebiszite auf nationaler Ebene das zusätzliche Problem der Beteiligung des Bundesrates an den Gesetzgebungsverfahren auf. Das in den bisherigen Entwürfen von SPD, Grünen und Linken übereinstimmend vorgeschlagene Zustimmung der Landesvölker (»Ländermehr«) bietet hier nur eine Scheinlösung, die die funktionale Expertise der Länderregierungen im Gesetzgebungsprozess nicht ersetzen kann.

Anders stellt sich die Situation in Ländern und Kommunen dar. Hier kann es nicht darum gehen, die schon bestehenden Volksrechte abzuschaffen oder stillzulegen; die Verfassungsgeber müssen bei deren Ausgestaltung mit den beschriebenen Problemen zurechtkommen. Der Föderalismus hat den Vorteil, dass es dabei keine einheitlichen Lösungen zu geben braucht. In Abhängigkeit von den spezifischen Bedingungen, etwa der Vertrautheit mit dem Instrument oder der Machtkonstellation, kann der Volksgesetzgebung mal ein größerer und mal ein kleinerer Spielraum gewährt werden.

Auf der Bundesebene sollte man dagegen von der Volksgesetzgebung ebenso Abstand nehmen wie von der Idee eines »volksbegehrten Referendums« gegen bereits beschlossene Gesetze, das die SPD in ihrem 2013 eingebrachten Gesetzentwurf zusätzlich vorgeschlagen hat. Auch bei einem Verzicht auf die von unten ausgelösten Verfahren gibt es genügend andere Instrumente, die sich für eine plebiszitäre Ergänzung des Grundgesetzes eignen würden. Vergleichsweise problemlos integrierbar wäre zum Beispiel ein obligatorisches Verfassungsreferendum, das allerdings auf die Kernbestandteile der Verfassung begrenzt sein müsste. Darunter fallen auch Souveränitätsübertragungen an die EU. Des weiteren böte sich ein vom Parlament auslosbares Entscheidungsreferendum an, wie es in Hamburg für die Olympia-Bewerbung der Stadt angewandt wurde. Dieses könnte bei Fragen von hoher Legitimationsrelevanz zum Zuge kommen. Außerdem sollten die Bürger das Recht erhalten, den Bundestag mittels einer unverbindlichen Volksinitiative zur Beratung eines Vorschlags aufzufordern – eine Möglichkeit, die inzwischen sogar auf der EU-Ebene besteht. Ein solches Verfahren würde sich zum Beispiel für Fragen eignen, in denen die Parteien aufgrund institutioneller Eigeninteressen zur Kartellbildung neigen.

Die Befangenheit im Modell der Volksgesetzgebung hat eine realistische Einschätzung der mit einer Einführung der Plebiszite in das Grundgesetz verbundenen Chancen und Risiken bislang verhindert. Dass die Skepsis gegenüber den von unten ausgelösten Verfahren zunimmt, je mehr sich diese auf der Länderebene institutionell verfestigen und den politischen Prozess beeinflussen, ist dabei nur scheinbar paradox. Die Fixierung des Verfassungsgebers auf die Volksgesetzgebung entspringt ja nicht irgendeinem bösen Willen, sondern folgt Gesetzmäßigkeiten, die den Befürwortern der direkten Demokratie ebenso wenig bewusst sein dürften wie deren Gegnern. Was den Befürwortern zu denken gibt, sind vor allem die aus ihrer Sicht unerwünschten Ergebnisse konkreter Volksabstimmungen. So geriet etwa der Volksentscheid über die Schulreform in Hamburg 2010 ausgerechnet für die Grünen zu einer herben Niederlage, die sich zuvor unter allen Parteien am entschiedensten für die Volksrechte eingesetzt hatten. Auch die Erfahrungen anderer Länder, wo die Bürger in nationalen Referenden mehrfach EU-Verträge zu Fall gebracht oder eine Verschärfung der Einwanderungsgesetze durchgesetzt haben, machen deutlich, dass diese offenkundig nicht nur progressiven Zwecken dienen.

Obwohl sich die Anzeichen für ein Umdenken mehren, fehlt es noch an der Bereitschaft, die Unhaltbarkeit des mit der Volksgesetzgebung gemachten Demokratieversprechens offen zuzugeben. Als Politikwissenschaftler wissen wir, dass die Abkehr von einem einmal eingeschlagenen Pfad ein schwieriges, fast unmögliches Unterfangen darstellt. Dies gilt zumal, als die Repräsentationsschwächen der heutigen Parteiendemokratie genau in die gegenteilige Richtung wirken, indem sie den Ruf nach mehr direkten Beteiligungsmöglichkeiten verstärken. Ein wiederholt gegebenes Versprechen zurückzunehmen, setzt insofern nicht nur »besseres Wissen« voraus, sondern auch politischen Mut. Nur so kann die direktdemokratische Verfassungsgebung aus der Sackgasse herausfinden, in die sie die Präferenz für die von unten ausgelösten Verfahren hierzulande geführt hat.

Bewährungsprobe nicht bestanden

Der Einzug von sechs statt bisher vier Fraktionen, die Notwendigkeit, die AfD-Fraktion im Plenarsaal zu platzieren und die Vergrößerung des Bundestags um 111 Abgeordnete mitsamt Mitarbeitern dürften den Innenarchitekten der Berliner Parlamentsgebäude in den nächsten Wochen einiges Kopfzerbrechen bereiten. Zumindest das letztgenannte Problem wäre vermeidbar gewesen, hätte es der Gesetzgeber nicht versäumt, das Wahlrecht in der abgelaufenen Legislaturperiode rechtzeitig zu reformieren. Denn mit den sich verändernden parteipolitischen Kräfteverhältnissen war spätestens seit der Flüchtlingskrise Ende 2015 absehbar, dass das seit 2013 geltende Wahlrecht eine starke Vergrößerung des Parlaments nach sich ziehen würde.

2013 hatte sich die Vergrößerung mit 33 zusätzlichen Mandaten noch in Grenzen gehalten. Der öffentliche Druck auf die Parteien, die von Parlamentspräsident Norbert Lammert (CDU) bereits in seiner Eröffnungsrede angemahnte Reform anzugehen, blieb deshalb gering. Als sich das Problem zu Beginn des Wahljahres immer deutlicher abzeichnete, tat Lammert einen ungewöhnlichen Schritt. Um die Fraktionen zum Handeln zu bewegen, legte er in einer Art Notwehr (und ohne sich mit seinen Stellvertretern im Präsidium abzustimmen) selber einen Gesetzentwurf vor, der den Ausgleich bei 630 Abgeordneten »deckeln« sollte. Weil sein gut gemeinter Vorschlag hinter den 2013 gefundenen Konsens einer vollständigen Ausgleichslösung zurückfiel, war jedoch von vornherein klar, dass er bei den vom Ausgleich profitierenden Parteien (das heißt in der derzeitigen Konstellation des Parteiensystems: allen Parteien außer der Union) keine Zustimmung finden würde.

Ging die Vergrößerung 2013 vor allem auf die niedrige Wahlbeteiligung und den hohen Anteil nicht berücksichtigter Stimmen im Bundesland Bayern zurück, die in Verbindung mit dem bundesweit geringen Mandatsanteil der CSU für einen besonders großen Ausgleichsbedarf sorgten, war sie diesmal hauptsächlich den »klassischen« Überhangmandaten geschuldet. Die Anzahl der von den Unionsparteien und der SPD gewonnenen Wahlkreise blieb im Vergleich zu 2013 nahezu konstant (231 für CDU und CSU zu 59 für die SPD gegenüber 236 zu 58). Ihnen standen durch die herben Verluste beider Parteien (8,6 Prozentpunkte bei der Union und 5,2 Prozentpunkte bei der SPD) diesmal aber deutlich geringere Zweitstimmenanteile gegenüber. Dies führte zu 36 Zusatzmandaten für die CDU auf der ersten Verrechnungsstufe, die über den Ausgleichmechanismus am Ende die Gesamtzahl von 709 Mandaten bewirkten.

Dass eine so starke Vergrößerung des Bundestages schwerlich legitimierbar ist, dürfte auf der Hand liegen. Dabei geht es nicht primär um die ärgerlichen Mehrkosten oder um mögliche Beeinträchtigungen seiner Funktionsfähigkeit. Vielmehr ist grundsätzlich fragwürdig, warum ein Parlament, dessen reguläre Größe vom Gesetzgeber auf 598 Abgeordnete festgelegt worden ist, je nach Zufall des Wahlergebnisses auf 631 oder 709 Abgeordnete »anschwellen« sollte. International gibt es dafür kein vergleichbares Beispiel. Problematisch ist vor allem, dass die zusätzlichen Mandate den Sanktionscharakter einer Wahl unterminieren, wenn sich Stimmenverluste und -gewinne nicht in entsprechenden Mandatsverlusten und -gewinnen niederschlagen.

Der designierte Bundestagspräsident Wolfgang Schäuble (CDU) wäre gut beraten, die Mahnung seines Vorgängers jetzt noch eindringlicher zu wiederholen und die Wahlrechtsreform auf die Agenda zu setzen. Je nach Reichweite kommen dabei drei Optionen in Frage. Eine große Reform könnte neben den Überhang- und Ausgleichsmandaten weitere Schwachstellen des Wahlsystems in den Blick nehmen wie etwa die Intransparenz des Zweistimmensystems, dessen Funktionslogik weiterhin von einem erheblichen Teil der Wähler nicht verstanden wird. Auch Fragen der Wahlberechtigung wären in diesem Zusammenhang zu behandeln (Ausschluss unter Betreuung stehender Menschen, Absenkung des aktiven Wahlalters auf 16). Eine mittlere Reform müsste versuchen, das Problem an der Wurzel zu packen, also erreichen, dass Überhangmandate gar nicht erst entstehen. Als Lösungen kämen hier zum Beispiel eine Reduktion des Anteils der Direktmandate auf etwa ein Drittel oder die Umwandlung der heutigen Einerwahlkreise in eine halb so große Zahl von Zweierwahlkreisen in Betracht. Die letztgenannte Lösung hätte gegenüber der erstgenannten den Vorteil, dass sie die Zahl der direkt gewählten Abgeordneten nicht vermindern würde.

Andererseits sollte man die Bedeutung der direkt gewählten Abgeordneten auch nicht zu sehr überhöhen, da die Listenkandidaten ebenfalls eine territoriale Basis haben und die Pflege ihrer Wahlkreise betreiben.

Kann man sich auf eine grundlegende Neuordnung der Wahlkreise nicht verständigen, sollte zumindest eine kleine Lösung angestrebt werden, die den Vergrößerungseffekt durch ein anderes Ausgleichsverfahren begrenzt, ohne am Prinzip des vollständigen Ausgleichs selbst zu rütteln. Auch hier liegen gangbare Vorschläge schon seit Langem auf dem Tisch. Dass das Wahlrechtsproblem in den öffentlichen Kommentierungen vom Ausgang der Wahl überlagert wurde und praktisch keine Rolle gespielt hat, war nicht überraschend. Es wäre jedoch ein Fehler, wenn der Bundestag die ausgebliebene Erregung zum Anlass nehmen würde, das Thema erneut schleifen zu lassen, statt die Reform jetzt beherzt anzugehen.

Das Parlament Nr. 40–41 vom 2. Oktober 2017, S. 3.

Sächsische Schweiz

In seinem Versuch, die Thüringer CDU in ein Tolerierungsbündnis mit der Linken hinein zu locken, hat Bodo Ramelow den Ausbau der direkten Demokratie als mögliches gemeinsames Thema ausgemacht. Indem er die Einführung eines fakultativen Referendums anregt, greift er – taktisch geschickt – einen Vorschlag auf, den die CDU in der ablaufenden Legislaturperiode gemacht und zu dem sie im Landtag einen bis ins Detail ausgearbeiteten Gesetzentwurf eingebracht hatte. Die Regierungsparteien konnten dem Vorhaben seinerzeit wenig abgewinnen, weil sie darin vor allem ein Manöver der Opposition erblickten, die von der rot-rot-grünen Koalition geplante Gebietsreform zu vereiteln. Linke, SPD und Grüne schlugen stattdessen eine Erleichterung der bestehenden Verfahren der Volksgesetzgebung vor – durch Absenkung der Quoren und eine Lockerung des sogenannten Finanzvorbehalts. Ramelow möchte nun beide Vorhaben miteinander verbinden.

Eine ähnliche Entwicklung deutet sich in Sachsen an. Hier hatte Michael Kretschmer das fakultative Referendum unter der etwas merkwürdigen Bezeichnung »Volkseinwand« im Landtagswahlkampf ins Spiel gebracht. Die entsprechenden Passagen im Wahlprogramm trugen die Handschrift des Dresdner Politologen Werner J. Patzelt, der ein solches Vetorecht der Bürger gegen parlamentarisch beschlossene Gesetze als vermeintliches Rezept gegen die Politik- und Parteienverdrossenheit schon seit Langem propagiert. SPD und Grüne werden sich dem Anliegen in den Koalitionsverhandlungen kaum verweigern können, haben sie doch selbst den Ausbau der direkten Demokratie in der Vergangenheit regelmäßig gefordert. 2013 wollte die SPD das fakultative Referendum sogar auf der Bundesebene einführen. Eine bereits erreichte Verständigung mit der CSU in der zuständigen Arbeitsgruppe der Koalitionsverhandlungen scheiterte aber letztlich am Widerstand der CDU.

Mit ihren Vorstößen für »mehr direkte Demokratie« setzten sich die thüringische und sächsische CDU demonstrativ über die ablehnende Position hinweg, die die Bundespartei zu diesem Thema stets eingenommen hat und weiter einnimmt. Noch pikanter wird die Sache dadurch, dass die Forderung nach Einführung des fakultativen Referendums im

Programm der AfD ganz oben steht. Sollte die CDU mit dem Eintreten für mehr direktdemokratische Beteiligungsrechte das Ziel verfolgt haben, den Rechtspopulisten das Wasser abzugraben, so war sie darin bei den gerade zurückliegenden Wahlen allerdings nicht sehr erfolgreich.

Doch was ist von dem Vorschlag in der Sache zu halten? Warum braucht es das zusätzliche Instrument eines »fakultativen Referendums«, wo doch die Bürger im Rahmen der »Volksgesetzgebung« in allen Bundesländern heute schon die Möglichkeit haben, neue Gesetze zu beschließen und bestehende Gesetze zu korrigieren. Hierzu muss man sich den Unterschied zwischen beiden Verfahren etwas genauer vergegenwärtigen. Die Volksgesetzgebung gibt den Bürgern die Chance, sich als Gesetzgeber anstelle der parlamentarischen Institutionen zu setzen. Das Volk stimmt nicht nur über die Gesetze ab, sondern legt auch inhaltlich fest, worüber abgestimmt wird, indem es entsprechende Initiativen und Begehren einbringt. Das fakultative Referendum eröffnet den Bürgern dagegen »lediglich« die Möglichkeit, gegen ein bereits verabschiedetes Gesetz vorzugehen, indem sie dieses innerhalb einer bestimmten Frist einer Volksabstimmung unterwerfen und dort gegebenenfalls zu Fall bringen. Die Festlegung des Entscheidungsgegenstandes bleibt dem Volk bei einem solchen »Nachentscheid« entzogen; sie obliegt allein den Regierenden, das heißt Parlament und Regierung. Das fakultative Referendum ist deshalb seinem Wesen nach eine »Vetoinitiative«.

Die Befürworter nennen insbesondere drei Vorteile des fakultativen Referendums im Vergleich zu den bestehenden Verfahren der Volksgesetzgebung. Indem nur über bereits beschlossene Gesetze abgestimmt wird, bleibe erstens der Primat der parlamentarischen Repräsentation gewahrt. Damit sei auch die Gefahr geringer, dass unseriöse oder lediglich die Interessen bestimmter Minderheiten bedienende Interessen im politischen Prozess Einzug hielten. Zweitens trage das Instrument zur Entlastung der vorhandenen Verfahren bei. Initiativen, die auf die Aufhebung oder Verhinderung bestimmter Gesetze gerichtet seien, könnten nun ohne den Umweg über die Volksgesetzgebung direkt lanciert werden. Tatsächlich handelt es sich bei etwa der Hälfte der heutigen Volksbegehren dem Inhalt nach de facto um »Vetoinitiativen«. Beispiele sind der Hamburger Schulentscheid, der bayerische Volksentscheid für einen strengeren Nichtraucherschutz und der Berliner Volksentscheid für einen Weiterbetrieb des Flughafens Tegel, die alle gegen den Willen der jeweiligen Regierungsparteien erfolgten.

Als Hauptvorteil heben die Befürworter – drittens – die präventiven Wirkungen des fakultativen Referendums hervor. Dessen Funktion bewähre nicht primär darin, dass es möglichst oft, sondern im Gegenteil möglichst wenig zum Einsatz komme. Denn wo das Volk das letzte Wort über die Gesetze habe, entwickelten Parlament und Regierung ein Interesse, ihre Gesetzesvorhaben so zu gestalten, dass das Referendum »nicht ergriffen« wird, wie die Schweizer sagen. Dadurch seien sie zum einen genötigt, die Vorhaben dem Wählerpublikum zu vermitteln und zu erklären. Zum anderen müssten sie diese auf eine möglichst breite Interessenbasis stellen, die Einwände und Widerstände schon vorab berücksichtigt.

Welche institutionellen Weiterungen das haben kann, lässt sich in der Schweiz studieren. Das Volksveto hat dort nämlich dazu geführt, dass im Laufe der Zeit alle wichtigen Parteien in die Regierung einbezogen worden sind. Wahlen haben in der Schweiz deshalb nur eine beschränkte Funktion. Sie können die Zusammensetzung der Regierung nicht verändern. Genauso wenig kennt das Land eine feste parlamentarische Opposition; diese wird vielmehr direkt vom Volk ausgeübt. Man mag darüber streiten, ob ein solches Konkordanzsystem nicht besser ist als der bisweilen stark polarisierte Parteienwettbewerb hierzulande, den das Gegenüber von regierender Mehrheit und Opposition präjudiziert. Diese Frage ist aber müßig, da die Direktdemokratie in der Schweiz auf eine sehr lange Tradition zurückblicken kann; das fakultative Referendum, das die Herausbildung der Allparteienregierung nach sich gezogen hat, wurde auf der nationalen Ebene bereits im Jahre 1874 (und in den Kantonen zum Teil noch früher) eingeführt.

Das Schweizer Beispiel zeigt zugleich, dass die erhofften präventiven Wirkungen sich nur dann einstellen, wenn die Hürden für das fakultative Referendum gering sind. Die 50.000 Unterschriften, die für die Auslösung eines Referendums benötigt werden, entsprechen hier nicht einmal einem Prozent der Abstimmungsberechtigten, und am Ende entscheidet die einfache Mehrheit. In Thüringen sollen laut dem 2016 vorgelegten Gesetzentwurf der CDU 2,7 Prozent der Wahlberechtigten ein Referendum verlangen können. Dies liegt deutlich unterhalb des Quorums, das die meisten Bundesländer für ein Volksbegehren vorsehen. (Die niedrigste Schwelle hat Schleswig-Holstein mit 3,6 Prozent). In Sachsen wäre die Hürde nach den Vorstellungen der CDU mit fünf Prozent doppelt so hoch. Dafür entfiele dort wie im Volksgesetzgebungsverfahren das Quorum beim abschließenden Entscheid. Thüringen würde dagegen laut den Vorstellungen der CDU beim fakultativen Referendum das 25-prozentige Zustimmungsquorum übernehmen, das für die Volksgesetzgebung gilt. Auch für die Themenausschlüsse sollen dieselben Einschränkungen bestehen, das heißt anders als in der Schweiz wären Steuer- und Abgabengesetze sowie Gesetze, die sich durch ihre finanziellen Folgen auf den Haushalt auswirken, dem Referendum entzogen.

Die Auslösbarkeit der Verfahren gewinnt deshalb zentrale Bedeutung, weil sowohl das »positive« Gesetzgebungsrecht des Volkes im Rahmen der Volksgesetzgebung als auch das zu Oppositionszwecken einsetzbare »negative« fakultative Referendum ein grundlegendes Problem gemeinsam haben: Sie widerstreiten der Logik unserer parlamentarischen Regierungsform. Zwischen regierender Mehrheit und Opposition besteht hier bekanntlich eine klar festgelegte Rollenteilung: Der Regierung gebührt das Monopol der politischen Gestaltung, während die Opposition als parlamentarische Minderheit ganz auf ihre Kontroll- und Alternativfunktion zurückgeworfen bleibt, die sie mit dem Ziel wahrnimmt, die Regierung nach der kommenden Wahl abzulösen. Ein plebiszitäres Vetorecht würde dieses Prinzip unterlaufen. Denn mit seiner (ihrer) Hilfe könnte die Opposition von der Regierungsmehrheit beschlossene Gesetze schon im Vorfeld einer Wahl zu Fall bringen oder in ihrem Sinne ändern. Es entstünde also eine Konkurrenz von parlamentarischem Mehrheits- und Volkswillen, die das Gestaltungsmonopol der Regierungsmehrheit aufhebt.

Die Unvereinbarkeitsthese wird durch die empirische Verbreitung der Verfahren gestützt. Sieht man von einigen mittelosteuropäischen Ländern ab, die das Instrument nach dem Systemwechsel 1989/90 in ihre neuen Verfassungen eingeführt haben, gibt es unter den parlamentarischen Regierungssystemen ein dem fakultativen Referendum vergleichbares Instrument auf der nationalen Ebene allein in Italien. Slowenien hat aus der Unverträglichkeit der oppositionell eingesetzten Instrumente mit dem parlamentarischen System mittlerweile Konsequenzen gezogen, indem es das fakultative Referendum in seiner Anwendbarkeit beschnitten und das »minoritäre«, also von der parlamentarischen Opposition auslösbare Referendum ganz aus der Verfassung gestrichen hat. In den präsidentiellen Systemen, zu denen auch die Schweiz gehört, sind die von unten ausgelösten Verfahren dagegen häufiger anzutreffen, weil sie mit deren gewaltentrennenden Funktionslogik im Einklang stehen.

Wären die von unten ausgelösten Verfahren in Deutschland genauso leicht anwendbar und würden sie sich auf genauso viele Entscheidungsmaterien erstrecken in der Schweiz, käme es auch hier über kurz oder lang zu einer konsensuellen Transformation des Regierungsprozesses. Insofern sind es gerade die Hürden und Themenausschlüsse, die die Vereinbarkeit der Volksrechte mit dem mehrheitsdemokratischen parlamentarischen System zumindest halbwegs sichern. Damit wird allerdings ein permanenter verfassungsrechtlicher und -politischer Konfliktherd eröffnet zwischen denen, die die Verfahren durch eine Lockerung dieser Restriktionen ausweiten, und denen, die sie am liebsten beschneiden oder ganz abschaffen möchten. In der gegebenen Verfassungslage ist in den meisten Bundesländern das eine so wenig gangbar wie das andere. Das gilt auch für Thüringen und Sachsen. Insofern gibt es in der Ausgestaltung keine Alternative zu einer »mittleren« Linie, die eine gewisse Anwendungspraxis ermöglicht, aber zugleich dafür Sorge trägt, dass die von unten ausgelösten Verfahren keine dsyfunktionalen Wirkungen erzeugen. Ein größerer Spielraum sollte ihnen nur dort gewährt werden, wo das parlamentarische Wechselspiel von Mehrheit und Minderheit gestört ist, weil zum Beispiel eine Partei dauerhaft regiert. Das bayerische Beispiel zeigt, dass die Volksrechte unter solchen Bedingungen eine nützliche Korrektivfunktion ausüben.

In Thüringen und in Sachsen ist die Situation anders. In Sachsen wird nach der Bildung der Kenia-Koalition die Funktion der parlamentarischen Opposition von den beiden Randparteien (Linke und AfD) wahrgenommen. In Thüringen könte durch die Einbeziehung von CDU und FDP in ein Tolerierungsbündnis sogar die Situation entstehen, dass die Opposition allein bei der AfD liegt. Würde man das Volksveto einführen und die Anwendbarkeit der vorhandenen Verfahren der Volksgesetzgebung erleichtern, wären also gerade die radikalen Kräfte im Parteiensystem die potenziellen Nutznießer. Wollen die Regierungsparteien vermeiden, dass diese sich des Referendums bemächtigen, müssten sie ihnen entweder gemäß der oben beschriebenen Logik inhaltlich entgegenkommen. Oder sie lassen es auf eine Abstimmung ankommen, um ihr Vorhaben in der ursprünglich geplanten Form durchzusetzen. Doch selbst wenn sie darin erfolgreich sind, muss das den Herausforderparteien nicht zwingend zum Nachteil gereichen. Für diese kommt es ja vor allem darauf an, dass sie ihre eigenen Themen auf die Agenda setzen und im Parteienwettbewerb platzieren. Wie sich die direktdemokratischen Verfahren für die eigenen Ziele einspannen lassen, hat die rechtspopulistische SVP in der Schweiz in den beiden letzten Jahrzehnten wirkungsvoll demonstriert. Warum sollte man der AfD jetzt ohne Not eine solche Plattform zusätzlich zur Verfügung stellen?

Kritiker der bestehenden direktdemokratischen Verfahren weisen zu Recht darauf hin, dass diese in vielen Bundesländern toter Buchstabe seien und in der Praxis kaum zum Tragen kämen. Von daher sind gewisse Erleichterungen durchaus angezeigt. Das in Thüringen und Sachsen geplante fakultative Referendum geht darüber allerdings deutlich hinaus. Dies gilt zumal, wenn man seine Einführung mit der Absenkung der Hürden und Beseitigung von Themenausschlüssen im bestehenden Volksgesetzgebungsverfahren koppelt. Eine so weitgehende Öffnung hätte unweigerlich Kollisionen mit dem parlamentarischen Gesetzgeber zur Folge. Dies würde wiederum Bestrebungen auslösen, die potenziell unberechenbaren Volksrechte wieder einzuhegen, so wie es das Verfassungsgericht kürzlich in Hamburg getan hat. Ein solches Hin und Her untergräbt auf Dauer nicht nur die Verfassung, die ihrer Idee nach auf eine gewisse Beständigkeit hin angelegt sein sollte. Es schadet auch der Akzeptanz der Parteiendemokratie, die man ja durch die direkte Demokratie gerade erhöhen möchte.

Doch wo lägen die Alternativen? Wenn eine Ausdehnung der von unten ausgelösten Verfahren verfassungspolitisch und -rechtlich in die Sackgasse führt, sollte man das Augenmerk vielleicht stärker auf solche Instrumente der Direktdemokratie richten, die sich in das parlamentarische System besser integrieren lassen. Dies gilt zum Beispiel für unverbindliche Volksinitiativen, aber auch für Referenden, die »von oben«, das heißt von Regierung und / oder Parlament ausgelöst werden. Sinnvoll wäre es ferner, die plebiszitären Verfahren mit anderen, deliberativen Formen der Bürgerbeteiligung institutionell zu verknüpfen, wie Baden-Württemberg es seit einiger Zeit versucht und der soeben beschlossene Koalitionsvertrag von SPD, CDU und Grünen in Brandenburg es vorsieht. Denn bewähren sich diese in ihrer Konsensorientierung, sinkt auch die Wahrscheinlichkeit, dass es zur Einleitung eines Bürger- oder Volksbegehrens gegen bereits beschlossene oder geplante Vorhaben kommt.

Auch die Bundesebene könnte bei der Entwicklung solcher Verfahren eine unterstützende Rolle spielen, doch herrscht hier in Sachen

Demokratiepolitik schon seit Langem Fehlanzeige. Nachdem die bereits sehr zurückhaltend formulierte Passage im Sondierungspapier der Jamaika-Parteien, wonach man »die parlamentarisch-repräsentative Demokratie durch weitere Elemente der Bürgerbeteiligung und direkten Demokratie ergänzen« wolle, von der CDU streitig gestellt wurde, hat sich die nach dem Scheitern von Jamaika neu aufgelegte Große Koalition in ihrem Koalitionsvertrag immerhin darauf verständigt, Vorschläge für eine plebiszitäre Ergänzung des Grundgesetzes von einer Expertenkommission erarbeiten zu lassen. Die Einsetzung dieser Kommission ist jedoch nach der Halbzeit der Legislaturperiode immer noch nicht erfolgt.

Oktober 2019 (unveröffentlicht).

Ein sehr alter Zopf

Unanständig, Trickserei, Wählerbetrug – diese und weitere Vokabeln wurden bemüht, um das Verhalten von AfD, CDU und FDP bei der Wahl des FDP-Politikers Thomas Kemmerich zum thüringischen Ministerpräsidenten am 5. Februar 2020 zu kritisieren. Über die verfassungsmäßige Bestimmung, die dieses Verhalten ermöglichte, haben die Kritiker kein Wort verloren. Es ist die in allen Ländern und auf Bundesebene vorgesehene Regelung, wonach die Wahl der Regierungschefs mit »verdeckten Stimmzetteln« – wie es in der Geschäftsordnung des Bundestages heißt – zu erfolgen hat, also in geheimer Abstimmung.

Die geheime Wahl der Ministerpräsidenten und Bundeskanzler wird so sehr als Selbstverständlichkeit betrachtet und hingenommen, dass man glauben könnte, sie sei dem grundgesetzlich geschützten freien Mandat der Volksvertreter gleichsam inhärent. In Wirklichkeit stellt sie einen schwerwiegenden Verstoß gegen demokratische Prinzipien dar. Denn so richtig und wichtig es ist, dass die Abgeordneten frei entscheiden können und nur ihrem Gewissen unterworfen sind, so werden sie doch zugleich als Vertreter einer politischen Partei gewählt. Damit sind sie auch deren Willen und dem Willen ihrer Wähler verpflichtet. Das freie Mandat gibt ihnen die Möglichkeit und das Recht, sich von diesem Willen jederzeit zu entfernen. Ob das politisch gerechtfertigt ist, muss der Wähler allerdings nachvollziehen können. Das geht nur, wenn die Abgeordneten ihr Abstimmungsverhalten öffentlich sichtbar machen, dieses also nicht im Verborgenen stattfindet.

Die geheime Wahl wird häufig damit begründet, dass die Parlamentarier nur so vor den Pressionen wirksam geschützt werden konnten, die sie bei einem Abweichen von der Partei- oder Fraktionslinie zu gewärtigen hätten. Wenn das stimmen würde, müsste allerdings bei allen Fragen verdeckt abgestimmt werden, also auch bei Gesetzesbeschlüssen. Gerade hier verlangen die Verfassungen aber zu Recht eine offene Abstimmung, die auf Antrag sogar namentlich zu erfolgen hat. Auch über die Vertrauensfrage gemäß Art. 68 des Grundgesetzes wird in der Bundesrepublik offen abgestimmt, analoge Regelungen gelten in den Ländern.

Gegen das Öffentlichkeitsgebot wird zur Rechtfertigung der Geheimwahl manchmal der besondere Charakter von Personenentscheidungen ins Feld geführt. Diese seien als »Wahlen« anders zu betrachten als Abstimmungen über Sachfragen, weil es bei ihnen auch um eine persönliche Vertrauensbeziehung zwischen den Wählern und Gewählten gehe. Dabei wird jedoch übersehen, dass es sich bei der Wahl des Regierungschefs nicht um eine bloße Personalentscheidung handelt, sondern um eine Entscheidung über die Bildung und den Bestand einer Regierung. Als grundsätzliche politische Richtungsentscheidung stellt diese die Grundlage aller nachfolgenden Sachentscheidungen dar. Warum sollte ausgerechnet hier das Transparenzgebot nicht greifen? Das bedeutet keineswegs, dass bei sämtlichen Personenwahlen offen abgestimmt werden müsste. So lässt sich die geheime Stimmabgabe bei der Bundespräsidentenwahl rechtfertigen, die ja weniger eine Parteien- als eine Persönlichkeitswahl darstellt. Für die allgemeinen Wahlen gilt das ohnehin. Bei diesen ist der Wähler niemandem rechenschaftspflichtig außer sich selbst.

Die undemokratischen Wirkungen der Geheimwahl lassen sich allein in der jüngeren Vergangenheit an einer Reihe von spektakulären Fällen beleuchten. 2005 versagte ein Abgeordneter oder eine Abgeordnete aus den eigenen Reihen der SPD-Kandidatin Heide Simonis bei der Ministerpräsidentenwahl in Schleswig-Holstein in vier aufeinanderfolgenden Wahlgängen die entscheidende Stimme, nachdem er oder sie in vorangegangenen Probeabstimmungen in der Fraktion stets für Simonis gestimmt hatte. Bei der Wahl Georg Milbradts zum sächsischen Ministerpräsidenten wenige Monate zuvor erhielt die rechtsextreme NPD, die einen eigenen Kandidaten aufgestellt hatte, mindestens zwei zusätzliche Stimmen aus dem Lager der demokratischen Parteien. In Thüringen müssen in der letzten Woche im ersten Wahlgang sogar mindestens drei Vertreter der anderen Parteien für den AfD-Kandidaten votiert haben, obwohl jede dieser Parteien eine Zusammenarbeit mit den Rechtspopulisten ausdrücklich abgelehnt hatte.

Die Absurdität der verdeckten Abstimmung lässt sich an dem aktuell in Erfurt zirkulierenden Szenario ablesen, dass bei einer möglichen Neuwahl des Ministerpräsidenten der Linken-Kandidat Bodo Ramelow bereits im ersten Wahlgang die absolute Mehrheit erreicht. Dazu bräuchte er mindestens vier Stimmen aus dem Lager von CDU, FDP und AfD. Auch hier könnten die Rechtspopulisten das Spiel bestimmen, wenn ausgerechnet sie diese Stimmen bereithalten. Selbst wenn die Stimmen von der CDU oder FDP kommen, wäre dies wegen der geheimen Stimmabgabe nicht beweisbar. Der Gewählte müsste in jedem Fall mit dem Verdacht leben, er sei ein Ministerpräsident »von Gnaden der AfD«. Damit entsteht eine groteske Situation. Ramelows Wahl wäre unter den neuen Umständen in einem dritten Wahlgang problemlos möglich. Gerade die Linke aber ziert sich nun, in eine solche Wahl zu gehen, weil sie »fürchten« muss, dass ihr Kandidat bereits im ersten Wahlgang die nötige Mehrheit bekommt – durch Überläufer, die auch von der AfD stammen könnten. All das wäre bei offener Abstimmung vermeidbar.

In der Zeit hatte der Politikwissenschaftler Theodor Eschenburg die Geheimwahl schon 1976 als undemokratisches Relikt und »alten Zopf« bezeichnet, der endlich abgeschnitten gehöre. Anlass waren damals die Umstände beim gescheiterten Misstrauensvotum Rainer Barzels gegen Willy Brandt 1972 (erst später stellte sich heraus, dass die fehlenden Stimmen aus der Union vom DDR-Geheimdienst gekauft worden waren) und die bis heute unbekannten Überläufer aus dem sozialliberalen Lager, die Ernst Albrecht 1976 zur Wahl zum niedersächsischen Ministerpräsidenten verhalfen. Eschenburg führte das Festhalten an der Geheimwahl auf vorparlamentarische Traditionen zurück, die in den Parlamentarismus ohne nähere Begründung einfach übernommen worden seien. Ein weiterer Grund dürfte in der generellen Höherbewertung des konstitutionellen gegenüber dem demokratischen Prinzip im deutschen Verfassungsdenken liegen.

Um die Geheimwahl abzuschaffen, wäre in der Hälfte der Länder und auf Bundesebene keine Verfassungsänderung nötig; hier sind die »verdeckten« Stimmzettel lediglich in der Geschäftsordnung der Parlamente geregelt. Vielleicht liefern die Thüringer Ereignisse einen neuen Anstoß zu einer Änderung. Von einem einzelnen Vorreiter konnte bereits eine Signalfunktion ausgehen. Wichtig wäre, dass irgendein Bundesland den Anfang macht.

Süddeutsche Zeitung vom 10. Februar 2020, S. 10.

Krise und Zukunft der Demokratie – was verändert sich durch Corona?

Auch wenn der Höhepunkt der Corona-Krise erst bevorsteht und ihre Dauer ungewiss bleibt, ist das Nachdenken über die Krisenbewältigung und die langfristigen Folgen der Pandemie in vollem Gange. Die Fragen betreffen auch das politische System. Alarmistische Prognosen, die die Demokratien im Zerfall sehen, haben seit längerem Konjunktur. Dass die durchaus abwägende Argumentation der Autoren den reißerischen Buchtiteln dabei selten entspricht, ist bemerkenswert. Tatsächlich haben wir es eher mit einem – allerdings grundlegenden – Wandel zu tun als mit einem Niedergang. In diesem Wandel spiegeln sich neue und neuartige Herausforderungen des Regierens, die sich anhand der folgenden vier Stichworte beschreiben lassen: *abnehmende Souveränität der nationalstaatlichen Politik im Zuge der Globalisierung, wachsende soziale und wirtschaftliche Ungleichheit, Bedrohung individueller Freiheiten* und *Zerfall der Öffentlichkeit durch die Digitalisierung und mangelnde Zukunftsverantwortung.*

Welche Folgen die Corona-Krise für die Demokratie hat, darüber scheiden sich unter den politischen und wissenschaftlichen Beobachtern schon jetzt die Geister. Während die einen eine Verschärfung der Problemtendenzen befürchten, die die ohnehin brüchige Legitimation der demokratischen Systeme weiter untergrabe, sehen die anderen in der Pandemie eine Chance, Fehlentwicklungen zu korrigieren und die Demokratie – national, europäisch und international – auf eine neue, gesichertere Basis zu stellen. Welches Szenario ist das wahrscheinlichere?

Was das Souveränitätsproblem angeht, dreht die Krise die mit der Globalisierung einhergehenden Tendenzen der Entdemokratisierung insofern zurück, als sie den Primat der Politik wiederherstellt beziehungsweise die Wirtschaft diesem Primat nahezu vollständig unterwirft. Der Hinweis, dass an dessen Stelle nun der Primat der Wissenschaft, sprich der Virologie getreten sei, geht fehl, weil die ohnehin uneinheitlichen Empfehlungen der Wissenschaftler die politischen Verantwortungsträger von der Notwendigkeit nicht entbinden kann, verschiedene Ziele gegeneinander abzuwägen. Diese Abwägungen lassen stets Raum für Alternativen. Deshalb gewinnen das Parlament und eine funktionierende Medienöffentlichkeit in der Krise sogar an Bedeutung – trotz der sprichwörtlichen »Stunde der Exekutive«, die in Ausnahme- und Notstandssituationen schlägt. Auch über die Grenzen, die der Rechts- und Verfassungsstaat dem Handeln der Regierenden zieht, muss politisch gestritten und wenn nötig von Gerichten entschieden werden.

Die Globalisierung ist einerseits mitursächlich für die Entstehung und rasche globale Ausbreitung des Virus und stellt zugleich ein Hemmnis für die nationale Politik bei der autonomen Gefahrenabwehr und Krisenbewältigung dar. Andererseits versetzt sie uns – durch den wissenschaftlichen und technologischen Austausch – in die Lage, mit solchen Epidemien heute viel besser fertig zu werden als in früheren Epochen der Weltgeschichte. Niemand zweifelt zum Beispiel daran, dass es zur Entwicklung eines Impfstoffs gegen das Virus kommen wird. Dasselbe gilt für die Bewältigung der wirtschaftlichen Folgen. Ob sie ähnlich rasch gelingt wie nach der Finanzkrise 2008, wird vor allem davon abhängen, wie stark die von der Pandemie bisher noch weniger betroffenen Entwicklungs- und Schwellenländer in den Abwärtssog mit hinein geraten.

Der Rückzug auf das Nationale war und ist in einer Situation der unmittelbaren Bedrohung ein verständlicher Reflex. Das gilt auch für die Mitgliedsstaaten der Europäischen Union, wo dies naturgemäß Unbehagen ausgelöst und tatsächlich zu vielen unschönen Begleiterscheinungen – etwa den unabgestimmt vorgenommenen Grenzschließungen – geführt hat. Dass die EU deshalb geschwächt aus der Krise hervorgehen wird, ist nicht ausgemacht. Dafür muss sie freilich die richtigen Lehren ziehen – indem sie sich für vergleichbare Situationen in Zukunft besser wappnet und indem sie bei der Bewältigung der durch die Krise aufgetürmten Finanzlasten Solidarität mit dem wettbewerbsschwächeren Ländern übt. Die hartherzige Haltung, mit der Länder wie Deutschland und die Niederlande sich der Forderung nach einer zeitlich und sachlich begrenzten Vergemeinschaftung von Schulden (»Corona-Bonds«) entgegengestellt haben, wird mittlerweile auch von vielen Ökonomen kritisiert und kann nicht das letzte Wort bleiben.

Die mangelnde Solidarität auf europäischer Ebene dürfte der Sorge entspringen, dass es bereits im nationalen Rahmen schwer genug werden wird, die mit der Corona-Krise verbundenen sozialen und wirtschaftlichen Verwerfungen halbwegs erträglich abzufedern. Die Pandemie könnte bestehende Ungleichheiten in der Gesellschaft weiter verschärfen und neue entstehen lassen. Was das Schutzgut Leben und Gesundheit angeht, ist das Virus gerade nicht der Gleichmacher, den Ulrich Beck mit seinem bekannten Satz »Not ist hierarchisch, Smog ist demokratisch« als charakteristisches Merkmal der »Risikogesellschaft« beschrieben hat. Hauptbetroffen sind die ohnehin gefährdeten Gruppen – Ältere, Pflegebedürftige, Menschen mit Behinderungen und Vorerkrankungen. Durch ihre dem eigenen Schutz dienende Isolation haben sie jetzt zugleich in sozialer Hinsicht die größte Last der Pandemie zu tragen. Die seelischen Folgen, die das für die Menschen selbst und ihre Angehörigen hat, sind kaum zu ermessen.

Auch in wirtschaftlicher Hinsicht reißt die Krise tiefe Gräben auf. Die Beschäftigen in der Pflege und im Lebensmittelhandel, die sich als Angehörige der systemrelevanten Berufe jetzt unvermittelt einer neuen Wertschätzung erfreuen, arbeiten häufig in prekären Verhältnissen und zu niedrigen Löhnen. Die meisten von ihnen sind Frauen. Auf der Verliererseite befinden sich zugleich viele Alleinerziehende und Familien mit Kindern, die ihren Nachwuchs zu Hause betreuen müssen. Das ohnehin große Bildungsgefälle wird dadurch weiter vergrößert – mit erheblichen Langzeitfolgen. Ähnlich groß sind die Verwerfungen auf dem Arbeitsmarkt. Während die einen über ein sicheres Beschäftigungsverhältnis – etwa im Öffentlichen Dienst – verfügen und von zu Hause aus arbeiten können, müssen die in den ganz oder teilweise stillgelegten Branchen Beschäftigten in Kurzarbeit gehen und vielleicht sogar um ihren Job fürchten. Auch das Privileg des Homeoffice bleibt nur einer Minderheit vergönnt. Der größere Teil der Menschen arbeitet weiterhin im Büro oder Betrieb und setzt sich dort und auf dem Weg dorthin zugleich einem höheren Infektionsrisiko aus.

Die Digitalisierung erweist sich für die Bewältigung der Krise in vielerlei Hinsicht als Segen. Man stelle sich vor, eine solche Pandemie hätte die Welt in den 1980er oder 1990er Jahren getroffen – ihre medizinische Bekämpfung hätte sich schwieriger gestaltet und die sozialen und ökonomischen Folgen eines Lockdowns wären viel gravierender gewesen. Dass ein beträchtlicher Teil der wirtschaftlichen-, Verwaltungs- und Erziehungstätigkeit (im Bildungswesen) vom heimischen Computer aus geleistet werden kann, hilft uns jetzt enorm. Es rächen sich aber auch die Versäumnisse: Gerade im Verwaltungs- und Bildungsbereich wäre noch viel mehr

Kompensation möglich, hätte man die digitale Modernisierung ehrgeiziger betrieben. Dass diese Modernisierung mit und nach der Krise umso rascher nachgeholt und es in Gesellschaft, Staat und Wirtschaft kein Zurück mehr in die analoge Welt vor Corona geben wird, zeichnet sich als eine der wichtigsten Langzeitwirkungen der Pandemie schon heute ab.

Blickt man auf die demokratischen und rechtsstaatlichen Aspekte, so hat die Corona-Krise die bekannten Licht- und Schattenseiten der Digitalisierung von neuem offenbart. Einerseits fördert das Netz soziales Engagement und Hilfsbereitschaft, andererseits bleibt es ein notorischer Tummelplatz für Betrüger und die Verbreiter von Falschnachrichten. Auch das Datenschutzthema erhält durch die Möglichkeit, die Ausbreitungswege des Virus mittels Tracking nachzuverfolgen, neue Brisanz. Den Zerfallsprozess der demokratischen Öffentlichkeit hat die Corina-Krise allerdings – zumindest vorübergehend – gestoppt. So wie sich die Bürger in der Notsituation wieder verstärkt den Regierenden zuwenden, gewinnen die traditionellen Medien an Vertrauen zurück.

Dass autoritäre Systeme besser gerüstet seien, eine zukunftsgerichtete Politik zu verfolgen, als Demokratien, ist ein häufig kolportierter Mythos. Dennoch bleibt die Bilanz der Demokratien in Sachen Zukunftsverantwortung schlecht. Am greifbarsten ist dies beim Klimaschutz. In der Wissenschaft herrscht ein nahezu einmütiger Konsens, dass bei einer Temperaturerhöhung von mehr als zwei Grad dramatische Folgen auf die Weltbevölkerung zukommen werden. Gemessen daran sind die heutigen Anstrengungen sowohl auf der Zielebene (der Reduktionsverpflichtungen) als auch bei der Umsetzung deutlich zu gering. Ob sie durch die Corona-Krise einen Schub erhalten werden, ist keineswegs sicher.

Die Vehemenz, mit der der Staat zurzeit in das Wirtschaftsgeschehen eingreift, um die Pandemie einzudämmen, wird von Befürwortern eines strengeren Klimaschutzes als positives Signal gewertet. Die scheinbar griffige Parallele geht an den Unterschieden zwischen beiden Krisen jedoch vorbei. Zum einen stellt das Corona-Virus eine zwar »unsichtbare«, aber doch manifeste Gefahr dar. Beim Klimawandel handelt es sich demgegenüber um eine »schleichende« Katastrophe, deren Folgen – wie drastisch sie auch ausgemalt werden – uns heute noch eher abstrakt vorkommen. Zum anderen sind die Ursachen der Katastrophe und damit auch die Bekämpfungsmöglichkeiten in ihrer Komplexität grundverschieden. Reicht es bei Corona aus, einen Impfstoff zu finden und – bevor das der Fall ist

– die Ausbreitung der Seuche durch eine Reduktion der Ansteckungsmöglichkeiten zu bremsen, erfordert die Klimaneutralität eine umfassende Transformation von Wirtschaft und Gesellschaft. Die durch sie auf den Plan gerufenen Gegenkräfte sind deshalb ungleich massiver.

Sollte es eine der Lehren der Krise sein, dass die internationale Gemeinschaft und die Staaten im einzeln dem Ausbrauch vergleichbarer Seuchen in Zukunft besser vorbeugen, wäre das zugleich eine gute Nachricht für die Klimapolitik. Beide Katastrophen sind nämlich gleichermaßen menschengemacht und in ihrer Ursachen – wenn man etwa an die Zurückdrängung des Lebensraums von Tieren und Pflanzen denkt – zum Teil identisch. Vor diesem Hintergrund wäre es fahrlässig, die notwendige Ankurbelung der Wirtschaft nach dem Lockdown mit Forderungen nach einer Lockerung der Umwelt- und Klimaschutzziele zu verknüpfen. Die Erfahrung der Verwundbarkeit, die die Pandemie in unser Leben und die gesamte Gesellschaft zurückgeholt hat, könnte und sollte stattdessen der Beginn einer Epoche der Nachhaltigkeit sein. Dass es eine Rückkehr in die Sorglosigkeit des »immer schneller, höher und weiter« der Vor-Corona-Zeit nicht geben wird, erscheint ziemlich gewiss.

Forschung & Lehre 27 (2020) H. 5, S. 408–410.

Der Totalschaden

Wer nach der Bundestagswahl 2017 prognostiziert hätte, dass es den Regierungsparteien in der anstehenden Legislaturperiode leichter fallen würde, sich auf ein über 200 Milliarden teures Schuldenpaket zu verständigen als auf eine Reform des Wahlrechts, wäre vermutlich für verrückt erklärt worden. Eine solche Reform wäre eigentlich schon in der vorherigen Wahlperiode geboten gewesen, als sich das Problem einer starken Vergrößerung des Bundestages unter dem bestehenden – 2013 novellierten – Bundeswahlgesetz immer deutlicher abzeichnete. Dass sie jetzt erneut zu scheitern droht, ist für die Abgeordneten schlichtweg blamabel.

Die Verantwortung für den Schaden ist keineswegs gleich verteilt. Am wenigsten trifft sie die Oppositionsparteien FDP, Linke und Grüne, denen es – über alle sonstigen politischen Gräben hinweg – gelungen ist, einen gemeinsamen Gesetzentwurf vorzulegen. Dieser sieht eine Neujustierung des Anteils von direkt gewählten und Listenabgeordneten durch eine Erhöhung der regulären Sollgröße des Bundestages von 598 auf 630 Sitze und eine gleichzeitige Reduktion der Zahl der Wahlkreise von 299 auf 250 vor. Das Auftreten von Überhangmandaten würde damit zwar nicht vollständig verhindert, ihre Zahl aber deutlich geringer, womit auch weniger Ausgleichsmandate anfielen. Ernsthafte verfassungsrechtliche Bedenken wurden in der Sachverständigenanhörung gegen den Entwurf nicht geäußert, der zudem den Vorteil hat, dass er an der bestehenden Grundstruktur des personalisierten Verhältniswahlsystems festhält.

Dennoch waren die Regierungsparteien nicht bereit, auf dieser Basis über eine Reform zu verhandeln. Das legitime Ansinnen der Opposition, die Vorlage zumindest zur Abstimmung zu stellen, verhinderten sie in der letzten Sitzungswoche vor der Sommerpause mit ihrer Geschäftsordnungsmehrheit – wohl auch aus der Sorge heraus, dass der ein oder andere aus dem eigenen Lager zugestimmt hätte. Hauptursächlich für die Blockade war die Weigerung der Unionsparteien, selbst eine moderate Reduktion der Zahl der Direktmandate zuzulassen. Erst jetzt hat sie sich an dieser Stelle ein wenig bewegt und eine Absenkung auf 280 Mandate vorgeschlagen. Dies dürfte aber zu spät kommen, nachdem die Kandidatenaufstellung in manchen Wahlkreisen bereits erfolgt ist, und würde auch nicht ausreichen, um eine nennenswerte Verkleinerung des Bundestags herbeizuführen.

Der Verdacht, dass man mit dem deutlich vergrößerten Parlament eigentlich ganz gut leben kann, trifft genauso den Regierungspartner SPD. Deren Vorschlag, es bei der Zahl von 299 direkt gewählten Abgeordneten zu belassen, hätte den Vorteil, dass ein Neuzuschnitt der Wahlkreise nicht notwendig wäre – man könnte ihn deshalb auch noch nach der Sommerpause beschließen. Gleichzeitig enthält er aber zwei Komponenten, von denen die Partei weiß, dass sie für die Union eine Zumutung darstellen: Zum einen sollen ab einem Deckel von 690 Abgeordneten die überhängenden Direktmandate mit den prozentual schlechtesten Ergebnissen nicht mehr besetzt werden, was vor allem CDU und CSU träfe. Zum anderen möchte die SPD eine geschlechterparitätische Aufstellung der Listen, womit sich die bürgerlichen Parteien bekanntlich schwertun.

Gerade die Direktwahl der Abgeordneten erfährt durch die Union dabei eine mitunter ärgerliche, durch die Tatsachen wenig gedeckte Erhöhung. Erstens weisen auch Listenabgeordnete eine Wahlkreisbindung auf, zumal sie häufig selbst als Direktkandidaten antreten. Zweitens vermitteln die unter den Parlamentariern der CDU/CSU überproportional zu vermeldenden Nebentätigkeiten nicht den Eindruck, dass alle mit ihrer Wahlkreisarbeit voll ausgelastet sind. Drittens können wir die Kandidaten im Wahlkreis mit unserer Erststimme zwar wählen, aber nicht abwählen (wenn er oder sie zugleich über einen sicheren Listenplatz verfügt). Und viertens gelingt es im heutigen Sechsparteiensystem nur noch wenigen Direktkandidaten, im Wahlkreis eine absolute Mehrheit zu bekommen. 2017 waren es gut vier Prozent – im Vergleich zu 66 Prozent bei der Bundestagswahl 1983.

Untauglich sind auch die fortgesetzten Versuche der Union, das 2012 im Wahlgesetz verankerte Prinzip des vollständigen Proporzes wieder rückgängig zu machen, indem nicht alle Überhänge ausgeglichen oder verrechnet werden. Dies hat das Bundesverfassungsgericht in bestimmten Grenzen zwar für zulässig erklärt. Weil von den Überhängen im Moment nur die Union profitiert, können und werden die anderen Parteien sich darauf aber kaum einlassen. Dies gilt inzwischen auch für die FDP, die das überhangfreundliche Wahlrecht früher lange Zeit mitgetragen hatte.

Wie geht es nun weiter? Wenn die Reform ausbleibt und wir nach der nächsten Bundestagswahl ein ähnlich großes oder womöglich noch größeres Parlament vorfinden, wird das Thema Ende 2021 erneut auf der Agenda stehen. Sollte man den Parteien dann eine dritte Chance geben, nachdem sie in dieser und in der vergangenen Legislaturperiode so offenkundig versagt haben?

Das Problem der Wahlrechtsreform liegt darin, dass Parteien und Abgeordnete davon im Unterschied zu anderen politischen Themen unmittelbar selbst betroffen sind – geht es doch schließlich um die Grundlagen ihrer eigenen Macht und Existenz. Das Bundesverfassungsgericht hat deshalb gerade in solchen Fragen einen besonders hohen Kontrollanspruch für sich reklamiert, der aber immer nur nachträglich wirken und die Verantwortung des Gesetzgebers nicht ersetzen kann. Ist dieser selber in seinen Interessen befangen, stößt das normale parlamentarische Entscheidungsverfahren zwangsläufig an Grenzen.

Der Vorschlag der SPD, nach der Wahl eine Kommission einzusetzen und dieser die Ausarbeitung einer Reform zu übertragen, böte einen Ausweg. In einer solchen Kommission würden nur zum kleineren Teil Abgeordnete sitzen, der größere Teil bestünde aus Sachverständigen und Bürgern. Letztere wären wiederum – um ihre Unabhängigkeit sicherzustellen – nach dem Zufallsprinzip auszuwählen. Die breitere Zusammensetzung würde nicht nur die Chancen auf eine wirklich nachhaltige, bei den Ursachen ansetzende Reduktion der Überhang- und Ausgleichsmandate erhöhen. Sie hätte zugleich den Vorteil, dass im Rahmen der Reform auch andere Probleme des bestehenden Wahlrechts behandelt werden könnten. Zu nennen sind hier etwa die Geschlechterparität, das Zweistimmensystem, die Fünfprozenthürde (einschließlich Grundmandatsklausel), das Wahlalter und die Dauer der Legislaturperiode.

Die Große Koalition hatte eigentlich schon für diese Wahlperiode eine Kommission einsetzen wollen, die sich mit Fragen der Bürgerbeteiligung und direkten Demokratie beschäftigt. Die Wahlrechtsreform wäre eine Gelegenheit, auch auf diesem Feld den Worten endlich Taten folgen zu lassen.

Berliner Morgenpost / Der Hauptstadtbrief am Sonntag vom 12. Juli 2020 (online).

Brennglas Pandemie

(mit Fedor Ruhose)

In Krisenzeiten schlägt die Stunde der Exekutive. In der Corona-Krise ist aus der Stunde inzwischen schon mehr als ein Jahr geworden – und das Ende nicht absehbar. Die in der ersten Phase noch hohe Akzeptanz der Regierungsmaßnahmen beginnt zu bröckeln. So wie die Menschen selbst zeigen sich auch die Regierenden zunehmend pandemiemüde. In einer liberalen Demokratie, in der es auch in Normalzeiten kein »Durchregieren« gibt, musste sich die Corona-Krise zwangsläufig zum Stresstest auswachsen. Denn auch im Ausnahmezustand hat sich das Regierungshandeln im Rahmen der Verfassung zu bewegen und bleibt es an die grundsätzliche Zustimmung der Bevölkerung gebunden.

Wie gut hat das deutsche Regierungssystem den Stresstest bisher bestanden? Nimmt man die öffentlichen Kommentierungen als Maßstab, wird insbesondere die Ministerpräsidentenkonferenz (MPK) und damit der gesamte Föderalismus als Schwachstelle ausgemacht. Die föderalen Institutionen seien einerseits zu träge, um in der Krise rasch entscheiden und eingreifen zu können. Zum anderen stünden sie einheitlichen Lösungen im Wege, die für die Bewältigung der Pandemie notwendig und von der Bevölkerung gewünscht seien. Mit dem Hinweis, dass die Verfassung eine MPK gar nicht vorsehe, wird deren Legitimität sogar grundsätzlich angezweifelt.

Diese Kritik ist deshalb merkwürdig, weil der Sinn der Ministerpräsidentenkonferenzen ja gerade darin besteht, ein bestimmtes Maß an Einheitlichkeit herzustellen. So wie die Länder über den Bundesrat an der Bundesgesetzgebung mitwirken, so stimmen sie sich dort, wo sie im Rahmen ihrer eigenen Zuständigkeiten – etwa im Bereich der Schulpolitik – autonom handeln können oder wo sie Zuständigkeiten mit dem Bund teilen, untereinander und mit dem Bund ab. Föderales Regieren heißt koordiniertes Regieren. Koordination ist notwendig, weil das, was der eine in seinen Bereich tut, immer Auswirkungen auf den anderen hat, womöglich auch schädliche. Ein Beispiel aus der aktuellen Situation sind die Geschäftsöffnungen, die – wenn man sie einseitig vornimmt – unerwünschte

Grenzverkehre auslösen würden. Abstimmungsbedarf besteht hier nicht nur innerstaatlich, sondern auch im Verhältnis zu unseren europäischen Nachbarländern und -regionen.

Unterhalb der MPK findet die Koordination in der Bundesrepublik in Hunderten von parallel eingerichteten Bund-Länder- und Länder-Länder-Gremien statt, über die sich niemand aufregt, weil sie ohnehin niemand kennt. Auch die Ministerpräsidenten- und Landesministerkonferenzen laufen in Normalzeiten meistens im Windschatten der Öffentlichkeit ab und finden – ähnlich wie das, was im Bundesrat passiert – kaum Aufmerksamkeit. Darin liegt ein generelles Problem des deutschen Föderalismus, das auf dessen exekutivische Struktur verweist. Sowohl im Bundesrat als auch in den Koordinierungsgremien sind es die Vertreter der Regierungen und Verwaltungen, die miteinander kooperieren. Die Parlamente haben das Nachsehen.

Über den Bedeutungsverlust der Landtage wird schon seit Langem geklagt. Er hat primär damit zu tun, dass die Länder über vergleichsweise wenig eigenständige Gestaltungsmöglichkeiten verfügen. Ihre Hauptaufgabe liegt traditionell auf administrativem Gebiet – in der Durchführung der Bundesgesetze. Das Problem betrifft aber ebenso die Bundesebene. Hier kritisieren nicht nur die Oppositionsparteien, sondern neben Verfassungsjuristen auch Mitglieder der Regierungsfraktionen, dass die Bundesregierung viele wesentliche Dinge auf dem Verordnungswege beschlossen hat, statt den dafür vorgesehenen Weg der regulären Gesetzgebung zu beschreiten. Das gilt für die zum Teil weitreichenden Grundrechtseinschränkungen, die das Infektionsschutzgesetz ermöglicht, genauso wie für die Festlegung der Impffreihenfolge. Parlamentarische Debatten über die Maßnahmen, in denen die Opposition die Regierung stellen kann, finden erst statt, wenn die Entscheidungen bereits getroffen sind. Auch an der Vorbereitung der Entscheidungen, bei der der Konsultation wissenschaftlicher Experten eine zentrale Rolle zukommt, sind die Abgeordneten nicht beteiligt. Stattdessen verlagert sich die Öffentlichkeitsfunktion des Bundestages in die fast täglich ausgestrahlten Talkshow-Sendungen und andere Medienformate, in denen es dann häufig dieselben Wissenschaftler sind, die die Zuschauer an ihren Erkenntnissen teilhaben lassen.

Der Bundestag ist an dieser Entwicklung nicht unschuldig. Trotz zaghafter Reformansätze wie der Einführung der Kanzlerfragestunden bleibt er in seiner Außenwirkung und der Funktion eines Gegengewichts zur

Regierung hinter seinen Möglichkeiten zurück. Das liegt auch daran, dass ein wesentlicher Teil seiner Tätigkeit in den Ausschüssen stattfindet, wo bis heute das Regelprinzip der Nichtöffentlichkeit gilt. Um die Mitregierungs- und Kontrollfunktion der Abgeordneten zu stärken, sollte das geändert werden. Darüber hinaus könnte man der Regierung strengere Unterrichtungspflichten auferlegen, wie sie heute schon bei EU-Angelegenheiten bestehen. Und in einer Notlagensituation wie der jetzigen müsste die Regierung ihre eigene Position dem Bundestag schon vor einer MPK darlegen, damit die Abgeordneten und besonders die Opposition die Möglichkeit behalten, sie zu kritisieren und ihre eigenen Alternativen aufzuzeigen.

Blickt man auf die bisherige Rolle der Opposition in der Krise, so kann von einer beherzten Wahrnehmung der Kritik- und Alternativfunktion nicht die Rede sein. Die AfD ist von dieser Feststellung auszunehmen. Sie kann sich ihre maßlosen Angriffe leisten, weil niemand sie als Regierungsalternative betrachtet. Bei den systemtragenden Parteien der Opposition – der FDP, der Linken und vor allem den Grünen – ist dagegen auffällig, dass sie in der ersten Phase der Pandemie so gut wie gar nicht und seit der zweiten Phase nur schwach Gegenposition bezogen haben. Ein wichtiger Grund dafür liegt sicher im Thema der Pandemiebekämpfung selbst, das sich der parteipolitischen Logik zum Teil entzieht. Gleichzeitig hat es aber auch viel mit den veränderten Regierungsverhältnissen im Bund und in den Ländern zu tun, die wiederum eine Folge des Parteiensystemwandels sind.

Auf der Bundesebene waren drei der vier seit 2005 gebildeten Regierungen Große Koalitionen aus CDU/CSU und SPD. Zwischen 2009 und 2013 kam das letzte Mal eine kleine »lagerinterne« Koalition der Union mit der FDP zustande, die sich prompt als Desaster entpuppte und das Verhältnis der beiden Parteien zueinander nachhaltig beschädigte. Auf der Länderebene gibt es lagerinterne »bürgerliche« Koalitionen heute nur noch in Bayern und Nordrhein-Westfalen und linke Zweier- oder Dreierbündnisse in den drei Stadtstaaten sowie in Thüringen (dort als Minderheitsregierung). In den übrigen zehn Ländern amtieren »lagerübergreifende« Zweier- oder Dreierkoalitionen.

Diese Konstellation führt dazu, dass jedwede Bundesregierung – gleich welcher Couleur – heute nicht mehr damit rechnen kann, über eine eigene Mehrheit im Bundesrat zu verfügen. Sie muss sich deshalb mit

Ländern arrangieren, die von einer oder mehreren Oppositionsparteien des Bundes mitregiert werden. Anfang 2021 verfügten die Grünen über elf solcher Regierungsbeteiligungen, die FDP und die Linke über je drei. Allein die Regierungsbeteiligungen der Grünen würden bequem ausreichen, um die Bundesregierung bei zustimmungspflichtigen Gesetzen auszubremsen, doch sind solche Blockaden – von Ausnahmen wie der Erklärung Algeriens, Tunesiens und Marokkos zu sicheren Herkunftsländern abgesehen – in den letzten Jahren praktisch nicht vorgekommen. Die Regierung konnte sich zumeist schon im Vorfeld mit den Grünen und in vielen Fällen auch mit der FDP und der Linken verständigen. Genau dadurch fällt es diesen Parteien im Bundestag aber immer schwerer, konsequente Gegenpositionen zur Regierungspolitik aufzubauen. Die Pandemie hat dieses Dilemma noch sichtbarer gemacht. Am deutlichsten zeigt es sich bei den Grünen, die durch die Perspektive einer schwarz-grünen Regierung nach der Bundestagswahl gegenüber der Union ohnehin Beißhemmungen haben.

Ein weiteres Problem der aktuellen Situation hat ebenfalls mit den Funktionsbedingungen der parlamentarischen Demokratie zu tun: das Führungsvakuum an der Regierungsspitze. Dass ein amtierender Bundeskanzler – in diesem Fall eine Bundeskanzlerin – erklärt, bei der nächsten Wahl nicht mehr antreten, gleichwohl aber bis dahin im Amt bleiben zu wollen, gab es in der Bundesrepublik noch nie. Dies bringt den künftigen Kanzlerkandidaten der Union in die Bredouille, birgt aber zugleich ein großes Problem für die Kanzlerin selbst, die als »lame duck« über immer weniger Macht und Führungsautorität verfügt. Im Verhältnis zu den Ministerpräsidenten hat Angela Merkel das in einem fast schon resignierten Ton zuletzt offen eingestanden. Auch auf europäischer Ebene kann sie sich von der Mitverantwortung für das in die Zeit der deutschen Ratspräsidentschaft fallende Impfstoffdebakel nicht freisprechen. Nach 16 Jahren im Amt hätte Merkel gewiss einen besseren Abschied verdient gehabt. Und dass es für das Land in einer seiner bis dahin schwersten Krisen vielleicht besser gewesen wäre, eine dauerhaft kraftvoll handelnde Regierungschefin an der Spitze zu wissen, darf man zumindest annehmen.

Verfassungsblog, 18. Februar 2021.

Gschaftlhuber
mit Gewinnbeteiligungen

Für die Union kommt es in diesen Tagen knüppeldick. Nicht nur, dass das schlechte Management der Corona-Krise sich immer mehr gegen die führende Regierungspartei zu kehren beginnt. Zur wachsenden Unzufriedenheit der Bürger hinzu treten peinliche Affären, die CDU und CSU weiter in den Abwärtsstrudel ziehen könnten. Zwei Abgeordnete haben ihr Mandat bereits abgegeben, ein weiterer sieht sich einem Ermittlungsverfahren gegenüber und ist deshalb aus Partei und Fraktion ausgetreten. Die Reaktion der Parteispitzen auf das Fehlverhalten in den eigenen Reihen war ebenso konsequent wie alternativlos. Gleichzeitig machte es den immensen Glaubwürdigkeitsschaden für jedermann offenkundig, waren doch die Unionsparteien nun auf einmal bereit, Gegenmaßnahmen zu ergreifen, die sie bis dato stets abgelehnt hatten. Die Oppositionsparteien, aber auch die SPD werden sich diesen Sinneswandel als Wahlkampfthema nicht entgehen lassen.

Schnell abräumen lässt sich das Thema für die Union nicht. Der CSU-Abgeordnete Georg Nüßlein zeigt bisher keine Bereitschaft, der Aufforderung zum Mandatsverzicht nachzukommen. Der Partei- und Fraktionsführung sind hier rechtlich die Hände gebunden, denn ein Austritt oder Ausschluss aus einer Fraktion lässt das freie Mandat unberührt. Entzogen werden kann es den Abgeordneten nur, wenn ihnen nach einer Verurteilung in einem Strafprozess das passive Wahlrecht aberkannt wird, oder wenn das Bundesverfassungsgericht die Partei, für die sie bei der Wahl angetreten sind, verbietet. Die Rückgabe muss also freiwillig erfolgen. Steht ein Parlamentarier, wie im Fall Nüßlein, ohnehin vor dem politischen Aus, wird er dem Druck vielleicht standhalten.

Dass Unionsabgeordnete von den Vorfällen häufiger betroffen sind als Vertreter anderer Parteien, lässt das Fehlverhalten nicht allein als Charakter- oder Moralfrage erscheinen, sondern zugleich als ein strukturelles Problem. Wo eine Partei schon lange in führender Position regiert und wo sie ideologisch-programmatisch eine besondere Nähe zur freien Marktwirtschaft und zum Unternehmertum aufweist, wachsen auch die

Versuchungen des Geldes. Das gilt für einzelne Personen wie für die Partei insgesamt. Es ist also kein Zufall, dass sich gerade die Union den aus der Öffentlichkeit und von anderen Parteien ausgehenden Bestrebungen, das Verhältnis von Parteipolitik und Wirtschaft strenger zu regulieren, immer wieder erfolgreich widersetzt hat. Erst unter dem Druck der jetzigen Affäre ist sie hier zu Veränderungen bereit.

Vier Regelungskomplexe, die zum Teil eng miteinander verwoben sind, gilt es zu unterscheiden. Der erste Komplex betrifft die Parteienfinanzierung. Dass die Parteien über die Herkunft und Verwendung ihrer Mittel öffentlich Rechenschaft ablegen müssen, steht aus guten Gründen bereits im Grundgesetz. In der Praxis werden die Transparenzregelungen aber immer wieder umgangen. Beispiele sind die Stückelung von Spenden (9.999 Euro!), für die jetzt Jens Spahn ins Gerede kommen ist, oder das ausufernde Sponsoring. Problematisch ist auch, die Sanktionierung etwaiger Verstöße dem Bundestagspräsidium zu überantworten, in dem ja die Parteien selbst vertreten sind, und nicht einer unabhängigen Behörde. In all diesen Punkten sollten sich die Parteien zu besseren Regeln durchringen, bevor sie das Verfassungsgericht dazu zwingt.

Der zweite Bereich sind die Nebentätigkeiten. Auch hier besteht bei den Anzeigepflichten noch »Luft nach oben«, obwohl die Regeln in Deutschland strikter gefasst sind als anderswo. Ein generelles Verbot von Nebentätigkeiten wäre verfassungswidrig und empfiehlt sich auch nicht, weil es für die Angehörigen bestimmter Berufsgruppen dadurch noch unattraktiver werden könnte, ein Mandat anzustreben – anders als etwa beim öffentlichen Dienst, wo sich das Problem der Rückkehr nicht stellt. Bei der Offenlegung der Einkünfte könnte eine vollständige Transparenz überdies mit Betriebsgeheimnissen kollidieren, die dem Schutz der Eigentumsfreiheit unterliegen.

Der dritte Regelungskomplex betrifft Interessenkollisionen, die durch funktionelle und institutionelle Verbindungen zwischen Politik und Wirtschaft entstehen. Darunter fallen laufende Aufsichtsratstätigkeiten ebenso wie der Wechsel aus dem politischen Amt in die Wirtschaft – sei es während oder nach der Karriere. Die letztgenannten Phänome sind seit den 2000er Jahren immer häufiger zu beobachten und bleiben keineswegs auf Unionspolitiker beschränkt, wie das umstrittene Gazprom-Engagement von Altkanzler Gerhard Schröder beweist. Ob es hier mit einem strengeren Moralkodex getan ist oder zusätzliche rechtliche Einschränkungen vorgenommen werden müssen, wäre zu diskutieren.

Der vierte und letzte Komplex bezieht sich auf das Lobbying. Nach zähem Ringen hat die Union in der Frage des Lobbyregisters inzwischen eingelenkt, den vom Koalitionspartner SPD und Teilen der Öffentlichkeit geforderten »exekutiven Fußabdruck«, der zur Offenlegung der einzelnen Kontakte verpflichtet, aber verhindert. Dass der Kompromiss noch einmal aufgeschnürt wird, ist unwahrscheinlich. Regelungsbedürftig bleibt zudem das Thema Vorteilsnahme und Bestechung. Dass die Abgeordneten hier milder behandelt werden als Beamte und Regierungsmitglieder, leuchtet nicht ein. Die Union hat aber auch hier bereits einen ersten Schritt gemacht, indem sie in ihrem Verhaltenskodex zumindest die Fraktionsspitzen denselben strengeren Regelungen unterwerfen will, die für die Exekutive gelten.

Ein grundsätzliches Problem besteht darin, dass Parteien und Politiker bei all diesen Fragen »in eigener Sache« entscheiden müssen. Den anderen Parteien dürfte es dabei in der Vergangenheit mitunter sogar recht gewesen sein, wenn sie ihre Skepsis gegenüber allzu strengen Regelungen hinter der Blockadehaltung der Union verstecken konnten. Die Gefahr, dass anstelle des Parteienwettbewerbs die Kartellbildung tritt, ist insbesondere bei der Parteienfinanzierung stets gegeben, und hat das Bundesverfassungsgericht veranlasst, gerade dort genau hinzuschauen. Eine andere Frage ist, ob man nicht schon in den parlamentarischen Verfahren für eine breitere Interessenrepräsentation sorgen könnte. Wenn die Parteien bereit wären, auch Experten und unvoreingenommene Bürger in die Entscheidungsprozesse einzubinden, kämen wahrscheinlich bessere, durchgreifendere Lösungen heraus. Doch dazu hat ihnen bisher leider der Mut gefehlt.

Berliner Morgenpost / Der Hauptstadtbrief am Sonntag vom 14. März 2021.

Bürgerräte –
ein Weg aus der Repräsentationskrise?

Seit den 1990er Jahren befinden sich die liberalen Demokratien in einer zunehmenden Vertrauenskrise. Ein wachsender Teil der Menschen wendet sich von der Politik ab, weil er den Eindruck hat, diese vertrete sie in ihren Meinungen und Interessen nicht mehr. Demokratie- und Parteienforscher zerbrechen sich schon seit Langem die Köpfe darüber, wie der Repräsentationsschwäche entgegengewirkt werden kann. Die Schlüssel- und Zauberformel lautet »mehr Bürgerbeteiligung«.

Doch wie soll diese konkret aussehen? In Deutschland war die Forderung lange Zeit gleichbedeutend mit »mehr direkter Demokratie«. Erhoben wurde sie insbesondere durch die in den 1980er Jahren als neue Kraft in das Parteiensystem hinzutretenden Grünen. Der SPD fiel es leicht, sich dem anzuschließen, konnte sie doch mit der »Volksgesetzgebung« an die eigene Tradition anknüpfen. Lediglich die Unionsparteien und hier vor allem die CDU blieben skeptisch. Als die rot-grüne Regierung die dreistufige Volksgesetzgebung 2002 in das Grundgesetz einführen wollte, blockierten sie das Vorhaben. Auf der kommunalen und Länderebene, wo die Verfahren zum Teil schon existierten, wollten und konnten sich aber auch die Konservativen dem neuen plebiszitären Trend nicht entgegenstellen.

Seit einiger Zeit schlägt das Pendel zurück. Insbesondere bei den linken Parteien ist mit Blick auf die direkte Demokratie ein Sinneswandel zu verzeichnen. Symbolhaft markiert wurde dies durch den Beschluss des Grünen-Parteitags im November 2020, die Volksgesetzgebung aus dem Programm zu streichen, selbst wenn die Mehrheit dafür knapp ausfiel. Auch bei der SPD ist inzwischen nur noch von »Bürgerbeteiligung« die Rede, nicht mehr von »direkter Demokratie«.

Drei Gründe sind für diese Entwicklung maßgeblich. Erstens mussten gerade die linken Parteien registrieren, wie sich die »von unten«, also den Bürgern selbst ausgelösten Verfahren wiederholt gegen eigene Vorhaben richteten. Einen besonders markanten Einschnitt stellte hier die in einer Volksabstimmung 2010 zu Fall gebrachte Schulreform in Hamburg dar, wo der Eindruck entstand, eine gute situierte Minderheit habe sich auf

Kosten der Mehrheit durchgesetzt. Auch der Ausgang mancher nationaler Abstimmungen in anderen Ländern – etwa die erfolgreiche Antizuwanderungsinitiative in der Schweiz – brachte die einstigen Befürworter ins Nachdenken. Ein noch abschreckenderes Beispiel stellte der Brexit dar.

Der zweite Grund für die gestiegene Skepsis liegt in den institutionellen Folgewirkungen der direkten Demokratie. Die von unten ausgelösten Verfahren, die ja von ihrem Charakter her oppositionell sind, in ein parlamentarisches Regierungssystem zu integrieren, kommt der Quadratur des Kreises gleich – hier gibt es einen grundlegenden Unterschied zur Schweiz. Deshalb gibt es ständigen Streit um die richtige Ausgestaltung der Direktdemokratie, ein Hin und Her zwischen »Öffnung« und »Schließung«, das auch bei den pro-plebiszitären Kräften Überdruss auslöst.

Als dritter Grund muss schließlich die Vereinnahmung der Forderung nach mehr direkter Demokratie durch den Rechtspopulismus genannt werden. Während Grüne und SPD von der Volksgesetzgebung abrücken, propagiert die AfD sogar die Einführung eines fakultativen Referendums nach Schweizer Vorbild. Verfassungspolitisch ist das nicht ohne Ironie, weil die Konsenswirkungen, die von einem plebiszitären Vetorecht ausgehen, den mehrheitsdezisionistischen Demokratievorstellungen des Populismus geradewegs zuwiderlaufen.

Parallel zum abflauenden Eintreten für die direkte Demokratie lässt sich seit einigen Jahren ein verstärktes Interesse an solchen Formen der Bürgerbeteiligung beobachten, die in der Politikwissenschaft unter dem Begriff »deliberativ« firmieren. Als Vorreiter entpuppte sich hier Baden-Württemberg, wo unter der von den Grünen geführten Regierung 2011 das Amt einer Staatsrätin für Zivilgesellschaft und Bürgerbeteiligung geschaffen wurde – besetzt mit Gisela Erler. Diese trieb die Bürgerbeteiligung in Land und Kommunen durch zahlreiche Projekte zielstrebig voran – zu nennen ist etwa die Einrichtung eines onlinegestützten Portals zur Initiierung partizipativer Gesetzgebungsverfahren.

Aufgenommen wurde der Trend vom wichtigsten zivilgesellschaftlichen Akteur der Demokratiepolitik in der Bundesrepublik, dem Verein »Mehr Demokratie«. Hatte dieser sich seit den 1980er Jahren mit fast missionarischem Einsatz für den Ausbau der direkten Demokratie auf allen staatlichen Ebenen starkgemacht, verlegte er seine Beratungs- und Lobbytätigkeit jetzt nicht minder emsig auf das Feld der Bürgerbeteiligung. Auf Initiative und unter Federführung des Vereins traf an zwei

Wochenenden im September 2019 in Leipzig ein aus 163 Personen bestehender »Bürgerrat« zusammen, um Vorschläge für eine Reform der Demokratie auszuarbeiten. Das »Bürgergutachten« wurde zwei Monate später Bundestagspräsident Wolfgang Schäuble übergeben, der daraufhin für den Bundestag die Schirmherrschaft über das Projekt übernahm und einen weiteren Bürgerrat zum Thema »Deutschlands Rolle in der Welt« einberief. Dieser nahm seine Arbeit im Januar 2021 auf und reichte sein Gutachten ebenfalls zwei Monate später ein.

Aus Sicht der Regierenden haben die deliberativen gegenüber den direktdemokratischen Verfahren zwei wesentliche Vorzüge. Zum einen sind ihre Ergebnisse bloß konsultativer Natur, die Entscheidung bleibt bei den Regierungen und Parlamenten. Zum anderen behalten diese die Kontrolle über die Themenagenda, wenn sie selbst solche Verfahren anstoßen. Die zivilgesellschaftlichen Akteure würden dagegen gerne auch den Bürgern ein Initiativrecht einräumen und Vorkehrungen treffen, dass die Empfehlungen der Bürgerräte von den Regierenden nicht einfach ignoriert werden können.

Als großen Vorteil der deliberativen Bürgerbeteiligung heben die Befürworter die Zufallsauswahl der Teilnehmer hervor, die im Vergleich zu den parlamentarischen Körperschaften für eine höhere Repräsentativität in demografischer Hinsicht sorge und gleichzeitig dem Problem der sozial ungleichen Partizipation begegne. Unter den deutschen Politologen sind die Losverfahren mittlerweile zu einem regelrechten Modethema avanciert, deren Heilwirkung man allerdings überschätzt. Erstens stellen solche mini-publics in der Bundesrepublik keineswegs ein Novum dar. Die von dem Soziologen Peter Dienel erfundene »Planungszelle« wurde etwa bereits in den 1970er Jahren entwickelt und in der Praxis vielfach erprobt. Ihr Anwendungsbereich reduzierte sich allerdings auf konkrete Planungsvorhaben, die überwiegend im kommunalen Rahmen stattfanden, während die heutigen Befürworter der Zufallsauswahl diese auch auf Beteiligungsverfahren ausdehnen möchten, die Fragen der »großen Politik« adressieren. Zweitens kommt es in der parlamentarisch-repräsentativen Demokratie primär auf die substanzielle Repräsentation an, also darauf, ob die Regierenden im »besten Interesse« des Volkes handeln. Die von der US-amerikanischen Politikwissenschaftlerin Hanna Pitkin so bezeichnete »deskriptive« Repräsentation, die die demografische Zusammensetzung des Parlaments mit derjenigen der Bevölkerung vergleicht, tritt normativ dahinter zurück, obwohl sie empirisch auf das Handeln natürlich erheblichen Einfluss ausübt. Und drittens gewährleisten die zufallsbasierten Verfahren die Repräsentativität keineswegs so gut, wie die Befürworter glauben machen wollen. Gerade beim Schlüsselmerkmal Bildung ist die Auswahl auch hier nach »oben hin« verzerrt, weil von den ausgelosten Bürgern am Ende nur ein kleiner Teil tatsächlich zur Verfügung steht und mitmacht.

Zweifel an den Verfahren weckt auch der Ablauf der Beratungen. Beim Leipziger Bürgerrat sollten sich die Teilnehmer mit dem Bürgerrat selbst und der direkten Demokratie befassen. Dass sie beides mit großen Mehrheiten auf ihre Reformliste setzten, kann nicht überraschen. An einem Bürgerrat wirkten sie ja gerade mit. Und bei der direkten Demokratie waren unter den wissenschaftlichen Referenten, die die als Laien auftretenden Bürger mit der Materie vertraut machen sollten, die Pro-Stimmen »zufälligerweise« deutlich überrepräsentiert. Dasselbe gilt für den Beirat, der die Initiatoren bei der Auswahl der Experten unterstützt. Für die Umsetzbarkeit der Vorschläge verheißt das nichts Gutes.

Mit Ausnahme der AfD und – vielleicht – der Linken dürfte das Votum des Bürgerrats keine der übrigen Parteien bewegen, die Zurückhaltung gegenüber bundesweiten Volksentscheiden aufzugeben, zumal der Trend, wie gesehen, längst in die andere Richtung weist. Eine aufgeschlossenere Haltung ist beim Thema Bürgerrat zu erwarten. Weil dieser den Primat der parlamentarischen Repräsentation unangetastet ließe, würde sich der Bundestag mit seiner Einführung wenig vergeben. Die im Gutachten des Bürgerrats ausgesprochenen Empfehlungen, die Bürgerbeteiligung gesetzlich zu verankern und auch dem Volk das Recht zu geben, bundesweite Bürgerräte einzuberufen, dürften den Abgeordneten aber vermutlich zu weit gehen und deshalb chancenlos bleiben.

Noch größere Zweifel an der Seriosität weckt das Themenfeld »Deutschlands Rolle in der Welt«, das sich der zweite Bürgerrat im Januar 2021 vornahm. Die Außenpolitik ist bekanntlich eine Domäne der Regierung und der nationalen Gesetzgebung nur zum Teil zugänglich. Entsprechend wenig werden die im März 2021 an den Bundestag übergebenen Empfehlungen ausrichten. Die meisten von ihnen laufen auf Allgemeinplätze hinaus, die die Regierung in ihrem Aktionskreis nicht einengen (»Orientierung am Nachhaltigkeitsprinzip«, »Einsatz für freien Handel«). Und wo sie konkrete Forderungen erheben wie bei der Umsiedlung von Flüchtlingen aus den überfüllten Lagern an den EU-Außengrenzen, dürften sie schlichtweg ignoriert werden. War es vielleicht gerade diese erwartbare Folgenlosigkeit, die den Bundestag bewogen hat, das Thema vorzuschlagen?

Die bisherigen Erfahrungen mit losbasierten Bürgerbeteiligungsverfahren in der Bundesrepublik sind gemischt. Im kommunalen Rahmen haben sie ihre Funktionsfähigkeit in vielen Fällen bewiesen, auf der Länder- und Bundesebene steht diese Probe noch aus. Ob der 2019 stattgefundene Leipziger Bürgerrat Demokratie und sein soeben abgeschlossener, ähnlich ausgerichteter Nachfolger als Blaupause für eine die parlamentarische-repräsentative Demokratie ergänzende Bürgerbeteiligung taugen, ist zweifelhaft. Sie nähren eher den Verdacht einer Alibiveranstaltung, bei der es der einen Seite – den zivilgesellschaftlichen Initiatoren und Befürwortern – vor allem darum geht, sich ein neues demokratiepolitisches Tätigkeitsfeld zu erschließen, während die andere Seite – die politischen Akteure in Regierung und Parlament – die Bürger mit den Verfahren beschwichtigen möchte.

Die Forschung hat neben der Repräsentativität der Teilnehmer und der Ressourcenaufwändigkeit der Durchführung der Verfahren vor allem deren Folgenwirksamkeit als wesentlichen Erfolgsfaktor identifiziert. Je stärker die Themen auf konkrete Ziele ausgerichtet sind, umso höher liegt die Wahrscheinlichkeit, dass die Präferenzen der Bürger in die Entscheidungsprozesse Eingang finden und sich in den Entscheidungsergebnissen widerspiegeln. Ein bloßes Rosinenpicken durch die Regierenden wird so vermieden. Die Auswahl und Eingrenzung der Agenda stellt folglich eine zentrale Bedingung für das Gelingen der Bürgerbeteiligung dar. Wenige ausgewählte Verfahren, die in der Gesetzgebung tatsächlich ihre Spuren hinterlassen, sind besser als ein permanent eingerichteter, parallel zu den Parlamenten tagender Bürgerrat, der zu allem und jedem Stellung nehmen darf, bei den Regierenden und in der Öffentlichkeit damit aber keine Resonanz findet.

Die Auslösung und Trägerschaft der Verfahren gewinnt daher eine Schlüsselbedeutung. Liegt diese allein bei den Regierenden, besteht die Gefahr, dass unbequeme Themen von vornherein gemieden werden. Ein schlagendes Beispiel stellt die aktuelle Debatte um das Bundestagswahlrecht dar, bei dessen Änderung 2020 Union und SPD sich mit ihrer Mehrheit nicht nur über die Opposition hinwegsetzten, sondern auch von den berechtigten Einwänden einer kritischen Öffentlichkeit unbeeindruckt ließen. In dem von ihnen durchgedrückten Gesetz ist zwar vorgesehen, dass zur Vorbereitung einer umfassenderen Reform noch in der laufenden Legislaturperiode eine Kommission eingesetzt wird. Welche Agenda diese verfolgen soll, wer die Agenda festsetzt, ob auch zugeloste Bürger der Kommission angehören sollen und wieweit Parlament und Regierung an deren Beschlüsse gebunden werden – all das hat man aber bewusst offengelassen. Dabei wäre gerade ein Thema wie die Wahlrechtsreform prädestiniert, um die Möglichkeiten und Grenzen einer institutionalisierten Bürgerbeteiligung zu erkunden.

Insofern wäre es vielleicht ratsamer, das Augenmerk bei der Erprobung der Verfahren von vornherein stärker auf die kommunale und Länderebene zu richten. Das hätte zugleich den Vorteil, dass man an die im Rahmen der direktdemokratischen Verfassungsgebung hier bereits eingerichteten Initiativrechte anknüpfen könnte. Wenn die Bürger das Recht haben, ein Gesetzesvorhaben unmittelbar selbst auf den Weg zu bringen, warum sollten sie dann nicht auch die Möglichkeit bekommen, über dasselbe Vorhaben ein Bürgerbeteiligungsverfahren einzuleiten? Der Nutzen einer losbasierten Bürgerbeteiligung liegt darin, dass sie in bestimmten, besonders legitimationsrelevanten Bereichen eine breitere Interessenberücksichtigung gewährleistet als die vorhandenen parlamentarisch-repräsentativen (und/oder direktdemokratischen) Institutionen. Dies zu einem allgemeinen Argument zu erhöhen, erscheint jedoch unangebracht. Um die Demokratie zu verbessern, muss man das Repräsentativsystem nicht neu erfinden. Insbesondere verbietet es sich, die neuen Verfahren gegen die Parteien auszuspielen, denen in diesem System weiterhin die zentrale Rolle zukommt. Würde es gelingen, deren repräsentative Qualität wieder zu stärken, wäre der Ruf nach mehr Bürgerbeteiligung vermutlich leiser.

Neue Gesellschaft | Frankfurter Hefte 68 (2021) H. 5, S. 35–39.

Ist zwei Mal wirklich genug?

Nach der CSU und den Grünen hat sich jetzt auch die FDP die Forderung nach einer Amtszeitbegrenzung für Bundeskanzler zu eigen gemacht und sogar in ihr Wahlprogramm aufgenommen. Der Regierungschef oder die Regierungschefin sollen danach künftig nur noch für zwei Wahlperioden im Amt bleiben dürfen. Im Gegenzug möchten die Liberalen die Legislaturperiode auf fünf Jahre verlängern. Daraus ergäbe sich dann eine maximale Amtszeit der Kanzler von zehn Jahren.

Die Forderung nach einer Amtszeitbegrenzung ist populär, trifft in der Bevölkerung auf mehrheitliche Zustimmung. Die Regierenden drücken damit ja ihre Bereitschaft aus, auf Macht zu verzichten. Was könnte dem Prinzip der Gewaltenteilung, die durch die Periodizität der Wahlen auch eine temporale Komponente aufweist, und dem demokratischen Prinzip der alternierenden, also wechselnden Regierung besser entsprechen? Wer nach Mechanismen sucht, Macht und Herrschaft zu begrenzen und sie einer stärkeren Kontrolle durch die Regierten zu unterwerfen, kann fast immer auf öffentlichen Beifall hoffen, scheint das Recht (und die Moral) also von vornherein auf seiner Seite zu haben.

Dies mag die Beflissenheit erklären, mit der Annalena Baerbock, kaum war sie zur Kanzlerkandidatin gekürt, auch für sich und die Grünen den Willen bekundete, ihre Macht als künftige Bundeskanzlerin zu beschränken – eine Macht, die sie bekanntlich erst einmal erwerben muss. Meint sie es damit ernst? Noch wohlfeiler stellt sich die Forderung aus Sicht der FDP dar, die ja im Unterschied zu den Grünen von der Reform selber gar nicht betroffen wäre – von der Möglichkeit, den Kanzler oder die Kanzlerin zu stellen, kann die Partei nur träumen. Vor diesem Hintergrund wollten offenbar auch die Regierungsparteien nicht zurückstehen, als sie den Reformauftrag der im April vom Deutschen Bundestag eingesetzten Wahlrechtskommission eilfertig um das Thema »Amtszeitbegrenzung« ergänzten.

Doch was ist jenseits der »populistischen« Motivation von dem Vorschlag in der Sache zu halten? Im folgenden soll gezeigt werden, dass er zum Regierungsmodell und zur Praxis der parlamentarischen Parteiendemokratien nicht passt und seine Nachteile die möglichen Vorteile bei

Weitem überwiegen. Zur Begründung hilft zunächst ein Blick auf andere politische Systeme weiter. Wenn etwas im eigenen Land eingeführt werden soll, was es ansonsten nirgendwo gibt, muss einen das stutzig machen. Tatsächlich kann eine Amtszeitbegrenzung in den parlamentarischen Regierungssystemen auf keinerlei Vorbilder zurückblicken – zumindest nicht für das Amt des Regierungschefs. Verbreitet ist sie allein in den präsidentiell verfassten Regierungssystemen, wie wir sie in den USA und Lateinamerika vorfinden, und – innerhalb der parlamentarischen Systeme – bei der Wahl der Staatsoberhäupter. Was die letztgenannten betrifft, sehen die meisten Verfassungen eine Beschränkung auf zwei (in der Regel fünfjährige) aufeinanderfolgende Amtszeiten vor – so auch die Bundesrepublik. Das einzige Land, das auf eine Begrenzung lange Zeit verzichtete, war ausgerechnet Frankreich – »ausgerechnet« deshalb, weil es sich hier um das parlamentarische Regierungssystem mit dem bei Weitem machtvollsten Präsidentenamt handelt. Die Begrenzung auf zwei Mal fünf Jahre wurde in die Verfassung der Fünften Republik erst 2008 eingefügt.

Bezogen auf das Amt des Regierungschefs sind Amtszeitbegrenzungen ansonsten nur in den präsidentiellen Regierungssystemen geläufig. Diese unterscheiden sich von den parlamentarischen Systemen in zwei zentralen Merkmalen: Zum einen gehen die Regierung beziehungsweise der Regierungschef nicht aus dem Parlament hervor, sondern aus einer direkten oder – wie in den USA – indirekten Volkswahl. Und zum anderen sind die Funktionen des Regierungschefs und Staatsoberhaupts in einem Amt vereint. Als Element der Gewaltenteilung bewährt hat sich die Amtszeitbegrenzung vor allem in den lateinamerikanischen Ländern, wo die Präsidenten im Verhältnis zur Legislative über größere Machtprärogativen verfügen als in den USA. Entsprechend größer war und ist die Gefahr des Machtmissbrauchs und Rückfalls in den Autoritarismus. Die Amtszeitbegrenzungen fallen in Lateinamerika aus diesem Grund noch wesentlich strikter aus als in den USA. Während vier der 18 präsidentiell verfassten lateinamerikanischen Staaten wie dort eine unmittelbare Wiederwahl gestatten, sehen elf überhaupt keine Wiederwahl oder eine Wiederwahl nur nach Ablauf von einer oder zwei Legislaturperioden vor. In Venezuela, Nicaragua und Bolivien wurden die in der Verfassung geregelten Amtszeitbegrenzungen 2009, 2014 beziehungsweise 2017 auf Druck der autoritären Machthaber aufgehoben.

Dass mit der Präsidentschaft Donald Trumps die Gefahr eines Abgleitens in autoritäre Verhältnisse inzwischen auch zu einem Thema der US-Demokratie geworden ist, stellt vor dem Hintergrund der amerikanischen Verfassungsgeschichte eine ironische Wendung dar. Die Verfassung von 1787 hatte nämlich eine Amtszeitbegrenzung ganz bewusst nicht enthalten. Im 71. und 72. Artikel der Federalist-Papers wurde das von Alexander Hamilton damit begründet, dass gerade der Ausschluss der Wiederwahl die Versuchung des Amtsinhabers erhöhe, seine Stellung zu missbrauchen und Macht und Eigennutz über das Wohl der Nation zu stellen. Außerdem sei es von Vorteil, wenn das Volk die Möglichkeit behalte, eine erfahrene Person im Amt zu bestätigen – zumal in Zeiten des Notstands und der politischen Instabilität.

Dass sich die Begrenzung auf zwei Amtszeiten in den USA durchsetzte, war eine Folge der von George Washington ab 1797 etablierten Verfassungspraxis. Der erste Präsident genoss ein so großes Ansehen, dass kein Nachfolger von seinem Beispiel abweichen wollte. Erst als sich Franklin D. Roosevelt 1940 erfolgreich um eine dritte und 1944 sogar vierte Amtszeit bewarb, wurde der Weg für eine förmliche Verfassungsänderung frei. Der 1951 in Kraft getretene 22. Zusatzartikel legt seither fest, dass niemand mehr als zwei Mal in das Amt des Präsidenten gewählt werden darf. Das gilt auch für einen während der Wahlperiode in das Präsidentenamt aufgerückten Vizepräsidenten, wenn dessen Amtszeit bis zur nächsten Wahl weniger als zwei Jahre beträgt. Daraus ergibt sich eine maximale Amtsdauer der Präsidenten von zehn Jahren.

Wie hat sich die Amtszeitbegrenzung in den USA bewährt? Versucht man diese Frage anhand der von Hamilton ins Feld geführten Argumente zu beantworten, muss bedacht werden, dass Hamilton seinerzeit den Ausschluss jeglicher Wiederwahl im Sinn hatte, diese Argumente also nur mit Blick auf die Praxis der zweiten Amtszeit gewürdigt werden können. Tatsächlich gibt es in der jüngeren Vergangenheit mit der Watergate-Affäre (unter Richard Nixon), der Iran-Contra-Affäre (unter Ronald Reagan) und der Lewinsky-Affäre (unter Bill Clinton) mehrere Fälle des Machtmissbrauchs, die sich alle während der zweiten Amtsperiode der Präsidenten ereigneten. Wären sie ausgeblieben, wenn die Amtsinhaber nochmals zur Wiederwahl hätten antreten können? Triftiger als das Missbrauchs- erscheint das Erfahrungsargument. Ronald Reagan, Bill Clinton und Barack Obama hätten gute Chancen auf eine nochmalige Wiederwahl gehabt. Und in Obamas Fall wäre dem Land damit gedient gewesen – es hätte Trumps Präsidentschaft 2016 verhindert. Ob sich dasselbe auch von einer möglichen dritten Amtszeit Reagans oder Clintons behaupten lässt, ist dagegen nicht ganz so sicher.

Ein wichtiger Aspekt der Regierungspraxis, der gegen den Ausschluss der Wiederwahl spricht, konnte Hamilton Ende des 18. Jahrhunderts nicht voraussahen: Als »lame duck«-Phänomen ist es über die Grenzen der US-amerikanischen Politik hinaus bekannt. Ein Präsident, der nicht mehr wiederantreten darf oder – wie zum Beispiel Lyndon B. Johnson – auf eine nochmalige Kandidatur freiwillig verzichtet, büßt im Verhältnis zu seinen Mit- und Gegenspielern an Autorität ein, verfügt also nur noch über eine eingeschränkte Handlungs- und Durchsetzungsmacht. Wie weit das tatsächlich stimmt, ist zunächst eine empirische Frage, da auch das genaue Gegenteil eintreten könnte: Wer von der Last der Wiederwahl befreit ist, kann in der zweiten Periode unbefangener regieren, muss auf mögliche Widerstände und die Stimmung in der Öffentlichkeit weniger Rücksichten nehmen. Die größeren Anreize für Wohlverhalten, die sich Hamilton im 72. Federalist-Artikel von der Wiederwahl erwartet, würden dann gerade durch eine Amtszeitbegrenzung entstehen.

Werden beide Effekte gegeneinander gestellt, findet man in der US-Politik stärkere Belege für die »lame duck«-These. Dies liegt zugleich in einer weiteren Eigenart des Präsidentialismus begründet, die diesen vom parlamentarischen System unterscheidet: der zwischen Exekutive und Legislative geteilten Regierungsmacht. Selbst mit einer Mehrheit ihrer eigenen Partei im Rücken konnten und können die US-Präsidenten nicht sicher darauf vertrauen, dass ihre Gesetzesvorhaben im Kongress Unterstützung finden. Ist eine solche Mehrheit von vornherein nicht vorhanden oder geht sie in einer oder beiden Häusern nach den Zwischenwahlen verloren, was heute fast schon die Regel ist, kann der Präsident in der Innenpolitik wenig ausrichten. Wie die Statistiken belegen, sind seine Erfolgsquoten in der zweiten Hälfte der zweiten Amtszeit am geringsten. Lediglich in der mit zweieinhalb Monaten vergleichsweise langen Übergangsperiode (von der Wahl des Nachfolgers bis zur Machtübergabe an diesen) trumpfen die Amtsinhaber nochmals auf, indem sie ihre konstitutionellen Befugnisse ausreizen – was unter Demokratiegesichtspunkten fragwürdig ist und sie am Ende der Amtszeit zum Gegenteil einer »lame duck« macht.

Ein genereller Nachteil des präsidentiellen gegenüber dem parlamentarischen System liegt in seiner konstitutionellen Rigidität: Die Amtszeiten von Präsident und Parlament sind fix und beide Seiten können einander nichts anhaben. So wie der Legislative das Recht fehlt, die Exekutivspitze durch ein Misstrauensvotum abzuberufen (das *impeachment* greift nur bei Verbrechen oder schweren Rechtsverstößen), so hat die Exekutive keine Möglichkeit, die Legislative aufzulösen. Mangelt es dem Präsidenten an Unterstützung im Parlament, ist der Regierungsprozess blockiert. Die parlamentarische Regierungsform sorgt demgegenüber durch die Kombination von Misstrauensvotum und Parlamentsauflösung (mit der Folge vorzeitiger Neuwahlen) dafür, dass jederzeit eine neue Mehrheit erzeugt werden kann. Beide Instrumente wirken auch präventiv, das heißt sie müssen nicht angewandt werden, um einen Wechsel herbeizuführen. Ein solcher kann auch stattfinden, wenn es aus dem Parlament heraus zur Bildung einer neuen Koalition kommt, oder wenn die größte Regierungspartei sich entschließt, in der bestehenden Koalition den Mann oder die Frau an der Regierungsspitze auszutauschen. Amtszeitbegrenzungen erscheinen vor diesem Hintergrund unnötig, was sich empirisch zugleich an der geringen durchschnittlichen Verweildauer der Premierminister ablesen lässt: Diese liegt mit drei Jahren und vier Monaten[1] weit unter der in der jetzigen Diskussion als maximale Amtszeit vorgeschlagenen Obergrenze von acht beziehungsweise zehn Jahren.

Es verwundert deshalb nicht, dass die Diskussion um eine Amtszeitbegrenzung außerhalb der Bundesrepublik nirgendwo geführt wird. Auch hierzulande wäre sie wohl kaum aufgekommen, hätten nicht innerhalb eines historisch eher kurzen Zeitraums von weniger als 40 Jahren zwei Kanzler außerordentlich lange amtiert: Helmut Kohl und Angela Merkel. Aus der Rückschau zu konstatieren, dass beide auf ihre letzte – die vierte – Amtszeit besser verzichtet hätten, ist wohlfeil, konnten doch weder Kohl noch Merkel die Umstände voraussahnen, unter denen ihre jeweils 16 Jahre währende Kanzlerschaft enden würde. Projiziert man die

---

1 Betrachtet wurden die Länder der Europäischen Union mit Ausnahme Zyperns, das als einziger Mitgliedsstaat ein präsidentielles System aufweist, im Zeitraum seit 1990. Deutliche Unterschiede bestehen dabei zwischen den west- und südeuropäischen Ländern der alten EU und den seit 2004 beigetretenen nord- und mittelosteuropäischen Ländern. In den erstgenannten lag die durchschnittliche Amtsdauer mit vier Jahren und zehn Monaten mehr als doppelt so hoch wie in den letztgenannten (zwei Jahre und vier Monate).

vorgeschlagene Obergrenze von zwei Perioden auf ihre Amtsdauer, ergibt sich freilich ein verstörender Befund. Kohl hätte dann nämlich ausgerechnet zum Zeitpunkt seines größten innen- und außenpolitischen Erfolgs – der Herstellung der deutschen Einheit – abtreten müssen, und Merkel 2013, als sie ihr mit Abstand bestes Ergebnis bei einer Bundestagswahl erreichte. Auch Konrad Adenauer, der von 1949 bis 1963 insgesamt 14 Jahre amtierte, stand 1957 nach zwei Wahlperioden im Zenit seines Ansehens.

Ob die erzwungene Erneuerung an der Regierungsspitze nach zwei Amtsperioden zu einer besseren Politik geführt hätte, ist in allen Fällen eine offene und in gewisser Weise müßige Frage. Denn wenn die Unzufriedenheit mit dem Amtsinhaber wächst, dieser als Zugpferd bei der nächsten Wahl nicht mehr taugt oder er aus anderen Gründen politisch unhaltbar wird, bestehen im parlamentarischen System genügend Möglichkeiten, ihn oder sie loszuwerden. Vergleicht man die Amtsenden aller acht bisherigen Bundeskanzler (einschließlich Angela Merkels) miteinander, so war jeder Fall anders gelagert. Langwierige Regierungskrisen blieben dem Land erspart, erst 2017/18 kam es zu einer mit sechs Monaten ungewöhnlichen langen Übergangsperiode, bis die neue Regierung stand. Dabei ging es allerdings nicht um einen Wechsel an der Regierungsspitze, sondern »nur« um die Bildung einer Koalition.

Mit dem Ausscheiden Angela Merkels zum Ende der Legislaturperiode wird die Liste der Abgänge um eine weitere Variante bereichert. Es ist das erste Mal, dass eine amtierende Bundeskanzlerin bereits zu Beginn der Wahlperiode erklärt hat, bei der nächsten Wahl nicht mehr antreten, aber gleichwohl bis dahin im Amt bleiben zu wollen. Aus einer rationalen Sicht lässt sich das eine so wenig nachvollziehen wie das andere. Wer den Zeitpunkt seines Abschiedes ankündigt, macht sich ohne Not zur »lame duck«, lädt seine potenziellen Nachfolger ein, einen für die eigene Partei und Regierung womöglich schädlichen Machtkampf auszutragen. Und wer sich weigert, für den Nachfolger rechtzeitig das Feld zu räumen, behindert diesen gleich doppelt. Einerseits kann der Kandidat dann nicht mit einem eigenen Amtsbonus in die Wahl ziehen, andererseits kommt er auch strategisch in die Zwickmühle, weil er politisches Profil entwickeln muss, ohne sich von der Noch-Amtsinhaberin stark zu distanzieren.

Unter dem Strich spricht folglich kaum etwas für eine Amtszeitbegrenzung. Sie ist in einem parlamentarischen System fehl am Platze und würde mehr Probleme verursachen als lösen. Diskutabel – wenn auch nicht unbedingt empfehlenswert – wäre sie allenfalls auf der Länderebene, zum einen, weil die möglichen Probleme hier aufgrund der geringeren Bedeutung der Länderpolitik weniger ins Gewicht fallen als auf der Bundesebene, zum anderen, weil das parlamentarische System der Länder durch die Ämterverbindung – der Ministerpräsident ist Regierungschef und Staatsoberhaupt in einer Person[2] – und die Dauer der Legislaturperiode (fünf Jahre[3]) von dem des Bundes in wichtigen Punkten abweicht. Würde man bei der Ausgestaltung der Verfassungsänderung dem amerikanischen Beispiel folgen und einem nach der Hälfte der Wahlperiode nachgerückten Ministerpräsidenten die zweimalige Wahl gestatten, läge die maximale Amtsdauer bei immerhin 12 ½ Jahren.

Für den Bund sollte man die Idee dagegen rasch ad acta legen. Hier liegt der Verdacht nahe, dass sie ohnehin nicht ernst gemeint ist oder nur zur Bemäntelung eines anderen, aus der Interessensicht der Parteien näher liegenden Vorschlags dienen soll, nämlich der Verlängerung der Wahlperiode. Weil diese auf der Inputseite ein Weniger an Demokratie und Gewaltenteilung bedeutet[4], dürfte die Forderung laut werden, das Defizit durch ein Mehr an Demokratie an anderer Stelle zu kompensieren. In den Ländern hat man den Ausgleich durch die zeitgleiche Einführung und Ausweitung direktdemokratischer Beteiligungsformen herbeigeführt, was sich für den Bund heute aber selbst die Grünen und die SPD, die das lange Zeit gefordert hatten, nicht mehr vorstellen können. Doch welche Alternativen gibt es? Im oben erwähnten Einsetzungsbeschluss der Reformkommission wurden als Beratungsgegenstände neben einer Amtszeitbegrenzung und der Verlängerung der Legislaturperiode unter anderem genannt: die Novellierung des Wahlrechts, um die Vergrößerung des Bundestages wirksam einzudämmen, die Förderung der gleichberechtigten Repräsentanz von Frauen und Männern im Bundestag, die

---

2   Auf der nationalen Ebene gibt es mit Südafrika und Botswana nur zwei parlamentarische Systeme, die eine »geschlossene« Exekutive aufweisen. In beiden Fällen sehen die Verfassungen eine Amtszeitbegrenzung vor.
3   Die einzige Ausnahme bildet Bremen. Hier lehnten die Wähler die vom Parlament geplante Verlängerung von vier auf fünf Jahre 2017 in einer Volksabstimmung mit knapper Mehrheit ab.
4   Die Befürworter der Verlängerung suggerieren, dass es dafür im Gegenzug ein Mehr an Output-Legitimation gebe, weil infolge des gestreckten Wahlzyklus störungsfreier und mithin besser regiert werden könne. Empirisch gibt es dafür allerdings keine Belege.

Modernisierung der Parlamentsarbeit, das Absenken des Wahlalters auf 16 Jahre und die Bündelung von Wahlterminen. Es bedarf keiner besonderen hellseherischen Fähigkeiten um vorauszuahnen, dass die Amtszeitbegrenzung unter allen Vorschlägen die geringsten Chancen haben dürfte, die Beratungen zu überleben.

Verfassungsblog, 2. Juni 2021.

Herausforderungen der lokalen Demokratie

Die örtliche Ebene gilt als Keimzelle des bürgerschaftlichen Engagements und »Schule der Demokratie«. Die Menschen sind mit der Politik hier unmittelbarer und lebensnäher konfrontiert als auf der Landes- und Bundesebene, und gestalten sie selber mit. Die etwa 600.000 Bürger, die als gewählte Vertreter in den Räten und Kreistagen sitzen, als Sachkundige an Integrations-, Senioren- und sonstigen Beiräten mitwirken oder in kleineren Gemeinden als Bürgermeister amtieren, tun dies ehrenamtlich. Die parallel zur Parteiarbeit ausgeübte kommunale Mandatstätigkeit stellt in der Bundesrepublik den typischen Einstieg in eine Berufspolitikerkarriere dar.

Seit geraumer Zeit verstärken sich die Rekrutierungsprobleme. Ein notorisches Problem stellt die Unterrepräsentanz von Frauen in den Räten dar, die durch ungünstige Sitzungszeiten und fehlende Kinderbetreuungsmöglichkeiten vom Engagement abgehalten werden. Auf der Wählerseite drückt sich das nachlassende Interesse an der Kommunalpolitik in stark rückläufigen Wahlbeteiligungen aus. Die veränderte Medienlandschaft trägt wesentlich dazu bei. Durch das Verschwinden von Regional- und Lokalblättern ist die Berichterstattung über die örtlichen Angelegenheiten immer weiter ausgedünnt. Anders als auf der Bundes- und Länderebene können die sozialen Netzwerke hier noch keinen Ersatz bieten. Dass sie von den hauptamtlichen Kommunalpolitikern als Kommunikationskanäle eher gescheut werden, hängt auch mit den Anfeindungen zusammen, denen sie sich dort ausgesetzt sehen.

Die institutionellen Strukturen der Gemeinden haben sich seit den 1990er Jahren deutlich verändert. Mit der Übernahme der vorher nur in Bayern und Baden-Württemberg möglichen Direktwahl des Bürgermeisters durch die anderen Länder konstituieren heute alle Kommunalverfassungen »quasi-präsidentielle« Regierungssysteme. Eine Folge der Reform war der von den Verfassungsgerichten erzwungene Wegfall der Fünfprozenthürde. Begründet wurde dies damit, dass die Räte im Unterschied zu den Parlamenten in Ländern und Bund keine Regierung bestellen und im Amt halten müssten. Kritiker beklagen dagegen ein

Regierbarkeitsproblem. Den nicht selten aus zehn oder mehr Parteien zusammengesetzten Räten falle es immer schwerer, mehrheits- und arbeitsfähige Koalitionen zu bilden. Gerade die Vertreter radikaler Parteien verhielten sich in den Sitzungen oftmals obstruktiv. Zudem begünstigten die Regelungen eine Konstellation, in der ein Bürgermeister mit einer parteipolitisch anders gefärbten Ratsmehrheit zusammenarbeiten müsse.

Ein weiteres potenzielles Erschwernis für die kommunalen Verantwortungsträger ergibt sich durch die im Zuge der Reformen zeitgleich erfolgte Einführung von Bürgerbegehren und Bürgerentscheiden. Deren Nutzungspraxis bleibt zwar überschaubar und weist zwischen den Ländern große Unterschiede auf. Auch wo die Verfahren nicht direkt zur Anwendung gelangen, trägt aber bereits ihre Existenz dazu bei, dass die Entscheidungsprozesse »konsensueller« werden. Dies ist vor allem für die Länder gewöhnungsbedürftig, die in ihrer Kommunalpolitik traditionell eher mehrheits- oder konkurrenzdemokratisch geprägt sind wie zum Beispiel Nordrhein-Westfalen.

Blickt man auf die materielle Seite des Regierens, haben die Kommunen mit ähnlichen Problemen zu kämpfen wie die Länder. Ihre Funktion, die Lebensverhältnisse der Bürger vor Ort zu gestalten und zu verbessern, können viele von ihnen nur eingeschränkt erfüllen, weil es an einer hinreichenden und verstetigten Finanzausstattung fehlt. Eine überzeugende Lösung dieses Problems steht weiter aus. Sie müsste dringend gefunden werden, damit die kommunale Demokratie ihre Grundlage behält und die Bürger genug Gründe finden, sich auch in Zukunft in den Gemeinden und für die Gemeinden zu engagieren.

Die Kommunale Zeitung 18 (2021) Ausgabe 3, S. 4.

Schafft endlich die Geheimwahl ab!

Die Thüringer Possen nehmen kein Ende. Nach der »versehentlichen« und später »zurückgenommenen« Wahl des FDP-Politikers Thomas Kemmerich zum Ministerpräsidenten mit den Stimmen der AfD im Februar 2020 haben die Rechtspopulisten mit dem Konstruktiven Misstrauensvotum gegen Bodo Ramelow jetzt erneut einen publikumswirksamen Versuch unternommen, den politischen Gegner vorzuführen. Dabei machten sie sich einen Umstand zunutze oder besser: wollten ihn sich zunutze machen, der schon seinerzeit in den Kommentaren wenig beachtet wurde, nämlich die Bestimmung, dass die Wahl des Ministerpräsidenten in geheimer Abstimmung stattfindet.

Das Kalkül, das die AfD verfolgte, lag auf der Hand. Hätte ihr Kandidat Björn Höcke mehr als die 22 Stimmen der eigenen Abgeordneten bekommen, wäre die These der stabilen demokratischen »Brandmauer« zum Rechtspopulismus und -extremismus erschüttert worden. Bei einem etwas genaueren Blick in die Geschichte der erfolgreichen und nicht erfolgreichen Misstrauensvoten in der Bundesrepublik (auf Bundes- wie Länderebene) hätte Höcke freilich vorausahnen können, warum sein Plan nicht aufgeht. Indem nämlich die CDU-Fraktionsführung ihre Abgeordneten vorsorglich darauf verpflichtete, die Abstimmung zu boykottieren, also gar nicht an ihr teilzunehmen, war die Gefahr möglicher Abweichler aus den eigenen Reihen gebannt – die AfD stand so am Ende mit ihren 22 Stimmen allein da.

Dieselbe Strategie hatte der legendäre SPD-Fraktionsvorsitzende Herbert Wehner im Bundestag bereits 1972 verfolgt, um das von der CDU/CSU angestrengte Misstrauensvotum gegen Kanzler Willy Brandt zum Scheitern zu bringen – wie man weiß, erfolgreich. Wehner orientierte sich dabei seinerseits an einem noch länger zurückliegenden Fall in der Hamburger Bürgerschaft, wo 1956 ein von der SPD initiiertes Misstrauensvotum durch den Abstimmungsboykott der CDU-Fraktion abgewehrt worden war. Mithilfe des Koalitionspartners FDP wurde die Strategie 1972 sogar noch »verfeinert«: Indem diese eine kleinere Zahl von »sicheren« Abgeordneten ins Rennen schickte, sollten potenzielle Abweichler auf der

Gegenseite vor »Entdeckungsgefahr« geschützt und zur Stimmabgabe für Brandt ermuntert werden.

Die Thüringer Regierungsparteien haben das Verhalten der CDU zu Recht kritisiert. Abstimmungsboykotte unterminieren das grundgesetzlich verbriefte freie Mandat des Abgeordneten. Dennoch ist die Kritik etwas scheinheilig. Die CDU hat ihr Vorgehen damit gerechtfertigt, dass die Regierungsparteien bei einer vollständigen Teilnahme an der Abstimmung hätten versucht sein können, ihr zusätzliche Höcke-Stimmen »unterzujubeln«, was diese selbstverständlich empört zurückwiesen. Ihre Kritik wäre allerdings glaubwürdiger, wenn sie die institutionelle Ursache der gegenseitigen, Misstrauen erweckenden Verdächtigungen zumindest mitbedenken würde, nämlich das Festhalten an der geheimen Stimmabgabe.

Bei einer offenen Abstimmung, wie sie in den Parlamenten bei allen Gesetzesentscheidungen und sonstigen Beschlüssen üblich und aus demokratischer Sicht geboten ist, wären weder die jetzige Posse noch die Wahl Kemmerichs vor einem Jahr in dieser Form möglich gewesen. Bei der Ministerpräsidentenwahl hatte die AfD ihren eigenen Kandidaten im dritten Wahlgang bekanntlich nur zum Schein aufgestellt, um unter dem Deckmantel der Geheimwahl unentdeckt für Kemmerich stimmen zu können, was dem FDP-Politiker zusammen mit den eigenen und den CDU-Stimmen die Mehrheit einbrachte.

Die geheime Abstimmung ist mit demokratischen Grundsätzen unvereinbar, weil sie die Abgeordneten von der Pflicht entbindet, für ihr Verhalten einzustehen, es vor der Wählerschaft zu rechtfertigen. Sie lässt sich auch nicht – obwohl dies immer wieder behauptet wird – mit dem Schutz des freien Mandats rechtfertigen, das ansonsten ja auch durch die offenen Abstimmungen über die Gesetze bedroht wäre. Der verfassungsrechtliche und -politische Widersinn der Geheimwahl lässt sich zugleich daran ablesen, dass sie beim Konstruktiven Misstrauensvotum (das gleichbedeutend mit der Wahl eines Regierungschefs ist) greift, nicht aber, wenn der Regierungschef selbst die Vertrauensfrage stellt.

Der letztgenannte Aspekt verweist auf ein weiteres Problem des Thüringer Falls. Ursprünglich hatten sich die Regierungsparteien ja mit der Union auf die Herbeiführung vorgezogener Neuwahlen im Wege einer Selbstauflösung des Parlaments verständigt, wofür laut Verfassung eine Zweidrittelmehrheit erforderlich ist. Das Vorhaben scheiterte, weil die

CDU nicht in der Lage war, der Regierungsseite die nötigen Stimmen fest zuzusagen, Linke, SPD und Grüne aber ihrerseits darauf bestanden, dass eine Mehrheit für die Auflösung ohne die Stimmen der AfD zustande kommt. Warum hat Bodo Ramelow dann nach der Ankündigung der CDU, die bis zu den jetzt geplatzten Neuwahlen verabredete Tolerierung von Rot-Rot-Grün zu beenden, nicht einfach die Vertrauensfrage gestellt und so den Weg für eine Parlamentsauflösung mit lediglich einfacher Mehrheit frei gemacht?

Die Antwort gibt Art. 50 Abs. 2 der Thüringer Verfassung, der dem Landtag die Möglichkeit offen lässt, bei einer abgelehnten Vertrauensfrage innerhalb von drei Wochen einen neuen Ministerpräsidenten zu wählen. Weil dafür im dritten Wahlgang bereits eine relative Mehrheit genügt (sogar eine Wahl mit nur einer Stimme wäre theoretisch denkbar), könnte die Wahl eines AfD-Kandidaten dann nur durch einen Gegenkandidaten verhindert werden, der nach Lage der Dinge natürlich wieder Bodo Ramelow hieße. Vor diesem Hintergrund stellt sich die Frage, ob es von der Regierungsseite tatsächlich klug war, auf einer eigenen Zweidrittelmehrheit der demokratischen Parteien bei der Selbstauflösung zu beharren.

So verwerflich es gewesen ist, vor einem Jahr einen Ministerpräsidenten mit AfD-Stimmen ins Amt zu bringen, so wenig verwerflich wäre es jetzt, die AfD-Stimmen bei der Auflösungsentscheidung »mitzunehmen«, wo doch diese Entscheidung im Prinzip von allen demokratischen Parteien gewollt ist. Dass die AfD bei der Abstimmung erneut das Spielchen spielen könnte, gegen ihre eigene Ankündigung zu stimmen, sich also Neuwahlen zu verweigern, ist kaum anzunehmen, da über die Auflösung – anders als über die Wahl des Regierungschefs – in offener Abstimmung entschieden wird.

Berliner Morgenpost / Der Hauptstadtbrief am Samstag vom 31. Juli 2021 (online).

Hohes Haus, ziemlich breit

Das Horrorszenario eines auf über 800 oder sogar 900 Abgeordnete anschwellenden Bundestages hat sich bei der Bundestagswahl zum Glück nicht bewahrheitet. Es sind »nur« 736 Sitze geworden, 27 mehr als vor vier Jahren und 138 mehr, als der Bundestag eigentlich haben sollte. Haben sich die Experten also geirrt und ist alles halb so schlimm?

Mitnichten. Manche Aspekte des jetzigen Wahlergebnisses geben sogar Anlass, noch kritischer auf das »personalisierte Verhältniswahlsystem« mit seiner Kombination von direkt gewählten Kandidaten im Wahlkreis und Listenmandaten zu blicken. Ins Visier gerät dabei insbesondere die Wahlkreisstimme.

Die Wahlkreisabgeordneten werden mit der Erststimme nach den Regeln der relativen Mehrheit gewählt – wer die meisten Stimmen hat, erhält das Mandat. Unter Demokratiegesichtspunkten war das unproblematisch, solange die beiden Volksparteien Union und SPD die Wahlkreise noch unter sich ausmachen konnten und ihre Kandidaten im Regelfall 40 Prozent oder darüber erzielten. Im heutigen Sechsparteiensystem sind diese Zeiten passé. So waren bei der Bundestagswahl diesmal neben der Union (143 Mandate) und der SPD (121) auch die Grünen (16), die AfD (16) und die Linke (3) in den Wahlkreisen erfolgreich. In den meisten Fällen genügten dabei für den Gewinn des Sitzes schon Stimmenanteile von 30 oder 25 Prozent, im Wahlkreis Dresden II reichten dem Sieger Lars Rohwer von der CDU sogar 18,6 Prozent, um das Mandat zu erringen. Das bedeutet, dass eine übergroße Mehrheit von über 70, 75 oder 80 Prozent nicht für die siegreichen Kandidaten gestimmt hat.

In der Auffächerung der Parteienlandschaft liegt zugleich die Hauptursache für das vermehrte Auftreten der Überhangmandate. Verschärft wird das Problem, durch die Möglichkeit des Stimmensplittings, die die Kombination von Erst- und Zweitstimme eröffnet. Je stärker die Wähler davon Gebrauch machen, umso wahrscheinlicher wird es, dass die Erst- und Zweitstimmenergebnisse der Parteien auseinanderfallen und manche von ihnen mehr Wahlkreissitze gewinnen, als ihnen nach dem für die Mandatsverteilung maßgeblichen Zweitstimmenergebnis eigentlich zustehen. Weil sie diese »überschüssigen« Mandate dennoch behalten dürfen, kann der Proporz nur durch Ausgleichsmandate für die anderen Parteien wiederhergestellt werden, was zur Inflationierung der Sitzzahl weit über die regulären 598 Abgeordneten hinaus geführt hat.

Warum war der Effekt diesmal nicht so groß wie befürchtet? Der Hauptgrund liegt darin, dass die CDU von den 185 Wahlkreisen, die sie 2017 gewonnen hatte, 87 verlor, die meisten davon an die SPD. Dazu trug auch das ausbleibende Splitting von FDP-Wählern bei, die diesmal größtenteils mit der Erststimme (statt für die Union) für die eigenen Kandidaten votierten. Als Urheber der Überhang- und Ausgleichsmandate verbleibt damit allein die CSU, die in Bayern das Rennen in 45 der 46 Wahlkreise für sich entscheiden konnte, deren Zweitstimmenergebnis – zweite Ursache und anders als noch kurz vor der Wahl angenommen – mit 31,7 Prozent dann aber doch so passabel war, dass nur elf Überhänge anfielen. Weil von diesen nach der im Oktober 2020 von Union und SPD gegen die Stimmen der Opposition beschlossenen Wahlrechtsreform drei Mandate »ausgleichsfrei« gestellt sind, lag der Ausgleichsbedarf diesmal bei 127 Sitzen – für jedes der acht auszugleichenden Überhangmandate der CSU wurden also knapp 16 weitere Mandate benötigt. Berechnungen im Vorfeld hatten sogar einen »Hebel« von um die 18 ergeben. Dass er am Ende geringer war, erklärt sich – drittens – aus der im Vergleich zum Bundesdurchschnitt deutlich höheren Wahlbeteiligung in Bayern. Weil hinter jedem Mandat die gleiche Anzahl an Wählern stehen soll, wird die Wahlbeteiligung im Ausgleichsmechanismus des Wahlgesetzes ebenfalls berücksichtigt.

Hätte für diese Wahl das alte, bei der Bundestagswahl 2017 angewendete Gesetz gegolten, wäre die Zahl der Abgeordneten um weitere 50 auf 786 angestiegen. Wer will, mag darin eine Bestätigung der von der Großen Koalition versprochenen »dämpfenden« Wirkung ihrer Wahlrechtsreform sehen. Die Einsparung der 50 Mandate erfolgt aber auf eine denkbar problematische Weise, nämlich dadurch, dass drei CSU-Überhänge unausgeglichen bleiben. Dies entspricht einer Abkehr vom 2012 eingeführten vollständigen Proporz, für die es keinerlei sachliche Gründe gibt und die deshalb vor dem Bundesverfassungsgericht schwerlich Bestand haben dürfte. Hätten diese Mandate die Mehrheitsverhältnisse am Wahlabend zugunsten der Unionsparteien »umgedreht«, wäre das aus demokratischer Sicht kaum vermittelbar gewesen. Wegen des deutlichen Vorsprungs der SPD blieb dem Wahlrecht dieser *worst case* am Ende gottseidank erspart.

Nichts wäre unangebrachter, als sich auf dem Ausbleiben eines öffentlichen Aufschreis jetzt auszuruhen und die dringend gebotene grundsätzliche Neuordnung des Wahlrechts weiter zu verschleppen. Wie könnte und müsste ein der heutigen Struktur des Parteiensystems angemessenes Wahlsystem beschaffen sein? Einen geeigneten Ansatzpunkt, der Entstehung der Überhangmandate entgegenzuwirken, böte eine Reduzierung der Zahl der Wahlkreise. Von den derzeit 299 auf 280 direkt gewählte Abgeordnete herunterzugehen, wie es das Wahlgesetz ab der nächsten Wahl verlangt, wird dabei aber nicht ausreichen – um auf der sicheren Seite zu sein, halten Experten eine deutlichere Reduktion auf 200 oder noch weniger Wahlkreise für geboten.

Weil die einzelnen Wahlkreise damit sehr viel größer würden, regt sich gegen einen solchen Ansatz grundsätzlicher Widerstand. Auch das Problem der schwindenden Legitimation durch schwache Erststimmenergebnisse wäre nicht gelöst. Eine Alternative bestünde darin, anstelle der heutigen Einpersonenwahlkreise Zwei- oder Mehrpersonenwahlkreise zu bilden. Manche sehen darin auch einen möglichen Hebel, um den Frauenanteil in den Parlamenten zu erhöhen. In den meisten europäischen Ländern mit Verhältniswahlsystem wird die territoriale und Gruppenrepräsentation auf diese Weise sichergestellt.

Eine dritte Möglichkeit läge darin, die überhängenden Mandate zu eliminieren, indem man eine entsprechende Zahl von Direktmandaten – nämlich diejenigen mit den geringsten Stimmergebnissen – einfach nicht vergibt. Dies wäre allerdings aus demokratischer Sicht ebenfalls kaum legitimierbar – auch mit noch so geringer Mehrheit ist gewählt schließlich gewählt. Auffangen ließe sich das Problem, würde man die heutigen Wahlkreismandate nicht mehr einzeln vergeben, sondern zu Wahlkreislisten zusammenfassen. Ein solches Modell lehnte sich an das bisher bestehende Landtagswahlsystem in Baden-Württemberg an und böte zugleich die Chance, vom schwer verständlichen Zweistimmensystem zu einem System mit nur einer Stimme zurückzukehren, wie es bei der ersten Bundestagswahl 1949 bestand: Die Stimmen für die Wahlkreis- und Listenkandidaten würden dann zusammengelegt.

Die kurz vor Ablauf der Legislaturperiode noch eilends eingesetzte Expertenkommission wird sich über diese und andere Vorschläge beugen müssen, wenn sie sich demnächst neu konstituiert. Wichtig wäre zugleich, dass die jetzt zu bildende Regierung – egal welcher Couleur – das Thema in ihren Koalitionsvertrag aufnimmt. Eine Regierung ohne die CDU/CSU dürfte das Vorhaben eher erleichtern, waren es doch gerade die Unionsparteien und hier vor allem die CSU, an deren obstruktiver Haltung die Reformbemühungen in der Vergangenheit gescheitert sind.

Die nächste Regierung sollte aber nicht wie die Große Koalition den Fehler begehen, die Opposition bei der Reform zu übergehen. Dies gilt zumal, als Fragen wie die Absenkung des Wahlalters oder die Verlängerung der Legislaturperiode, die ebenfalls Teil des Reformpakets sein sollen, ohnehin verfassungsändernde Zweidrittelmehrheiten erfordern. Zu überlegen wäre auch, ob man bestimmte Elemente des Wahlsystems wie den vollständigen Proporz oder die Parlamentsgröße, die heute einfachgesetzlich geregelt sind, nicht besser direkt in die Verfassung hineinschreibt, um sie so vor dem Zugriff künftiger Regierungsmehrheiten zu schützen.

Berliner Morgenpost / Der Hauptstadtbrief am Samstag vom 2. Oktober 2021 (online).

TEIL II:
PARTEIEN UND PARTEIENSYSTEM

Warum der parteiförmige Rechtspopulismus in Deutschland so erfolglos ist

Seit Mitte der 1980er Jahre ist es in zahlreichen westeuropäischen Ländern zur Herausbildung einer neuen und zugleich neuartigen Parteienfamilie gekommen, für die sich in der Wissenschaft und im journalistischen Sprachgebrauch der Begriff »rechtspopulistisch« eingebürgert hat. Zu den wenigen Ländern, die von dem Phänomen weitgehend verschont geblieben sind, gehört die Bundesrepublik Deutschland. Wahlerfolge rechtspopulistischer und rechtsextremer Gruppierungen hat es zwar auch hierzulande gegeben. Sie erstreckten sich aber bislang ausschließlich auf die regionale Ebene, wo es den Herausforderern mehrfach gelang, über die Fünfprozenthürde zu springen. Eine flächendeckende Etablierung ist daraus nicht erwachsen – und sie steht in absehbarer Zukunft auch nicht zu erwarten.

Warum ist das so? Um diese Frage zu beantworten, möchte ich zunächst untersuchen, warum die Bedingungen, die in anderen Ländern zum Erfolg der Rechtspopulisten beigetragen haben, in der Bundesrepublik nicht gegeben waren beziehungsweise sind. Anschließend frage ich danach, ob es vielleicht funktionale Äquivalente gibt, die das Nichtvorhandensein und den Misserfolg der rechtspopulistischen Akteure ausgleichen.

Gründe für den Misserfolg rechtspopulistischer Parteien in der Bundesrepublik

Die Politikwissenschaft geht mittlerweile übereinstimmend davon aus, dass die am rechten Rand neu entstandenen Parteien Ausdruck einer tiefgreifenden Vertrauens- und Repräsentationskrise der demokratischen Politik sind, die auf die desintegrativen Wirkungen der heutigen Modernisierungsprozesse zurückgeführt werden kann. Schenkt man den Analysen Glauben, so finden die Populisten vor allem bei jenen Zuspruch, die das Gefühl haben, zu den benachteiligten und abstiegsbedrohten

Gruppen der Gesellschaft zu gehören. Es handelt sich also um ein Protestphänomen, das mit den Folgen der Individualisierung zu tun hat und vom Bedürfnis nach Identität kündet. Ins Zentrum der populistischen Aversionen rücken dabei die Fremden.

1. Ist diese Diagnose richtig, so trifft sie auf die Bundesrepublik sicher nicht weniger zu als auf andere europäische Länder, die unter den Folgen von Modernisierungsprozessen leiden. Auch im Hinblick auf die ihr zugrunde liegenden generellen Konfliktstrukturen unterscheidet sich das deutsche Parteiensystem nicht sonderlich von den Parteiensystemen anderer westlicher Demokratien. Strukturprägend sind danach

- das Fortbestehen einer verteilungsbezogenen sozioökonomischen Konfliktlinie, bei der sich die Grundpositionen der Marktfreiheit und sozialen Gerechtigkeit als Pole gegenüberstehen.
- die Verdrängung beziehungsweise Überlagerung der überkommenen religiösen und konfessionellen Spaltungen durch ein allgemeines soziokulturelles Wertecleavage. Hier begegnen liberale beziehungsweise libertäre konservativen oder autoritären Haltungen.
- das Hinzutreten eines regionalistischen Ost-West-Cleavages im Zuge der deutschen Einheit.

2. So wenig es an einem sozialen Nährboden für rechtspopulistische Positionen fehlt, so wenig können institutionelle Restriktionen für die Schwäche des parteiförmigen Rechtspopulismus verantwortlich gemacht werden. Weder stellt die Fünfprozenthürde ein unüberwindliches Hindernis dar, noch werden die Neuankömmlinge bei der staatlichen Parteienfinanzierung ungebührlich benachteiligt. Von größerer Bedeutung für das Scheitern des Rechtspopulismus ist der Faktor politische Kultur. Die nachwirkende nationalsozialistische Vergangenheit führt dazu, dass in der Bundesrepublik nicht nur rechtsextreme, sondern auch rechtspopulistische Bestrebungen einem generellen Stigma unterliegen. Das historisch kontaminierte Umfeld erweist sich für die potenziellen Herausforderer in doppelter Hinsicht als Problem. Erstens wird ihnen dadurch der der Zugang zu den Medien erschwert, die dem Populismus gegenüber Berührungsängste haben und ihm deshalb nicht unbefangen begegnen. Die Rechtsparteien bleiben damit der ständigen Gefahr ausgesetzt, in die Nähe Hitlers gerückt zu werden. Und zweitens führt es dazu, dass gerade die Vertreter des Rechtspopulismus, die sich selbst als gemäßigt verstehen, fürchten müssen, von extremistischen Kräften unterwandert zu

werden. Weil diese die neu gegründeten Parteien als Trittbrett nutzen wollen, um aus ihrer politischen politischen Isolierung herauszutreten, drohen unweigerlich Richtungskämpfe, die das öffentliche Bild der Partei früher oder später ruinieren.

3. Nicht ganz so leicht ist die Frage zu beantworten, ob es den Rechtsparteien hierzulande an thematischen Gelegenheiten mangelt. Warum sollte das der Fall sein, wenn – wie eben gezeigt – ein sozialer Nährboden für rechtspopulistischen Protest auch in Deutschland vorhanden ist? Tatsächlich zeigt der europaweite Vergleich, dass es so etwas wie eine programmatisch-thematische Gewinnerformel des neuen Rechtspopulismus gibt.

Ökonomisch schlagen die Rechtsparteien aus dem wachsenden Gefälle zwischen Arm und Reich Kapital, indem sie sich als entschiedene Verteidiger des Wohlfahrtsstaats gerieren. Die Charakterisierung als rechts ist daher in diesem Bereich mit einem Fragezeichen zu versehen. In den 1980er Jahren hatten die meisten rechtspopulistischen Parteien noch neoliberale Positionen vertreten, setzten sie sich also für Deregulierung und Steuersenkungen ein. Nachdem diese Positionen Allgemeingut wurden (bis hin zur Sozialdemokratie), verloren sie für die Herausforderer an Attraktivität. Die Folge war, dass sich die Wählerstruktur der Rechtspopulisten in Richtung von Arbeitern und Arbeitslosen verschob.

Kulturell verstehen sich die Rechtspopulisten als Anti-Migrations-Parteien. Gegen die Tendenzen einer ethnisch-kulturellen Vermischung betonen sie die Zugehörigkeit zu einer historisch gewachsenen, homogenen nationalen Gemeinschaft. Das Nationsverständnis ist dabei aber nicht (mehr) partikularistisch, sondern wird gespeist von einer übergreifenden abendländisch-christlichen Identität in Abgrenzung zum nicht-westlichen Islam. Dies erklärt zugleich, warum die verschiedenen nationalen Vertreter des Rechtspopulismus heute europaweit gut zusammenarbeiten.

Politisch-institutionell treten die Rechtspopulisten als Kritiker der parteienstaatlichen Strukturen auf den Plan, denen sie die Vorstellung einer möglichst unmittelbaren Demokratie entgegensetzen. Nicht von ungefähr verzichten die meisten von ihnen auf die Selbstbezeichnung als »Partei«. Die größten thematischen Angriffsflächen finden die Rechtsparteien dort, wo die Kartellbildung in den politischen Systemen stark fortgeschritten ist. Die Haider FPÖ in Österreich, die Lega Nord in Italien und die Liste Pim Fortuyn in den Niederlanden lassen sich hier als markante Beispiele aufführen.

Der Dreiklang von ökonomischer, kultureller und politischer Agenda erklärt auch, warum die europäische Einigung in den letzten Jahren zu einem immer wichtigeren Mobilisierungsthema der neuen Rechtsparteien geworden ist. Folgt man der Argumentation der Rechtspopulisten, dann steht die EU stellvertretend für sämtliche Negativfolgen, die den Modernisierungsprozess tatsächlich oder angeblich begleiten: materielle Wohlstandsverluste, multikulturelle Überfremdung und Krise der politischen Repräsentation. Die sonst so abstrakte Globalisierung findet mit ihr einen konkreten Schuldigen. Der Euroskeptizismus ist deshalb zu einem zentralen Bestandteil der Programmatik der rechtspopulistischen Parteien avanciert, von denen einige (wie die Lega Nord) in den 1980er Jahren noch ausgesprochen pro-europäische Positionen vertreten hatten.

In der Bundesrepublik fehlt es zwar nicht an einer vergleichbaren Gewinnerformel, doch geben die einzelnen Bereiche für sich genommen eher wenig her. Dies gilt auch für die Einwanderung. Die Sarrazin-Debatte vor zwei Jahren hat gezeigt, dass es unter der Konsensdecke des faktischen Multikulturalismus hierzulande durchaus brodelt. Die hohen publizistischen Wellen, die Sarrazins Intervention geschlagen hat, stehen allerdings in einem eigentümlichen Kontrast zu ihrer politischen Folgenlosigkeit. Woran liegt das? Eine mögliche Erklärung könnte sein, dass die Eingliederung der Zuwanderer in Deutschland besser geglückt ist, als Sarrazin und seine Unterstützer das Publikum haben glauben machen wollen. Verglichen mit der Situation etwa in Frankreich handelt es sich um eine ausgesprochene Erfolgsgeschichte. Ursächlich dafür sind erstens die günstigere Zusammensetzung der Zuwandererpopulation, zweitens bessere sozialräumliche Voraussetzungen und drittens die geringere Virulenz kultureller Anerkennungskonflikte. In Frankreich, wo die Einwanderer gemäß republikanischem Nationsverständnis zur Bürgerschaft von jeher dazugehören, unterliegen sie gerade dadurch einem verstärkten Druck, sich der Mehrheitsgesellschaft auch in kultureller Hinsicht anzupassen. In der Bundesrepublik hat dagegen der bewusste Verzicht auf eine – diesen Namen verdienende – Integrationspolitik dazu geführt, dass die Anerkennungskonflikte in der Vergangenheit eher diskret ausgetragen wurden und in der Öffentlichkeit weithin unbemerkt blieben.

In diesem Verzicht und der fehlenden Politisierung des Themas dürfte der Hauptgrund liegen, dass größere Gelegenheiten für die etwaigen Newcomer durch die Zuwanderung nicht entstanden sind. Entscheidend war dabei, dass die Nicht-Thematisierung von beiden großen Parteien getragen wurde – also auch von der Sozialdemokratie. Symptomatisch dafür war, dass die SPD auf ihre Forderung, im Gegenzug für die mit der Union einvernehmlich beschlossene Einschränkung des Asylrechts ein modernes Zuwanderungsrecht zu schaffen, Anfang der 1990er Jahre nicht mehr zurückkommen wollte. Die Unionsparteien hielten unterdessen trotzig an ihrem Programmsatz fest, wonach »Deutschland kein Einwanderungsland sei«. Eine vorsichtige Öffnung in Richtung Integrationspolitik zeichnete sich erst nach dem Amtsantritt der rot-grünen Regierung ab. Sie führte aber nicht zu einer Polarisierung, weil die SPD aus der Unionskampagne gegen die geplante Einführung einer doppelten Staatsbürgerschaft Anfang 1999 die Lehre zog, der Opposition bei diesem Thema besser keine Angriffsflächen mehr zu bieten.

4. Zu den fehlenden politischen Gelegenheiten gesellt sich als weiteres entscheidendes Erfolgshindernis die organisatorische Unfähigkeit der Rechtspopulisten. Im Unterschied zu den meisten europäischen Ländern, wo es gelungen ist, die verschiedenen Stränge des rechten Protests in einer einheitlichen Formation zusammenzuführen, bleibt das rechte Spektrum in der Bundesrepublik parteipolitisch zersplittert. Als Grund dafür wird in der Literatur häufig das Fehlen einer mit charismatischen Eigenschaften ausgestatteten Führerfigur genannt. Feststellungen wie die, wonach eine rechtspopulistische Partei in der Bundesrepublik mit einem Haider oder Le Pen an der Spitze reüssieren würde, greifen freilich zu kurz. Das Vorhandensein oder Nicht-Vorhandensein einer fähigen Person an der Spitze hängt eben nicht nur vom Zufall ab. Auch in der Bundesrepublik hat es mit Franz Schönhuber und Ronald Schill Politiker gegeben, die die populistische Klaviatur beherrschten und dem Bild eines charismatischen Führers zumindest nahekamen. Dies entpuppte sich in der Startphase als wichtiger Erfolgsgarant, der ihre Parteien vor dem Scheitern allerdings nicht bewahrte. Republikaner und Schill-Partei waren weder in der Lage, sich durch eine breitere programmatische Aufstellung aus der Abhängigkeit von lediglich kurzfristig ausbeutbaren Protestthemen zu befreien, noch gelang es ihnen, eine funktionsfähige Parteiorganisation aufzubauen und deren geschlossenes Auftreten nach außen hin sicherzustellen.

Die Kanalisierung des Rechtspopulismus durch »funktionale Äquivalente«

Rechtspopulismus muss sich nicht zwangsläufig in Gestalt neu gegründeter oder formierter Parteien niederschlagen. Insofern stellt sich gerade für die Bundesrepublik die Frage, ob es andere Erscheinungs- und Äußerungsformen gibt, die rechtspopulistische Tendenzen aufnehmen und die Entstehungs- und Erfolgswahrscheinlichkeit des parteiförmigen Rechtspopulismus darüber vermindern. In den Blick geraten hier erstens die Integrationsfähigkeit der vorhandenen Parteien, vor allem der CDU/CSU, zweitens die Rolle der Boulevardmedien, insbesondere der BILD-Zeitung, drittens das Vorhandensein einer linkspopulistischen Protestalternative in Gestalt der vormaligen PDS und heutigen gesamtdeutschen Partei Die Linke, und viertens das seit der deutschen Einheit ungebrochen hohe Niveau an fremdenfeindlich motivierten Gewalttaten.

1. CDU und CSU haben stets der Devise gehuldigt, wonach es rechts von ihnen keine weitere demokratisch legitimierte Partei geben dürfe. Nachdem es der Union in den 1950er Jahren gelungen war, die seinerzeit noch bestehenden Konkurrenten im rechtskonservativen Lager sämtlich aufzusaugen, wurde dieser Anspruch durch die Landtagswahlerfolge der 1964 gegründeten rechtsextremen NPD ab Mitte der 1960er Jahre kurzzeitig infrage gestellt. Diese verfehlte den Einzug in den Bundestag 1969 nur knapp, verschwand danach aber ebenso rasch wieder von der Bildfläche, wie sie aufgetaucht war. Weil die Unionsparteien sich in der Oppositionsrolle nun verstärkt nach rechts orientieren konnten, gelang es ihnen, das rechtsextreme Wählerpotenzial auszutrocknen und die oppositionellen Kräfte im eigenen Lager zu bündeln. Die Abspaltung der Republikaner von der CSU im Jahre 1983 konnte ihre Dominanz ebenfalls nicht bedrohen. Neben dem restriktiven Kurs in der Ausländerpolitik kam der Partei dabei auch die unter ihrer Führung zustande gekommene deutsche Einheit zu Hilfe, die den Rechtsaußenparteien das Wasser abgrub.

Die Resistenz des Mitte-Rechts-Lagers in der Bundesrepublik gegen mögliche »Übergriffe« vom rechten Rand gründet darauf, dass sich die Union im Unterschied zu ihren stärker sozialkatholisch ausgerichteten Schwesterparteien in Italien, Österreich und den Beneluxländern von Beginn an als bürgerliche Sammlungspartei verstanden hatte, die auch konservativen und nationalen Elementen eine Heimat bieten wollte. Als regelrechter Glücksfall erweist sich bis heute das Verbundmodell von CDU und CSU, das beide Parteien in die Lage versetzt, ein umfassenderes Wählerspektrum zu bedienen, als es jede einzelne von ihnen könnte. Die CSU steht dabei auf der ökonomischen Konfliktachse etwas links und auf der kulturellen Achse rechts von der CDU, was in der Tendenz dem Profil der meisten rechtspopulistischen Parteien in Europa entspricht.

Auch nach dem Wechsel von Helmut Kohl zu Angela Merkel ist der innerparteiliche Zusammenhalt der Union zu keiner Zeit gefährdet gewesen – weder innerhalb der CDU noch im Verhältnis der beiden Schwesterparteien. Der von Vertretern des konservativen Flügels unlängst gegründete »Berliner Kreis« signalisiert zwar ein diffuses Unbehagen an dem von Merkel eingeschlagenen Modernisierungskurs, der mit vielen traditionellen Positionen der Christdemokraten gebrochen hat – von der Familien- über die Schulpolitik bis hin zur Atomkraft. Eine Revolte dürfte davon jedoch nicht ausgehen, zumal die Kritiker jeglichen Hinweis schuldig bleiben, wie denn die Alternativen aussehen könnten.

Mit Blick auf die Absorptionsfähigkeit des bürgerlichen Lagers darf schließlich die FDP nicht unerwähnt bleiben. Als kirchenferner beziehungsweise antiklerikaler Gegenpol zur Union hatte diese ihre Fortexistenz als einzig relevanter Vertreter unter den kleinen Parteien in den 1950er Jahren retten können. Zunächst noch fest an der Seite der Union, wuchsen die Liberalen später in die Rolle eines Scharniers im Parteiensystem hinein, wobei sie sich in der Koalition mit der SPD (ab 1969) vor allem als wirtschaftspolitisches Korrektiv profilierten. Diese Funktion behielt die Partei nach der Wende von 1982 erfolgreich bei, sodass die entsprechende Flanke für rechtspopulistische Konkurrenten verschlossen blieb.

Der Versuchung, ihre Agenda auch auf der kulturellen Achse nach rechts zu verschieben und auf diese Weise die Erfolgsformel von Parteien wie der österreichischen FPÖ nachzunehmen, erlagen die Liberalen nicht. Ob der verstorbene Parteivize Jürgen Möllemann eine solchen Kurswechsel im Sinn hatte, als er die Parteispitze im Vorfeld der Bundestagswahl 2002 auf das von ihm entworfene »Projekt 18« verpflichtete, darf bezweifelt werden. Sollte es so gewesen sein, dann hätte Möllemann dafür kaum ein ungeeigneteres Thema finden können als seine von einem pro-arabischen Standpunkt aus formulierte Israel-Kritik, die er zu allem Überfluss noch mit antisemitisch klingenden Untertönen versetzte. Die geschlossene Medienfront, die sich daraufhin gegen ihn aufbaute, katapultierte den Politiker auch in der eigenen Partei ins Aus.

2. Der letzte Punkt verweist darauf, dass die Herausforderer auf die meinungsbildenden Medien angewiesen sind. Je stärker diese die von den Rechtspopulisten aufgebrachten Themen in die Öffentlichkeit tragen, desto mehr Wählerresonanz können die neuen Parteien erwarten. So wäre beispielsweise der Aufstieg der Haider-FPÖ ohne die publizistische Schützenhilfe der in Österreich sehr einflussreichen Kronenzeitung nicht möglich gewesen. Dasselbe gilt – in kleinerem Maßstab – für den Erfolg der Schill-Partei in Hamburg, der von der auflagenstarken Springer-Presse mit herbeigeschrieben wurde. Als Schill die Gunst der Boulevardblätter nach seinen Eskapaden als Innensenator verlor, ging es mit ihm im Rekordtempo bergab.

Die Boulevardmedien nehmen aber auch unabhängig von den Parteien eine Thematisierungsfunktion wahr, die rechtspopulistische Stimmungen bedienen und gegebenenfalls absorbieren kann. Dies gilt in der Bundesrepublik insbesondere für die BILD-Zeitung, deren redaktionelle Linie darauf programmiert ist, national-konservative mit sozialpopulistischen Positionen zu verbinden. So wie die von der BILD-Zeitung transportierten und selbst erzeugten Stimmungen Orientierungsmarken für die vorhandenen Parteien bereithalten, die deren Agenda beeinflussen und verändern, so können sie auch eine bloße Blitzableiterfunktion einnehmen, ohne dass es zu nachhaltigen Wirkungen kommt. Ein Beispiel dafür ist die von BILD kräftig angeheizte Debatte um Thilo Sarrazins 2010 erschienenes Buch »Deutschland schafft sich ab«, in dem der frühere Bundesbankvorstand und Finanzsenator des Landes Berlin mit der angeblichen Integrationsunfähigkeit und -unwilligkeit der überwiegend muslimischen Zuwandererbevölkerung hart ins Gericht geht. Obwohl diese Debatte kampagnenähnliche Züge trug und sich über mehrere Wochen erstreckte, blieb sie in parteipolitischer Hinsicht (programmatisch wie elektoral) weitgehend folgenlos.

3. Ebenfalls von nicht zu unterschätzender Bedeutung für die Kanalisierung des Rechtspopulismus ist die Existenz der Partei Die Linke. Deren Populismus weist nicht nur in Bezug auf Agitationsformen und Stilmittel, sondern auch in ideologischer Hinsicht manche Ähnlichkeit mit seinen rechten Gegenstücken auf. Antielitärer Protestgestus, Medienwirksamkeit durch charismatische Führung (unter Oskar Lafontaine und Gregor

Gysi) und Sozialprotektionismus sind seine wichtigsten Versatzstücke. Zumindest Lafontaine greift dabei mitunter auch bewusst auf die identitätspolitischen Themen der Rechten zurück (etwa in der Einwanderungsfrage). Tatsächlich dürfte der frühere SPD-Chef nicht falsch liegen, wenn er glaubt, dass die Erfolgsformel eines kulturalistisch unterfütterten Sozialprotests keineswegs nur den rechtspopulistischen Vertretern vorbehalten muss.

Der linke hat dem rechten Populismus in der Bundesrepublik heute mindestens dreierlei voraus: Erstens kann er durch die gleichzeitige Bedienung eines regionalistischen und sozialökonomischen Cleavages auf eine breitere Wählerkoalition hoffen. Nachdem sich die Wählerzusammensetzung auch in den neuen Bundesländern in Richtung der sozial marginalisierten Gruppen verschiebt, hat die Partei im Zuge der Westausdehnung zwar ihre bisherige reine Ost-Identität verloren. Dies dürfte dem Gesamterfolg aber ebenso wenig im Wege stehen wie die beträchtlichen Schwierigkeiten im Fusionsprozess von PDS und WASG, die in der Öffentlichkeit bisweilen das Bild einer Chaotentruppe entstehen lassen. Organisatorisch profitiert die Partei – zweitens – von ihrer gesellschaftlichen Verankerung im Osten, wo sie bestens vernetzt ist und über genügend Ressourcen verfügt, um im Wettbewerb mit den anderen Parteien zu bestehen. Und drittens leidet sie nicht im selben Maße unter dem Problem der Stigmatisierung. DDR-Vergangenheit und Extremismusverdacht lasten zwar bis heute auf der Linken, sind aber nicht mehr imstande, die Partei, die in Ostdeutschland rund ein Viertel der Wähler erreicht, auf Dauer zu delegitimieren. Dies gilt umso mehr, als sich die vormalige PDS in ihrer ideologischen Gegnerschaft zum Rechtsextremismus scheinbar von niemanden übertreffen lässt. Gerade weil sie über den Faschismusverdacht in jeder Hinsicht erhaben ist, kann es sich die Linkspartei relativ gefahrlos leisten, mit Themen und Methoden auf Stimmenfang zu gehen, die man normalerweise dem Rechtspopulismus zuschreibt.

4. Schließlich muss auf das bleibend hohe Niveau an rechtsextrem und fremdenfeindlich motivierten Gewalttaten in der Bundesrepublik hingewiesen werden, das die Aufdeckung einer sich über ein Jahrzehnt erstreckenden Mordserie unlängst erneut ins Bewusstsein gerückt hat. Die Frage, ob durch das Vorhandensein einer starken rechtspopulistischen Kraft, die dem Protest eine Stimme leiht, dessen Abwanderung in die diffuseren Gewalt der Gewaltbereitschaft verhindert oder eingedämmt werden kann,

hat die Forschung merkwürdigerweise kaum beschäftigt. Die europäische Vergleichsstudie von Koopmans aus den 1990er Jahren, die einen solchen Zusammenhang bestätigt, bedürfte dringend einer Fortschreibung. Dies gilt umso mehr, als jüngere Untersuchungen für die deutschen Länder eher in die andere Richtung weisen. Mit den Wahlerfolgen der rechtsextremistischen NPD ist danach auch die Zahl der rechtsextremen Gewaltakte angestiegen. Dieser Befund kann freilich nicht überraschen, da zwischen der NPD und der gewaltbereiten Kameradschafts- und Neonaziszene vielfältige organisatorische Verbindungen bestehen. Auch das Erstarken der NPD selbst und ihre Wahlerfolge in Ostdeutschland müssen ja vor dem Hintergrund der Nicht-Existenz beziehungsweise Schwäche anderer Rechtsaußenparteien gesehen werden, die Deutschland von Ländern mit niedrigerem Gewaltniveau (etwa Österreich) weiterhin unterscheidet.

Attraktiv für Deutschland?

Im Unterschied zu den meisten europäischen Ländern ist das Parteiensystem der Bundesrepublik von einer relevanten rechtspopulistischen und euroskeptischen Kraft bislang verschont geblieben. Versuche, solche Parteien zu etablieren, hat es seit den 1980er Jahren mehrfach gegeben. Beginnend mit den rechtsextremen Republikanern über die Hamburger Statt-Partei und den Bund Freier Bürger bis hin zur Schill-Partei sind diese aber alle mehr oder weniger kläglich gescheitert. Dasselbe gilt für die Absicht, eine bereits bestehende Partei auf rechtspopulistische Pfade zu führen, die man dem verstorbenen FDP-Politiker Jürgen Möllemann unterstellt hat. Für die Erfolglosigkeit des Rechtspopulismus ist bezeichnend, dass die besten Wahlergebnisse einer Rechtsaußenpartei hierzulande ausgerechnet von der neonationalsozialistischen NPD verbucht werden, deren Profil mit dem in Westeuropa dominierenden Rechtspopulismus wenig gemein hat. Gleichzeitig werden populistische Stimmungen von der Partei Die Linke absorbiert, die sich ebenfalls als Anti-Establishment-Partei versteht und obendrein noch ein regionalistisches Motiv – die Befindlichkeit der ostdeutschen Bundesländer – mitbedient.

Mit der im April 2013 offiziell gegründeten »Alternative für Deutschland« schickt sich jetzt eine neue Gruppierung an, die Geschichte der Erfolglosigkeit des Rechtspopulismus in Deutschland zu beenden. Welche Chancen sie tatsächlich hat, bei der Bundestagswahl über die Fünf-Prozent-Hürde zu springen oder zumindest in deren Nähe zu kommen, darüber rätseln die Beobachter. Auch die Politikwissenschaftler sind unsicher: Auf der einen Seite scheint die Partei über ein erhebliches Stimmenpotenzial zu verfügen; laut Umfragen kann sich etwa jeder Fünfte vorstellen, sie zu wählen. Auf der anderen Seite kommt die AfD bei der »Sonntagsfrage« bisher über drei Prozent nicht hinaus. Beide Angaben sind freilich mit Vorsicht zu genießen. Während die potenzielle noch nichts über die wirkliche Wahlabsicht besagt, haben die Demoskopen bei früheren Wahlen wiederholt die Erfahrung gemacht, dass sie von den Wählern über deren Bereitschaft, für eine Außenseiterpartei zu stimmen, in Umfragen getäuscht wurden. Es könnte also durchaus sein, dass sich nicht alle, die die AfD wählen wollen, zu dieser Absicht ehrlich bekennen.

Für die Chancen der neuen Partei dürften vor allem zwei Dinge maßgeblich sein: die Resonanz des von ihr in den Mittelpunkt gerückten Euro-Themas und die Fähigkeit, mit den restriktiven Bedingungen umzugehen, die das Aufkommen und den Erfolg rechtspopulistischer Parteien in Deutschland in der Vergangenheit erschwert haben. Betrachten wir zunächst die thematische Ausrichtung. Die AfD wird als »single issue«-Partei apostrophiert – nicht zu Unrecht. Neben der Auflösung der Währungsunion vertritt sie zwar eine Reihe von anderen Forderungen, die an die programmatische Gewinnerformel des Rechtspopulismus in Westeuropa anknüpfen und zu einer breiteren Plattform ausgebaut werden könnten. Dazu zählen zum Beispiel die Einführung direktdemokratischer Elemente und veränderte Regeln für die Einwanderung. Diese Positionen werden aber nur schlagwortartig erwähnt und nicht weiter ausgeführt. Umso detailfreudiger ist das Programm bei der Kernforderung: der »geordneten Auflösung« der Währungsunion. Der Euro soll entweder durch die alten nationalen Währungen oder die Schaffung kleiner Währungsverbünde (Nord- und Süd-Euro) ersetzt werden. Um dies zu erreichen, postuliert die Partei als ersten Schritt die Einführung nationaler Parallelwährungen zum Euro in den südeuropäischen Ländern, deren verbindlicher Anteil am bargeldlosen Zahlungsverkehr bei 50 Prozent liegen solle und danach sukzessive zu steigern sei. Mit der Rückkehr zu den nationalen Währungen sollen die Unterschiede in der Wettbewerbsfähigkeit ausgeglichen werden, die ein Funktionieren der Währungsunion in der Vergangenheit unmöglich gemacht hätten. Damit ließe sich auch die Gefahr eines Auseinanderbrechens der gesamten Union bannen.

Dass diese Thesen durchaus verfangen und von relevanten Bevölkerungsgruppen unterstützt werden, kann man exemplarisch auf den Leserbriefseiten der Qualitätszeitungen studieren. Aufschlussreich ist ein Vergleich zur Sarrazin-Debatte vor drei Jahren, wo wir es mit einem – auf den ersten Blick – ähnlichen Phänomen zu tun hatten. Im Gegensatz zur heutigen Euro-Debatte ist Sarrazins Abrechnung mit der bundesdeutschen Zuwanderungspolitik aber merkwürdig verpufft und parteipolitisch folgenlos geblieben. Warum? Eine mögliche Antwort könnte die unterschiedliche ideologische Gefechtslage liefern. Multikulturalismuskritik ist, obwohl sie in diesem Fall von einem früheren SPD-Politiker artikuliert wurde, überwiegend im konservativen und rechten Spektrum beheimatet. Dass sie auch in Teilen der linken Wählerschaft auf Zustimmung trifft, steht dem nicht entgegen – es entspricht vielmehr dem kulturellen Traditionalismus der Arbeiterklasse, den der amerikanische Soziologe Seymour Martin Lipset schon vor über fünfzig Jahren diagnostiziert hat.

Die Forderung nach Auflösung der Währungsunion ist demgegenüber nicht zwangsläufig eine konservative oder rechte Position. Sie wird von sozialdemokratischen Vordenkern wie Fritz W. Scharpf in Heft 4/2011 der *Berliner Republik* oder Wolfgang Streeck in seinem neuen Buch *Gekaufte Zeit* geteilt und findet, angestoßen durch öffentliche Äußerungen Oskar Lafontaines, inzwischen auch in der Linkspartei Widerhall. So gesehen ist es bemerkenswert, dass das Führungspersonal der AfD fast ausschließlich aus dem liberal-konservativen Lager stammt. Blickt man auf die Mitglieder und möglichen Wähler, geht die Unterstützung dagegen quer durch alle Parteien und Schichten. Einzig die Grünen-Anhänger scheinen gegen die euroskeptische Stimmung weitgehend immun.

Es bleiben allerdings Zweifel, ob die Kritik am Euro in der Bevölkerung tatsächlich so stark zündet, wie es sich die Partei erhofft. Die gemeinsame Währung ist bei den Bürgern ja durchaus geschätzt; dasselbe gilt für die Betriebe, die durch die Vermeidung von Kursschwankungen Planungssicherheit haben. Was die Menschen vor allem umtreibt, ist die Stabilität der Währung und die Sorge, dass Deutschland für die Schulden anderer Mitglieder der Eurozone aufkommen muss. Wie die hohen Zustimmungsraten zum Krisenmanagement der Regierung und speziell der Bundeskanzlerin zeigen, fühlen sie sich aber in dieser Frage von der Politik keineswegs schlecht vertreten. Dies gilt auch für die rot-grüne Opposition, die alle Rettungspakete für die in Schieflage geratenen Länder im Bundestag mitgetragen hat. Dass sich die Bundesrepublik durch die Anleihekäufe der Europäischen Zentralbank de facto bereits in einer Haftungsunion befindet, mag die Regierung verständlicherweise nicht offen zugeben. Auch die Opposition hält sich an dieser Stelle lieber bedeckt, um dem Verdacht vorzubeugen, sie würde eine noch stärkere Vergemeinschaftung der Schulden anstreben, etwa durch die Ausgabe von »Eurobonds«.

Blicken wir im weiteren auf die Partei selbst: Ist sie in der Lage, die sich ihr bietenden Gelegenheiten zu nutzen? Das größte Hindernis für den Erfolg rechtspopulistischer Gruppierungen in der Bundesrepublik liegt in der ihnen drohenden Stigmatisierung, die zugleich ihren Zugang zu den meinungsbildenden Medien erschwert. Auch bei der AfD waren die Kritiker mit dem Vorwurf des Rechtspopulismus schnell bei der Hand. Bisher hat sich die Partei dagegen relativ glaubhaft verwahren können. Seriöses Auftreten ist ihr wichtiger als Agitation. Eine Schlüsselrolle spielt der Vorsitzende Bernd Lucke. Was dem jugendlich wirkenden Volkswirtschaftsprofessor aus Hamburg an charismatischer Ausstrahlung fehlt, macht er durch Eloquenz und Fachkompetenz wett. So lässt er nicht nur seine Vorstandskollegen alt aussehen; auch in den Talkshow-Debatten mit den Vertretern der anderen Parteien schlägt sich Lucke meistens gut.

Unter dem Strich profitiert die Partei davon, dass sie eher ein liberalbürgerliches als ein populistisches Profil pflegt. Zwar verzeichnet sie bis jetzt noch keine prominenten Überläufer aus dem Lager von Union und FDP. Allerdings macht sich gerade in der Union die Sorge breit, dass von der AfD eine Attraktion auf konservativ eingestellte Teile der Wählerschaft ausgeht, die mit dem unter Merkel eingeschlagenen Modernisierungskurs hadern – von der Schulpolitik über den Atomausstieg bis hin zu Homoehe und Frauenquote. Obwohl diese Themen in der Programmatik der neuen Partei nachrangig sind, könnten sie im Hinterkopf der Wähler eine wichtige Rolle spielen.

Gefahren drohen der AfD vor allem von innen. An der Frage, wie man mit unerwünschten Unterstützern von rechtsaußen umgeht, sind in der Bundesrepublik bisher noch alle Etablierungsversuche einer rechtspopulistischen oder -konservativen Kraft gescheitert. Gerade gemäßigt auftretende Gruppierungen werden von solchen Unterstützern gerne als Trittbrett genutzt, um der Stigmatisierung als rechtsextrem oder -populistisch zu entgehen. Bestrebungen, die Programmatik der AfD für eine breitere populistische Plattform zu öffnen, sind in einigen Landesverbänden bereits erkennbar und haben zu ersten Absetzbewegungen geführt, beispielsweise in Hamburg oder Berlin. Die Parteispitze versucht dem durch eine möglichst straffe, zentralistische Führung entgegenzutreten, der allerdings durch die rechtlichen Regelungen des Parteiengesetzes enge Grenzen gesetzt sind und die zugleich an der Parteibasis auf Widerspruch trifft. Ob der AfD ein kontrollierter Aufbau der Organisation gelingt, ohne dass ihr öffentliches Bild und die notwendige Geschlossenheit im Auftreten nach außen Schaden nimmt, bleibt vor diesem Hintergrund eine offene Frage. Auch ein Erfolg bei der Bundestagswahl würde der Partei nicht zwangsläufig nutzen, sondern die Gefahr der Destabilisierung eher noch erhöhen.

Immerhin: Das Risiko, das Abschneiden bei der Bundestagswahl und der am selben Tag stattfindenden Landtagswahl in Hessen durch ein schwaches Landtagswahlergebnis in Bayern zu gefährden (wo eine Woche früher gewählt wird), konnte die AfD umgehen, indem sie auf die Kandidatur in Bayern nach heftiger interner Debatte verzichtet hat. Die politische Konkurrenz muss sich insofern zumindest auf einen Achtungserfolg der neuen Partei einstellen. Was das für die Auseinandersetzung im heraufziehenden Wahlkampf bedeutet, daran scheiden sich die Geister.

In einem Beitrag für die *Blätter für deutsche und internationale Politik* (Heft 5/2013) hat Jürgen Habermas der AfD ausdrücklich Erfolg gewünscht. Seine Hoffnung, der Newcomer zwinge die anderen Parteien, die europapolitischen Tarnkappen abzustreifen und in Sachen EU endlich Farbe zu bekennen, dürfte allerdings trügerisch sein. Eigentlich wäre es an der linken Opposition, an SPD und Grünen, Merkels Austeritätspolitik und der sie begleitenden Renationalisierung eine kraftvolle, nach vorne gerichtete Alternative entgegenzusetzen. Ein integrationspolitischer Aufbruch zu »Mehr Europa«, der die von Habermas zu Recht angeprangerte Umfälschung sozialer in nationale Fragen beenden könnte, scheint den Deutschen im Moment jedoch kaum vermittelbar. Rot-Grün muss also nolens volens auf das von der Kanzlerin betriebene Spiel der Dethematisierung eingehen, wenn es sich nicht selbst in eine europapolitische Außenseiterrolle manövrieren und der AfD die Wähler zutreiben will – eine für die Bundestagswahl zugebenermaßen nicht gerade verheißungsvolle Perspektive.

Berliner Republik 14 (2013), H. 3/4, S. 6–8.

Auf Nummer sicher

Welche Koalition wird die Bundesrepublik nach dem 22. September 2013 regieren? Die Antwort darauf hängt zum einen – natürlich – vom Ergebnis der Bundestagswahl ab, das vorgibt, welche Konstellationen überhaupt mehrheitsfähig sind. Das Format einer Mehrheitsregierung kann dabei als gesetzt gelten. Minderheitskabinette sind auf der Bundesebene hierzulande noch nicht gangbar, auch wenn manche Politologen sie sich herbeiwünschen. Zum anderen hängt die Koalitionsbildung von der Bereitschaft der Parteien ab, miteinander Regierungsbündnisse zu schließen. Diese Bereitschaft können sie in Form entsprechender Koalitionsaussagen – positiver wie negativer – vor der Wahl offenlegen oder nicht. Im letztgenannten Fall wird die Wahlentscheidung zu einer Rechnung mit Unbekannten: In welche Koalition eine Stimme fließt, hängt dann allein vom Willen der Parteien beziehungsweise Parteiführungen ab und kann vom Wähler nicht (mehr) beeinflusst werden.

Problematisch wird die Koalitionsbildung, wenn die politisch möglichen beziehungsweise von den Parteien gewünschten Koalitionen nicht mehrheitsfähig und gleichzeitig die rechnerisch möglichen, also mehrheitsfähigen Koalitionen politisch nicht möglich sind. Im schlimmsten Fall ist die Regierungsbildung dann ganz blockiert, sodass als Ausweg nur vorgezogene Neuwahlen bleiben. Eine solche Situation bestand zum Beispiel nach der Landtagswahl 2008 in Hessen. Aufgrund des vergifteten Verhältnisses von CDU und SPD schied hier sogar eine Große Koalition als Notlösung aus, wie sie auf der Bundesebene 2005 in einer vergleichbaren Konstellation gebildet worden war.

Der Ausgang der Bundestagswahl 2009, bei der es trotz der Verfestigung der Fünfparteienstruktur wieder zur Mehrheit für eine der beiden Wunschkoalitionen reichte, dürfte ein Intermezzo bleiben. Er führte freilich zu einem Rückzug von Schwarz-Gelb und Rot-Grün in das eigene Lager und bremste die Bereitschaft der Parteien, ihr Koalitionsverhalten zu flexibilisieren. Weder hat sich die FDP für ein Ampelbündnis mit SPD und Grünen geöffnet (trotz zaghafter Annäherungsversuche in Nordrhein-Westfalen), noch waren SPD und Grüne willens, von ihrer ablehnenden Haltung gegenüber Koalitionen mit der Linken abzurücken. Deren

Niedergang in den alten Bundesländern verstärkte die bipolare Logik, indem er in mehreren Bundesländern die Ablösung schwarz-gelber durch rot-grüne (Nordrhein-Westfalen, Niedersachsen und – dort zusammen mit dem Südschleswigschen Wählerverband – Schleswig-Holstein) beziehungsweise grün-rote (Baden-Württemberg) Landesregierungen ermöglichte. Dies hat bei SPD und Grünen die Hoffnung auf eine eigene Mehrheit auch im Bund genährt, die wegen der dort ungefährdeten Position der Linken allerdings schwer zu erreichen sein dürfte.

Die Ausgangslage für den 22. September ähnelt folglich eher derjenigen von 2005 als von 2009: Es stehen sich zwei annähernd gleich starke Formationen (Schwarz-Gelb und Rot-Grün) gegenüber, die im Rahmen der fortbestehenden Fünfparteienstruktur vermutlich nicht in der Lage sein werden, eine Mehrheit zu bilden. Einen bedeutenden Unterschied gibt es allerdings, wenn man die internen Stärkeverhältnisse betrachtet. Während die FDP im »bürgerlichen« Lager nach 2009 einen beispiellosen Absturz erlebte, der unmittelbar den Unionsparteien zugute kam, haben sich die Kräfteverhältnisse im linken Lager stetig in Richtung des kleineren Partners – der Grünen – verschoben, deren Stimmenanteil heute etwa halb so groß ist wie derjenige der SPD. (1998 lag er nur bei einem Fünftel.) Wahlarithmetisch hat das zwei Konsequenzen. Zum einen sichert es der Union einen verlässlichen Vorsprung vor den Sozialdemokraten, womit ihr automatisch eine Schlüsselrolle bei der Regierungsbildung zufällt. Zum anderen führt es dazu, dass neben einer Großen Koalition und den verschiedenen Varianten eines Dreierbündnisses auch eine schwarz-grüne Zweierkoalition mehrheitsfähig wäre. Scheiden die Dreierbündnisse aus politischen und/oder arithmetischen Gründen aus, reduzieren sich die Möglichkeiten der Regierungsbildung insofern auf die Alternative Schwarz-Rot oder Schwarz-Grün. Im folgenden soll gezeigt werden, warum dabei mehr Argumente für Schwarz-Rot sprechen, also die Wiederauflage der Großen Koalition.

Die Argumentation knüpft an die gängigen Erklärungen der Koalitionsbildung an. Parteien schließen Regierungsbündnisse danach (1) zum Macht- und Ämtererwerb (*office-seeking*) und (2) zur Durchsetzung ihrer politikinhaltlichen Ziele (*policy-seeking*). Diese Motive werden wiederum (3) durch den Erwerb von Wählerstimmen unterstützt und gleichzeitig begrenzt (*vote-seeking*). So könnte eine Partei zum Beispiel vom

Regierungseintritt abgehalten werden, wenn sie fürchtet, dass sie das bei den nächsten Wahlen Stimmen kostet.

Empirische Untersuchungen haben gezeigt, dass diese Faktoren die Koalitionsbildung nur zum Teil erklären. Andere Gründe, insbesondere solche, die sich gegen eine quantitative Erfassung sperren, werden in der Forschung also offenbar nicht oder zu wenig berücksichtigt. Bezogen auf die bundesdeutschen Kontext gilt das zum Beispiel für (4) die institutionellen und politisch-kulturellen Eigenheiten des Regierungssystems, die die Bahnen der Koalitionsbildung vorgeben, und – damit verbunden – die Regierungsfähigkeit einer Koalition im Hinblick auf andere institutionelle Vetospieler, (5) habituelle oder personelle Verträglichkeiten / Unverträglichkeiten zwischen den Parteien und Parteiführungen, die auch historische Ursachen haben können, (6) die parteiinterne Akzeptanz der Koalitionen und (7) die Koalitionsaussagen, also der Umstand, dass die Parteien sich schon vor den Wahlen auf bestimmte Bündnisse festlegen beziehungsweise solche ausschließen.

1. Geht es um den Macht- und Ämtererwerb, dürften die Chancen für Schwarz-Grün unter dem Strich besser sein als für Schwarz-Rot. Für die jetzige Grünen-Führung um Jürgen Trittin, Claudia Roth und Renate Künast wäre es wohl die letzte Chance, noch einmal in Regierungsämter zu gelangen. Bei einem Gang in die Opposition würde sie ihre Parteiämter an eine jüngere Generation abgeben. Die Union könnte in einem Bündnis mit den Grünen wiederum mehr Ministerämter für sich reklamieren als in einer Großen Koalition. Bei der SPD kann man das *office*-Motiv dagegen geringer veranschlagen. Kanzlerkandidat Steinbrück hat bereits erklärt, dass er als Minister in einer Großen Koalition nicht zur Verfügung steht, und Parteichef Gabriel würde die Übernahme des Fraktionsvorsitzes einem Kabinettseintritt vermutlich vorziehen.

2. Was die inhaltlichen Schnittmengen angeht, dürfte der Union eine Verständigung mit der SPD in den meisten Politikfeldern leichter fallen als mit den Grünen. Dies gilt insbesondere für die Gestaltung der Energiewende, obwohl dort mit dem Atomausstieg das größte Hindernis für Schwarz-Grün inzwischen entfallen ist. Auch in den gesellschaftspolitischen Fragen stehen die Grünen eher links von der SPD, für ihre steuerpolitischen Vorschläge gilt dasselbe. Ob eine schwarz-grüne Koalition die absehbaren Konflikte würde meistern können, bleibt fraglich.

3. Während der Union die Regierungsverantwortung ausweislich ihrer Umfragewerte nicht geschadet hat, müssten SPD und Grüne fürchten, bei einem Regierungseintritt von den Wählern abgestraft zu werden. Das größere Risiko liegt dabei aufgrund der zu erwartenden Fallhöhe bei den Grünen. Bei der SPD wirkt zwar das Trauma der Großen Koalition von 2005 bis 2009 nach, allerdings ist diese mit der heutigen Situation kaum vergleichbar. Einiges spricht dafür, dass die Juniorrolle den Sozialdemokraten diesmal nicht so schaden würde wie bei der letzten Wahl. Große Koalitionen müssen keineswegs immer nur dem größeren Partner zum Vorteil gereichen – dies zeigen empirische Untersuchungen. 1969 hatte die SPD den Machtwechsel schließlich auch aus der Rolle des Juniorpartners heraus geschafft. Der Absturz der Sozialdemokraten bei der Bundestagswahl 2009 ging maßgeblich darauf zurück, dass sie bereits vorher sieben Jahre regiert und den Kanzler gestellt hatten. In einer ähnlichen Situation dürften 2017 die Unionsparteien mit Angela Merkel stecken, wenn sie bis dahin weiter regieren. Dies könnte das Bedürfnis nach einem Austausch der führenden Regierungspartei wecken.

Schwarz-Grün wird als Koalition von der Wählerschaft weniger geschätzt als Schwarz-Rot. Seine Akzeptanz nimmt jedoch in dem Maße zu, wie es als mögliche Alternative zu den gängigen Koalitionsformaten in der öffentlichen Diskussion ins Spiel kommt. Wenn die Grünen-Führung trotz klarer Präferenz für ein rot-grünes Bündnis ein Zusammengehen mit der Union nach der Wahl nicht kategorisch ausschließt, kann sie sich darin durch aktuelle Umfragen bestärkt fühlen. Danach empfehlen rund zwei Drittel der Wähler, aber auch ihrer eigenen Anhänger der Partei ein Offenhalten der Koalitionsfrage, während sich nur ein Drittel für ein ausschließliches Bekenntnis zu Rot-Grün ausspricht.

4. Was für die Akzeptanz in der Wählerschaft gilt, gilt auch für die parteiinterne Akzeptanz. Schwarz-Grün würde vonseiten der Parteiführungen einen höheren Begründungsaufwand gegenüber der Parteibasis verlangen als Schwarz-Rot. Die schwerste Aufgabe hätte vermutlich die Grünen-Spitze, die ein Zusammengehen mit der Union nur legitimieren könnte, wenn sie in den Koalitionsverhandlungen für die eigene Seite ein Maximum herausholte (was die Verhandlungen naturgemäß belasten würde). Die schwarz-grünen beziehungsweise schwarz-grün-gelben Koalitionen in Hamburg und im Saarland haben zwar gezeigt, dass sich Mitglieder und Delegierte vom Schwenk in das bürgerliche Lager gegebenenfalls

überzeugen lassen; allerdings kann das vorzeitige Scheitern dieser Koalitionen kaum als ermutigendes Signal für die Bundesebene betrachtet werden.

5. Die Konstellation im Bundesrat hat bei der Koalitionsbildung in der Vergangenheit keine Rolle gespielt. Bei der jetzigen Wahl könnte sich das erstmals ändern. Tatsächlich ist es bislang noch nie vorgekommen, dass eine neue Koalition auf Bundesebene in der Länderkammer eine Mehrheit gegen sich hatte. Eine schwarz-grüne Koalition würde im Bundesrat nach jetzigem Stand über keine einzige Stimme verfügen. Würde Bayern nach der Landtagswahl am 15. September wieder von der CSU alleine regiert, wären es ganze sechs. Diesen stünden sieben »reine« Oppositionsstimmen (des SPD-Senats in Hamburg und der rot-roten Regierung in Brandenburg) und – bei einem Wahlsieg von Rot-Grün in Hessen – 56 Stimmen »gemischt« zusammengesetzter Koalitionen gegenüber, wobei von den letzteren 52 Stimmen auf Länder entfallen, die die SPD (mit) regiert. Die Sozialdemokraten säßen damit bei allen zustimmungspflichtigen Gesetzen, zu denen zum Beispiel die Steuergesetze gehören, als »unsichtbarer« Regierungspartner gleichsam mit am Tisch. Die Grünen könnten das nutzen, um in den Verhandlungsprozessen über Bande zu spielen und dadurch ihre Durchsetzungsmacht in einer Koalition mit der Union erhöhen. Dass CDU und CSU sich auf eine solche Konstellation einlassen, ist kaum vorstellbar.

Auch eine Große Koalition hätte im Bundesrat heute anders als 2005 keine eigene Mehrheit. Ihr würde allerdings schon die Zustimmung zweier gemischt regierter Länder genügen, um auf die notwendigen 35 Stimmen zu kommen. Angesichts der Stärkeverhältnisse in der Länderkammer wären hier vor allem die rot-grünen Regierungen gefragt, was die SPD gewiss von vornherein in ihr Kalkül ziehen würde. Diese könnte damit, auch wenn sie in der Koalition der schwächere Teil ist, mit der Kanzlerpartei faktisch auf Augenhöhe agieren.

6. So wie die politikinhaltlichen Schnittmengen sind auch die habituellen und personellen Verträglichkeiten zwischen Union und Grünen mittlerweile so groß, dass sie ein Zusammengehen prinzipiell ermöglichen würden. Dies gilt für die Führungsspitze und Mandatsträger mehr als für die Funktionäre und Mitglieder, während auf der Ebene der Wähler zwar Gemeinsamkeiten mit Blick auf Status, Bildungsabschluss und Einkommen bestehen, die Lebenswelten sich aber ansonsten deutlich

unterscheiden. In dieser Hinsicht überschneidet sich die Unions-Wählerschaft immer noch stärker mit jener der SPD als mit den Grünen-Wählern, mag das Bündnis von »alter« und »neuer« Bürgerlichkeit auch noch so oft beschworen werden.

7. Indem sie sich koalitionspolitisch festlegen, nehmen Parteien die Gründe der Koalitionsbildung bereits vor den Wahlen vorweg. Koalitionsaussagen dienen primär dem *vote-seeking*, dürfen aber zugleich dem *office-* und *policy-seeking* nicht im Wege stehen. Wie die SPD nach der Landtagswahl in Hessen 2008 erfahren musste, kann es unkalkulierbare Folgen haben, wenn ein gegebenes Koalitionsversprechen nach der Wahl gebrochen wird. Die Parteien stehen insofern vor einer schwierigen Gratwanderung: Sie müssen sich bei der Partnerwahl bekennen und dennoch so flexibel sein, dass andere Bündnisse möglich bleiben.

Die strategische Herausforderung stellt sich vor allem bei Schwarz-Grün. Dass eine Große Koalition als Auffanglösung immer »gehen« muss, gehört hierzulande zum festen Kern der parlamentarischen Kultur. Bei Schwarz-Grün gibt es diese Selbstverständlichkeit (noch) nicht. Von Union und Grünen wird deshalb eine Aussage erwartet, ob sie ein Bündnis als Alternativkoalition definitiv ausschließen. Nachdem sie das bei der letzten Wahl schon nicht getan haben, dürften sie sich auch diesmal hüten, eine solche Aussage zu treffen. Die Hintertür für ein Zusammengehen wird also offen bleiben – unbeschadet der klaren Erstpräferenz für Schwarz-Gelb beziehungsweise Rot-Grün.

Die Zusammenfassung der Argumente ergibt einen relativ eindeutigen Befund. Mit Ausnahme des *office-seeking* sprechen alle Faktoren eher für eine Koalition der Union mit den Sozialdemokraten als mit den Grünen. Allerdings ist der Vorsprung von Schwarz-Rot, was die Zustimmung in der Wählerschaft, die parteiinterne Akzeptanz und die habituelle wie personelle Verträglichkeit angeht, nur gering. Dies spiegelt sich zugleich in den Koalitionsaussagen wider, die einem Zusammengehen von Union und Grünen nicht entgegenstehen.

Reicht es am 22. September für keine der beiden »Wunschkoalitionen« zur Mehrheit, wird der Union als – vermutlich deutlich – stärkster Partei die Schlüsselrolle bei der Regierungsbildung zukommen. Bei ihr liegt am Ende die Wahl, ob sie lieber mit den Sozialdemokraten oder den Grünen koalieren möchte. Strategisch wäre eine Entscheidung für die Grünen gewiss reizvoller, doch würde die Partei damit ein kaum kalkulierbares

Wagnis eingehen. Einerseits liefe sie Gefahr, die FDP als »geborenen« Wunschpartner zu verlieren, die sich dann im Gegenzug ihrerseits für Bündnisse mit SPD und Grünen öffnen würde. Andererseits wäre das Risiko hoch, dass eine schwarz-grüne Koalition vor Ablauf der Legislaturperiode zerbricht. Insbesondere die politikinhaltlichen Aspekte, aber auch die institutionelle Konstellation sprechen deshalb dafür, dass die Union auf Nummer sicher geht und die SPD als für sie »pflegeleichteren« Regierungspartner vorzieht.

Merkels Angst vor dem Sieg

Je näher der Wahltermin rückt, umso mehr schrumpft die Zahl der möglichen Regierungsbündnisse. Die eine der beiden Wunschformationen – Rot-Grün – hat ihre Hoffnung auf eine eigene Mehrheit bereits abgeschrieben, die andere – Schwarz-Gelb – muss um diese Mehrheit bangen. Für die Koalitionsbildung wäre das kein Problem, wenn genügend Alternativen bereit stünden. Theoretisch gibt es davon vier: ein Linksbündnis aus SPD, Grünen und Linkspartei, eine Ampelkoalition aus SPD, Grünen und FDP, ein schwarz-grünes Bündnis und eine Große Koalition aus Union und SPD. Geht man von den aktuellen Umfragen aus, wäre die Mehrheit für die drei zuerst genannten Varianten ebenfalls nicht sicher. Rot-Rot-Grün könnte hinter Schwarz-Gelb zurückbleiben und die Ampelkoalition weniger Mandate erhalten als Union und Linke. Selbst eine arithmetische Mehrheit für Schwarz-Grün, an der vor Monaten kaum einer gezweifelt hätte, steht mittlerweile in Frage, nachdem die Grünen schwächeln und die Union damit rechnen muss, mehr Zweitstimmen an die FDP zu verlieren, als für deren Einzug in den Bundestag und den Erhalt einer schwarz-gelben Mehrheit nötig wären.

Die Spekulationen über die Arithmetik erübrigen sich ohnehin, da alle genannten Bündnisse politisch nicht gehen. Es herrscht dieselbe »Ausschließeritis« wie 2005 und 2009: Die SPD möchte partout nicht mit der Linken koalieren, die Liberalen schließen ebenso verlässlich eine Zusammenarbeit mit SPD und Grünen aus. Grüne und Union haben einer Koalition zwar keine förmliche Absage erteilt. Zwischen beiden Parteien bestehen aber programmatisch und habituell so große Unterschiede, dass ein Zusammengehen faktisch ausgeschlossen ist. Dafür sprechen auch die Erfahrungen aus den Ländern, wo die schwarz-grünen Bündnisse in Hamburg und im Saarland (dort um die FDP erweitert) beide vor Ablauf der Legislaturperiode zerbrachen.

Als einzig realistische Option jenseits von Schwarz-Gelb verbleibt somit die Große Koalition. Die SPD könnte und würde sich einer Neuauflage der Konstellation von 2005 nicht verweigern, mag sie sich gegen die ungeliebte Juniorpartnerrolle innerlich auch noch so sträuben. Dafür spricht erstens ihr Staatsverständnis. Anders als in den Ländern lässt sich im

Bund nicht mit lediglich geschäftsführenden Kabinetten oder wackligen Tolerierungsbündnissen regieren. Und abermalige Neuwahlen oder ein gegen die vorherige Ankündigung geschlossenes Linksbündnis würden die Wähler wohl kaum gutheißen. Zweitens wäre die SPD in der Großen Koalition ein Partner auf Augenhöhe. Mit einem ordentlichen Wahlergebnis und der eigenen Bundesratsmehrheit im Rücken, könnte sie der Union erhebliche Kurskorrekturen aufzwingen – vom gesetzlichen Mindestlohn über die Steuerpolitik bis hin zum Betreuungsgeld – und sie so in Schwierigkeiten bringen. Je besser die Sozialdemokraten am 22. September abschneiden, umso größer ist daher die Chance, dass sich der erneute Eintritt in ein Kabinett Merkel der Parteibasis als Erfolg verkaufen lässt.

Sollte die Alternative für Deutschland entgegen den Umfragen über die Fünfprozenthürde kommen, wäre eine Große Koalition so gut wie sicher. Verfehlt sie den Einzug, könnte es noch für eine Mehrheit von Schwarz-Gelb reichen. Auch bei diesem Szenario lohnt es sich etwas genauer hinzuschauen. Vordergründig wäre eine solche Mehrheit für Merkel und die CDU ein großer Erfolg, den bis vor wenigen Monaten niemand erwartet hätte. Zum einen würde damit die amtierende Regierung bestätigt. Zum anderen wären die Liberalen, die aus der Wahl wahrscheinlich stark geschwächt hervorgehen, für die Union als Koalitionspartner bequemer als die Sozialdemokraten. Dies setzt aber voraus, dass die Mehrheit einigermaßen klar ausfällt. Bei der Bundestagswahl 2009 konnten Union und FDP noch darauf setzen, dass ihr Mandatsanteil durch Überhangmandate künstlich vergrößert wird. Mit dem jetzt geltenden Wahlrecht, das einen vollständigen Ausgleich der Überhänge vorsieht, ist dieser Vorteil weggefallen. Wenn Schwarz-Gelb gewinnt, dann also vermutlich nur mit einer knappen, vielleicht sogar hauchdünnen Mehrheit.

Über diesen Fall ist bislang merkwürdigerweise kaum spekuliert worden. Er stellt in gewisser Weise das interessanteste Szenario der Regierungsbildung dar. Bei den Abstimmungen über die Euro-Rettungsmaßnahmen hatten die Regierungsparteien in der vergangenen Literaturperiode wiederholt mit »Abweichlern« zu kämpfen, verfehlten aber dank ihres komfortablen Vorsprungs von 42 Sitzen vor der Opposition nie die eigene Mehrheit. Betrüge der Vorsprung weniger als eine Handvoll Sitze, würde die Gefahr von Abstimmungsniederlagen größer. Bereits die Kanzlerwahl könnte dann ein Risiko bergen, da diese im Unterschied zu den sonstigen Abstimmungen als geheime Wahl stattfindet.

Um ein solches Risiko zu vermeiden, böte es sich für die Union natürlich an, statt auf eine Koalition mit der FDP gleich auf ein Bündnis mit den Sozialdemokraten zu setzen. Letztere würden dabei aber wohl kaum mitspielen und die Verweigerung wäre in diesem Falle gut begründbar: Wenn Union und FDP eine Mehrheit erreichen, dann müssen sie diese Mehrheit auch nutzen. Beide Seiten sind insofern mit ihren offiziellen Wahlzielen nicht ganz ehrlich: Auf der einen Seite ist die Perspektive eines vorzeitigen Scheiterns von Schwarz-Gelb für die SPD reizvoller als dessen Abwahl und Ablösung durch eine Große Koalition. Andererseits könnte die bekanntlich nicht sehr risikoaffine Kanzlerin insgeheim auf ein Wahlergebnis hoffen, das sie von vornherein zur Bildung einer Großen Koalition zwingt.

September 2013 (unveröffentlicht).

Große Koalition ohne Alternative?

So wie vor vier Jahren hatten die Innenarchitekten des Berliner Reichstags auch nach der Bundestagswahl 2013 alle Hände voll zu tun, um die Folgen des Ergebnisses zu bewältigen. In den Fraktionssaal der FDP ist die gut halb so große Fraktion der Linken eingezogen und im Plenarsaal rückt die Union zum ersten Mal seit 1949 ganz nach rechts. Waren seit 1990 stets fünf Parteien im Parlament vertreten, sind es jetzt nur noch vier. Viel hätte aber nicht gefehlt, dann wären es sechs gewesen, denn sowohl die FDP als auch die neue gegründete Alternative für Deutschland (AfD) verfehlten den Einzug in den Bundestag nur knapp.

Das Scheitern beider Parteien an der Fünfprozenthürde führt dazu, dass ein hoher Anteil von Stimmen im Parlament nicht repräsentiert sind (15,8 im Vergleich zu 6,3 Prozent bei der Bundestagswahl 2009). Die Parteiensysteme auf der parlamentarischen und elektoralen Ebene klaffen dadurch auseinander. Auf der parlamentarischen Ebene halten die drei linken Parteien eine knappe Mehrheit (von umgerechnet 50,7 Prozent der Sitze gegenüber 49,3 für die Union). Diese hatten sie 2009 zum ersten Mal seit 1998 eingebüßt. Auf der elektoralen Ebene hat sich dagegen der Trend von 2009 fortgesetzt, indem die Achse des Parteiensystems noch einmal nach rechts verschoben wurde. Lag der zusammengenommene Stimmenanteil von Union und FDP bei der letzten Wahl bei 48,4 Prozent, so kamen die Vertreter des Mitte-Rechts-Lager (unter Einschluss der AfD) diesmal auf satte 51 Prozent. Der Anteil der linken Parteien (zu denen auch die Piraten gerechnet werden) betrug nur 44,9 Prozent (gegenüber 47,6 Prozent 2009).

Betrachtet man das Stimmenverhältnis der beiden großen Parteien, so hat sich der durch die Bundestagswahl 2009 eingeleitete Trend zur Asymmetrie weiter verstärkt. Bedingt durch die Schwäche der FDP konnte die Union ihren Vorsprung vor der SPD nochmals kräftig ausbauen (auf 15,8 gegenüber 10,8 Prozentpunkten). 2005 und 2002 hatten beide Parteien fast beziehungsweise genau gleichauf, beim Regierungswechsel 1998 die SPD sogar klar vor CDU und CSU gelegen.

Gründe für Merkels Sieg

Auch bei der Bundestagswahl 2013 müssen, wenn man die Gründe des klaren Wahlsiegs der Union und der Niederlage der SPD beziehungsweise von Rot-Grün verstehen will, in erster Linie politische Faktoren herangezogen werden. Ohne eine Gewichtung vorzunehmen, würde ich skizzenartig folgende Punkte nennen:

Überschattung der innenpolitischen Agenda durch die Euro-Krise. Das wichtigste politische Thema, das wellenartig die gesamte Legislaturperiode prägte, bot der Opposition kaum Angriffsflächen. Einerseits trugen SPD und Grüne die Merkelsche »Rettungspolitik« im Bundestag stets mit. Andererseits konnten und wollten sie alternative Positionen wie eine Abkehr vom strikten Sparkurs in den Südländern oder ein anderes Schuldenregime in der Auseinandersetzung nicht nach vorne bringen, weil sie um deren Unpopularität in der Wählerschaft wussten. Die Kanzlerin nutzte unterdessen alle Möglichkeiten, sich auf der europäischen Bühne als Hüterin der nationalen Interessen in Szene zu setzen.

Gute wirtschaftliche Lage. Exzellente Wirtschaftsdaten spielen einer Regierung stets in die Hände. Weil infolge der gesunkenen Arbeitslosigkeit die Angst vor Jobverlust in der Bundesrepublik in den letzten Jahren geringer geworden ist, sprudelnde Steuereinnahmen und volle Sozialkassen keine Leistungskürzungen erforderten und die Bürger durch steigende Löhne und sinkende Abgaben wieder mehr konsumierten, verfingen die Klagen über die Verwerfungen auf dem Arbeitsmarkt und die wachsende soziale Ungerechtigkeit im Lande nicht so, wie es sich die Oppositionsparteien erhofft hatten. Die Union konnte den Effekt noch verstärken, indem sie die positive Entwicklung in Deutschland mit der Misere in anderen Ländern diskursiv verknüpfte.

Positionierung der CDU in der politischen Mitte. Die CDU setzte den unter Merkel seit 2005 eingeschlagenen Kurs fort, sich gesellschaftspolitisch einerseits weiter zu modernisieren und andererseits in der Sozialpolitik möglichst viel linkes Ideengut zu adaptieren. Der einzig größere Rückschlag auf diesem Gebiet war die Einführung des Betreuungsgeldes, das sie sich von der Schwesterpartei CSU aufzwingen ließ. Die Reaktorkatastrophe im japanischen Fukushima wusste die Union dagegen in einen innenpolitischen Vorteil umzumünzen. Indem sie eine radikale

Kehrtwende in der Energiepolitik vollzog, beseitigte sie nebenbei auch den wichtigsten Stolperstein für eine Zusammenarbeit mit den Grünen.

Trennung vom Erscheinungsbild der Koalition. Die durchaus vorzeigbare Regierungsbilanz kontrastiert mit dem Bild einer Koalition, die nach katastrophalem Start auch im weiteren Verlauf der Wahlperiode nie wirklich Tritt gefasst, geschweige denn harmoniert hat. Die Verantwortung dafür lasteten Wähler und Öffentlichkeit fast ausschließlich der FDP an, die einen beispiellosen Absturz erlebte und aus ihrem demoskopischen Tief bis zum Ende der Legislaturperiode nicht mehr herauskam. Zwar waren die Liberalen an ihrem Niedergang im Wesentlichen selbst schuld. Allerdings ist erstaunlich, dass auch andere Peinlichkeiten wie die Plagiatsaffäre um Karl-Theodor zu Guttenberg oder die Rücktritte von Horst Köhler und Christian Wulff an Merkel und der Union scheinbar ungerührt abprallten.

Hohe Sympathiewerte der Kanzlerin. Angela Merkel ist die erste Regierungschefin, die es in Deutschland geschafft hat, während ihrer Amtszeit dauerhaft die Liste der beliebtesten Politiker anzuführen. Diese Beliebtheit verdankt sie zum einen ihrem als ausgleichend empfundenen »präsidialen« Regierungsstil, der gleichwohl nicht als Führungsschwäche ausgelegt wird, zum anderen ihrem unprätentiösen Auftreten.

Fehler der Opposition. Die Stärke der einen ist die Schwäche der anderen. Die SPD hat nicht auf die falschen Themen gesetzt, verfügte aber in Peer Steinbrück über keinen optimalen Kandidaten. Der frühere Finanzminister konnte die starke Betonung der sozialen Missstände im Wahlkampf nicht glaubhaft verkörpern, die von Teilen der Wählerschaft auch als Folge sozialdemokratischer Regierungspolitik wahrgenommen wurden. Der Kampagnenstart des überstürzt ausgerufenen Spitzenmannes geriet zu einem Desaster, von dem sich die Partei erst gegen Ende des Wahlkampfs (nach dem gelungenen TV-Duell) allmählich erholte. Darüber hinaus war das personelle Angebot der SPD in der ersten Reihe zu männerlastig, um gegen die Unionszugpferde Merkel und Ursula von der Leyen zu bestehen. Auch die Grünen vermochten zum Erfolg nichts beizutragen. Sie hatten vielleicht nicht die falschen Kandidaten, setzten aber statt auf Ökologie und Klimaschutz zu sehr auf dieselben Themen (soziale Gerechtigkeit und Steuern), die auch bei SPD und Linken im Vordergrund standen. Darüber hinaus wurde die Partei kurz vor der Wahl mit unaufgearbeiteten Sünden ihrer eigenen Vergangenheit (Pädophilie-Debatte) konfrontiert, was ihre Kampagne vollends aus dem Tritt brachte.

Aufschlussreich ist ein Blick auf die – wegen ihrer Ungenauigkeit freilich umstrittene – Wählerwanderungsbilanz. Die SPD verdankte ihre bescheidenen Zugewinne bei der Wahl hauptsächlich der Schwäche von Grünen und Linken, von denen sie zusammen 920.000 Stimmen erhielt. Aus dem Mitte-Rechts-Lager gab es ebenfalls ein leichtes Plus von 140.000 Stimmen, da im Saldo mehr Wähler von der FDP zur SPD überliefen, als diese an Union und AfD verlor. Der Hauptgrund des schwachen Wahlergebnisses lag in der nicht gelungenen Mobilisierung von Nichtwählern, worauf auch die kaum gestiegene Wahlbeteiligung (von 70,8 auf 71,5 Prozent) hindeutet: Die Bürger, die der SPD 2009 massenhaft den Rücken gekehrt hatten, blieben diesmal erneut zu Hause oder wechselten zur Union; diese konnte unter dem Strich dreimal soviele vormalige Nichtwähler rekrutieren wie die SPD (1.130.000 gegenüber 360.000).

Die geringe Mobilisierungsfähigkeit der SPD dürfte nicht nur darauf zurückzuführen sein, dass Themen und Kandidat ihre Wirkung verpassten, sie war auch Ausdruck der fehlenden Machtperspektive. Die von der Partei angestrebte rot-grüne Koalition gelangte im Wahljahr laut Umfragen zu keinem Zeitpunkt in die Nähe einer eigenen Mehrheit. Sozialdemokraten und Grüne hatten sich von ihren Erfolgen in den alten Ländern blenden lassen, wo es ihnen dank des bei Landtagswahlen üblichen Zwischenwahleffektes und der Zurückdrängung der Linken gelungen war, gleich vier schwarz-gelbe durch rot-grüne beziehungsweise grün-rote Regierungen abzulösen. Dass dieses Szenario auf die Bundesebene nicht übertragbar sein würde, hätte bereits ein Blick auf die näheren Umstände dieser Erfolge zeigen müssen. (In Baden-Württemberg verdankte er sich dem zufälligen Zusammentreffen mehrerer begünstigender Faktoren – Fukushima, Stuttgart 21, unpopulärer CDU-Ministerpräsident –, in Nordrhein-Westfalen gelang er erst auf dem Umweg über eine geduldete rot-grüne Minderheitsregierung, in Schleswig-Holstein musste der Südschleswigsche Wählerverband zusätzlich in die Koalition aufgenommen werden und in Niedersachsen reichte es für Rot-Grün am Ende nur dank weniger Hundert Stimmen.) So aber landeten die Sozialdemokraten durch das Festhalten am unrealistischen Wahlziel Rot-Grün am Ende in derselben misslichen Situation wie 2009, als sie nicht mehr auf Sieg, sondern nur noch auf Platz spielen konnten.

Die erwartbare Neuauflage der Großen Koalition

Die Argumente, die im Vorfeld der Wahl für die größere Wahrscheinlichkeit einer schwarz-roten (statt schwarz-grünen) Koalition sprachen, sollte es für die Fortsetzung von Schwarz-Gelb nicht reichen, haben sich nach der Wahl bewahrheitet. In Teilen der Union und der konservativen Presse gab es während der Sondierungsphase starke Sympathien für Schwarz-Grün. Diese dürften jedoch hauptsächlich von der Interessenlage der Union diktiert gewesen sein, das heißt der Aussicht, mit den durch ihr schlechtes Wahlergebnis empfindlich getroffenen Grünen einen »leichteren« Partner zu bekommen als mit der SPD. Das Scheitern der schwarz-grünen Sondierung wurde in den meisten Kommentaren hauptsächlich der grünen Seite angelastet, der im entscheidenden Moment der Mut gefehlt habe, es mit der Union zu probieren. Aus Sicht der Grünen gab es dafür freilich gute Gründe. Die Partei konnte ja ihr Wahlprogramm in möglichen Koalitionsverhandlungen nicht einfach zur Disposition stellen, auch wenn dessen dezidert linke Ausrichtung zum schwachen Wahlresultat beigetragen hatte. Dasselbe galt für ihr Spitzenpersonal. Ob Schwarz-Grün bei einem besseren Wahlergebnis der Grünen wahrscheinlicher geworden wäre, bleibt eine müßige Spekulation. Deren Führung hätte es unter diesen Bedingungen sicher leichter gehabt, der Basis eine solche Koalition zu vermitteln. Für die Union wäre es im Gegenzug aber schwieriger geworden: Sie hätte in Verhandlungen mit starken Grünen mehr Zugeständnisse machen und am Ende auch einen Jürgen Trittin als Minister akzeptieren müssen.

Bei den Sozialdemokraten war die Bereitschaft, erneut in eine Große Koalition einzutreten, an der Parteispitze stärker ausgeprägt als unter den Funktionären und an der Basis. Dafür gibt es mindestens drei Gründe: Erstens winken die Pfründe einer Regierungsbeteiligung stets nur dem Führungspersonal. Zweitens wog in der Parteispitze die Sorge, bei einer Koalition von Union und Grünen die letzteren als strategischen Partner mittel- und langfristig zu verlieren, schwerer als die Hoffnung auf künftige Wahlerfolge in der Opposition. Und drittens wusste man in der Führung besser als an der Basis, dass die SPD 2009 nicht an ihrer Regierungsbeteiligung in der Großen Koalition gescheitert war, sondern an dem desolaten Erscheinungsbild, das sie als Partei bot. (Zwischen 2005 und 2009 verschliss die SPD allein vier (!) Vorsitzende. Fast ein Jahr hielt sie die Republik 2008 mit dem Ypsilanti-Debakel in Atem, das am Ende auch Kurt Beck das Amt kostete. Dieser warf den Vorsitz im September 2008 vor laufenden Kameras hin, nachdem ihn Frank-Walter Steinmeier und Franz Müntefering bei der Entscheidung über die Kanzlerkandidatur desavouiert hatten.)

Empirische Untersuchungen der bisherigen Großen Koalitionen auf Bundes- und Länderebene zeigen, dass diese keineswegs immer nur dem größeren Partner zum Vorteil gereichen. So wie es der SPD im Bund 1969 gelang, von der Juniorrolle in der Großen Koalition in eine kleine Koalition (mit der FDP) unter ihrer Führung umzusteigen, so konnte sie auch in Mecklenburg-Vorpommern (1998) und in Berlin (2001) die CDU als führende Regierungspartei verdrängen – beide Male mithilfe der PDS. Nur wo sie hinter der CDU deutlich zurücklag – wie in Baden-Württemberg (1996), Thüringen (1999) oder Sachsen (2009) –, musste sie nach ihrer Regierungsbeteiligung auf die Oppositionsbänke wechseln.

Laut Umfragen bewerten die Anhänger der SPD eine Große Koalition keineswegs negativ; die Zahl der Unterstützer ist mit etwa zwei Dritteln genauso groß wie unter den Unionsanhängern. Dies scheint zu dem von manchen SPD-Politikern kolportierten Eindruck einer überwiegenden Ablehnung der Großen Koalition an der Basis nicht ganz zu passen. Dass die Vorbehalte vor allem aus den Ländern kommen, die von der SPD (mit) regiert werden, dürfte nicht nur mit der Furcht vor Niederlagen bei anstehenden Kommunal- und Landtagswahlen zu tun haben. Es verweist auch auf die unterschiedliche Interessenlage zwischen den dortigen Landesverbänden und der Bundes-SPD. Für die erstgenannten wäre das Verbleiben in der Opposition im Zweifel komfortabler. Denn dann stünden die SPD-regierten Länder mit ihrer Mehrheit im Bundesrat der unionsgeführten Bundesregierung als geschlossene Phalanx gegenüber. Sie könnten diese unter Druck setzen, die Finanzausstattung der Länder zu verbessern. Regiert die SPD dagegen in einer Großen Koalition mit, müssen sich die von Hannelore Kraft angeführten Landesfürsten zugleich mit der Bundespartei und den von der SPD gestellten Ministern arrangieren, die qua Amt automatisch stärker dem Bundesinteresse verpflichtet sind.

Wechselt man von der parteilichen oder innerparteilichen zur gesamtstaatlichen Interessenperspektive, spricht gerade mit Blick auf den Föderalismus vieles für die Neuauflage der Großen Koalition. Die Einführung der Schuldenbremse, das Auslaufen des Solidarpakts im Jahre 2019 und die Infragestellung des geltenden Finanzausgleichssystems durch die reichen Bundesländer im Süden machen eine grundlegende Neuordnung der Finanzbeziehungen notwendig. Außerdem könnte eine Große Koalition das Kooperationsverbot in der Bildungspolitik lockern, das sie selbst 2006 eingeführt hatte. Union und SPD haben zwar keine eigene Mehrheit im Bundesrat, könnten diese aber erreichen, wenn es in zwei weiteren Bundesländern zu schwarz-roten Bündnissen kommt. Auch mit Blick auf die europäischen Herausforderungen ist es kein Schaden, das bisherige informelle Zusammenwirken der beiden Volksparteien in eine förmliche Zusammenarbeit zu überführen.

Perspektiven der Parteien- und Koalitionslandschaft mit Blick auf 2017

Aus normativer Sicht sind Große Koalitionen nicht erstrebenswert. Sie sollten die Ausnahme bleiben und nur als Übergangslösung fungieren, bis das in der parlamentarischen Demokratie übliche Alternierungsprinzip wiederhergestellt ist. Wenn es nach vier Jahren einer (kleinen) schwarz-gelben Koalition jetzt zur Neuauflage der Konstellation von 2005 kommt, zeigt das, dass die Voraussetzungen für eine solche Wiederherstellung im deutschen Parteiensystem noch nicht vorliegen. Schon 2005 waren die Mehrzahl der journalistischen und wissenschaftlichen Beobachter davon ausgegangen, dass die Ära des klassischen Volksparteien-Dualismus, die in der Bundesrepublik das Standardmodell der kleinen Zweierkoalition begründet hatte, unwiderruflich ans Ende gelangt sei. Zwei Zukunftsszenarien – ein negatives und ein positives – wurden damals ausgemalt. Entweder – so hieß es – komme es wie in Österreich zu einer Perpetuierung der Großen Koalition. Oder eine multiple Koalitionslandschaft wie in den skandinavischen Ländern würde entstehen, in der lagerübergreifende Dreierbündnisse das Bild prägten.

Beide Szenarien haben sich nicht bewahrheitet. Auf der Bundesebene zeigte das Wahlergebnis 2009, dass Mehrheiten für kleine Zweierkoalitionen weiter möglich waren – allerdings nur im bürgerlichen Lager. Und auf der Länderebene blieb die Koalitionslandschaft zwischen Ost- und Westdeutschland gespalten. Der Hauptgrund dafür liegt in der unterschiedlichen Position der Linken. In den neuen Ländern hat deren Stärke einen doppelten Effekt: Einerseits sorgt sie dafür, dass Mehrheiten für kleine

Koalitionen schwer zu erlangen sind. Andererseits lässt sie rot-rote Koalitionen nur zu, wenn die SPD stärker als die Linke ist und in den Ministerpräsidenten stellen kann. Die letztgenannte Bedingung ist zum Beispiel in Thüringen und Sachsen-Anhalt nicht gegeben, weshalb diese Länder heute (genauso wie Mecklenburg-Vorpommern und Berlin) von schwarzroten Koalitionen regiert werden.

In den alten Ländern bleibt die Linke dagegen zu schwach, um die Bildung schwarz-gelber oder rot-grüner Koalitionen dauerhaft zu vereiteln. Deshalb gibt es hier in der Regel keine Notwendigkeit, Große Koalitionen oder andere lagerübergreifende Zweier- beziehungsweise Dreierbündnisse einzugehen. Wo solche Bündnisse zustande kamen (Ampelkoalition in Brandenburg 1990 beziehungsweise Bremen 1991, Schwarz-Grün in Hamburg 2008 und Schwarz-Gelb-Grün im Saarland 2009), zerbrachen sie allesamt vor Ablauf der Legislaturperiode.

Eine vergleichbare Situation wie im Bund gab es bislang nur in Hessen (2008 und 2013) sowie in Nordrhein-Westfalen (2010). Hier konnten beziehungsweise können SPD und Grüne ohne die Hilfe der Linken keine Regierungsmehrheit erreichen. In den Ländern ist die SPD bereit, diese Machtoption zu nutzen. Auf der Bundesebene, wo sie eine Koalition bisher ausgeschlossen hat, wird sie dasselbe tun und sich für eine Zusammenarbeit öffnen müssen, wenn sie eine Chance haben will, die Union als führende Regierungspartei 2017 abzulösen. Gelingt es die Segmentierung im linken Lager zu überwinden, stünden die Zeichen im deutschen Parteiensystem auf eine Rückkehr zur Bipolarität. Zwei annähernd gleich starke, koalitionspolitisch abgrenzbare Formationen würden dann um die Regierungsmacht streiten.

Gegen ein solches Szenario spricht die Ungewissheit, wie sich das Verhältnis von SPD, Grünen und Linken entwickeln wird. Einerseits ist das Interesse an einer gemeinsamen Machtperspektive noch kein Garant, dass sich bestehende Differenzen überwinden lassen. Andererseits führen die unterschiedlichen Koalitionsmöglichkeiten der beteiligten Partner dazu, dass ihre strategischen Interessen nicht deckungsgleich sind. Einer vollständigen Vereinnahmung im linken Lager dürften sich insbesondere die Grünen widersetzen. Denn hält sich die Öko-Partei den Weg frei, gegebenenfalls auch mit den Unionsparteien zu paktieren, könnte sie demnächst eine ähnliche Züngleinrolle im Parteiensystem einnehmen wie früher die FDP. Warum sollte sie auf diesen Vorteil verzichten?

Eine vollständige Bipolarisierung wird und kann es wohl allein schon aufgrund der föderalen Verfassung der Bundesrepublik nicht geben. Dass sich Landespolitiker der Koalitionsräson ihrer Bundesparteien bisweilen entziehen, gehört hierzulande zu den normalen Usancen der Koalitionspolitik. Wenn Parteien, die auf Bundesebene gegeneinander stehen, in den Ländern miteinander regieren, stößt das antagonistische Modell notgedrungen an Grenzen. Das Gegenüber zweier klar unterscheidbarer Blöcke mag zwar unter Demokratiegesichtspunkten vorzugswürdig sein, indem es dem Wähler eine ebenso klare Entscheidung ermöglicht. Fraglich ist aber, ob es die faktischen Entscheidungsnotwendigkeiten und -alternativen im komplizierten Regierungsgeschehen noch hinreichend abbildet.

Perspektive21. Brandenburgische Hefte für Wissenschaft und Politik H. 58 (November 2013), S. 17–26.

Behagen und Missbehagen

Es ist heute in Vergessenheit geraten, dass in der Frühgeschichte der Bundesrepublik – von Ende der 1940er bis Mitte der 1950er Jahre – Große Koalitionen weit verbreitet waren – allerdings nur auf der Länderebene. Im Bund hatte Konrad Adenauer schon 1949 die Weichen für eine kleine Koalition mit den Liberalen gestellt, worauf die Sozialdemokraten unter Kurt Schumacher mit einem entschiedenen Oppositionskurs reagierten. Im gegnerschaftlichen Modell des Parteienwettbewerbs, das sich später auch in den Ländern durchsetzte, blieben Große Koalitionen fortan die Ausnahme; unterstellt, dass die jetzt gebildete Regierung bis 2017 im Amt bleibt, umfassen sie lediglich 12 von dann 68 Regierungsjahren.

Die Umstände, unter denen die drei Großen Koalitionen (1966–1969, 2005–2009, ab 2013) zustande kamen, könnten jedoch unterschiedlicher nicht sein. 1966 war es das ersehnte Ziel der Sozialdemokraten, als kleinerer Partner in eine Koalition mit der Union einzutreten, weil sie vom Nimbus der Regierungsrolle zu profitieren hofften. Dieses Kalkül ging bekanntlich auf. 1969 gelang der Umstieg von der Großen in eine kleine Koalition mit der FDP unter sozialdemokratischer Führung. Teile der Partei (um Herbert Wehner und Helmut Schmidt) hätten damals sogar einen Verbleib in der Großen Koalition und damit den Verzicht auf die Kanzlerschaft dem von Willy Brandt eingegangenen Wagnis vorgezogen.

2005 wurde das Zusammengehen von Union und SPD durch das Wahlergebnis erzwungen. Dabei wirkte es sich begünstigend aus, dass die SPD als »gefühlter« Wahlsieger nach sieben Jahren Rot-Grün keinen Anreiz verspürte, aus der Regierung auszuscheiden, auch wenn sie der Union das Amt des Regierungschefs überlassen musste. 2013 war dagegen in großen Teilen der Partei die Abneigung vor einem neuerlichen Regierungseintritt deutlich spürbar. Darüber hinaus verfügte die Union mit den Grünen über einen anderen potenziellen Partner, der bei einem besseren Wahlergebnis womöglich bereit gewesen wäre, eine Koalition einzugehen.

Sigmar Gabriels Entscheidung, den Regierungseintritt gegen die Widerstände in den Landesverbänden und an der Parteibasis durchzusetzen, entsprach einem nachvollziehbaren strategischen Kalkül. Wenn die Sozialdemokraten 2017 wieder den Kanzler stellen wollen, werden sie dazu in jedem Fall die Unterstützung der Grünen und vielleicht die Unterstützung der Linken benötigen. Vor diesem Hintergrund wäre es unklug gewesen, die Grünen durch einen Verzicht auf die Regierungsrolle in die Arme der Union zu treiben. Hinzu kommt, dass die an der Basis stark verbreitete Meinung, die Partei könne als Juniorpartner in einer von Angela Merkel geführten Regierung nur verlieren, eher einer Autosuggestion entsprach als einer ehrlichen Analyse der Wahlniederlage von 2009. Damals scheiterte die SPD nicht an der Großen Koalition, sondern an ihrer eigenen Verfassung als Partei inner- und außerhalb der Regierung. Dass Große Koalitionen dem kleineren Partner durchaus zum Vorteil gereichen können, zeigen auch Erfahrungen auf der Länderebene (zum Beispiel in Mecklenburg-Vorpommern oder Berlin), wo es der SPD gelungen ist, die CDU als führende Regierungspartei zu verdrängen.

Unter den Wählern gibt es eine starke Präferenz für die Große Koalition. Nahezu zwei Drittel der Bevölkerung heißen sie gut, unter den Unions- und SPD-Wählern sind es sogar fast drei Viertel. Ob aus der hohen Unterstützungsbereitschaft das Verlangen nach einer stärker konsensuellen, den Parteienstreit überwindenden Regierungsweise spricht, das man den Deutschen gerne unterstellt, ist fraglich. Die Wähler pflegen eher eine pragmatische Herangehensweise an die Großen Koalitionen. Sie lieben diese nicht, ziehen sie aber anderen lagerübergreifenden Koalitionen oder Minderheitsregierungen vor, die als weniger verlässlich gelten.

Etwas anders verhält es sich bei den professionellen Beobachtern, die solchen Experimenten durchaus etwas abgewinnen können. Dies hat nicht zuletzt mit den ernüchternden Erfahrungen zu tun, die man mit der letzten Großen Koalition gemacht hat. Damals gab es auch unter manchen Politikwissenschaftlern die Erwartung, mit dem Zusammengehen der beiden Volksparteien werde eine neue Ära des Parlamentarismus anbrechen, die durch ihre Konsensorientierung zugleich bessere Problemlösungen verspreche. Dies hat sich als Trugschluss erwiesen. Was die Problemlösungsfähigkeit angeht, zeigten die vier Jahre bestenfalls ein gemischtes Bild. Die Große Koalition konnte ihre Vorteile insbesondere beim Management der Finanz- und Wirtschaftskrise ausspielen und brachte auch einige Reformvorhaben auf den Weg (Rente mit 67, Föderalismus). Insgesamt bestätigte sie jedoch die Regel, wonach große Veränderungen in der Regierungspolitik hierzulande eher von kleinen Koalitionen mit knappen Mehrheiten herbeigeführt werden.

Noch nüchterner ist das Bild, wenn man den Regierungsstil betrachtet. Der Titel einer journalistischen Darstellung der vier gemeinsamen Regierungsjahre mag zwar in der Rückschau übertrieben klingen, wenn man an die Konflikte denkt, die später den Start der vermeintlichen »Wunschkoalition« von CDU/CSU und FDP umgaben. Tatsächlich blieb die starke Wettbewerbsorientierung der beiden gleich großen Partner aber ein notorisches Problem, deren Rivalität das Interesse an sachlichen Lösungen selbst bei Detailfragen in den Hintergrund drängte. Der »Rosenkrieg« (Lohse / Wehner) nährte im Wählerpublikum die Sehnsucht nach einer Rückkehr zu klaren Machtverhältnissen, die durch den deutlichen Sieg von Union und FDP bei der Bundestagswahl 2009 prompt befriedigt wurde. Dass deren Umgang miteinander – gemessen an der Erwartungshaltung – noch schlechter sein würde, hätte damals wohl kaum jemand vorausgeahnt. Umso bemerkenswerter ist, dass Union und FDP bei der Bundestagswahl mehr als 12 Prozentpunkte vor Rot-Grün lagen und eine Bestätigung ihrer Regierungsmehrheit nur scheiterte, weil beide Seiten in der Woche vor der Wahl die Nerven verloren. Dieser Umstand war freilich bezeichnend für das gesamte Klima ihrer Zusammenarbeit in der abgelaufenen Legislaturperiode.

Was haben wir von der Großen Koalition zu erwarten? Nimmt man den Verlauf und die Ergebnisse der Koalitionsverhandlungen zum Gradmesser, dann dürfte sich die Zusammenarbeit ähnlich konfliktreich gestalten wie zwischen 2005 und 2009. Zum einen müssen ja die im Koalitionsvertrag festgeschriebenen Kompromisse in Regierungshandeln erst umgesetzt werden. Dabei spielt auch die Ressortverteilung eine wichtige Rolle. Zum anderen können neue Fragen und Herausforderungen auf die Agenda drängen, die es zwischen den Regierungsparteien auszuhandeln gilt. Beginnend mit der Europawahl stehen im kommenden Jahr wichtige Landtagswahlen in Brandenburg, Sachsen und Thüringen an. Diese werden nicht nur als Popularitätstests aufschlussreich sein, sondern könnten auch die Mehrheitsverhältnisse im Bundesrat verändern. Dort ist die Große Koalition zurzeit noch auf die Unterstützung von mindestens zwei »gemischt« regierten Ländern bei zustimmungspflichtigen Gesetzen angewiesen.

Der Wettbewerb zwischen Union und SPD erhält ein neues Spannungsmoment durch die sich abzeichnende Überwindung der koalitionspolitischen Segmentierung im »fluiden« Vier-, Fünf- oder Sechsparteiensystem.

So wie die Koalition von Union und Grünen in Hessen ein Vorbote für weitere schwarz-grüne Bündnisse insbesondere in den alten Ländern und auf Bundesebene werden könnte, so schließt die SPD ein Zusammengehen mit der Linken im Bund, das sie bisher kategorisch abgelehnt hat, für die Zukunft nicht mehr aus. Dass jedes dieser Bündnisse, wenn es in einem Bundesland geschlossen wird, eine Belastung für die Zusammenarbeit in der Großen Koalition darstellen würde, liegt auf der Hand. Dies gilt umso mehr, als gerade die als Partner benötigten derzeitigen Oppositionsparteien Grüne und Linke damit rechnen können, vom Zwischenwahleffekt bei den Landtagswahlen zu profitieren.

Den größten politischen Nutzen verspricht die Große Koalition für die Neuordnung der Finanzbeziehungen zwischen Bund und Ländern, die eine zentrale Herausforderung der kommenden Legislaturperiode sein wird. Dies ist insofern bemerkenswert, als auch die beiden früheren Großen Koalitionen umfassende Verfassungsänderungen im Bereich des Föderalismus durchgesetzt haben. Da die SPD-geführten Länder die Mehrheit im Bundesrat halten, dürfte die Regierungsbeteiligung die Kompromissfindung zwischen Bund und Ländern einerseits erleichtern, andererseits ist sie aber auch geeignet, Streit in die Partei hineinzutragen. Die anfängliche Reserve von Hannelore Kraft gegenüber einer Großen Koalition muss nicht zuletzt vor diesem Hintergrund gesehen werden.

Was die wichtigsten Zukunftsthemen angeht – Europa, Sozialstaat und Klimaschutz –, macht der Koalitionsvertrag in seiner Phantasielosigkeit dagegen wenig Hoffnung. Union und SPD setzen hier in erster Linie auf Gegenwartsinteressen und die Fortschreibung des Status quo. Damit mögen sie sich zwar im Einklang mit dem Gros ihrer Wählerschaft befinden. Zugleich bestätigen sie aber die Vorahnung, dass wir von der Großen Koalition keinen mutigen Aufbruch zu erwarten haben, sondern allenfalls inkrementelle Verbesserungen und die sprichwörtliche Politik des kleinsten inhaltlichen Nenners. Ob mehr daraus werden kann, hängt auch vom Widerspruchsgeist der Opposition ab – der parlamentarischen wie der außerparlamentarischen. Die Sorge, die Demokratie selbst könnte von der Großen Koalition Schaden nehmen, erscheint unbegründet, solange diese bleibt, was sie in der Bundesrepublik stets gewesen ist: eine Not- und Übergangslösung.

Die SPD auf verlorenem Posten?

Es ist inzwischen aus dem Gedächtnis verschwunden, dass die zweite Große Koalition, in die die SPD 2005 nach der Abwahl von Rot-Grün genauso unfreiwillig eintreten musste wie in die jetzige, zumindest bis zum Ausbruch der Finanzkrise 2007 ausgesprochen konfliktreich war. Danach geriet die Partei durch das Ypsilanti-Debakel in Hessen und die Demontage ihres Vorsitzenden Kurt Beck selbstverschuldet in eine Führungskrise, die sie jeglicher Chancen bei der anstehenden Bundestagswahl beraubte.

Heute scheint das Motto der Sozialdemokraten dagegen an beiden Fronten zu lauten: Bloß keinen Streit! Nimmt man die Umfragen als Gradmesser, geht es der Partei damit aber keineswegs besser. Obwohl die Regierungspolitik eine sozialdemokratische Handschrift trägt und mit der Rente ab 63 sowie dem Einstieg in den gesetzlichen Mindestlohn zentrale Wahlkampfversprechen realisiert wurden, kann die SPD den Abstand zur Union, der bei der Bundestagswahl 2013 bereits 15 Prozentpunkte betrug, nicht verringern. Das Ziel, 2017 den Wechsel zu schaffen und wieder den Bundeskanzler zu stellen, rückt so in weite Ferne.

Theoretisch gäbe es zwei Konstellationen, in denen die SPD dieses Ziel erreichen könnte: eine rot-rot-grüne »Linkskoalition« oder eine Ampelkoalition zusammen mit FDP und Grünen. Das eine ist aus derzeitiger Sicht so unwahrscheinlich wie das andere. Denn einerseits steht bereits in Frage, ob die beiden Dreierbündnisse überhaupt eine Mehrheit erreichen könnten. Und andererseits würden sie vermutlich ohnehin von mindestens einem der Beteiligten schon vorab als »politisch unmöglich« ausgeschlossen werden.

Die fehlende Mehrheitsfähigkeit hat vor allem mit dem Aufstieg der AfD zu tun. Diese zieht nämlich nicht nur Wähler aus dem Lager von Union und FDP ab, sondern auch von SPD und Linkspartei – mit der Folge, dass sich das elektorale Parteiensystem insgesamt nach rechts verschiebt. Innerhalb des bürgerlichen Lagers setzt die neue Konkurrenz wiederum den Liberalen stärker zu als der Union. Ob sich neben der Union zwei weitere Mitte-Rechts-Parteien halten beziehungsweise etablieren können, scheint zweifelhaft; realistischer dürfte ein Verdrängungswettbewerb zwischen der FDP und den Rechtspopulisten sein. Die Chancen für die AfD stehen hier zumindest bei den kommenden Landtagswahlen recht gut, solange sich die Partei – was durchaus möglich ist – nicht zuvor durch interne Führungs- und Richtungsstreitigkeiten selbst »zerlegt«.

Was die politische Möglichkeit der Bündnisse betrifft, ist die wechselseitige Annäherung von SPD, Grünen und Linkspartei bisher ausgeblieben, die sich viele nach der Bundestagswahl erhofft hatten. Daran ändert auch die rot-rot-grüne Regierungsbildung in Thüringen nur wenig. Wie die Ukraine-Krise deutlich gemacht hat, trennen beide Seiten insbesondere in der Außenpolitik tiefe Gräben. Ob die Linkspartei den Einfluss ihres fundamentalistischen Flügels bis 2017 soweit beschneiden kann, dass die Hindernisse für ein Zusammengehen beseitigt werden, ist fraglich. Die SPD könnte sich deshalb erneut gezwungen sehen, ein Zusammengehen schon vor der Wahl auszuschließen, obwohl sie eine solche Vorabfestlegung nach der Erfahrung der vergangenen Bundestagswahl gerade vermeiden wollte.

Etwas besser dürften die Chancen für eine Renaissance der Zusammenarbeit mit den Freien Demokraten stehen. Sigmar Gabriels Strategie, die SPD durch einen wirtschaftsfreundlichen Kurs stärker in der politischen Mitte zu positionieren, verringert nebenbei auch die Differenzen mit der FDP. Zudem müssten die Liberalen nach ihrer Leidensgeschichte in der gemeinsamen Regierung mit CDU und CSU selbst ein Interesse daran haben, sich koalitionspolitisch zu öffnen. Der Kalender der Landtagswahlen erscheint dafür durchaus günstig. So hätte beispielsweise Olaf Scholz, wenn die Hamburger SPD ihre jetzige absolute Mehrheit bei der Bürgerschaftswahl im Februar verliert, die Möglichkeit, eine Koalition mit der FDP (anstelle der Grünen) einzugehen. Und in Rheinland-Pfalz, Baden-Württemberg und Nordrhein-Westfalen, wo 2016 und 2017 gewählt wird, könnte die FDP den dortigen rot-grünen Koalitionen erneut zur Mehrheit verhelfen, wenn sie nach einem Einzug in den Landtag zum Sprung über den Lagergraben bereit wäre. Genau das bleibt allerdings die Frage.

Die Rolle des koalitionspolitischen Züngleins kommt bei diesen Wahlen den Grünen zu. Als Scharnier zwischen den beiden Noch-Volksparteien wären sie in allen denkbaren Konstellationen vertreten. Entweder bilden sie eine Zweierkoalition mit der Union, oder sie sind Teil eines um die Linkspartei oder die FDP erweiterten Dreierbündnisses mit der SPD. Bescheidener sind dagegen die Optionen der Union: Wenn es für eine Koalition mit der FDP rechnerisch nicht reicht und eine Zusammenarbeit mit der AfD politisch nicht infrage kommt, verbleibt nur die Wahl zwischen den Grünen oder der SPD als Koalitionspartner. Nachdem sich Schwarz und Grün bereits nach der Bundestagswahl fast handelseinig geworden waren und in Hessen der erste Probelauf einer solchen Koalition in einem Flächenland offenbar gelingt, dürfte es für die Union naheliegen, schwarz-grüne Bündnisse auch in Rheinland-Pfalz, Baden-Württemberg und Nordrhein-Westfalen anzustreben. Geben die Grünen diesem Werben nach, wäre das zugleich ein Signal für den Bund.

Für die SPD ist das natürlich ein wenig erbauliches Szenario. Ihr mutmaßlicher nächster Kanzlerkandidat Sigmar Gabriel mag sich damit trösten, dass die Partei angesichts der guten Wirtschaftslage und einer ungebrochenen Popularität der Kanzlerin gegen die Union 2017 so oder so auf verlorenem Posten stehen dürfte. Ob Merkel überhaupt erneut kandidiert, ist allerdings noch gar nicht sicher, und selbst dann würde sich irgendwann die Frage ihrer Nachfolge stellen. Insofern sollte der Blick über den Wahltag hinaus gerichtet werden. Kommt es 2017 tatsächlich zu Schwarz-Grün und tritt die Kanzlerin im Verlauf der Legislaturperiode von der politischen Bühne ab, könnten sich die Karten der SPD im Kampf um die Regierungsmacht wieder verbessern.

Berliner Republik 15 (2015) H. 1, S. 38–39.

Verspätete Ankunft

Deutschland war auf der Landkarte des europäischen Rechtspopulismus jahrzehntelang ein weißer Fleck. Mit Erstaunen und Irritation registrierte man hierzulande, wie sich seit den 1970er Jahren neu entstandene Rechtsparteien rings um uns herum breitmachten. Ihre Anführer waren bald in aller Munde: Jean-Marie Le Pen, Jörg Haider, Silvio Berlusconi, Pim Fortuyn.

Die Bundesrepublik schien gegen das Virus offenbar immun. Sporadische Wahlerfolge diverser Rechtsparteien gab es zwar auch hier, doch blieben sie auf die regionale Ebene beschränkt. Weder gelang es den neuen Herausforderern, ihre Kräfte in einer schlagkräftigen Organisation zu bündeln, noch konnte sich eine einzelne Gruppierung – etwa die 1983 durchaus verheißungsvoll gestarteten Republikaner – dauerhaft durchsetzen.

Mit der Alternative für Deutschland scheint sich das jetzt zu ändern. Bei der Bundestagswahl im September 2013 verfehlte die zu diesem Zeitpunkt gerade einmal drei Monate alte Partei den Einzug in das Parlament nur knapp. Seither eilt sie von Erfolg zu Erfolg, bei den jüngsten Landtagswahlen sogar mit deutlich zweistelligen Ergebnissen.

Auch wenn die Konjunktur des Flüchtlingsthemas, die sie in diese Höhen katapultiert hat, bis zur Bundestagswahl im kommenden Jahr wieder nachlassen dürfte, ist nicht davon auszugehen, dass die AfD bald verschwindet. Die Bundesrepublik wird sich also – zumindest mittelfristig – auf ähnliche Verhältnisse einstellen müssen wie unsere Nachbarländer, wo der Rechtspopulismus längst zu einer normalen, zum Teil sogar politisch salonfähigen Erscheinung geworden ist.

Wenn das so stimmt, dann stellen sich drei Fragen: Welche Gründe hat der Erfolg der AfD? Warum gibt es eine solche Partei erst jetzt? Und hat die AfD Chancen, sich über das Bundestagswahljahr hinaus im deutschen Parteiensystem fest zu etablieren?

Aus der vergleichenden Forschung weiß man, dass es in der Regel einer Initialzündung, eines bestimmten »populistischen Moments« (Lawrence Goodwyn) bedarf, um solche Parteien oder Bewegungen hervorzubringen. Bei der AfD war es die Finanz- und Euro-Krise, die das

»Gelegenheitsfenster« für eine neue EU-kritische Partei öffnete. Deren programmatische Kernforderungen – kontrollierte Auflösung der Währungsunion und Absage an eine weitere Vertiefung des europäischen Integrationsprozesses – eigneten sich bestens, um daran eine breitere rechtspopulistische Plattform anzudocken, die die Gegnerschaft zum Establishment (als Wesenselement des Populismus) mit Antipositionen in der Zuwanderungsfrage und anderen Bereichen der Gesellschaftspolitik verknüpfte.

Mehrere Umstände kamen der AfD dabei zugute. Erstens konnte sie an verschiedene Vorgängerorganisationen anschließen, die von der aufgelösten Euro-kritischen Partei Bund freier Bürger über die Initiative Soziale Marktwirtschaft bis hin zum konservativen Kampagnennetzwerk Zivile Koalition ihrer heutigen AfD-Europaabgeordneten Beatrix von Storch reichten. Auch die Sarrazin-Debatte im Jahre 2010 dürfte mitgeholfen haben, das Terrain für den Rechtspopulismus zu ebnen. Dieser ist mit der Entstehung der AfD also keineswegs vom Himmel gefallen.

Zweitens haben die seit 2009 zusammen regierenden bürgerlichen Parteien Union und FDP durch ihren programmatischen Kurs und ihr Regierungshandeln Nischen im Parteiensystem geöffnet. Während die Liberalen nach dem knapp ausgefallenen Mitgliederentscheid für die Rettungspolitik als euroskeptische Stimme ausfielen, wurden in der Union unter Angela Merkels Führung hergebrachte Positionen in der Familien- und Gesellschaftspolitik reihum aufgegeben (durch die Anerkennung gleichgeschlechtlicher Lebenspartnerschaften, Einführung einer Frauenquote in Unternehmen oder das Eintreten für ein modernes Zuwanderungsrecht), die jetzt die AfD besetzt.

Und drittens profitierte der Neuling davon, dass er ein bürgerlich-seriöses Auftreten pflegte und seine prominenten Überläufer ausnahmslos aus den Reihen von Union oder FDP stammten; auch von Politologen wurde die Partei zunächst als »rechtsliberal beziehungsweise -konservativ« und noch nicht als »rechtspopulistisch« eingestuft. Eine Schlüsselrolle kam Bernd Lucke zu, der sich trotz fehlender charismatischer Ausstrahlung zur treibenden Kraft der Parteigründung entwickelte und als führender Kopf der AfD in der Entstehungsphase zugleich ihr wichtigstes Aushängeschild war.

So gelang es der AfD, einen Großteil der restriktiven Bedingungen zu überwinden, die der Erfolglosigkeit des Rechtspopulismus bis dahin zugrunde gelegen hatten. Im europäischen Vergleich auffällig ist dabei insbesondere die fehlende Mobilisierungskraft des »Ausländerthemas«, dessen Politisierung mit Ausnahme der Grünen in der Bundesrepublik alle Parteien vermieden. Dies galt auch für die SPD, die ihre Zustimmung zur Einschränkung des Asylrechts Anfang der 1990er Jahre noch davon abhängig gemacht hatte, dass im Gegenzug ein modernes Einwanderungsgesetz geschaffen würde, worauf sie aber später nicht mehr zurückkam.

Die kulturellen Anerkennungskonflikte, die die Integration der Zuwanderer auslöste, wurden deshalb nur diskret ausgetragen – sie sollten tunlichst unter der Decke gehalten werden. Begünstigend wirkte sich auch aus, dass die überwiegend aus der Türkei stammenden muslimischen Migranten in Deutschland weniger Probleme bei der Aufnahme bereiteten als etwa die maghrebinischen Zuwanderer in Frankreich.

Hauptverantwortlich für die Verweigerungshaltung, durch die die 1980er und 1990er Jahre zu verlorenen Jahrzehnten der Integration wurden, waren die Unionsparteien, denen es so freilich gelang, die rechte Flanke des Parteiensystems zuverlässig abzusichern.

Die Arbeitsteilung der CDU mit der bisweilen offen populistisch agierenden bayerischen Schwesterpartei CSU erwies sich dabei als ebenso hilfreich wie das Fortwirken nationalkonservativer Traditionen in einem starken rechten Flügel. In Ostdeutschland, wo das rechtspopulistische Potenzial trotz oder gerade wegen des geringen Ausländeranteils noch größer war – und weiterhin ist – als im Westen, wurde das Vordringen der rechten Herausforderer zudem durch die postkommunistische PDS gebremst, die sich den Wählern hier als eigentliche »Protestalternative" empfahl.

Fallen diese Bedingungen jetzt weg oder schwächen sie sich ab, verfügt der Rechtspopulismus von der Wählerseite aus gesehen über beträchtliche Erfolgschancen. Vergegenwärtigt man sich die immensen Herausforderungen und den Veränderungsdruck, mit denen die deutsche Gesellschaft in den kommenden Jahren und Jahrzehnten durch die Zuwanderer konfrontiert sein wird, wäre es verwunderlich, wenn eine migrationskritische Partei wie die AfD daraus keinen Nutzen zöge. Auch nach Abebben der Flüchtlingswelle werden ihr genügend thematische Gelegenheiten verbleiben. Gleichzeitig kann sie mit ihren konservativen gesellschaftspolitischen Positionen andere Repräsentationslücken im Parteiensystem schließen.

Eine restriktive Bedingung bleibt der AfD aber erhalten und unterscheidet Deutschland weiterhin von anderen europäischen Ländern: Die politische und gesellschaftliche Stigmatisierung des Rechtsextremismus infolge des nachwirkenden Erbes der NS-Zeit. Die Frage, ob die Schwäche des Rechtspopulismus in der Vergangenheit auch mit dem seit der deutschen Einheit stärker gewordenen, zum Teil militant auftretenden Rechtsextremismus zusammenhängt, hat die Forschung bisher merkwürdigerweise kaum interessiert.

Zumindest organisatorisch liegt ein solcher Zusammenhang auf der Hand. Gerade weil der Rechtsextremismus stigmatisiert ist, nutzen seine Vertreter die Rechtspopulisten als politisch unverfänglicheres Trittbrett. Alle Versuche, eine neue Rechtsaußenpartei in der Bundesrepublik zu etablieren, sind an diesen unerwünschten Unterstützern bislang gescheitert – von den Republikanern über den Bund freier Bürger bis zur Hamburger Schill-Partei. Wird die AfD dasselbe Schicksal ereilen?

Lässt man die kurze Geschichte der Partei Revue passieren, spricht unter dem Strich mehr dafür als dagegen. Denn so vergeblich sich Bernd Lucke gegen die Radikalisierung der AfD stemmte, bevor sie ihn als Ko-Vorsitzenden abservierte, so unvermeidlich stellt sich für die jetzige Führung um Frauke Petry, Jörg Meuthen und Alexander Gauland das Problem der erodierenden Abgrenzung nach rechtsaußen. Solange die AfD von einer Proteststimmung getragen wird, die sich um den inneren Zustand und das äußere Erscheinungsbild der Partei wenig schert, lassen sich die Sollbruchstellen womöglich noch überbrücken.

Fallen die künftigen Wahlergebnisse schlechter aus, was vom derzeitigen Stimmungshoch ausgehend wahrscheinlich ist, dürften die Konflikte zwischen Gemäßigten und Radikalen jedoch erneut aufbrechen und die Wettbewerbsfähigkeit der AfD vermindern. Auch wenn man sich auf dieses Szenario nicht verlassen sollte, hilft es vielleicht, mit dem neuen Phänomen etwas gelassener umzugehen, das zwar unschön ist, für die demokratische Stabilität der Bundesrepublik aber keine ernsthafte Bedrohung darstellt.

Süddeutsche Zeitung vom 4. April 2016, S. 18.

Über die Große Koalition hinaus

Die Landtagswahlen am 13. März 2016 zeichneten sich durch ein besonderes Spannungsmoment aus – einerseits durch die Verschiebungen der parteipolitischen Kräfteverhältnisse, andererseits durch die unüberschaubare Regierungsbildung. Je mehr Parteien ins Parlament gelangen, desto stärker sind beide Aspekte voneinander entkoppelt. Ein Wahlergebnis lässt dann möglicherweise mehrere Varianten der Regierungsbildung zu. Weil sich die Parteien im Vorfeld der Wahl nicht immer klar positionieren, welche Bündnisse sie eingehen oder ausschließen wollen, gerät die Stimmabgabe zum Lotteriespiel: Welche Regierungskonstellation sie am Ende begünstigt, bleibt unsicher.

Nur in Sachsen-Anhalt schien der Fall klar zu sein. Die vor einem Jahr durchaus realistische Hoffnung, die schwarz-rote Koalition durch ein rot-rot-grünes Dreierbündnis nach Thüringer Vorbild ablösen zu können, mussten Linkspartei, SPD und Grüne im Zuge des Aufstiegs der AfD begraben. Gleichzeitig war der Vorsprung der CDU vor der SPD in den Umfragen so groß, dass letztere nur »auf Platz« spielen konnte und keine Chance hatte, die Führung der Regierung zu übernehmen. Überraschend war, dass es aufgrund der Stärke der AfD arithmetisch nicht einmal für Schwarz-Rot gereicht hat. Besonders die CDU kann deshalb von Glück reden, dass die Grünen der Koalition durch ihren knappen Einzug in das Parlament zur Mehrheit verhelfen. Denn andernfalls wäre eine Regierungsbildung nur mithilfe der Linkspartei möglich gewesen, was wahrscheinlich zu Neuwahlen geführt hätte.

Noch kniffliger war die Situation in Baden-Württemberg und Rheinland-Pfalz. In beiden Ländern mussten sich die amtierenden Regierungen aus SPD und Grünen darauf einstellen, zusammen keine Mehrheit zu erreichen. Dasselbe galt für Schwarz-Gelb. In Baden-Württemberg konnte die FDP zuversichtlich sein, ein gutes Ergebnis zu erzielen. In Rheinland-Pfalz stand ihr Einzug dagegen auf der Kippe, selbst die Grünen lagen kurz vor der Wahl nur noch knapp über der Fünfprozentmarke. Dass die Linkspartei in beiden Ländern scheitern würde, war vorgezeichnet, während die AfD ebenso sicher davon ausgehen konnte, in die Parlamente zu gelangen. Dass sie am Ende deutlich zweistellige Ergebnisse bekommen würde, verblüffte am Wahlabend selbst die Demoskopen.

Welche Perspektiven der Regierungsbildung ergeben sich daraus? Nachdem die Grünen in Baden-Württemberg in den Umfragen an der Union vorbeigezogen waren, schloss deren Spitzenkandidat Guido Wolf vor der Wahl aus, dass seine Partei in eine von Winfried Kretschmann geführte grün-schwarze Regierung eintreten würde. Auch die FDP erteilte einer Zusammenarbeit mit Rot-Grün eine Absage. Stattdessen empfahl sie sich als Mehrheitsbeschafferin eines schwarz-roten Bündnisses. Weil die Sozialdemokraten ihre Beteiligung an einem solchen Bündnis offen ließen, war dies die einzige Koalition, die aufgrund der Vorab-Festlegungen der Parteien infrage kam.

Dass eine solche Regierung kaum dem Wählerwillen entsprochen hätte, war Union und FDP nach dem Wahlausgang zwar klar. Dennoch brachte Schwarz-Gelb die Option einer Mehrheit jenseits der Grünen vor den Sondierungsgesprächen noch einmal aufs Tapet, bis die SPD dem Spuk ein Ende bereitete. Da die FDP wiederum von ihrem Nein zu einer Ampel nicht abrücken wollte, blieb der CDU nichts anderes übrig, als sich in die Rolle des Juniorpartners in einer grün-schwarzen Koalition zu fügen.

In Rheinland-Pfalz war sowohl die arithmetische als auch die politische Ausgangslage eine andere. Zum einen sind SPD und Union hier zusammen so stark, dass es für eine Große Koalition bequem reichen würde. Zum anderen konnten auch eine Ampelkoalition sowie eine Jamaika-Koalition mit einer Mehrheit rechnen, im Unterschied zu Baden-Württemberg aber kein schwarz-grünes Zweierbündnis. Politisch waren die genannten Bündnisse ebenfalls gangbar, weil keiner der Beteiligten sie explizit abgelehnt hatte. Selbst die FDP hielt sich bei ihrer Absage an eine Ampelkoalition vor der Wahl eine Hintertür offen, indem ihr Spitzenkandidat Volker Wissing lediglich »eine Unterstützung der rot-grünen Politik in Rheinland-Pfalz für ausgeschlossen« erklärte.

Die Bildung einer Großen Koalition gestaltet sich in Rheinland-Pfalz schwierig, weil Union und SPD annähend gleich stark sind und Julia Klöckner für eine Herausforderin beachtliche Zustimmungswerte erhielt. Der CDU, die bis vor wenigen Wochen noch wie die sichere Siegerin aussah, wäre die Rolle des Juniorpartners ebenso schwer gefallen wie der SPD, wenn sie die Position als stärkste Partei knapp verpasst hätte. Vermieden werden kann eine solche Konstellation jetzt deshalb, weil sich die

Liberalen einem Ampelbündnis nicht verweigern. Psychologisch kommt der FDP neben ihrer guten Erinnerung an die gemeinsame Regierungszeit mit den Sozialdemokraten dabei zugute, dass sie der stärkere der beiden Juniorpartner ist.

Schwieriger hätte die Regierungsbildung werden können, wenn in Rheinland-Pfalz neben einer Ampel auch ein schwarz-grün-gelbes Dreierbündnis mehrheitsfähig gewesen wäre. Weil die Grünen koalitionspolitisch nach wie vor primär auf die Sozialdemokraten orientiert sind, präferieren sie eine SPD-geführte Ampelkoalition naturgemäß stärker als ein unionsgeführtes Jamaika-Bündnis, bei dem sie vollständig ins andere Lager springen müssten. Umgekehrt tut sich die FDP mit Jamaika leichter als mit der Ampelkoalition, da für sie die Union der Wunschpartner bleibt. Wenn Grüne und FDP gleichzeitig als Scharnier für die Koalitionsbildung benötigt werden, sie als Teile dieses Scharniers aber in verschiedene Richtungen streben, drohen sich die Optionen gegenseitig zu blockieren.

Um dies zu vermeiden, müssten sich die Parteien zukünftig auf bestimmte Regeln der Regierungsbildung informell verständigen. Der Automatismus der Mehrheitsbildung hat in der Bundesrepublik dafür gesorgt, dass es solcher Vorkehrungen in der Vergangenheit nicht bedurfte. Weder gab und gibt es die Institution eines »Regierungsformateurs«, noch musste man auf das ungeschriebene Gesetz zurückgreifen, wonach der Regierungsauftrag im parlamentarischen System stets der stärksten Partei gebührt. Die einzige Regel, die bislang unstreitig galt und akzeptiert wurde, lautet, dass innerhalb einer Koalition die stärkste Partei die Regierung anführt und das Amt des Regierungschefs besetzt. Sie gewinnt vor allem bei Großen Koalitionen Bedeutung, in denen sich die Parteien »auf Augenhöhe« begegnen. Für deren Bildung erweist es sich häufig als Problem, dass die Rolle des Juniorpartners undankbar ist. Dies gilt auf der Landesebene noch mehr als in der Bundespolitik. Weil sich die mediale Aufmerksamkeit ganz auf den Regierungschef richtet, zieht dessen Partei aus der Ämterverteilung Nutzen, während der kleineren Partei trotz ihres Anteils am Regierungserfolg Verluste drohen – wie jüngst die SPD in Baden-Württemberg schmerzlich erfahren hat.

Versuche, den Anspruch der stärksten Partei innerhalb einer Koalition auf das höchste Amt infrage zu stellen (wie von Gerhard Schröder nach der Bundestagswahl 2005) oder ihn durch das »israelische Modell« einer rotierenden Besetzung zu relativieren (wie bei der Regierungsbildung in

Sachsen-Anhalt 1994), hatten in der Bundesrepublik bislang keinen Erfolg. Dass sie überhaupt ins Spiel kamen, hängt mit der fehlenden Flexibilität der Koalitionsbildung zusammen, die das Zusammengehen von Union und SPD mangels Alternativen immer häufiger erzwingt. Wie das österreichische Beispiel zeigt, sind Große Koalitionen aus demokratischer Sicht jedoch prekär. Weil sie das Prinzip der alternierenden Regierung suspendieren und den Wettbewerb von der Mitte an die politischen Ränder verlagern, sollten sie in einer parlamentarischen Demokratie eine zeitlich begrenzte Ausnahme bleiben. Dies können sie aber nur, wenn alternative Koalitionsmodelle vorhanden sind und ihre Realisierung durch informelle Festlegungen oder institutionelle Reformen gefördert wird. Speziell auf der Länderebene bieten sich dafür die folgenden drei Wege an.

Erstens müsste ein fester Regelmechanismus etabliert werden, wem aufgrund des Wahlergebnisses das primäre Recht zukommt, die Regierung zu bilden und anzuführen. Das aus anderen Ländern mit Mehrparteienkoalitionen geläufige Prinzip der »stärksten Partei« erscheint dabei nur bedingt geeignet. Weil die Parteien in mehr oder weniger festgefügten Lagern koalitionspolitisch verbunden sind, wäre es sinnvoller, auf diese Kernbündnisse abzustellen. Stehen Schwarz-Gelb und Rot-Grün als gewünschte Koalitionen gegeneinander, könnte man den Regierungsauftrag der stärkeren Formation zusprechen (statt der stärkeren Partei). In Baden-Württemberg, wo Grün-Rot mit acht Prozentpunkten vorne lag, hätte sich die FDP demnach genauso als Mehrheitsbeschafferin für Grüne und SPD in die Pflicht nehmen lassen müssen wie jetzt in Rheinland-Pfalz. Hier betrug der Vorsprung immerhin noch 3,5 Prozentpunkte. Hätte Schwarz-Gelb die Nase vorne gehabt, wie es die Umfragen bis kurz vor der Wahl signalisierten, wäre es an den Grünen gewesen, die Regierungsbildung durch einen Sprung über den Lagergraben zu ermöglichen.

Das Abstellen auf die Stärke der Formationen ist auch aus Sicht der Wähler sinnvoll, die bei der Stimmabgabe dann ihrer tatsächlichen Präferenz folgen und taktische Überlegungen zurückstellen könnten. Letztere dürften zum Beispiel in Baden-Württemberg viele SPD-Wähler dazu verleitet haben, anstelle der Sozialdemokraten lieber die Grünen zu wählen, um sicherzustellen, dass diese in einer erwartbaren Koalition mit der CDU stärkste Kraft bleiben und den Ministerpräsidenten stellen würden. Aus demselben Grund entschlossen sich Wähler in Rheinland-Pfalz, die eigentlich die Grünen favorisierten, zur Stimmabgabe für die SPD, weil sie eine Große Koalition für wahrscheinlich hielten. Wären die Grünen dadurch unter die Fünf-Prozent-Hürde gedrückt worden, hätte es rechnerisch keine Alternative zu einem Zusammengehen von Rot und Schwarz gegeben.

Die Bildung von lagerübergreifenden Dreierbündnissen könnte *zweitens* dadurch unterstützt werden, dass die mehrheitsbeschaffende Partei nicht förmlicher Teil der Regierung wird, sondern diese lediglich stützt beziehungsweise toleriert. Die Erfahrungen aus Sachsen-Anhalt (1994–2002) und Nordrhein-Westfalen (2010–2012) haben die Funktionsfähigkeit von Minderheitsregierungen bestätigt. Darüber hinaus verbinden sich mit ihnen speziell auf der Landesebene weitere Vorteile: Zum einen beleben sie den dort zunehmend verkümmerten Parlamentarismus, indem sie die Entscheidungsprozesse von der exekutiven in die parlamentarische Arena verlagern. Zum anderen erleichtern sie es, systemkritische Parteien wie die Linkspartei und demnächst vielleicht die AfD in die Regierungsverantwortung einzubeziehen. Dies hat auch damit zu tun, dass die Tolerierungspartner anders als bei einer förmlichen Koalition keinen direkten Einfluss auf das Verhalten der Landesregierung im Bundesrat nehmen können.

Wenn Minderheitsregierungen, weil sie mit der strikten Mehrheitslogik des parlamentarischen Systems brechen, den Eigenarten der Länderpolitik auf diese Weise entgegenkommen, könnte man *drittens* überlegen, ob man die parlamentarische Regierungsform in den Bundesländern nicht ganz zur Disposition stellt. Die Alternative wäre ein System nach dem Vorbild der reformierten Kommunalverfassungen, die heute eine direkte Wahl des Regierungschefs (Bürgermeisters) parallel zur Wahl der Stadt- oder Gemeinderäte vorsehen. Auf die Länderebene übertragen hätte dies nicht nur den Vorteil, dass es der überragenden Bedeutung des Persönlichkeitsfaktors bei der Ministerpräsidentenwahl besser entsprechen und gleichzeitig die Unabhängigkeit des Landtages gegenüber der Regierung stärken würde. Es trüge auch dazu bei, die notorische Überlagerung der Landes- durch die Bundespolitik zurückzudrängen, die nicht zuletzt den Zwängen der Koalitionspolitik geschuldet ist.

Berliner Republik 17 (2016) H. 2, S. 68–70.

In dramatischen Zeiten

Am 24. September 2017 wird der Deutsche Bundestag zum 19. Mal gewählt. Die Wahl verspricht eine der spannendsten in der Geschichte der Bundesrepublik zu werden. Die Spannung bezieht sich dabei nicht so sehr – wie bei manchen früheren Wahlen (zum Beispiel 2005, 2002, 1976 oder 1969) – auf den Ausgang. Aufgrund des sicheren Vorsprungs der Unionsparteien vor den Sozialdemokraten erscheint es relativ gewiss, dass Angela Merkel die Bundeskanzlerin einer von CDU und CSU angeführten Regierung bleiben wird. Auch wer als Koalitionspartner in ihre Regierung eintritt, kann man ziemlich verlässlich eingrenzen. Entweder bleibt es bei der bestehenden Großen Koalition mit der SPD. Oder die Union bildet zum ersten Mal zusammen mit den Grünen eine Regierung, eventuell erweitert um die FDP, falls es für eine eigene schwarz-grüne Mehrheit nicht reicht. Ein vergleichbares Szenario hatte es bereits 2013 gegeben. Damals scheiterte die Koalitionsbildung an den Grünen, die am Ende – auch wegen ihres schwachen Wahlergebnisses – nicht bereit waren, das Bündnis mit der Union zu wagen.

Was die Wahl zu einer außergewöhnlichen, ja dramatischen macht, sind die Umstände, unter denen sie stattfindet. Eine neue Ära der Unsicherheit und Instabilität scheint in Europa und der westlichen Welt angebrochen zu sein, die bisherige Gewissheiten infrage stellt. Die liberale Demokratie, von der wir gehofft hatten, dass sie als Herrschaftsmodell auch über die Grenzen des Westens hinaus ausstrahlen und sich durchsetzen würde, ist nicht nur im Osten des Kontinents und in der Türkei auf dem Rückzug, auch im Westen selbst gerät sie zunehmend unter Druck. Dass rechtspopulistische Parteien in Kernländern der Europäischen Union wie Frankreich, Österreich oder den Niederlanden in die Nähe der Mehrheitsfähigkeit gelangen, hätte man vor zwei oder drei Jahren ebenso wenig für möglich gehalten wie einen Sieg des »Unpolitikers« Donald Trump bei der US-amerikanischen Präsidentschaftswahl oder den von populistischen EU-Gegnern befeuerten »Brexit« in Großbritannien. Unterstützt von einem strukturellen Wandel der Öffentlichkeit und der Medien, fordern diese Kräfte das politische und gesellschaftliche Establishment in einer bis dato nicht gekannten Weise heraus. Auf die Globalisierung antworten sie mit Forderungen nach einer »Schließung« unserer offenen Gesellschaften und Rückkehr zur vertrauten Nationalstaatlichkeit.

Neben den für den Niedergang verantwortlich gemachten Eliten hat der Rechtspopulismus zwei Hauptfeindbilder: die EU und den nicht europäischen (das heißt: christlich-abendländischen) Kulturkreis des Islam. Der Zulauf der Populisten geht auf die krisenhaften Zuspitzungen zurück, die sich mit beiden Erscheinungen seit den 2000er Jahren verbinden. Waren die Schattenseiten des einseitig marktliberal ausgerichteten Integrationsprojekts der EU schon in den 1990er Jahren sichtbar geworden, so wurde spätestens mit der Finanz- und Eurokrise deutlich, dass die den Mitgliedsländern übergestülpte gemeinsame Währung den Zusammenhalt der Gemeinschaft nicht beförderte, sondern bedrohte. Deutschland gelang es zwar, seinen Kurs der »Rettungspolitik gegen harte Sparauflagen« innerhalb der Währungsunion durchzusetzen – selbst mit einem Ausschluss Griechenlands wurde 2015 offen geliebäugelt. Eine nachhaltige wirtschaftliche Erholung der Südländer, die das wirtschaftliche und soziale Gefälle in der Union mittel- und langfristig vermindern und die Eurozone damit zugleich auf eine stabile politische Grundlage stellen könnte, ist jedoch weiterhin nicht in Sicht.

Die Skepsis gegenüber Migration und Multikulturalismus, die den Rechtspopulismus schon in den 1980er Jahren auszeichnete, hat durch die 2001 in den USA einsetzende Welle islamistischen Terrors, die in den Anschlägen von Paris (Januar und November 2015), Brüssel (März 2016), Nizza (Juli 2016) und Berlin (Dezember 2016) kulminierte, und die sich 2015 dramatisch verschärfende Flüchtlingskrise nochmals eine neue Dimension bekommen. Weil der »Islamische Staat« die Flüchtlingsbewegung auch dazu genutzt hat, weitere potenzielle Attentäter nach Westeuropa zu schleusen, fiel es den Rechtspopulisten leicht, beide Entwicklungen miteinander zu verknüpfen. Dabei spielten ihnen Ereignisse wie in der Kölner Silvesternacht 2015/16 zusätzlich in die Hände. Dort war es zu zahlreichen sexuellen Übergriffen auf Frauen durch vornehmlich aus dem nordafrikanischen und arabischen Raum stammende Gruppen junger Männer gekommen.

Mit der »Alternative für Deutschland« ist der Rechtspopulismus jetzt auch in der Bundesrepublik zu einer festen Größe geworden. Dabei handelt es sich um die einschneidendste Veränderung der Politik und des Parteiensystems in der jüngeren Vergangenheit. Wurde das Gelegenheitsfenster für den Neuankömmling 2013 durch die Eurokrise geöffnet – die im April 2013 gegründete Partei sollte den Sprung in den Bundestag ein halbes Jahr später nur knapp verpassen –, so sah es Mitte 2015 fast danach aus, dass die AfD von der politischen Bühne bald wieder verschwinden würde. Die Gründe dafür lagen zum einen in der Partei selbst, die von Richtungskonflikten und personellen Querelen gebeutelt wurde. Diese mündeten im Juli 2015 in den Abgang des von Parteigründer Bernd Lucke angeführten gemäßigten Flügels. Zum anderen hatte sich das Euro-Thema zu dieser Zeit weitgehend auf das Problem »Griechenland« reduziert, wo die AfD gegen die von der Bundesregierung und hier vor allem der Union vertretene harte Position nicht mehr viel gewinnen konnte.

Die Flüchtlingskrise, die die deutsche Innenpolitik ab August 2015 dauerhaft in Atem halten sollte, bedeutete vor diesem Hintergrund für die AfD tatsächlich das »Geschenk«, als das es ihr stellvertretender Vorsitzender Alexander Gauland in einer ebenso ehrlichen wie entlarvenden Äußerung bezeichnet hat. War die Partei schon bei den vorangegangenen Wahlen hauptsächlichen wegen ihrer migrationskritischen Positionen gewählt worden, so konnte sie diese jetzt nicht nur gegen die Regierungsparteien (mit Ausnahme der CSU), sondern auch gegen die Opposition (Grüne und Linke) voll ausspielen, die Merkels liberale Flüchtlingspolitik im Grundsatz mittrug. Dieses Alleinstellungsmerkmal bescherte den Rechtspopulisten bei allen fünf Landtagswahlen, die 2016 stattfanden, zweistellige Ergebnisse. In den ostdeutschen Ländern Sachsen-Anhalt und Mecklenburg-Vorpommern landeten sie mit 24,3 beziehungsweise 20,8 Prozent der Stimmen sogar auf Platz zwei in den jeweiligen Parteiensystemen.

Selbst ohne eine starke AfD wäre davon auszugehen, dass die Bundestagswahl von den Themen Flüchtlinge und Innere Sicherheit bestimmt sein wird. Auch die Außenpolitik konnte eine größere Rolle spielen als bei früheren Wahlen und die in den Wahlkämpfen normalerweise dominierenden sozial- und steuerpolitischen Themen in den Hintergrund treten lassen. Dies ist vor allem für die Sozialdemokraten eine beunruhigende Aussicht, die sich gerade auf diesen Gebieten als Alternative zur Union profilieren müssten. Die SPD hat allerdings schon zu Beginn der Legislaturperiode schmerzlich erfahren, dass die von ihr in der Koalition durchgesetzten sozialpolitischen Maßnahmen (Mindestlohn und Rente nach 45 Beitragsjahren) kaum zusätzliche Wählerunterstützung einbrachten.

Umso mehr ruhen ihre Hoffnungen jetzt auf Martin Schulz, der als Herausforderer der Bundeskanzlerin und neuer Parteivorsitzender über eine hohe Zustimmung sowohl in den eigenen Reihen als auch in der Gesamtwählerschaft verfügt.

Für Merkel und die CDU wird es bei der Wahl nicht nur darauf angekommen, ob sie ihre Position als stärkste Partei behält (wofür zurzeit alles spricht); sie muss auch die alten (FDP) und neuen Konkurrenten (AfD) im bürgerlichen beziehungsweise rechten Lager auf Distanz halten. Bei den weiterhin schwächelnden Liberalen wird ihr das wohl gelingen, bei der AfD ist es auch wegen deren schwer berechenbaren internen Entwicklung nicht sicher. Wieweit sich das im Zuge der Flüchtlingskrise zerrüttete Verhältnis zur Schwesterpartei CSU nachteilig auswirken wird, ist ebenfalls nicht absehbar. Raufen sich beide Seiten halbwegs zusammen, könnte es sich sogar als Vorteil erweisen, wenn CDU und CSU – mit getrennten Rollen spielend – in dieser Frage unterschiedliche Positionen vertreten.

So schmerzhaft es für die Union ist, dass sie in ihrer Regierungszeit zum ersten Mal die Geburt einer neuen Konkurrenzpartei im eigenen Spektrum erleben muss – eine Erfahrung, die ihr die SPD mit den Grünen und der Linkspartei gleich doppelt voraus hat –, so trägt die neue Konstellation zugleich zur Stabilisierung ihrer Regierungsmacht bei. Weil der Rechtspopulismus Wähler auch aus dem Lager von SPD und Linken abzieht, verschiebt sich die Achse des Parteiensystems insgesamt nach rechts. Eine rot-rot-grüne Koalition rückt damit bereits arithmetisch in weite Ferne, auch wenn sie politisch vielleicht nicht mehr ganz so abwegig wäre wie 2013. Auf der anderen Seite bleibt eine Zusammenarbeit der Union mit der sich weiter radikalisierenden AfD auf unabsehbare Zeit Tabu. CDU und CSU brauchen deshalb in jedem Fall einen Koalitionspartner aus dem anderen politischen Lager.

Ob ihre Präferenz dabei eher bei den Grünen oder der SPD liegen wird, hängt auch von den weiteren Entwicklungen bis zur Bundestagswahl ab. Je mehr das Thema Flüchtlinge und Innere Sicherheit die Agenda beherrscht, umso kleiner könnten hier die programmatischen Schnittmengen mit den Grünen werden. Offen ist auch, ob die Sozialdemokraten sich für eine Fortsetzung der Großen Koalition überhaupt zur Verfügung halten würden. Die schlechten Erfahrungen, die man mit der Juniorpartnerrolle aus elektoraler Sicht einmal mehr gemacht hat, könnten sie vielleicht bewegen, diesmal anders zu entscheiden als 2013. Dies hätte auch den Vorteil, dass dem Land das Szenario einer von der AfD angeführten Opposition im Bundestag erspart bliebe, das unter Demokratiegesichtspunkten nur schwer erträglich wäre.

MUT. Forum für Kultur, Politik und Geschichte Nr. 587 (März 2017), S. 22–27.

Österreichische Verhältnisse?

Im Berliner Reichstagsgebäude gab es nach der Wahl zum 19. Deutschen Bundestag ein großes Stühlerücken. Konnte jede der vier Fraktionen bis dahin einen der Ecktürme als Fraktionssaal beanspruchen, rangelten jetzt sechs Fraktionen um die besten Plätze. Dank der Unwilligkeit von Union und SPD, das Wahlrecht zu reformieren, mussten zudem mehrere Hundert Personen (Abgeordnete und Mitarbeiter) zusätzlich untergebracht werden, weil das Parlament über seine reguläre Größe von 598 Abgeordneten hinaus auf 709 Abgeordnete »anschwillt«. Und im Plenarsaal wurden die Sessel der bis zu ihrem Ausscheiden aus dem Bundestag 2013 traditionell am rechten Rand platzierten FDP für die AfD-Fraktion freigemacht, deren Abgeordnete den Ministern auf der Regierungsbank damit unmittelbar gegenübersitzen.

Der Einzug der »Alternative für Deutschland« in den Bundestag markiert nicht nur eine weitere Zäsur für das Parteiensystem, sie bedeutet auch einen Einschnitt in der Geschichte der deutschen Nachkriegsdemokratie. Nach dem knappen Scheitern der NPD 1969 (mit 4,3 Prozent) sind zum ersten Mal seit den 1950er Jahren wieder rechtsextreme Abgeordnete im Parlament vertreten – noch dazu in dem Gebäude, das den Nationalsozialisten von 1925 bis 1932 als Kulisse und Bühne ihres Aufstiegs diente. Zugleich stellt die Ankunft des Rechtspopulismus aber auch eine Art europäischer »Normalisierung« dar, nachdem vergleichbar ausgerichtete Parteien in nahezu allen unseren Nachbarländern zu einer festen Größe geworden sind. Warum die Bundesrepublik bis 2013 von diesem Trend ausgenommen war, ist auch im Rückblick keine leicht zu beantwortende Frage.

Mit dem Erfolg der AfD hat sich die Achse im Parteiensystem nochmals nach rechts verschoben – und zwar kräftig. Die asymmetrischer gewordenen Kräfteverhältnisse treffen nun allerdings auf eine neue Symmetrie in formaler Hinsicht. Bestand und besteht das linke Lager seit der deutschen Einheit aus drei Parteien, von denen eine – die PDS beziehungsweise Linke – bis heute als nicht oder nur bedingt koalitionsfähig betrachtet wird, so hält mit der Ankunft der AfD dieselbe Konstellation im rechten Lager Einzug. Das zweifelhafte Vergnügen, unter ihrer eigenen

Regierungsverantwortung neue (und längerfristig bestandsfähige) Parteien im eigenen Lager hervorzubringen, das bisher ausschließlich den Sozialdemokraten vorbehalten war (ab Ende der 1970er Jahre mit den Grünen und 2005 mit der gesamtdeutschen Linkspartei), hat jetzt zum ersten Mal also auch die Union ereilt.

Die dramatischen Verluste für die beiden Unionsparteien und der Sprung der Rechtspopulisten auf den dritten Platz ändern nichts daran, dass CDU und CSU das Rennen mit der SPD um Platz eins erneut (und nun zum dritten Mal seit 2009) klar für sich entschieden haben. Ihr Vorsprung vor der Sozialdemokratie hat sich von 15,8 Prozentpunkten 2013 auf 12,4 Prozentpunkte nur geringfügig vermindert. Dies ist umso bemerkenswerter, als die SPD mit der Nominierung von Martin Schulz zum Kanzlerkandidaten im Januar 2017 äußerst verheißungsvoll in das Wahljahr gestartet war. Der Mobilisierungsschub, der die Partei die für sie auf der Bundesebene lange Zeit unerreichbare Schwelle von 30 Prozent überspringen ließ und in den Umfragen wieder auf Augenhöhe mit der Union brachte, währte aber nur kurz. Mit dem enttäuschenden Landtagswahlergebnis im Saarland, wo sie den erhofften Regierungswechsel verpasste, begab sich die SPD schon im März 2017 erneut auf die Verliererstraße, bevor sie die Niederlagen in Schleswig-Holstein und vor allem Nordrhein-Westfalen im Mai vollends in den Abgrund rissen.

Wie konnte es dazu kommen? Ohne eine Gewichtung vorzunehmen, lassen sich folgende Faktoren – die alle mit »K« beginnen – für den Wahlausgang verantwortlich machen:

Krise. Angela Merkels wiederholt ausgesprochener Satz, wie lebten »in stürmischen Zeiten«, sollte auch als Hinweis gedacht sein, dass man in solchen Zeiten das Ruder am besten einer national und international erfahrenen Krisenmanagerin überlässt. Die Kanzlerin profitierte von ihrer Wahrnehmung als »Stabilitätsanker«, nachdem in unseren wichtigsten europäischen Partnerländern (Frankreich, Großbritannien und Italien) die Regierungen beziehungsweise Regierungschefs in kurzer Folge gewechselt und die Amerikaner mit Donald Trump einen unberechenbaren »Antipolitiker« zum Präsidenten gewählt hatten.

(Gute) Konjunktur. Merkels Nimbus als mächtigste Regierungschefin Europas konnte sich zugleich auf die robuste konjunkturelle Entwicklung stützen, zumal es der Union einmal mehr gelang, diese mit der »Malaise« in anderen Ländern diskursiv zu verknüpfen. Laut Zahlen der

Forschungsgruppe Wahlen bewerteten 62 Prozent der Bürger die Wirtschaftslage des Landes vor der Wahl als gut (gegenüber 46 Prozent 2013). Gleichzeitig konnte die Union ihren Vorsprung in der Wirtschaftskompetenz vor der SPD nochmals ausbauen, die mit ihrem Verweis auf die fehlenden öffentlichen Investitionen im Wahlkampf nicht durchdrang.

Kompetenzwerte. Der SPD wurde in den Politikfeldern, die ihren Markenkern der »sozialen Gerechtigkeit« umgeben und das Leitmotiv des Wahlkampfs bilden sollten, von den Wählern weniger (Rente und Schule / Bildung) oder nur unwesentlich mehr (Familie und Steuern) zugetraut als den Unionsparteien. Noch gravierender war, dass diese Bereiche in der Priorität weit hinter dem alles überschattenden Flüchtlingsthema zurücklagen, bei dem die SPD deutlich geringere Kompetenzwerte aufwies als die Union. Dasselbe galt für das Thema Kriminalität / Innere Sicherheit.

Kandidat. Anders als Peer Steinbrück 2013, der zum Programm der SPD nicht wirklich passte, war Martin Schulz – zumindest potenziell – kein schlechter Kandidat. Nach dem Zauber des Anfangs offenbarte Schulz aber schon bald zwei entscheidende Schwächen. Zum einen fehlte es ihm sowohl in den eigenen Reihen als auch in der Auseinandersetzung mit der Kanzlerin an Machtwillen und der nötigen Führungsstärke. Zum anderen war er nicht willens und / oder in der Lage, die SPD aus ihrer Gefangenheit in der Regierungsverantwortung zu befreien und sie als klar erkennbare Alternative zur Union zu positionieren. Das Gerechtigkeitsthema wurde zum Beispiel viel zu halbherzig angegangen und die europapolitischen Vorschläge im Wahlprogramm regelrecht versteckt. Dabei hätte Schulz gerade hier seine Erfahrung als Europapolitiker voll ausspielen können.

Kampagne. Zum Vorschein kam die Schwächen des Kandidaten dank einer schlecht geplanten und von zahlreichen, zum Teil kapitalen handwerklichen Fehlern geprägten Kampagne. Sigmar Gabriel trägt daran eine erhebliche Mitschuld. Statt seinen Verzicht auf die Kanzlerkandidatur erst im Januar zu erklären, hätte er die personelle Aufstellung mit Schulz viel früher regeln und der Kampagne damit die nötige Vorlaufzeit sichern müssen. Auch während des Wahlkampfs fehlte es an einer vernünftigen Abstimmung zwischen den beiden. Als fatal erwies sich die Entscheidung, den Kandidaten nach dem Momentum der Nominierung für fast zwei Monate in der medialen Versenkung verschwinden zu lassen, statt die Öffentlichkeit mit Schulz und der SPD kontinuierlich zu beschäftigen. Die dafür angeführten Erklärungen – dem Programmprozess sollte nicht vorgegriffen und der Landtagswahlkampf in Nordrhein-Westfalen nicht »gestört« werden – zeigen, dass die SPD für den angestrebten Wahlsieg keinen strategischen Plan hatte.

(Neue) Konkurrenz. Betrachtet man die Wählerwanderungen, so fällt auf, dass es im Verhältnis von Union und SPD praktisch keine Bewegungen gegeben hat. Auch der Anteil der von beiden Parteien gewonnenen Direktmandate in den Wahlkreisen ist im Vergleich zu 2013 nahezu konstant geblieben (231 für die Union zu 59 für die SPD gegenüber 236 zu 58). Die Union hat vor allem an die Liberalen und die AfD massiv Stimmen abgegeben (also innerhalb des eigenen Lagers), während sich die SPD-Verluste relativ gleichmäßig auf die anderen Parteien (Linke, Grüne, FDP und AfD) verteilen. Die neue Konkurrenz der Rechtspopulisten setzt also auch den Sozialdemokraten zu. Speziell in Ostdeutschland schadet sie überdies der Linken, die dadurch hinter CDU und AfD auf den dritten Platz im Parteiensystem zurückfällt. Ihre besten Ergebnisse in Westdeutschland erreicht die AfD sowohl in den prosperierenden südlichen Ländern Bayern und Baden-Württemberg als auch in den von wirtschaftlichen Problemen geplagten sozialdemokratischen Hochburgen des Ruhrgebiets.

(Fehlende) Koalitions- und Machtperspektive. 2013 hatte die SPD schon am Wahlabend erklärt, dass sie ein Zusammengehen mit der Linken künftig nicht mehr förmlich ausschließen würde. Zu einer Annäherung zwischen beiden Parteien kam es im Verlaufe der Legislaturperiode jedoch nicht. Der Ausgang der Saarland-Wahl führte den Sozialdemokraten deutlich vor Augen, wie gering die Akzeptanz einer rot-rot-grünen Koalition in der Wählerschaft nach wie vor ist. Die SPD konnte ihr Wahlziel also nur erreichen, wenn sie selbst stärkste Partei werden würde. Weil die Umfragen dies spätestens nach der verlorenen Landtagswahl in Nordrhein-Westfalen als aussichtslos erscheinen ließen, konzentrierte sich die Debatte in den letzten Wochen des Wahlkampfs nur noch darauf, ob es bei einer Fortsetzung der Großen Koalition mit der SPD als Juniorpartner bleiben oder zur Bildung einer »Jamaika-Koalition« aus CDU, CSU, FDP und Grünen kommen würde. Dies dürfte vor allem in Westdeutschland nicht wenige potenzielle SPD-Wähler auf den letzten Metern bewogen haben, die Grünen oder die Linke zu wählen. Während letztere in Ostdeutschland massive Stimmenverluste hinnehmen musste, legte sie in den alten Bundesländern um 1,8 auf 7,4 Prozentpunkte zu.

Der haushohe Vorsprung der Union von der SPD, den die Demoskopen dem Wahlvolk Woche für Woche dokumentierten, hat folglich mit dazu beigetragen, dass sich die Wähler am Ende scharenweise von beiden Volksparteien abwandten. Die von der Union 2009 und 2013 erfolgreich praktizierte Strategie der »asymmetrischen Demobilisierung« kehrte sich bei dieser Wahl erstmals gegen sie. Dies lag auch daran, dass es nicht gelang, das Flüchtlingsthema kleinzuhalten. Nährten die Umfragen nach Martin Schulz‹ Nominierung im Januar die Hoffnung, dass die Konzentration auf das Rennen zwischen den beiden großen Parteien die AfD vielleicht sogar unter die Fünfprozenthürde drücken könnte, so spielte die Unfähigkeit oder Unwilligkeit der SPD, eine klare politische Alternative zur Union anzubieten, den Rechtspopulisten im Verlaufe des Wahlkamps immer stärker in die Hände. Es bleibt allerdings (auch mit Blick auf die Rolle der Medien) eine offene Frage, ob es mit einer besseren Strategie tatsächlich möglich gewesen wäre, die sozialen Themen anstelle der Flüchtlingsfrage nach vorne zu schieben.

Die Motivlagen der AfD-Wähler lassen sich vielleicht mit dem Begriffspaar »Unsicherheit« und »Unbehagen« am besten umschreiben. Unsicherheit bezieht sich dabei mehr auf die soziale Situation, also die Sorge vor Wohlstandsverlusten, während Unbehagen auf kulturelle Entfremdungsgefühle abzielt, den Verlust vertrauter Ordnungsvorstellungen und Bindungen. Beide Motive verbinden sich im Bedürfnis, die staatlichen Leistungen auf die eigene, einheimische Bevölkerung zu konzentrieren – die vermeintlich nicht-zugehörigen Zuwanderer sollen ausgeschlossen bleiben (»Wohlfahrtschauvinismus«). Dass die Angst vor dem Fremden nicht dort am größten ist, wo die meisten Fremden leben, ist keine neue Erkenntnis, ebenso wenig die Verbreitung rechtsextremer Einstellungsmuster bis in die Mitte der Gesellschaft. Der AfD dürften insofern auch nach Abebben der Protestwelle gegen die Flüchtlingspolitik genügend thematische Gelegenheiten verbleiben. Für eine zumindest mittelfristige Etablierung der Rechtspopulisten spricht auch die organisatorische Stärke, die sie durch die kontinuierlichen Wahlerfolge mittlerweile erlangt haben. Darüber hinaus profitiert die AfD vom neuen Strukturwandel der Öffentlichkeit, der durch die Sozialen Medien eingetreten ist. Diese geben ihr die Möglichkeit, ihre potenziellen Wähler unter Umgehung der herkömmlichen Medien (die für sie Teil des verhassten Establishments sind) direkt anzusprechen.

Welche Konsequenzen haben die durch die Etablierung der AfD eingetretenen Veränderungen der deutschen Parteienlandschaft für die Koalitions- und Regierungsbildung? Aus Sicht der Unionsparteien halten sich die Vor- und Nachteile die Waage. Weil die AfD – wie gesehen – auch Wähler von den linken Parteien abzieht, macht sie es für die SPD noch schwieriger (bis ganz unmöglich), eine Mehrheit jenseits der Union zu erreichen. Der Rechtspopulismus sichert insofern die strategische Mehrheitsposition der CDU/CSU ab, gegen die im deutschen Parteiensystem keine Regierung gebildet werden kann. Die Kehrseite der Medaille besteht für die Union darin, dass diese Mehrheit für sie nicht mehr wie früher allein mit der FDP, sondern nur noch mit einem Partner aus dem anderen politischen Lager erreichbar ist, sie also entweder mit den Sozialdemokraten oder den Grünen koalieren muss. Dadurch wird sie zu schmerzlichen Kompromissen gezwungen, die sie von der eigenen Wählerschaft möglicherweise weiter entfremden.

Wie dramatisch sich die Zäsur in der Parteiensystementwicklung tatsächlich auswirken würde, konnte am Wahlabend noch niemand vorausahnen. Langwierige oder gescheiterte Regierungsbildungen waren aus deutscher Sicht bis dahin immer ein Thema anderer Länder – jüngst etwa Belgiens oder der Niederlande – gewesen, die man deshalb nicht selten mitleidig beäugte. Spätestens seit dem Scheitern der Jamaika-Verhandlungen gibt es für diese Form der Überheblichkeit keinen Grund mehr. Die Folgen zeigen sich im Verhältnis zu den europäischen Nachbarn schon heute, wo insbesondere Frankreich unter seinem neuen dynamischen Präsidenten Emmanuel Macron den gegenüber Deutschland zuletzt eingetretenen Macht- und Bedeutungsverlust wettzumachen beginnt.

Nachdem die Sozialdemokraten bereits fünf Minuten nach Schließung der Wahllokale erklärten, dass sie für eine Fortsetzung der Großen Koalition nicht zur Verfügung stünden, verblieb als einzige Möglichkeit der Regierungsbildung ein Jamaika-Bündnis von CDU, CSU, FDP und Grünen. Aus demokratischer Sicht wäre dieser partielle Regierungswechsel gut begründbar gewesen. Union und SPD hatten zwar weiterhin eine Mehrheit, waren aber mit Verlusten von 8,6 beziehungsweise 5,2 Prozentpunkten gleichermaßen hart abgestraft worden. Die Parteien, die neu in die Regierung hineingekommen wären – FDP und Grüne –, verbuchten dagegen mit 5,9 beziehungsweise 0,5 Prozentpunkten Zugewinne. Die SPD konnte es außerdem als Akt der »staatspolitischen Verantwortung« darstellen, dass sie bei einem Gang in die Opposition die Rolle der stärksten Oppositionspartei nicht der AfD überlassen würde.

Die Jamaika-Sondierungen, die die angestrebten Koalitionsverhandlungen faktisch bereits vorwegnahmen, gestalteten sich äußerst mühsam. Dies lag zum einen an schwer überbrückbaren Positionsunterschieden in zentralen Politikbereichen wie der Klima- und der Flüchtlingspolitik – hier standen die Grünen gegen FDP und CDU/CSU, wobei in der Flüchtlingsfrage insbesondere die CSU eine fast unversöhnliche Haltung einnahm. Zum anderen gelang es Union und FDP nicht, eine neue Vertrauensbasis zueinander aufzubauen. Die Liberalen fühlten sich in den Verhandlungen an den Rand gedrängt und hatten Sorge, dass es ihnen in einer gemeinsamen Regierung ähnlich ergehen würde wie zwischen 2009 und 2013, als sie vom größeren Koalitionspartner »untergepflügt« wurden. Insgeheim spekulierte die FDP wahrscheinlich darauf, dass die Verhandlungen an der Uneinigkeit von CSU und Grünen in der Flüchtlingsfrage scheitern würden. Als sich hier ein Kompromiss abzeichnete, sahen sie deshalb keine andere Möglichkeit, als selbst den Ausstieg aus Jamaika zu verkünden.

Von den Unionsparteien und dem wegen der Dauer der Regierungsbildung zunehmend besorgten Bundespräsidenten Frank-Walter Steinmeier bedrängt, mussten die Sozialdemokraten ihre Aufkündigung der Großen Koalition jetzt überdenken. Die Entscheidung des Parteivorstands, mit CDU und CSU in Sondierungsverhandlungen über eine Neuauflage von Schwarz-Rot einzutreten, stürzte die Partei in eine regelrechte Zerreißprobe. Da es der SPD in den Verhandlungen nicht gelang, Forderungen wie die Einführung einer Bürgerversicherung oder eine Erhöhung des Spitzensteuersatzes, die für die eigene programmatische Identität wichtig waren, gegen die Union durchzusetzen, konnte die Parteiführung eine Parteitagsmehrheit für die Aufnahme von Koalitionsverhandlungen nur durch das Versprechen weiterer Nachbesserungen sicherstellen – eine schwere Schlappe für den als Vorsitzenden ohnehin bereits angeschlagenen Martin Schulz. Um die Zustimmung der Basis zum Koalitionsvertrag sicherzustellen, musste dieser von seinem Plan abrücken, den Parteivorsitz (den Andrea Nahles übernahm) gegen den Posten des Außenministers in der neuen Regierung »einzutauschen«. Nach dem mit 66 Prozent Ja-Stimmen klar ausgefallenen Votum der SPD-Basis für die Große Koalition ging im März 2018 die bis dahin längste Regierungsbildung in der Bundesrepublik zu Ende – zugleich war es das erste Mal, dass eine bestehende

Große Koalition im Amt verblieb. Deutschland kommt damit den »österreichischen Verhältnissen« näher, die als mahnendes Beispiel für die Folgen des Rechtspopulismus längst sprichwörtlich geworden sind.

Steirisches Jahrbuch für Politik 2017, Wien 2018, S. 235–241.

Die Lage der SPD im Spiegel der Krise der europäischen Sozialdemokratie

Im September 2018 werden sich der Wahlsieg von Rot-Grün und der Beginn der Amtszeit des vorerst letzten sozialdemokratischen Bundeskanzlers Gerhard Schröder zum 20. Mal jähren. So als ob sie die These Ralf Dahrendorfs vom Ende des sozialdemokratischen Zeitalters Lügen strafen wollten, waren die Sozialdemokraten damals nicht nur in Deutschland, sondern in fast allen europäischen Ländern obenauf und führten die Regierungen an. Heute, zwei Jahrzehnte später, dominiert dagegen das Bild eines nicht enden wollenden Niedergangs. In den skandinavischen Ländern hat die Sozialdemokratie ihre frühere Vormachtstellung eingebüßt, in den Niederlanden, Griechenland und Frankreich ist sie auf den Status von Randparteien abgesunken und in der Bundesrepublik lag sie 2017 zum dritten Mal in Folge weit abgeschlagen hinter der Konkurrenz von CDU/CSU. Wie konnte es dazu kommen?

Die politische Linke ist in den alten europäischen Demokratien heute mehr oder weniger überall dreigeteilt. Neben die sozialdemokratische Mainstream-Linke waren schon seit den 1980er Jahren ökologische Parteien getreten, die als postmaterialistische Parteien den linken Pol auf einer neuen kulturellen Konfliktlinie besetzten. In den 2000er Jahren kam es überdies zu einer Renaissance linkssozialistischer Parteien, die sich zum Teil in populistischer Gestalt jenseits der Sozialdemokratie neu formierten, nachdem die kommunistischen Parteien in den 1990er Jahren von der Bildfläche verschwunden, stark dezimiert worden oder – wie in Italien – in der Sozialdemokratie aufgegangen waren.

Die Grünen waren keine Abspaltung von der Sozialdemokratie, auch wenn sie dieser bei den Wahlen schadeten. Sie stellten eine Folge der einseitigen Wachstumsorientierung der Mainstream-Linken dar, die sich um die Negativseiten der ökonomischen Entwicklung wenig scherte. In den 1980er Jahren versuchten viele sozialdemokratische Parteien Anschluss an die Themen der neuen Politik zu gewinnen. Exemplarisch dafür stand die deutsche SPD und deren 1989 verabschiedetes Berliner Grundsatzprogramm. Dieses Programm ging nicht nur an der epochalen Zäsur des

Systemumbruchs in Mittelosteuropa und der deutschen Einheit vorbei, sondern auch an den ökonomischen Herausforderungen. Der Keynesianismus war in den 1970er Jahren in die Krise geraten, doch wusste man kein neues Konzept sozialdemokratischer Wirtschafts- und Sozialpolitik an seine Stelle zu setzen.

In den 1990er Jahren wandten sich die an die Regierungen zurückgekehrten Sozialdemokraten häufig neoliberalen Ideen zu, um den Arbeitsmarkt und Wohlfahrtsstaat zu reformieren. Damit wollten sie zugleich auf die beschleunigte Globalisierung reagieren. Die Folge war, dass sich viele Traditionswähler abwandten. Dies bereitete einerseits den Nährboden für die Neuentstehung beziehungsweise das Wiedererstarken linkssozialistischer oder -populistischer Konkurrenzparteien, in Deutschland zum Beispiel der Partei Die Linke, die mit Oskar Lafontaine bezeichnenderweise von einem früheren SPD-Vorsitzenden angeführt wurde. Andererseits führte es dazu, dass die neuen rechtspopulistischen Parteien, die in den 1980er Jahren in vielen europäischen Ländern entstanden waren und dort auf der kulturellen Parteiensystemachse den Gegenpol zur postmaterialistischen Linken einnahmen, ihre ursprünglich noch stark neoliberal akzentuierten Positionen in der Sozial- und Wirtschaftspolitik allmählich zurückdrängten und nun zu Verteidigern des Wohlfahrtsstaates mutierten.

Die Sozialdemokraten gerieten so gleich doppelt in die Falle. Auf der ökonomischen Achse waren sie eingeklemmt zwischen einer liberalen, aber ebenso sozialstaatsaffinen Mainstream-Rechten, die die Interessen der »leistungsorientierten« Mitte vertrat, und den links- und rechtspopulistischen Konkurrenten, die die »Modernisierungsverlierer« umwarben. Und auf der kulturellen Achse wurden die von ihr vertretenen liberalen Positionen in gesellschaftspolitischen Fragen gerade von den »kleinen Leuten« nicht unbedingt geteilt. Dies galt vor allem beim Thema Zuwanderung. Dessen Sprengkraft rührte nicht zuletzt daher, dass sich hier Fragen der kulturellen Identität mit sozialen und Verteilungsproblemen eng verknüpften. Die Konkurrenz um Arbeitsplätze, Wohnraum und wohlfahrtsstaatliche Leistungen, die von den Migranten ausgeht, findet hauptsächlich im unteren Drittel der Gesellschaft statt, nicht im mittleren oder oberen. Von daher ist es nicht verwunderlich, dass es den rechtspopulistischen Parteien seit den 1990er Jahren gelang, in die Wählerschaft sozialdemokratischer beziehungsweise sozialistischer Parteien massiv einzubrechen und diese als »Arbeiterparteien« zu verdrängen.

Hier liegt der Hauptgrund für die neue Hegemonie der Rechten in Europa. Besonders eindrucksvoll lässt sich die Verschiebung der parteipolitischen Kräfteverhältnisse am deutschen Beispiel ablesen. Lagen die drei linken Parteien SPD, Bündnis 90/Die Grünen und PDS/Die Linke 2002 und 2005 mit zusammengenommen jeweils 51 Prozent der Stimmen noch klar vor den beiden Mitte-Rechts-Parteien (CDU/CSU und FDP), die gemeinsam 45,9 beziehungsweise 45 Prozent erreichten, so kehrte sich das Verhältnis 2009 um (48,3 Prozent für die Rechte gegenüber 45,6 Prozent für die Linke). Mit dem Aufkommen der rechtspopulistischen AfD ging die Schere 2013 weiter auseinander (51 Prozent für die drei rechten gegenüber 42,7 Prozent für die drei linken Parteien), was aber noch längst nicht das Ende der Fahnenstange war: Bedingt durch das starke Abschneiden sowohl der Rechtspopulisten als auch der wiedererstarkten FDP konnte das Mitte-Rechts-Lager seinen zusammengenommenen Stimmenanteil bei der Bundestagswahl 2017 um weitere fünf Prozentpunkte auf 56,2 Prozent steigern, während die drei linken Parteien mit 38,6 Prozent auf einen historischen Tiefstand zurückfielen. (Sogar 1990 war das Ergebnis mit 40,7 Prozent besser gewesen.)

Wie lässt sich erklären, dass die Mainstream-Linke in den südeuropäischen Ländern – vor allem in Spanien und Griechenland – überwiegend durch neue linkspopulistische Konkurrenten herausgefordert wird, während in den west- und nordeuropäischen Ländern der Rechtspopulismus dominiert? Ein wesentlicher Grund dürfte darin liegen, dass gerade die südlichen Länder von den Folgen des internationalen Finanzmarktkapitalismus am stärksten gebeutelt wurden, was ideologisch den linken Globalisierungskritikern in die Hände spielt. Hinzu kommt, dass der in diesen Ländern eher schwach ausgebaute Sozialstaat nur begrenzt in der Lage ist, die Verlierer des internationalen Wettbewerbs zu entschädigen. Umgekehrt war und ist in den wettbewerbsstärkeren Ländern Mittel- und Nordeuropas, die zur Aufrechterhaltung dieser Stärke zugleich auf ein höheres Maß an Arbeitsmigration angewiesen bleiben als die südlichen Länder, der Sozialstaat eine zentrale Voraussetzung für die außenwirtschaftliche Öffnung. Weil dieser im Zuge des Standortwettbewerbs aber auch hier unter Druck gerät, reagieren die Bevölkerungen umso sensibler auf die vermeintlich ungerechtfertigte Inanspruchnahme sozialstaatlicher Leistungen durch Zuwanderer. Diese als »Wohlfahrtschauvinismus« apostrophierte Haltung spielt ideologisch der nationalistischen Rechten in die Hände.

Die Scheidelinie zwischen links und rechts besteht bekanntlich in der unterschiedlichen Priorität des sozialen und politischen Gleichheitsziels. Lässt man die Entwicklung der demokratischen Systeme der fortgeschrittenen post-industriellen Gesellschaften seit den 1970er Jahren Revue passieren, ergibt sich in Bezug auf die Erreichung der beiden Ziele eine gemischte Bilanz. Während in sozialkultureller Hinsicht – etwa bei der Geschlechtergleichheit oder beim Abbau der Diskriminierung von Homosexuellen – deutliche Fortschritte erreicht wurden, ist die Ungleichheit in sozialökonomischer Hinsicht gestiegen. In der goldenen Ära des Keynesianismus hatten hohe Wachstumsraten dafür gesorgt, dass der Sozial- und Wohlfahrtsstaat kontinuierlich ausgebaut werden konnte und der allergrößte Teil der Gesellschaft an der Wohlstandsentwicklung partizipierte. Unter dem Druck der Globalisierung wirken sich die geringer werdenden Verteilungsspielräume tendenziell zulasten der unteren Bevölkerungsschichten aus, deren Wohlstand stagniert oder abnimmt, während das obere Drittel seinen Anteil hält beziehungsweise vergrößert. So belegen die Zahlen für Deutschland, dass die unteren 40 Prozent der Bevölkerung seit den 1990er Jahren keinerlei Reallohnzuwächse mehr zu verzeichnen hatten.

Die politischen Konsequenzen dieser Entwicklung spiegeln sich im Wahlverhalten. Einerseits steigt die soziale Selektivität der Wahlbeteiligung, andererseits wenden sich die noch zur Wahl Gehenden verstärkt rechts- und linkspopulistischen Protestparteien zu. Zahlen für die Bundesrepublik dokumentieren diesen Trend. Betrug die Wahlbeteiligung in den 1970er und 1980er Jahren auch in den unteren Schichten der Bevölkerung stets um die 70 Prozent, so ist sie seit den 1990er Jahren kontinuierlich auf unter 50 Prozent gesunken. Im oberen Bereich blieb die Beteiligung unterdessen mit um die 90 Prozent nahezu stabil. Die Zunahme bei den Protestwählern wird durch den zusammengefassten Stimmenanteil der rechten und linken Außenseiterparteien belegt, zu denen neben der erst 2013 entstandenen AfD auch die vormalige PDS und heutige Partei Die Linke gehört. Dieser hat sich von 5,0 Prozent bei der Bundestagswahl 2002 auf 21,8 Prozent bei der Bundestagswahl 2017 mehr als vervierfacht. Gemessen an der Unterstützung solcher Parteien in anderen europäischen Ländern sind das allerdings immer noch bescheidene Werte.

Aktuelle Auswertungen für die Bundesrepublik zeigen, dass die materiell Benachteiligten in der Wählerschaft sowohl der Linkspartei als auch der AfD überproportional vertreten sind. Das Durchschnittseinkommen dieser Wähler ist ebenfalls geringer als das der Wähler der anderen Parteien – einschließlich der SPD – und wird nur noch vom Durchschnittseinkommen der Nichtwähler unterboten. Vor diesem Hintergrund könnte man vermuten, dass die Repräsentationsschwäche, die die zunehmende Wahlabstinenz der benachteiligten Bevölkerungsgruppen verursacht, durch die gleichzeitige Zunahme des Protestwahlverhaltens ausgeglichen wird. Genau das ist aber bei näherem Hinsehen nicht der Fall. Erstens ist der Anteil der sozial Benachteiligten unter den Nichtwählern viel größer als unter den Protestwählern. Zweitens können die rechten und linken Außenseiterparteien die Anliegen der Protestwähler nur indirekt – in der Auseinandersetzung mit den von ihnen herausgeforderten Mainstream-Parteien – befördern, da sie über keine Regierungsmacht verfügen. Drittens zeigt sich bei vielen rechtspopulistischen Parteien überdies, dass ihre marktliberal ausgerichteten Positionen den Interessen der sozial benachteiligten Wähler sogar direkt zuwiderlaufen. Und viertens führt die Abwendung dieser Wähler nicht zwangsläufig dazu, dass sich die Mainstream-Linke deren Interessen verstärkt zuwendet. Weil unter den zahlenmäßig immer noch überwiegenden Wählern der leistungsbereiten Mitte potenziell mehr zu gewinnen ist, als an enttäuschten Nicht- und Protestwählern zurückgeholt werden kann, richten nämlich auch die sozialdemokratischen Parteien ihre Programme und ihr Regierungshandeln im Wettbewerb primär an den Erstgenannten aus. Wie lässt sich dieser Teufelskreis durchbrechen? Viele Demokratietheoretiker relativieren die Krise der Wahldemokratie, indem sie das Augenmerk auf die anderen Formen und Möglichkeiten der politischen Beteiligung richten. Alle Partizipationsformen jenseits der Wahlen – egal ob sie durch die Regierenden »von oben« bereitgestellt werden oder ob sie »von unten«, also der Bevölkerung selbst ausgehen – teilen allerdings das Problem, das sie vorzugsweise von Menschen mit höheren Bildungsabschlüssen und höherem Einkommen in Anspruch genommen werden. Die soziale Selektivität ist hier sogar noch wesentlich größer als bei den Wahlen, die insofern weiterhin die »gleichheitsfreundlichste« Beteiligungsart darstellen.

So gut die institutionellen Reformvorschläge letztlich gemeint sind, führen sie deshalb am Grundproblem der sozialökonomischen und -kulturellen Spaltung der Gesellschaft vorbei. Deren Bekämpfung muss an der Wurzel erfolgen und kann nur mit politischen Maßnahmen erreicht werden – das heißt einer Agenda, die durch eine bessere Integration in den Arbeitsmarkt sowie umfangreiche Investitionen in Bildung, Kinderbetreuung, Gesundheitsversorgung, Wohnungsbau und sonstige Bereiche der Infrastruktur wieder mehr Chancengerechtigkeit ermöglicht und tatsächlich herstellt. Die strategische Herausforderung der Mainstream-Linken besteht darin, auch die Teile ihrer potenziellen Wählerschaft für ein solches Politikangebot zu gewinnen, die selbst über höhere Bildungsabschlüsse und Einkommen verfügen als der Bevölkerungsdurchschnitt. Dies wird ihr wahrscheinlich nur gelingen, wenn sie diese Wähler verteilungspolitisch »schont« und sie gleichzeitig mit gesellschaftspolitisch progressiven Positionen »pflegt«. Auch um dem Rechtspopulismus zu begegnen, muss die Sozialdemokratie dringend daran arbeiten, das Bündnis des linksliberalen Bürgertums mit ihrer vernachlässigten Kernklientel der »kleinen Leute« zu erneuern. Dies schließt die Notwendigkeit einer »realistischen« Zuwanderungspolitik mit ein. Weil die migrationsbedingten Konflikte diese Klientel besonders betreffen, sollten gerade linke Parteien für eine bessere Steuerung und Begrenzung der Einwanderung eintreten. Gleichzeitig dürfen sie die kulturelle Mitbedingtheit der Konflikte nicht ausblenden und so tun, als seien sie ausschließlich sozialer Natur. Die Mahnung des britischen Ökonomen Paul Collier – dass uns die Interessen derjenigen, die in ihrer Heimat leben und bleiben wollen, wichtiger sein sollten, als die Interessen jener, die ihre Heimat verlassen – ist zugleich ein die Wahl betreffender Sachzwang. Wenn die Sozialdemokratie diese Lektion nicht begreift, wird sie weder ihre Mehrheitsfähigkeit gegenüber dem Mitte-Rechts-Lager zurückerlangen noch den auf Dauer verhängnisvollen Weg in die »Zwei-Drittel-Demokratie« stoppen können.

Neue Gesellschaft | Frankfurter Hefte 65 (2010) H. 3, S. 63-67.

Eisern Union

Es dürfte wohl nicht viele in der CSU geben, die behaupten, der nach vierwöchigem heftigen unionsinternen Streit erreichte Asylkompromiss habe der Partei einen erkennbaren Nutzen beschert. Nicht nur, dass von den angekündigten einseitigen Zurückweisungen an der Grenze am Ende kaum etwas übriggeblieben ist. Das Agieren der CSU hat auch die weitere Zusammenarbeit mit der CDU und dem Regierungspartner SPD schwer belastet. Tatsächlich stand es für die Fraktionsgemeinschaft und die Große Koalition während des Streits mehrmals »Spitz auf Kopf«. Sogar Politiker aus der Opposition wie der Grünen-Vorsitzende Robert Habeck begannen sich deshalb öffentlich zu sorgen, bei einem Zerfall des Unionsverbundes könne die Stabilität des gesamten deutschen Parteiensystems Schaden nehmen.

In Wahrheit stellte die Fraktionsgemeinschaft Zeit ihres Bestehens eine Benachteiligung der politischen Konkurrenz dar, die nicht nur der CSU eine privilegierte Stellung, sondern der Union als ganzer die Vorherrschaft im deutschen Parteiensystem gesichert hat. CDU und CSU sind sozusagen zwei Parteien und eine Partei in einem. Organisatorisch voneinander getrennt, treten sie bei Wahlen nicht gegeneinander an, was die Voraussetzung für ihre Verbindung auf Bundesebene darstellt. Der Vorteil der organisatorischen Trennung liegt darin, dass beide Parteien inhaltlich-programmatisch eine größere Bandbreite abdecken, als es jede einzelne von ihnen könnte. Konservative Wähler, die die CDU zu liberal finden, tun sich leichter diese zu wählen, weil es daneben die CSU gibt. Obwohl die Schwesterpartei nur in Bayern wählbar ist, tritt sie zugleich als bundespolitische Kraft auf. In den bundesweit ausgestrahlten Wahlsendungen ist die CSU zum Beispiel als selbstständige Partei mit vertreten, was der Union insgesamt eine stärkere mediale Präsenz verschafft. Vom selben Effekt profitiert sie innerhalb Bayerns, wenn sie Landtagswahlen, die außerhalb Bayerns stattfinden, gleichberechtigt mit den bundesweit antretenden anderen Parteien im Fernsehen kommentiert. Bei den Sondierungen und Koalitionsverhandlungen konnten CDU und CSU die Vorteile der organisatorischen Trennung ausspielen, indem sie beide mit jeweils derselben Delegiertenzahl am Tisch saßen wie die SPD. Desweiteren unterhält die

CSU eine eigene Parteistiftung, die ihre Aktivitäten – etwa im Rahmen der Studienförderung – auch außerhalb Bayerns entfaltet.

Der wichtigste Vorteil der gemeinsamen Fraktion liegt darin, dass die Wahlergebnisse von CDU und CSU bei der Bundestagswahl addiert werden. Dies ermöglichte es der Union, aus 16 der bisher 19 Bundestagswahlen als stärkste Kraft hervorzugehen – nur 1972, 1998 und 2002 lag sie hinter der SPD. Niederschlag findet dies in der Koalitions- und Regierungsbildung. Während es im Zweieinhalbparteiensystem der 1960er und 1970er Jahre für die SPD noch möglich war, als zweitstärkste Partei die Regierung anzuführen (von 1969 bis 1972 und von 1976 bis 1982), liegt im heutigen Fünf- oder Sechsparteiensystem der Regierungsauftrag quasi automatisch bei der stärksten Kraft. Gleichzeitig gilt das Prinzip, dass innerhalb einer Koalition die stärkste Partei das Amt des Regierungschefs besetzt – wogegen sich Gerhard Schröder 2005 vergeblich stemmte. Müssen wie 2005, 2013 oder 2017/2018 Große Koalitionen gebildet werden, garantiert das der Union die dankbare Rolle des Seniorpartners, auf den sich die politische und mediale Aufmerksamkeit konzentriert.

Das Zusammenzählen der Stimmen ist weniger verständlich, als es auf den ersten Blick erscheint. Im amtlichen Wahlergebnis werden die bundesweiten Stimmenanteile von CDU und CSU getrennt ausgewiesen. Zudem macht das Wahlsystem zwischen bundesweit und nur regional antretenden Parteien keinen Unterschied. Auch die letzteren unterliegen der Fünfprozenthürde. Um diese zu überspringen, muss die CSU in Bayern etwa 30 Prozent der Stimmen erreichen. Selbst wenn sie diese Marke verfehlt, wäre ihr Einzug in den Bundestag durch die sogenannte Grundmandatsklausel sichergestellt, die die Fünfprozenthürde ab dem Gewinn von drei Wahlkreisen suspendiert. Die Diskrepanz von bundesweit niedrigem Zweitstimmenergebnis (2017: 6,2 Prozent) und der hohen Zahl der durch sie in Bayern errungenen Direktmandate (alle 46) erklärt zugleich, warum die CSU der größte potenzielle Urheber der Überhang- und Ausgleichsmandate ist.

Innerhalb der gemeinsamen Fraktion üben die in der Landesgruppe versammelten CSU-Abgeordneten überproportionalen Einfluss aus, weil sie in Fragen von wesentlicher Bedeutung ein Vetorecht besitzen. Das Verhältnis der Unionsschwestern ähnelt hier dem von Koalitionspartnern innerhalb einer Regierung. Die CSU nutzt diese Position nicht zuletzt dazu, spezielle bayerische Anliegen durchzusetzen – das Betreuungsgeld und die Ausländermaut haben sich hier als prominente Beispiele aus den vergangenen Wahlperioden eingeprägt. Beide Vorhaben waren von der CDU-Seite abgelehnt worden und hätten bei einer Abstimmung in der Gesamtfraktion keine Mehrheit bekommen. Das bundespolitische »Übergewicht« der CSU spiegelt sich zugleich in der für sie vorteilhaften Ressortverteilung, wo sie von den neun der Union zustehenden Ministerien allein drei für sich beansprucht – darunter das als besonders wichtig empfundene Innenministerium.

Noch problematischer als auf der Bundesebene ist die Verzerrung des Parteienwettbewerbs durch den Unionsverbund in Bayern. Hier profitiert die CSU massiv von ihrer Doppelrolle als Landes- und Bundespartei, die im Unterschied zu den anderen Parteien die Möglichkeit hat, bayerische Interessenpolitik auf der Bundesebene zu betreiben. Werden die Interessen anderer Bundesländer dadurch benachteiligt, wirft diese Sonderrolle auch mit Blick auf den Föderalismus Fragen auf, der ja auf der Gleichheit der Länder untereinander und in ihrem Verhältnis zum Bund beruht. Jüngstes Beispiel sind die von CSU-Bundesverkehrsminister Andreas Scheuer geplanten Niederlassungen der neuen Bundesautobahngesellschaft, die Bayern als Standort überdurchschnittlich begünstigen.

Verschärft werden diese Entwicklungen, weil sich die Machtgewichte innerhalb der CSU von Bonn beziehungsweise Berlin in Richtung München verlagert haben und die Partei ihre Politik auf der Bundesebene zunehmend dem Erfolg auf Landesebene unterordnet. Mit der Eskalation des Streits um die Flüchtlingspolitik hat dieses Verhalten inzwischen einen traurigen Höhe- und möglicherweise Wendepunkt erreicht. Der tiefe Riss zwischen den Unionsparteien wirft die Frage auf, ob die in §10 der Geschäftsordnung des Bundestages als Voraussetzung der Fraktionsgemeinschaft genannten »gleichgerichteten politischen Ziele« bei CDU und CSU noch gegeben sind.

In diesem Zusammenhang ist der Unterschied zum legendären Kreuther Trennungsbeschluss von 1976 aufschlussreich, der kein inhaltlicher Richtungskonflikt war, sondern vor allem ein Streit um die richtige politische Strategie. Während Franz Josef Strauß sich von der Bundesausdehnung der CSU eine Vergrößerung des Gesamtwählerpotenzials der Union versprach, die dieser bei Bundestagswahlen die absolute Mehrheit und damit die Möglichkeit der Alleinregierung sichern sollte, ruhten Helmut Kohls Hoffnungen für den Machtwechsel auf einer Koalition mit der FDP.

Obwohl Kohl sich in der Auseinandersetzung auf ganzer Linie durchsetzte und sein Verhältnis zu Strauß bis zu dessen Tod 1988 schwierig blieb, war der grundsätzliche Gleichklang der Unionsparteien in Kohls Regierungszeit an keiner Stelle ernsthaft gefährdet.

Heute zeigen sich CDU und CSU dagegen so voneinander entfremdet, dass die institutionelle Bevorzugung, die sie durch ihr gleichzeitiges Auftreten als getrennte und miteinander verbundene Parteien erfahren, kaum noch zu rechtfertigen ist. Die politikinhaltlichen Differenzen betreffen dabei längst nicht mehr nur die Migrations- und Flüchtlingspolitik. Auch in der Europapolitik schlägt die CSU schon seit Jahren deutlich skeptischere Töne an als die CDU, was eine weitere Vertiefung des Integrationsprozesses angeht – Markus Söder sprach jüngst sogar vom bevorstehenden »Ende des geordneten Multilateralismus«. Und in der Verfassungspolitik tritt sie offen für die Einführung von Volksentscheiden auf Bundesebene ein, was den Charakter unserer parlamentarischen Demokratie grundlegend verändern würde und deshalb von der CDU strikt abgelehnt wird.

Schon aus wohlverstandenen Eigeninteressen werden die Unionsparteien sicher nicht bereit sein, die Vorteile der Fraktionsgemeinschaft aufs Spiel zu setzen. Denn würde die CDU in Bayern und die CSU in der übrigen Bundesrepublik antreten, wären sowohl die Hegemonie der CSU in Bayern als auch die Hegemonie der Union auf Bundesebene gefährdet. Warum sollten sie sich derart ins eigene Fleisch schneiden? Umso irrationaler erscheint der erbitterte, auch auf persönlicher Ebene ausgetragene Streit um die Flüchtlingspolitik, der fast zum Bruch geführt hätte.

Eine andere Frage ist, ob die übrigen Parteien gewillt bleiben, die sich aus dem Unionsverbund für sie ergebenden Nachteile im Parteienwettbewerb weiter hinzunehmen. §10 der Geschäftsordnung, der in der heutigen Form seit 1969 gilt – bis dahin musste die Unionsfraktionsgemeinschaft zu Beginn einer Wahlperiode vom Bundestag stets von Neuem bestätigt werden – ließe sich mit einfacher Mehrheit ändern. Entsprechende Gedankenspiele hat es vor allem bei den Sozialdemokraten immer wieder gegeben – etwa nach der Bundestagswahl 2005, bei der die SPD als gefühlter Wahlsieger nur knapp hinter CDU und CSU zurücklag, und 2009, als sie der Union vorwarf, eine Abschaffung oder Neutralisierung der Überhangmandate im Wahlrecht – in deren Genuss überwiegend die Unionsparteien kamen – bewusst zu verschleppen.

Es ist allerdings nicht besonders klug, bestehende Regeln erst während eines Spiels oder nach dem Spiel infrage zu stellen – das klingt dann sehr wie schlechter Verlierer. Hier dürfte der Hauptgrund liegen, warum die SPD ihre Vorstöße seinerzeit nicht weiter verfolgt hat. Um die Fraktionsgemeinschaft zu »delegitimieren«, müssten die Oppositionsparteien ihre Drohkulisse also frühzeitig, am besten schon zu Beginn einer Legislaturperiode, spätestens aber nach der Halbzeit aufbauen, und CDU und CSU vor die Wahl stellen: Entweder sind sie bereit zu akzeptieren, dass ihre Ergebnisse ab der nächsten Bundestagswahl nicht mehr addiert werden. Stärkste Kraft wäre dann nicht die stärkste Fraktion, sondern die stimmenstärkste Partei. Oder sie verzichten auf bestimmte Vorteile, die sich aus ihrer organisatorischen Trennung als Parteien ergeben, etwa die Bevorzugung bei Sendezeiten, die Doppelpräsenz in Gremien oder eine eigene Parteistiftung. Sind sie zu Zugeständnissen nicht bereit, müssten die anderen Parteien gegebenenfalls gerichtlich klären lassen, ob die Unionskonstruktion gegen das parteienrechtliche Gebot der Chancengleichheit verstößt. Dazu steht ihnen die Möglichkeit der Organklage vor dem Bundesverfassungsgericht offen, die sogar von einzelnen Abgeordneten angestrengt werden kann.

Die Union könnte gegen ein solches Vorgehen nicht einfach auf parlamentarisches Gewohnheitsrecht pochen, weil sie durch ihre inhaltlichen Konflikte die Voraussetzungen der Fraktionsgemeinschaft womöglich nicht mehr erfüllt. Der Bestand dieser Gemeinschaft hängt somit in erster Linie von ihr selbst ab. Setzt sich der Zwist der letzten Jahre fort, werden die Stimmen automatisch zunehmen, die eine bundesweit kandidierende CSU und eine auch in Bayern antretende CDU für die ehrlichere und demokratisch sauberere Lösung halten. Auch für die Eindämmung des Rechtspopulismus könnte die Auflösung des Unionsverbundes vorteilhaft sein, weil konservativ eingestellte Wähler dann mit der CSU ein neues Angebot erhielten. Ob dieser Nutzen den Schaden einer weiteren Zerbröselung des Parteiensystems aufwiegen würde, den eine Spaltung der Union nach sich zöge, bleibt aber zweifelhaft.

Der Tagesspiegel vom 22. Juli 2018, S. 7.

Doch die eine Falle bleibt

Nachdem Angela Merkel mit dem Rückzug vom CDU-Vorsitz ihren Abschied von der Macht auch im Regierungsamt eingeleitet hat, können historisch interessierte Beobachter eine erste Bilanz wagen. Was verbindet sich mit der langen Ära Merkel? Wie hat die Frau aus dem Osten, deren Sprung an die Parteispitze im Jahre 2000 sich eher zufällig ergeben hatte, die CDU geprägt? Und was folgt daraus für den zukünftigen Platz der CDU im deutschen Parteien- und Regierungssystem?

Lässt man Merkels 18-jährige Amtszeit Revue passieren, fallen neben eindrucksvollen Kontinuitätslinien auch bedeutende Bruchlinien ins Auge. Zu den Kontinuitätslinien gehört das hohe Maß an Führungskonstanz. In 59 von 68 Jahren ihrer Geschichte wurde die CDU von nur drei Vorsitzenden geführt: Adenauer, Kohl und Merkel. Parteivorsitz und Kanzlerschaft – in Oppositionszeiten: der Fraktionsvorsitz – blieben dabei die meiste Zeit bei einer Person. In der SPD wechselte der Parteivorsitz dagegen allein während Merkels Regierungszeit sieben Mal. Und als Gerhard Schröder Kanzler war, lag der Vorsitz sowohl zu Beginn als auch zum Ende der Amtszeit nicht in seinen Händen – was einer kraftvollen und konsistenten Führung im Wege stand.

Sieht man von einem kurzen Moment am Wahlabend des Jahres 2005 ab, als sie den sicher geglaubten Sieg gegen Schröders SPD fast verspielt hatte, war Merkels Macht über die CDU in all den Jahren niemals ernsthaft gefährdet, sie sollte erst im Zuge der Flüchtlingskrise allmählich erodieren. Selbst Helmut Kohl war eine so unangefochtene Position nicht vergönnt – seine Kanzlerschaft hing bis zur Halbzeit der deutschen Einheit mehrfach am seidenen Faden. Anders als Kohl konnte Merkel diese Dominanz aber nicht in eine Dominanz der CDU innerhalb der Regierung übersetzen. In drei von vier Legislaturperioden musste sie die Macht mit den Sozialdemokraten teilen. Nur 2009 kam es zur Wiederauflage der Wunschkoalition mit der FDP, die sich freilich als Desaster entpuppte und das Verhältnis zu den Liberalen nachhaltig beschädigte. Die Folgewirkungen zeigten sich beim Scheitern der Jamaika-Verhandlungen 2017, die Merkels schlechtes Händchen als Koalitionspolitikerin unter Beweis stellten.

War die Notwendigkeit, eine Große Koalition zu bilden, 2005 vor allem der eigenen Schwäche, und 2013 der – von der Union allerdings mit verursachten – Schwäche der FDP geschuldet, so stellte sie 2017 eine natürliche Folge der veränderten Kräfteverhältnisse dar, die durch den Aufstieg der rechtspopulistischen AfD im Parteiensystem eintraten. Bis dahin hatte das Vergnügen, unter ihrer eigenen Regierungsverantwortung neue und längerfristig bestandsfähige Parteien hervorzubringen, ausschließlich bei der SPD gelegen, zu Beginn der 1980er Jahre mit den Grünen und ab 2005 mit der gesamtdeutschen Linkspartei. Jetzt ereilte es zum ersten Mal auch die Union. Das berühmte Diktum von Franz Josef Strauß, wonach es rechts von CDU und CSU keine demokratisch legitimierte Partei geben dürfe, gilt seit der Etablierung der AfD nicht mehr. Dieser Einschnitt wird das künftige Urteil über Merkel wahrscheinlich stärker prägen als die unter dem Strich durchaus vorzeigbare Regierungsbilanz ihrer Kanzlerzeit.

Rechtspopulistische Parteien gehörten in den meisten unserer europäischen Nachbarländer schon sehr viel früher – nämlich seit den 1980er Jahren – zur Grundausstattung der Parteiensysteme. Warum es in der Bundesrepublik bis 2013 dauerte, dass sich eine vergleichbare Kraft etablieren konnte, ist auch im Rückblick nicht leicht zu verstehen. Versucht man eine vorsichtige Antwort, dürften vor allem folgende Faktoren verantwortlich sein. Erstens hat es in der Bundesrepublik lange Zeit an einer – auch parteipolitisch – vehementen Auseinandersetzung über das Migrationsthema gefehlt. Symptomatisch dafür war das von den Unionsparteien bis in die 1990er Jahre gebetsmühlenhaft wiederholte Mantra, dass Deutschland kein Einwanderungsland sei, das die Akteure von der Notwendigkeit einer den Namen verdienenden und damit zugleich konflikthaften Integrationspolitik entlastete. Dem sekundierten unausgesprochen auch die Sozialdemokraten.

Zweitens fiel die Schwäche des Rechtspopulismus seit den 1990er Jahren mit dem Erstarken anderer Formen des Rechtsextremismus zusammen – von der intellektuellen Neuen Rechten bis hin zur terroristischen Gewalt. Um ihrer Stigmatisierung zu entrinnen, sind diese in der Bundesrepublik stets bestrebt, an die politisch unverfänglicheren rechtspopulistischen Vertreter »anzudocken«. Rechtspopulistische oder -konservative Parteien befinden sich dadurch unter ständigem Druck, sich von den extremistischen Kräften abgrenzen zu müssen, was ihre Erfolgschancen im europäischen Vergleich begrenzt.

Drittens erleichterte es die Oppositionsrolle den Unionsparteien bis 2005, die rechte Flanke des Parteiensystems weiter erfolgreich abzudecken. Dies galt sowohl in gesellschaftspolitischer Hinsicht, wo man sich mit konservativen Positionen, etwa der von Friedrich Merz erhobenen Forderung nach einer »Leitkultur«, von der rot-grünen Regierung abgrenzte, als auch in der Sozial- und Wirtschaftspolitik. Unter Merkels Führung schlug die CDU einen konsequent marktliberalen Kurs ein, der mit der sozialstaatlichen Tradition der Partei brach und die unter Schröder eingeleiteten Sozial- und Arbeitsmarktreformen noch forcieren wollte.

Merkels Fast-Niederlage gegen Schröder und die Zwangsehe mit den Sozialdemokraten führten dazu, dass die Vorsitzende die Leipziger Beschlüsse in der Folge mehr oder weniger stillschweigend begrub. Eine offene Diskussion in der Partei gab es darüber nicht. Auch die Koalition mit der FDP wurde 2009 nicht zu einer Kehrtwende genutzt. Indem sie sich Steuersenkungen und sozialen Einschnitten gleichermaßen verweigerte, lag die Union jetzt mehr auf der Linie der oppositionellen SPD als auf der ihres vermeintlichen »Wunschpartners«. Den Höhepunkt erreichte diese Politik vier Jahre später mit der von ihr betriebenen Einführung der Mütterrente, für die Beitrags- und Steuerzahler seither etwa sieben Milliarden Euro jährlich aufbringen müssen. Die so begünstigte Klientel dankte es Merkel mit kräftigen Stimmenzuwächsen, die 2013 zu ihrem bis heute besten Bundestagswahlergebnis beitrugen.

Neben die wirtschaftspolitische Sozialdemokratisierung traten unter Merkels Vorsitz eine zunehmende Liberalisierung der CDU in kultureller und gesellschaftspolitischer Hinsicht. Durch die Modernisierung ihres Familienbildes konnte die Partei so ab 2009 die Stimmenverluste wieder wettmachen, die sie 2002 und 2005 unter den weiblichen Wählern in den jungen und mittleren Altersgruppen erlitten hatte. Symbolhaft für die Abkehr von konservativen Positionen standen die Einführung des Elterngeldes, die Forderung nach einer gesetzlichen Frauenquote in Unternehmen sowie die Anerkennung der bis dahin verfemten gleichgeschlechtlichen Lebenspartnerschaften. Als letztere 2017 zur förmlichen Ehe aufgewertet wurden, gab die CDU auch hier ihren Widerstand auf. Ähnlich wie bei Schröders Agenda 2010 wurde der Modernisierungskurs nur zum Teil programmatisch begleitet. Wichtige Reformschritte fanden als abrupte Neuausrichtung des Regierungshandelns statt, was die Anhängerschaft naturgemäß irritierte. Neben der Aussetzung der Wehrpflicht galt das vor allem für den Ausstieg aus der Kernenergie, die bis zum Reaktorunfall von Fukushima zum festen Markenkern der CDU gehört hatte und deren Wirtschaftsfreundlichkeit untermauern sollte. Weil er die Mobilisierungsfähigkeit der politischen Gegner – insbesondere der mit regierenden Sozialdemokraten – noch stärker einschränkte als er die eigenen Wähler entfremdete, war dieser Kurs der Mitte bis 2013 freilich äußerst erfolgreich. Lagen die Unionsparteien 2009 knapp elf Prozentpunkte vor der SPD, waren es vier Jahre später sogar über 15 Prozentpunkte.

Die Wende kam mit der Eurokrise. Hätte Merkel nach ihrem triumphalen Wahlergebnis 2013 alleine eine Regierung bilden oder zusammen mit der FDP weiter regieren können, wäre sie wahrscheinlich vorzeitig gescheitert. Nachdem 2011 ein Mitgliederentscheid in der FDP gegen die Eurorettungspolitik knapp die Mehrheit verfehlte, versagten bei der Abstimmung über das Griechenland-Paket 2015 mehr als 60 Unionsabgeordnete der Kanzlerin die Gefolgschaft. Damit hatte sich das Gelegenheitsfenster für eine neue Partei rechts von der Union geöffnet, die in der Folge auch in der Gesellschafts-, Familien- und Zuwanderungspolitik konservative Positionen (wieder)besetzte.

Ob die AfD ohne das »Geschenk der Flüchtlinge« (Alexander Gauland) zu der festen Größe hätte werden können, die sie heute im Parteiensystem darstellt, lässt sich nicht sicher sagen. Gewiss ist, dass die sich ab 2015 zuspitzende Migrationskrise ihre Etablierung gewaltig beschleunigte. Wenn manche Unionspolitiker ihre Wähler und Mitglieder heute glauben machen wollen, sie könnten die AfD halbieren oder sogar ganz zum Verschwinden bringen, ist das nicht mehr als Wunschdenken. Wie die Erfahrungen aus anderen europäischen Ländern zeigen, lassen sich die Populisten weder durch eine Strategie der Dethematisierung zurückdrängen, noch dadurch, dass man ihre Themen und Positionen übernimmt. Die Union wird den Parteienwettbewerb künftig also nach zwei Seiten hin – zur Mitte und nach rechtsaußen – führen müssen und damit strategisch und programmatisch vor derselben Herausforderung stehen wie die SPD im Mitte-Links-Lager.

Zwei bedeutende Unterschiede bleiben. Die AfD trägt dazu bei, dass die Union ihre strategische Mehrheitsfähigkeit im Parteiensystem behält und gegen sie nicht regiert werden kann. Weil die Rechtspopulisten ihre Wähler zu etwa gleichen Teilen aus dem bürgerlichen und linken Lager abziehen (mit Ausnahme der Grünen), verschieben sich die Kräfteverhältnisse im Parteiensystem insgesamt nach rechts. CDU und CSU können deshalb davon ausgehen, dass sie mit hoher Wahrscheinlichkeit stärkste Partei bleiben – sei es wie bisher vor der SPD oder vor den Grünen. Andererseits wird die Wahrscheinlichkeit kleiner, dass sie eine Regierungsmehrheit innerhalb des eigenen Lagers erreichen, also allein zusammen mit der FDP. In Koalitionen mit der SPD und den Grünen zu einem ideologisch gemäßigten Kurs gezwungen, dürfte es der Union jedoch schwer fallen, ihr nationales und konservatives Profil in der Auseinandersetzung mit der AfD zu schärfen. Entkommen könnte sie dieser Falle nur durch eine Zusammenarbeit mit den Rechtspopulisten, die sich aus den besagten politisch-kulturellen Gründen verbietet.

Die oder der künftige Vorsitzende ist um die daraus resultierenden Gratwanderungen nicht zu beneiden. Dies gilt zumal, als sie oder er sich zumindest vorübergehend in einer für die CDU ungewohnten Struktur der Macht- und Ämterteilung bewegen muss. Die Klärung der Führungsfrage hat maßgebliche Bedeutung für der Fortbestand der mühsam geschmiedeten Koalition mit den Sozialdemokraten. Wenn diese scheitert und es bereits im kommenden Jahr zu Neuwahlen kommt, dürften auch auf die Noch-Volkspartei CDU schwere Zeiten zukommen.

Der Freitag vom 6. Dezember 2018, S. 3.

Auf dem Weg in die Kenia-Republik

(mit Fedor Ruhose)

Zu den Ironien der Entwicklung des bundesdeutschen Parteiensystems gehört, dass dieses durch die Etablierung der AfD am rechten Rand einerseits deutlich polarisierter geworden ist, die Polarisierung aber keinen Niederschlag in der Koalitions- und Regierungsbildung findet. Im Gegenteil: Weil die AfD von keiner Partei als möglicher Koalitionspartner betrachtet wird, gestatten die Mehrheitsverhältnisse im Bund und den meisten Ländern heute nur noch ausnahmsweise »lagerinterne« Koalitionen. So ermöglichen linke Mehrheiten allein in den drei Stadtstaaten das Zustandekommen rot-grüner oder rot-rot-grüner Bündnisse, während mit Bayern und Nordrhein-Westfalen ganze zwei Flächenländer verblieben sind, in denen rein »bürgerliche« Regierungen amtieren. In allen anderen Ländern und im Bund sind Union und/oder FDP gezwungen, über die Lagergrenzen hinweg mit der SPD und/oder den Grünen zu regieren – und umgekehrt. In Westdeutschland hat sich dabei neben der klassischen eine zweite Variante der Großen Koalition von Union und Grünen herausgebildet, nachdem die letztgenannten in Hessen und Baden-Württemberg zur zweitstärksten beziehungsweise sogar stärksten Kraft aufgestiegen sind. In Ostdeutschland scheint wiederum das Kenia-Bündnis von Union, SPD und Grünen zur neuen Standardformation zu avancieren. Weil CDU und SPD hier zusammen nicht mehr in der Lage sind, eine regierungsfähige Mehrheit hinter sich zu bringen und die FDP als parlamentarische Kraft zu schwach bleibt oder ganz ausfällt, müssen die Grünen als Partner zusätzlich mit ins Boot. In Thüringen war nach der Landtagswahl noch nicht einmal das möglich. Hier gab es zum ersten Mal bei einer Landtagswahl das Szenario einer »negativen« Mehrheit (von Linken und AfD), das eine normale Regierungsbildung vollends vereitelte.

Thüringen stellt aufgrund der dortigen Stärke der Linken zweifellos einen Sonderfall dar. Doch auch bei einer positiven Mehrheit von untereinander koalitionsbereiten Parteien bleibt der durch das Erstarken der

AfD vorgezeichnete Weg in die Kenia-Republik aus demokratischer Sicht prekär. Einerseits entsprechen solche Bündnisse nur bedingt dem Wählerwillen. Die Regierungen rücken mit ihnen nach links, obwohl sich die parlamentarischen Kräfteverhältnisse bei den zurückliegenden Wahlen in den betroffenen Ländern nach rechts verschoben haben. Das stellt insbesondere für die CDU ein Problem dar, für die es dadurch noch schwerer wird, politisches Terrain von der AfD zurückzuerobern. Andererseits leiden die Keniakoalitionen unter ihrer Überdehnung. Als »Konsensmaschinen« nivellieren sie das inhaltliche Profil der beteiligten Partner bis zur Unkenntlichkeit. Die Kompromisse zwischen deren widerstreitenden Positionen verbleiben häufig auf dem kleinsten gemeinsamen Nenner und führen so zu politischem Stillstand. Selbst wenn es Erfolge gibt, werden sie durch das wechselseitige Misstrauen der Parteien zunichte gemacht, das diese vor der Öffentlichkeit gar nicht erst zu verbergen suchen und dort das Bild einer permanenten Streitkoalition erzeugen. Die Folge ist ein allgemeiner Vertrauensverlust in die Politik, der kurz- und mittelfristig zumindest in Ostdeutschland zu einem noch weiteren Erstarken der AfD führen könnte.

Was also tun? Das Irrlichtern der Thüringer CDU, die noch am Wahlabend Signale in Richtung einer Zusammenarbeit mit Bodo Ramelows Linken ausgesandt hatte, sich dann aber dazu verleiten ließ, die Wahl des FDP-Politikers Thomas Kemmerich zum neuen Ministerpräsidenten mit ihren eigenen Stimmen und denen der AfD zu ermöglichen, dokumentiert den tiefen Riss, der in der Frage des Umgangs mit den Rechtspopulisten vor allem durch die ostdeutschen Landesverbände der CDU geht. Während die einen die Partei für eine Zusammenarbeit für die AfD öffnen möchten, halten die anderen an der strikten Abgrenzung gegenüber der immer extremistischer auftretenden Konkurrenz fest. Das Problem in Thüringen lag darin, dass diese Abgrenzung im Gegenzug eine Annäherung an die Linke erfordert hätte, um die Unregierbarkeit des Landes und rasche Neuwahlen zu vermeiden. Indem die CDU-Bundesspitze entsprechende Überlegungen innerhalb des Landesverbandes unter Verweis auf das »Äquidistanzgebot« gegenüber AfD und Linken bereits am Tag nach der Wahl brüsk zurückwies, erwies sie ihren Thüringer Parteifreunden einen Bärendienst. Auch im Konrad-Adenauer-Haus gab und gibt es offensichtlich keine Strategie, wie man mit den sich verändernden Macht- und Mehrheitsverhältnissen im neuen Sechsparteiensystem umgehen soll.

Auch der jetzt eingeschlagene Weg von Neuwahlen wird die CDU wieder vor die gleichen Fragen stellen – bei gleichzeitig deutlich geschrumpften Stimmenanteilen.

Wie könnte eine solche Strategie aussehen? Wenn eine Zusammenarbeit mit der Rechtspopulisten nicht gangbar, der Weg in die Kenia-Republik also zumindest im Osten unvermeidlich ist, gilt es nach Möglichkeiten des flexibleren Regierens zu suchen, die die Starrheit der bisherigen Koalitionsregime ein Stückweit auflösen. Über folgende Punkte könnte dabei im Einzelnen nachgedacht werden:

Minderheitsregierungen. Minderheitsregierungen brechen den für parlamentarische Regierungssysteme charakteristischen Gleichklang von exekutiven und legislativen Koalitionen auf. Weil die Regierungsparteien über keine eigene Mehrheit im Parlament verfügen, sind sie auf die Duldung oder Stützung mindestens einer weiteren Partei angewiesen, die die Bestellung der Regierung ermöglicht und diese im Amt hält (indem sie auf die Einbringung oder Unterstützung eines Misstrauensvotums verzichtet). Minderheitsregierungen können, sie müssen aber nicht auf fest verabredeten Abstimmungskoalitionen in allen Bereichen der Gesetzgebung beruhen. Wenn die duldende Partei nicht bereit ist, die Regierung in bestimmten, für sie sensiblen Bereichen zu unterstützen, könnte sie jedoch akzeptieren, dass sich die Regierung die Unterstützung dann bei anderen Parteien besorgt. Regiert würde mithin mit wechselnden Mehrheiten.

Die jahrzehntelange Gewöhnung an stabile Mehrheitsregierungen hat dazu geführt, dass Minderheitskabinette als vermeintlicher Hort der Instabilität in der Bundesrepublik bis heute verpönt sind. Dabei stehen die Verfassungen ihnen keineswegs im Wege, im Gegenteil: In der Kombination von möglicher Regierungswahl mit lediglich relativer Mehrheit und der hohen Abwahlhürde des konstruktiven Misstrauensvotums sind diese in den meisten Fällen sogar ausgesprochen minderheitenregierungsfreundlich. Die in der Hälfte der 16 Länderverfassungen nachträglich eingefügten »Oppositionsklauseln« müssen von dieser Feststellung allerdings ausgenommen werden. Indem sie die Opposition als denjenigen Teil des Parlaments definieren, der die Regierung nicht »stützt« beziehungsweise »trägt« und deren Aufgabe darin besteht, eine »Alternative zur Regierung« zu bilden, orientieren sie sich einseitig am Mehrheits- und Alternierungsprinzip und können abweichende Formate wie Minderheitsregierungen oder Große Koalitionen nicht einfangen.

Das größte Hindernis für die Bildung von Minderheitsregierungen liegt in Deutschland freilich weniger in den verfassungsrechtlichen Bestimmungen als in den Strukturen des Parteiensystems. Wie der internationale Vergleich zeigt, eignen sich Minderheitsregierungen tendenziell besser für Bündnisse innerhalb eines politischen Lagers als für Bündnisse über die Lagergrenzen hinweg, wobei die Rolle des duldenden oder stützenden Partners in der Regel von der ideologischen Randpartei übernommen wird. In den skandinavischen Ländern waren lagerinterne Tolerierungen oder Stützungen lange Zeit die Regel, ein weiterer, aktueller Fall ist die sozialistische Minderheitsregierung Portugals. Auch die beiden prominentesten Beispiele auf der deutschen Länderebene – die Minderheitsregierung in Sachsen-Anhalt, die zwischen 1994 und 2002 sogar zwei Wahlperioden hielt, und die von 2010 bis 2012 amtierende Minderheitsregierung in Nordrhein-Westfalen – entsprechen diesem Typus, der durch die nachfolgende Entwicklung des Parteiensystems aber zunehmend obsolet geworden ist. Denn während auf der rechten Seite eine Zusammenarbeit mit der AfD bis auf Weiteres Tabu bleibt, wird die Linke im rot-rot-grünen Lager mittlerweile als vollwertiger Koalitionspartner akzeptiert – auch im Westen. Die heute diskutierten Szenarien von Minderheitsregierungen sind entsprechend lagerexterner Natur. So wurde nach der Bundestagswahl 2017 beispielsweise die Möglichkeit einer Unionsalleinregierung oder schwarz-gelben Koalition erwogen, die von der SPD unterstützt wird. Umgekehrt sollen sich Union und FDP in Thüringen jetzt zur Duldung einer von der Linken angeführten rot-rot-grünen Minderheitsregierung bereithalten. Dass solche externen Bündnisse zu größerer Instabilität neigen als die internen, liegt aufgrund der programmatischen Differenzen zwischen den beteiligten Partnern auf der Hand. Dies gilt umso mehr, als die oben beschriebene Ausweichmöglichkeit auf andere Mehrheiten, wie sie in Österreich zwischen Christdemokraten und Grünen sogar im Rahmen einer förmlichen Koalition vereinbart worden ist, in der Bundesrepublik durch die Segmentierung des Parteiensystems im rechten Lager versperrt bleibt.

Regierungsauftrag und -führung. Im parlamentarischen System fällt die Führung der Regierung, wie man weiß, nicht automatisch der Partei zu, die aus den Wahlen als stärkste Kraft hervorgegangen ist, da eine Mehrheit anderer Parteien theoretisch auch gegen diese gebildet werden kann. Dies war auf der Länderebene 2011 zum Beispiel in Baden-Württemberg der Fall, wo die Grünen als zweitstärkste Partei deutlich (um fast 15 Prozentpunkte) gegenüber der CDU zurücklagen, aber dennoch zusammen mit der SPD die neue Regierung stellten. Weitgehend unumstritten war demgegenüber bisher das Prinzip, dass der stärksten Partei innerhalb einer Koalition die Führung zusteht, sie also das Amt des Regierungschefs besetzen darf. Durch die Pluralisierung und Fragmentierung des Parteiensystems gerät auch diese Gesetzmäßigkeit ins Wanken. Denn werden in den Ländern und auf Bundesebene anstelle der lange Zeit üblichen Zweierkoalitionen Dreier- oder sogar Viererbündnisse die Regel, könnte innerhalb einer solchen Konstellation durchaus die Situation auftreten, dass eine Mehrheit der kleineren Parteien einen ihrer Kandidaten dem Anführer der stärksten Partei als Regierungschef vorzieht. Dies wäre zum Beispiel der Fall, wenn in einem Kenia-Bündnis SPD und Grüne als »Juniorpartner« zusammen genommen mehr Mandate erhielten als die CDU. Warum sollte letztere dann automatisch den Ministerpräsidenten stellen?

Aus Sicht der Wählerinnen und Wähler bleibt wichtig, dass die potenziellen Anwärter für die Spitzenämter bei der Wahl bekannt sind und im Falle einer Regierungsbildung tatsächlich zum Zuge kommen. Die im parlamentarischen System mögliche und leider immer häufiger vorkommende Praxis, dass Spitzenkandidaten unmittelbar nach der Wahl von sich aus zurücktreten (wie zuletzt in Bremen) oder von der eigenen Partei »geopfert« werden, um eine andere Partei für eine Koalition oder ein Tolerierungsbündnis zu gewinnen, wie es CDU und FDP in Thüringen von Bodo Ramelow und der Linken gefordert haben, stellt eine Missachtung des demokratischen Wählerwillens dar. Dasselbe gilt, wenn die Parteien ihre Koalitionsabsichten vor einer Wahl verborgen halten oder getroffene Koalitionsaussagen nach der Wahl brechen. Die schwieriger werdenden Mehrheitsverhältnisse zwingen sie zwar, gegebenenfalls notwendige Bündnisse mit ungeliebten Partnern nicht von vornherein auszuschließen. Dennoch sollten sie klar benennen, wo ihre Präferenzen liegen. Dafür gibt es auch Wege jenseits starrer Koalitionsaussagen der Parteien vor den Wahlen.

Mehr Ressortautonomie zur Stärkung programmatischer Kerne. Die Häufung von lagerübergreifenden Koalitionen mit drei oder mehr Partnern lässt sich an der zunehmenden Dauer der Koalitionsverhandlungen (einschließlich der ihnen vorangehenden Sondierungen) und den immer umfangreicher werdenden Koalitionsverträgen ablesen. Selbst in den Ländern umfassen diese heute nicht selten mehr als hundert Seiten, auf denen das Regierungsprogramm bis ins letzte Detail aufgelistet wird. Noch problematischer als die Länge selbst ist dabei die Neigung der Parteien, die anstehenden Fragen über sämtliche Politikbereiche hinweg in kleinteiligen Kompromissen aufzulösen. Aus einer an den Bedürfnissen der Exekutiven orientierten Sicht lässt sich ein solches Verfahren nachvollziehen, mit Blick auf die Situation des Parteiensystems sind seine Folgen allerdings zunehmend prekär. Eine programmatische Profilierung der einzelnen Partner fällt unter diesen Bedingungen nämlich schwer. Man arbeitet die im Koalitionsvertrag vereinbarten Vorhaben brav ab, statt sie im Laufe der Wahlperiode im einzelnen auszuverhandeln und über sie auch öffentlich zu streiten. Die Tendenz der Parteien, bevorzugt diejenigen Ressorts zu besetzen, die ihren programmatischen Markenkern am besten widerspiegeln, nutzt ihnen ebenfalls wenig, wenn ihr Gestaltungsspielraum in diesen Ressorts durch die Koalitionsverträge stark eingeschränkt wird.

Notwendig und sinnvoll wäre es also, die Koalitionsverträge auf die Vereinbarung grundlegender Vorhaben zurückzuführen und deren konkrete Ausverhandlung und Umsetzung Kabinett, Koalitionsrunden und den einzelnen Ministerien zu überlassen. Deren Autonomie könnte zum einen förmlich gestärkt werden (was auf der Bundesebene eine partielle Entmachtung des in die Ressorts immer stärker hineinregierenden Kanzleramts erfordern würde). Zum anderen müssten die Parteien von der heutigen Praxis der kleinteiligen Kompromisse abrücken und ihren Partnern auf den Feldern, die für ihre eigene Identität wichtig sind, größere Handlungsspielräume zugestehen. Wie so etwas funktionieren kann, zeigt beispielhaft die Auseinandersetzung um die Grundrente im letzten Jahr, bei der es der SPD gelang, ihr sozialpolitisches Profil zu schärfen und sich von den engen Fesseln des Koalitionsvertrags zu befreien.

Regierungssystem und Regierungswahl. In einem Fernsehinterview hat Bodo Ramelow seinem Frust über die Abwahl mit der wahrscheinlich etwas unbedachten Äußerung Luft gemacht, man müsste den Ministerpräsidenten eigentlich direkt wählen. Das ist nicht ohne Ironie, war Thüringen nach der Wende doch das einzige der neuen Bundesländer gewesen, das im Zuge der Verfassungsgebung die Einführung der Direktwahl zumindest erwogen hatte, was später jedoch rasch verworfen wurde. Tatsächlich wäre ein Präsidialsystem die konsequenteste und eleganteste

Möglichkeit, die Koalitionsbildung zu flexibilisieren. Dies beweisen auch die Erfahrungen auf der kommunalen Ebene, wo die bis dahin nur in Bayern und Baden-Württemberg vorgesehene Direktwahl der Bürgermeister seit den 1990er Jahren in allen Ländern eingeführt wurde. Auf der staatlichen Ebene ist die parlamentarische Regierungsform aber heute selbst in den Stadtstaaten so fest verankert, dass eine Reform bis auf weiteres utopisch erscheint.

Jenseits oder unterhalb einer solchen großen Reform erscheinen Änderungen jedoch in mindestens zwei Bereichen geboten. Erstens wäre zu überlegen, ob man in den Verfassungen nicht regeln müsste, dass eine Wahl des Ministerpräsidenten zu Beginn der Legislaturperiode zwingend stattzufinden hat. Die wie ein Vorwurf klingende Empfehlung von Union und FDP, Ramelow hätte doch als geschäftsführender Ministerpräsident einfach im Amt bleiben sollen, statt sich dem Wagnis der Wiederwahl zu stellen, zeugt von einem wenig ausgeprägten Demokratieverständnis. Wenn analog zur Konstituierung der neuen gewählten Parlamente auch für die Regierungsbildung eine bestimmte Frist gesetzt wird (die das Grundgesetz und die Hälfte der Länderverfassungen bisher nicht vorsehen), ließe sich auch das zeitliche Ausufern der Sondierungs- und Koalitionsverhandlungen begrenzen. Und zweitens wäre es an der Zeit, mit der kaum hinterfragten Vorschrift Schluss zu machen, die Regierungschefs in den Parlamenten in geheimer Abstimmung zu wählen. Dies stellt ebenfalls einen Verstoß gegen demokratische Prinzipien dar und kann weder mit dem Schutz des freien Mandates noch mit dem besonderen Charakter von Personenabstimmungen (im Unterschied zu Sachabstimmungen) gerechtfertigt werden. In Thüringen wäre dafür eine – vermutlich schwer zu erreichende – Verfassungsänderung erforderlich, in anderen Ländern und im Bund bräuchte man nur die entsprechende Bestimmung in der Geschäftsordnung zu korrigieren.

Kanzlerwahlverein 2.0

2021 steht der Bundesrepublik die spannendste Wahlauseinandersetzung seit 2005 bevor. Nicht nur, dass ein Jahr vor der Wahl noch völlig offen ist, wer Angela Merkel nach 16 Jahren im Kanzleramt beerbt. Auch der Anspruch von CDU und CSU auf die Regierungsführung ist keineswegs garantiert. Orientiert man sich an den derzeitigen Umfragen und scheidet man die Fortsetzung der bisherigen Koalition als unrealistisch aus, bleiben als rechnerisch mögliche und politisch gangbare Bündnisse Schwarz-Grün, Jamaika, die Ampel oder Rot-Rot-Grün. Das einzige, was sich verlässlich prognostizieren lässt, ist mithin eine Regierungsbeteiligung der Grünen.

Hatte es 2013 bereits Sondierungen zwischen Union und Grünen gegeben, so wurde das fast sicher geglaubte Jamaika-Bündnis vier Jahre später von der FDP kurz vor Toresschluss zu Fall gebracht. Dass eine Rückkehr der Grünen in die Regierung nach zwölf Jahren eigentlich angezeigt gewesen wäre, beweist die seither eingetretene Entwicklung in den Ländern, wo sie die Zahl ihrer Regierungsbeteiligungen kontinuierlich auf mittlerweile elf hochschrauben konnten. In Baden-Württemberg stellen sie seit 2011 sogar den Ministerpräsidenten.

Diese geballte Stärke ist nicht primär den Wahlergebnissen der Grünen geschuldet, sondern stellt eine Folge ihrer koalitionspolitischen Öffnung in Richtung Union und FDP seit Mitte der 2000er Jahre dar. Die Grünen nehmen damit im heutigen Parteiensystem dieselbe Scharnierfunktion zwischen den linken und »bürgerlichen« Parteien ein, die bis zu Beginn der 1980er Jahre die FDP ausgeübt hatte. Auf der Länderebene koalieren sie zurzeit achtmal mit der SPD, sechsmal mit der CDU, dreimal mit der Linken und zweimal mit der FDP.

Vor diesem Hintergrund scheint es verständlich, wenn sich die Grünen zum Hauptgegner jedweder »Ausschließeritis« stilisieren – der Begriff geht nicht von ungefähr auf einen ihrer erfolgreichsten Landespolitiker, den Hessen Tarek Al-Wazir, zurück. »Ausschließeritis« meint aber etwas anderes als die Vermeidung koalitionspolitischer Festlegungen vor einer Wahl. Diese mag zwar aus strategischen Gründen geboten sein, um Teile der Parteibasis und Wählerschaft nicht zu verprellen. Sie verbietet sich jedoch aus demokratischer Sicht. Denn der »Souverän« hat ein Recht zu erfahren, ob er mit einer Stimme für die Grünen eher Olaf Scholz oder dem noch zu kürenden Kandidaten der Unionsparteien zur Kanzlerschaft verhelfen würde.

Seit der frühzeitigen Nominierung von Scholz zum SPD-Kanzlerkandidaten wird über die Möglichkeit einer rot-rot-grünen Koalition munter spekuliert. Dass sich deren Vorzeichen arithmetisch verbessert haben, hängt nicht zuletzt mit dem Höhenflug der Grünen zusammen, denen es seit 2018 gelungen ist, immer stärkere Schneisen in das Unionswählerlager zu schlagen. Ursächlich dafür waren und sind zum einen der von den Fridays for Future-Protesten begleitete Aufstieg des Klimaschutzes zum wichtigsten innenpolitischen Thema, zum anderen die überzeugende Neuaufstellung an der Parteispitze mit Robert Habeck und Annalena Baerbock sowie der Oppositionseffekt aufgrund der miserablen »Performance« der Regierungsparteien.

Mit der Corona-Krise haben sich die Kräfteverhältnisse verschoben. Während die trotz neuer Parteispitze weiter unter ihrem Führungsvakuum leidende SPD stagniert, ist die Union in den Umfragen regelrecht nach oben katapultiert worden. Die Grünen verlieren unterdessen an Zustimmung, behaupten sich aber vor der SPD als zweite Kraft. Was folgt daraus für das Wahljahr? Zumindest was SPD und Union betrifft, ist zweifelhaft, ob die Werte mehr als nur eine Momentaufnahme darstellen. Kann sich die SPD mit Scholz Hoffnung machen, wieder an Boden zu gewinnen, so bleiben die Folgen des Abgangs von Angela Merkel für CDU und CSU unabsehbar. Darüber hinaus ist nicht auszuschließen, dass sich die politische Agenda im Wahljahr coronabedingt verschiebt und Verteilungsfragen an Bedeutung gewinnen. Auch das Klimaschutzthema dürfte trotz oder vielleicht sogar wegen der Krise seine Relevanz behalten.

Wem würden die Grünen, wenn sie die Wahl hätten, als Regierungspartner den Vorzug geben? Habeck und Baerbock werden Sympathien für ein schwarz-grünes Bündnis unterstellt. Machtstrategisch ist das nachvollziehbar, wäre es doch die weniger riskante Option. An der Seite der Union könnten sich die Grünen als dynamischer Teil der Regierung inszenieren. Gleichzeitig bräuchte ihre überwiegend gut situierte Wählerklientel nicht zu fürchten, dass die Veränderungen – etwa beim ökologischen Strukturwandel – zu weit gehen. Schwarz-Grün ist allerdings kein Selbstläufer. Dagegen stehen große Teile der Parteibasis und grünen Wählerschaft.

Tatsächlich sind die inhaltlichen Schnittmengen der Grünen mit SPD und Linken beim Klimaschutz und den damit verknüpften sozialen Fragen breiter als mit der Union. Dasselbe gilt für die Flüchtlingspolitik. Als schwerster Stolperstein dürfte sich die Außenpolitik erweisen, wo besonders zur Linken kaum überbrückbare Meinungsunterschiede bestehen.

Anders als an der Seite der Union hätten die Grünen in einem rot-rot-grünen Bündnis zudem die Chance, selbst den Kanzler oder die Kanzlerin zu stellen. Würden sie sich stattdessen mit der Rolle des Juniorpartners begnügen? Auch wenn sie hinter der SPD nur auf Platz zwei landen, könnte es vonseiten der Koalitionspartner und aus den eigenen Reihen Druck geben, sich der Bildung einer Regierung ohne die Union allein aus Gründen des demokratischen Wechsels nicht zu verweigern.

Bleibt die leidige Frage der Kanzlerkandidatur. Nach der Parteilogik der Grünen müsste Habeck der Ko-Vorsitzenden Baerbock eigentlich den Vortritt lassen. Ausschlaggebend sein dürfte am Ende aber eher die Wählerlogik, also wer bei der Bundestagswahl das größere Zugpferd wäre. Hier spricht im Moment noch mehr für Habeck. Anders als die SPD sind die Grünen gut beraten, die Personalie so lange offen zu lassen, wie die Umfragen sie in der Nähe oder über der 20-Prozent-Marke verorten. Weil die Wahl zwischen Habeck und Baerbock keine parteiinterne Richtungsentscheidung darstellt, sollte ihnen das nicht allzu schwerfallen.

Berliner Morgenpost / Der Hauptstadtbrief am Sonntag vom 23. August 2020.

Renaissance des Sozialliberalismus?

Die letzten drei Jahre sind für die Freien Demokraten nicht sonderlich gut gelaufen. Als einzige der sechs im Bundestag vertretenen Parteien müssen sie um ihren Wiedereinzug im kommenden Jahr bangen. Wenn sie ihn schaffen, wovon auszugehen ist, könnte das weniger ihrer eigenen Stärke zu danken sein als ihrer angestammten Rolle als Mehrheitsbeschaffer. Durch diese kann sie mit koalitionspolitisch motivierten Stützstimmen von Anhängern anderer Parteien rechnen, um das unschöne Wort »Leihstimmen« zu vermeiden.

Die FDP ist nicht die einzige Partei, die sich zu Zeit in der Krise befindet. In der Union ist ungeklärt, wer Angela Merkel in ihren beiden Ämtern nachfolgen soll, die SPD kommt aus ihrem Dauertief nicht heraus, die Linken treten elektoral und innerparteilich auf der Stelle und der AfD könnte mit der Zuspitzung des parteiinternen Machtkampfs eine neue, möglicherweise existenzbedrohende Spaltung bevorstehen. Der große und einzige Gewinner der Entwicklung der letzten Jahre sind die Grünen, die sich seit September 2018 dauerhaft vor die Sozialdemokraten auf Platz zwei im Parteiensystem gesetzt haben.

War die FDP bei der Bundestagswahl 2017 mit Prozent noch zwei Plätze vor den Grünen ins Ziel gelaufen, die sich mit Prozent begnügen mussten, so sahen die Umfragen die Grünen auch während der Corona-Krise stabil im Bereich von 20 Prozent. Die Liberalen näherten sich unterdessen der bedrohlichen Fünfprozentmarke. Wie konnte es zu dieser Kräfteverschiebung kommen? Was die Grünen betrifft, liegt der Hauptgrund für ihren Aufstieg zweifellos m Bedeutungsgewinn des Klimaschutzthemas. Die Partei profitierte aber auch davon, dass sie sich nach der Bundestagswahl 2017 glaubhaft für das Zustandekommen einer Jamaika-Koalition engagiert hatten, während die FDP vor einer erneuten Regierungsbeteiligung zurückschreckte. Dies hinterließ bei vielen an der Parteibasis und in der Wählerschaft Enttäuschung.

In der Politikwissenschaft unterscheidet man gemeinhin vier Ziele, die die Parteien gleichzeitig, aber in unterschiedlicher Akzentuierung verfolgen. Sie möchten Wählerstimmen gewinnen (*vote*), Ämter besetzen (*office*), ihre politischen Inhalte durchsetzen (*policy*) und die eigene Identität bewahren (*identity*). Für den Ausstieg aus den Koalitionsverhandlungen waren aus Christian Lindners Sicht offenbar vor allem das erste und das letzte Ziel leitend. Seine Sorge war, dass die Partei für die unzureichende Behauptung eigener Positionen – was er als »schlechtes Regieren« bezeichnete –, bei den folgenden Wahlen abgestraft werden würde.

Dem Parteivorsitzenden standen dabei natürlich die schlechten Erfahrungen vor Augen, die die FDP zwischen 2009 und 2013 in der vermeintlichen Wunschkoalition mit den Unionsparteien gemacht hatte. Diese waren größtenteils selbstverschuldet, weil man die eigenen Kernforderungen, für die ja ein überzeugendes Wählermandat vorlag, nicht durchsetzen konnte oder wollte. Ämterstreben war der Partei damals also wichtiger als politische Gestaltung und das Wahren der eigenen Identität. Dass CDU und CSU hier kräftig mithalfen, indem sie der FDP entsprechende Zugeständnisse verweigerten und ihrem Untergang am Ende der Legislaturperiode mitleidlos zusahen, steht auf einem anderen Blatt. Aus koalitionspolitischer Sicht gibt dieses Verhalten Rätsel auf, weil es zur Entfremdung der beiden Partner beigetragen hat. In der FDP wirken diese Erinnerungen bis heute nach.

Bei ihrer programmatischen Entwicklung müssen Parteien auf die eigenen Mitglieder Rücksicht nehmen, wenn sie ihre Identität wahren, und auf ihre potenziellen Wähler, wenn sie ihre Stimmenziele erreichen wollen. Weil sich die Mitglieder- und Wählerbasis im Zeitverlauf nur allmählich verändert, sind abrupte Positions- und Richtungswechsel deshalb weder ratsam noch wahrscheinlich. Mehr als andere Parteien in der Bundesrepublik weiß die FDP ein Lied davon zu singen. Der Verweis auf das doppelte Trauma von 1969 und 1982 darf aber nicht übersehen, dass die damaligen Richtungswechsel, die gleichbedeutend mit dem Umstieg in ein anderes Regierungsbündnis waren, unter ganz anderen Vorzeichen des Parteienwettbewerbs stattfanden. Die Rolle des koalitionspolitischen Scharniers, welche die FDP im Zweieinhalbparteiensystem ausübte, war für sie unter *office*- und *policy*-Gesichtspunkten lukrativ, stellte unter *vote*- und *identity*-Gesichtspunkten jedoch zugleich eine Bürde dar. Insofern kann sie es mit einem lachenden und weinenden Auge betrachten, wenn sie diese Rolle im gegenwärtigen Parteiensystem weitgehend an die Grünen verloren hat.

Programmatisch-inhaltlich verbinden sich in der heutigen FDP in unterschiedlicher Gemengelage drei Richtungen, die zugleich den gesamten

Liberalismus kennzeichnen, eine sozialliberale, eine wirtschaftsliberale und eine liberal-konservative. Die sozialliberale Richtung, die in den Freiburger Thesen von 1971 programmatisch ausbuchstabiert wurde, nimmt vor allem die akademisch gebildeten, den sogenannten »neuen Mittelschichten« zugehörigen Wähler in den Blick, die auch den Grünen zuneigen. Sie legt einerseits einen starken Akzent auf die Bürgerrechte und gesellschaftspolitisch progressive Positionen (auch in der Gleichstellungspolitik), und steht andererseits Forderungen nach Regulierung und Umverteilung nicht generell ablehnend gegenüber. Ihr Mantra ist die Chancengleichheit, die auch in materieller Hinsicht verwirklicht werden müsse. »Die entscheidende Frage für die Liberalität einer Gesellschaft ist, ob Aufstieg möglich ist«, so hat Johannes Vogel, der Generalsekretär der NRW-FDP das Credo des heutigen Sozialliberalismus umschrieben. Parteiintern wird dies zum Teil als »Säuselliberalismus« abgetan.

Die wirtschaftsliberale Richtung, die in den Wiesbadener Grundsätzen von 1997 dominiert, sieht die Partei vor allem als Wahrerin der Interessen des »alten Mittelstandes«, das heißt von Selbstständigen, Handwerkern, Angehörigen der freien Berufe sowie der »Leistungseliten«. Sie wendet sich gegen eine »Überforderung« der Wirtschaft durch zu viel staatliche Regulierung und Bürokratie sowie zu hohe Steuer- und Abgabenlasten und propagiert stattdessen »Marktlösungen« und das Prinzip der »Eigenverantwortung«. Die Vertreter dieser Richtung sprechen in Bezug auf diese Forderungen gerne von den »Kernkompetenzen« der FDP, die Kritiker assoziieren sie mit dem Bild einer besitzstandswahrenden »Klientelpartei«.

Die liberal-konservative Richtung tritt für einen »halbierten« Rechtsstaatsliberalismus ein, der vor allem die markt- und eigentumsbezogenen Freiheitsrechte betont, die von den Sozialliberalen befürworteten Gleichstellungsmaßnahmen aber als freiheitsbeschränkend ablehnt. Exemplarisch dafür steht das Thema Quote, die in der FDP – je nach Standpunkt: paradoxer- oder bezeichnenderweise – gerade von den Frauen am kritischsten gesehen wird. In der Zuwanderungspolitik wenden sich die Vertreter dieser Richtung gegen eine zu starke Öffnung, in der Europapolitik gegen eine zu starke Abgabe nationaler Souveränitätsrechte. Damit weisen sie eine gewisse Nähe zum neuen Rechtspopulismus auf. Gleichzeitig können sie auf Anknüpfungspunkte in der FDP-Geschichte verweisen, die vom in den 1950er und 60er Jahren noch weithin dominierenden

Nationalliberalismus bis zum vermeintlichen Versuch einer rechten Neupositionierung der Partei durch Jürgen Möllemann zu Beginn der 2000er Jahre reichen.

Seit der Wende von der sozialliberalen zur christlich-liberalen beziehungsweise – nach heutigem Sprachgebrauch – »schwarz-gelben« Koalition hat der Wirtschaftsliberalismus in der Partei klar die Oberhand gehabt. Der Versuchung, an die nationalliberalen Traditionen anzuschließen und die Programmatik auf der kulturellen Konfliktachse wieder stärker nach rechts zu verschieben, erlag die FDP nicht – sie hätte in der Binnenkonkurrenz mit CDU und CSU auch keinen Sinn ergeben, waren diese doch in den 1980er und 90er Jahren weiterhin in der Lage, den rechten Rand des Parteiensystems verlässlich abzusichern. Anders stellte sich die Situation seit den 2000er Jahren dar. Ob die Entstehung der AfD verhindert worden wäre, wenn sich die FDP in ihrem Mitgliederentscheid 2011 mehrheitlich gegen die Eurorettungsmaßnahmen ausgesprochen hätte – mit 44 zu 54 Prozent scheiterte das Begehren nur knapp –, bleibt eine müßige Spekulation.

Mit Blick auf die eigene Basis und potenzielle Wählerschaft der FDP lag Christian Lindner mit seiner gemäßigt flüchtlingskritischen Linie ab 2015 aber sicher nicht falsch. Zum Beleg lässt sich hier ein Befund aus einer Untersuchung anführen, die wir 2019 für die Friedrich-Ebert-Stiftung zusammen mit Infratest dimap zum Thema »Vertrauen in die Demokratie« gemacht haben. Dort wurde zum Beispiel abgefragt, ob Zuwanderer generell weniger Sozialleistungen erhalten sollten als Einheimische. Dem stimmten unter den FDP-Anhängern immerhin 62 Prozent zu. Das waren zwar deutlich weniger als bei der AfD (86 Prozent), aber mehr als bei der Union (55 Prozent), der SPD (42 Prozent) und der Linken (22 Prozent). Unter den Grünen-Anhängern wurde die Forderung sogar nur von 18 Prozent geteilt, obwohl diese in bezug auf Bildung und Einkommen mit den FDP-Anhängern die größten Schnittmengen aufweisen.

Lindner musste sich in der Migrationskrise den Vorwurf gefallen lassen, die Partei zu einer »AfD light« zu machen. Damit konnte er leben, weil die FDP ihre Distanz zu den Rechtspopulisten glaubhaft bekundete. Umso verstörender war, dass der Vorsitzende im Februar 2020 der mit den Stimmen der AfD erfolgten Wahl Thomas Kemmerichs zum thüringischen Ministerpräsidenten nicht auf Anhieb widersprach. Hatte er seinen inneren Kompass in der Frage verloren? Obwohl Kemmerich schon nach drei Tagen seinen Rücktritt erklärte, sorgte das unentschlossene Auftreten der Parteispitze dafür, dass dieser Eindruck zumindest entstand.

In einem bemerkenswerten Artikel der »Blätter für deutsche und internationale Politik« hat der Philosoph Jürgen Habermas im September 2020 auf die Tragweite der Thüringer Ereignisse hingewiesen. Diese hätten CDU und CSU zu der Einsicht gebracht, ihre bisherige Strategie der »Umarmung« der Rechtspopulisten zu beenden. Habermas sieht darin zugleich eine Ursache für die von Merkel im Zuge der Corona-Krise eingeleitete Kehrtwende der deutschen Europapolitik. Die Aufnahme gemeinschaftlicher Schulden, die man während der Finanz- und Eurokrise stets abgelehnt habe, werde nun zur teilweisen Finanzierung eines 750 Milliarden Euro schweren Aufbaufonds »fast verstohlen« akzeptiert, der gleichzeitig als Vehikel für den Ausbau der Währungs- zu einer Wirtschaftsunion dienen solle. Die aus der Opposition heraus formulierte Kritik an dem Paket blieb auch bei der FDP leise. Dass sie der Wende im Grundsatz zustimmte, kommunizierte sie nur sehr zurückgenommen, weil der Unterscheide zur eigenen früheren Linie ansonsten zu offensichtlich gewesen wäre.

Kann das als Hinweis für eine programmatische Neuorientierung gelesen werden? Seit einiger Zeit mehren sich die Anzeichen, dass die FDP ihren wirtschaftsliberalen Kern auch in anderen Politikfeldern wieder stärker von der linken Seite her anzureichern versucht – durch eine Revitalisierung und Neuformulierung sozialliberaler Positionen. Damit nimmt sie einerseits Veränderungen in ihrer Mitglieder- und Wählerschaft auf, die jünger geworden ist und sich nicht mehr nur die klassische Mittelstandsklientel beschränkt. So ist es der Partei zum Beispiel in Nordrhein-Westfalen gelungen, bei der vergangenen Landtagswahl eine beträchtliche Zahl von früheren SPD-Wählern zu sich herüberzuziehen. Andererseits kann sie durch die Forderung nach einer Erneuerung des Aufstiegsversprechens Leerstellen im Parteienwettbewerb besetzen, die vor allem durch die Vernachlässigung des Bildungsthemas entstanden sind, einschließlich der Digitalisierung.

Wie ernst es der FDP damit ist, muss sich noch erweisen. Denn wer von gerechten Bildungschancen spricht, darf von Verteilung und Umverteilung nicht schweigen. Eine klassische Nagelprobe auf die Glaubwürdigkeit der Liberalen ist das Thema Erbschaften. In unserer Umfrage haben wir danach gefragt, ob es die Leute ungerecht finden, wenn Kinder große Vermögen erben und dadurch bessere Chancen im Leben haben. Dies wurde von den FDP-Anhängern mit 38 Prozent zwar nicht ganz so stark bejaht wie von den Anhängern der drei linken Parteien, aber stärker als von den Anhängern der Union (30 Prozent) und der AfD (14 Prozent). Überraschend fanden wir auch, dass eine klare Mehrheit der FDP-Anhänger, nämlich 61 Prozent, der Forderung nach einer höheren Besteuerung großer Einkommen und Vermögen zustimmt.

Das andere große Thema, bei dem die FDP die möglichen Widersprüche zu ihren wirtschaftsliberalen Kernforderungen innerparteilich aufarbeiten und abklären muss, ist der Klimaschutz. Nach mehr marktwirtschaftlichen Anreizen zu rufen, ergibt keinen Sinn, wenn man entsprechende Instrumente in der Praxis regelmäßig ablehnt – von der Ökosteuer über das Dosenpfand bis zur Citymaut. Selbst die banale Forderung nach einem Tempolimit wird von der FDP als Freiheitsthema aufgebauscht. Wer es mit den Klimazielen ernst meint, sollte nicht über das *Ob* der Regulierung streiten, sondern nur über das *Wie*. Und wenn man – wie es auch die FDP tut – für mehr öffentliche Investitionen auf diesem Feld eintritt, etwa in die Verkehrsinfrastruktur, darf man nicht gleichzeitig großflächige Steuersenkungen verlangen oder eine temporäre Schuldenfinanzierung kategorisch ablehnen.

Wie sich die Corona-Krise auf die programmatische Diskussion in der FDP auswirken wird, bleibt abzuwarten. Auf der einen Seite könnte die durch sie verschärfte Bildungsungleichheit den Bemühungen um eine stärker sozialliberale Ausrichtung weiteren Auftrieb geben, auf der anderen Seite bestärkt sie womöglich eher diejenigen, denen es jetzt vor allem auf eine rasche Gesundung der Wirtschaft ankommt. Die Bestellung des rheinland-pfälzischen Wirtschaftsministers Volker Wissing zum neuen Generalsekretär ist als Zeichen einer Rückbesinnung auf die wirtschaftsliberale Kernkompetenz der Liberalen gedeutet worden. Wenn sich darauf zu sehr verengt, wurde die FDP allerdings ihre alten Fehler wiederholen.

Gegen eine solche Verengung stehen die koalitionspolitischen Signale, die Wissing gleichzeitig aussenden soll. Dieser ist in Rheinland-Pfalz bekanntlich Teil einer funktionierenden Ampelkoalition mit SPD und Grünen, die bei den Wahlen im Frühjahr gute Chancen hat, bestätigt zu werden – wenn auch vermutlich mit einem eher bescheidenen Resultat für die FDP. Auf der Bundesebene hatte die FDP eine Ampel bei den vergangenen Bundestagswahlen stets abgelehnt. Dass sie das jetzt anders sieht, hat einerseits mit ihrem belasteten Verhältnis zur Union, andererseits mit der veränderten Kräfteverhältnissen im Parteiensystem zu tun, die die FDP als Partner einer Jamaika-Koalition womöglich entbehrlich macht. Dennoch (oder umso mehr) steht Christian Lindner nach der verpassten Chance 2017 unter Druck, seine Partei im nächsten Jahr auf jeden Fall in die Regierung zurückzuführen.

Die Öffnung in Richtung SPD erscheint vor diesem Hintergrund folgerichtig, zumal wenn sie durch eine stärkere Betonung sozialliberaler Positionen unterlegt wird. Allein aus demokratiepolitischer Hinsicht würde eine Ampelkoalition Sinn machen, böte sie doch eine Möglichkeit, die Union nach 16 Jahren Kanzlerschaft als führende Regierungspartei abzulösen. Die FDP könnte so ihre alte Scharnierfunktion wieder einnehmen, allerdings mit deutlich geringerem Risiko als 1969 oder 1982.

Vortrag bei den Benrather Gesprächen am 8. Oktober 2020 in Düsseldorf.

Parteienlandschaft in Zeiten von Corona

Die nicht wieder antretende Amtsinhaberin – eine historische Premiere

In der Geschichte spannender Wahlauseinandersetzungen, an denen die Bundesrepublik seit 1949 wahrlich nicht arm war, ragt die bevorstehende Bundestagswahl 2021 schon jetzt durch zwei Besonderheiten hervor. Die erste Besonderheit betrifft die personelle und parteipolitische Ausgangslage. Noch nie zuvor hat ein amtierender Bundeskanzler – in diesem Fall eine Bundeskanzlerin – darauf verzichtet, bei einer Wahl als Kandidat/in erneut anzutreten. Weil das parlamentarische Regierungssystem eine Amtszeitbegrenzung für Regierungschefs nicht vorsieht, finden personelle Wechsel an der Regierungsspitze normalerweise während der Legislaturperiode statt, ohne dass sich an der parteipolitischen Zusammensetzung der Regierung selbst etwas ändert. In der Bundesrepublik war das bisher zwei Mal der Fall – 1963, als Ludwig Erhard Konrad Adenauer im Kanzleramt ablöste, und 1974 beim Übergang von Willy Brandt zu Helmut Schmidt.

Es gehört zu den Gesetzmäßigkeiten von Koalitionsregierungen, dass sich die Parteien bei der personellen Besetzung der ihnen zustehenden Ressorts nicht gegenseitig »hereinreden«. Das galt bisher stets auch für die Regierungsspitze, zumal die Parteien hier ja mit schon vor der Wahl feststehenden Kandidaten auftreten. Insofern war es ein Novum, dass die SPD gleich beim Amtsantritt der von ihr ohnehin nur widerwillig geschlossenen Großen Koalition 2018 signalisierte, sie werde einen potenziellen Nachfolger (oder eine Nachfolgerin) aus den Reihen der CDU für Kanzlerin Angela Merkel während der Wahlperiode nicht mittragen. Da Merkel eine nochmalige Kandidatur 2021 für sich selbst ausgeschlossen hatte, blieb ihr deshalb nichts anderes übrig, als im Amt zu bleiben – was ihr umso leichter zu fallen schien, als sie seit Ende 2018 von der zusätzlichen Last des CDU-Parteivorsitzes befreit war.

Diese Konstellation bringt die Unionsparteien im Wahljahr in eine undankbare, fast unmögliche Situation. Sie muss mit einem neuen

Kandidaten in eine Wahlauseinandersetzung gehen, die gleichzeitig ein Votum über die Regierungsbilanz der ausscheidenden Amtsinhaberin sein wird. Dass es dem Kandidaten unter diesen Bedingungen nur schwer möglich ist, eigene Akzente zu setzen, liegt auf der Hand. Bei einem unumstrittenen Anwärter auf die Nachfolge wäre das vielleicht verschmerzbar gewesen. Merkels Favoritin, die frühere saarländische Ministerpräsidentin Annegret Kramp-Karrenbauer, die seit Dezember 2018 an die Spitze der Partei stand, nachdem sie sich in der Stichwahl auf dem Hamburger Parteitag knapp gegen Friedrich Merz durchgesetzt hatte, konnte die in sie gesetzten Erwartungen jedoch nicht erfüllen. Ihr Scheitern lag auch in der schlecht funktionierenden Machtteilung mit der Kanzlerin begründet, die weiter von ihrem Nimbus zehrte und die Parteivorsitzende in den persönlichen Beliebtheitswerten deutlich überstrahlte.

In dem im Februar eröffneten Ringen um Kramp-Karrenbauers Nachfolge warf Merz seinen Hut erneut den Ring. Außer ihm meldeten Norbert Röttgen, der Vorsitzende des Auswärtigen Ausschusses des Bundestages, und der nordrhein-westfälische Ministerpräsident und Parteivize Armin Laschet ihre Ansprüche an. Laschet gelang dabei ein Coup, indem er mit Gesundheitsminister Jens Spahn, der sich 2018 noch selbst um den Parteivorsitz beworben hatte, einen Exponenten des konservativen CDU-Flügels und Vertreter der jüngeren Generation in seine Kandidatur einband. Auch deshalb wurden ihm von den professionellen Beobachtern die größten Siegchancen eingeräumt. Als Laschet und Spahn ihre »Tandemlösung« am 25. Februar 2020 vor der deutschen Öffentlichkeit verkündeten, konnte niemand ahnen, dass nur wenige Tage später eine Krise über das Land hineinbrechen würde, deren Wucht die politische Agenda und damit auch die Vorzeichen des Bundestagswahlkampfs und Rennens um die Kanzlerschaft total veränderte.

Union und SPD in der Dauerkrise

Bis zum epochalen Einschnitt der Corona-Krise – der zweiten Besonderheit der anstehenden Wahlauseinandersetzung – hatten sich die beiden Regierungsparteien in einem anhaltenden Stimmungstief befunden. Von September 2018 an, also nur ein halbes Jahr nach ihrem Amtsantritt, verfügten Union und SPD in den Umfragen über keine gemeinsame Mehrheit mehr. Das hatte es auch bei den vorangegangenen Großen

Koalitionen (2005 bis 2009 und 2013 bis 2017) nicht gegeben. Gleichzeitig gelang es den Grünen, sich als zweitstärkste Kraft nicht nur weit vor die anderen drei Oppositionsparteien, sondern auch vor die SPD zu setzen. Bei den Landtagswahlen in Hessen und Bayern (Oktober 2018) verzeichneten sie kräftige Stimmengewinne, auch wenn es am Ende nur in Hessen für eine Fortsetzung der Regierungsbeteiligung an der Seite der CDU reichte. Im September 2019 lagen die Grünen in einigen Umfragen sogar erstmals gleichauf mit der Union.

Für die Verschiebung der Kräfteverhältnisse gab es eine Reihe von miteinander verbundenen Ursachen. Der Hauptgrund lag im miserablen Erscheinungsbild der Regierungsparteien. Die auch schon vor Corona unter dem Strich durchaus vorzeigbare Regierungsbilanz, die durch die positive wirtschaftliche Entwicklung begünstigt wurde, trat dahinter vollkommen in den Schatten. Von den heftigen Geburtswehen, die ihren Start begleiteten, konnte sich die Koalition zu keinem Zeitpunkt erholen. Insbesondere die SPD musste in die Neuauflage des Bündnisses regelrecht hineingezwungen werden. Bereits nach wenigen Wochen brach Innenminister Seehofer einen Streit über die Asyl- und Flüchtlingspolitik vom Zaun, der nicht nur die Regierung, sondern auch die Fraktionsgemeinschaft von CDU und CSU an den Rand des Abgrunds brachte. Die Wähler quittierten dies mit schlechten Umfragen und Wahlergebnissen.

Im Oktober 2018 erklärte Angela Merkel ihren Rückzug vom CDU-Parteivorsitz nach 18 Jahren. Ihre Wunschkandidatin Annegret Kramp-Karrenbauer, die im Jahr zuvor ihr Ministerpräsidentenamt im Saarland aufgegeben hatte und als Generalsekretärin nach Berlin gewechselt war, galt nach ihrer Wahl zur neuen Vorsitzenden auch für die Kanzlernachfolge als gesetzt. Sie ließ freilich schon bald Zweifel an ihren Führungsqualitäten aufkommen, wofür neben selbstverschuldeten Fehlern auch der übermächtige Schatten Merkels verantwortlich war. Im Februar 2020 musste Kramp-Karrenbauer hilflos mitansehen, wie der CDU-Landesverband in Thüringen ihre Autorität untergrub, als er die Wahl des FDP-Politikers Thomas Kemmerich zum Ministerpräsidenten zusammen mit den Stimmen der rechtspopulistischen AfD ermöglichte. Daraufhin erklärte sie ihren Verzicht auf die Kanzlerkandidatur und den Rücktritt vom Parteivorsitz. Die ursprünglich vorgesehene Neuwahl auf einem Parteitag im Mai, mit der auch eine Vorentscheidung über die Kanzlerschaft verbunden sein sollte, musste wegen der Corona-Pandemie zwei Mal verschoben werden und kann vermutlich erst im Januar 2021 stattfinden. Bis dahin steht die Union »kopflos« da.

Nicht viel besser sollte es der SPD ergehen. Obwohl sie der Regierungspolitik erneut ihren Stempel aufdrückte und zum Beispiel die mehrfach gescheiterte Einführung einer Grundrente als Erfolg für sich verbuchen konnte, gelang es dem neuen Führungsduo Andrea Nahles und Olaf Scholz nicht, die Partei aus ihrem Umfragetief herauszuführen. Die vom Juso-Vorsitzenden Kevin Kühnert angeführten Gegner des Regierungseintritts sahen sich dadurch bestätigt. Die nach einer Reihe von missglückten öffentlichen Auftritten bereits angeschlagene Parteivorsitzende geriet im September 2018 massiv unter Druck, als sie der »Weglobung« des unhaltbar gewordenen Verfassungsschutzchefs Hans-Georg Maaßen auf einen Staatssekretärsposten zum Entsetzen ihrer Parteifreunde und der allgemeinen Öffentlichkeit zustimmte. Nachdem die SPD bei der Europawahl gegenüber ihrem schlechten Bundestagswahlergebnis nochmals 4,7 Prozentpunkte verlor, erklärte Nahles im Mai 2019 entnervt ihren Rücktritt von allen Ämtern.

Da sich für den Parteivorsitz kein natürlicher Aspirant anbot, betrat die SPD bei der Nachfolgeregelung in zweifacher Hinsicht Neuland. Zum einen beschloss sie durch Satzungsänderung die Einführung einer geschlechterparitätisch besetzten Doppelspitze (als Option), zum anderen wurde diese in einem mehrstufigen Verfahren von den Mitgliedern selbst bestimmt, das sich bis Dezember 2019 hinzog. In der Stichwahl unterlag das von der Mehrheit der Fraktion und des Parteivorstands favorisierte Duo aus Finanzminister Olaf Scholz und der brandenburgischen Landtagsabgeordneten Klara Geywitz überraschend dem früheren nordrhein-westfälischen Finanzminister Norbert Walter-Borjans und der Bundestagsabgeordneten Saskia Esken. Letztere äußerten sich in ihrer Kampagne skeptisch gegenüber einem weiteren Verbleib in der Regierung und übten heftige Kritik an der von Scholz verteidigten Haushaltspolitik ohne Schuldenaufnahme (»Schwarze Null«). Scholz selber hatte zur Wahl zunächst gar nicht antreten wollen und seine Kandidatur erst nach einigem Zögern erklärt.

Hoffnungen auf einen baldigen Regierungsaustritt wurden wegen des zu erwartenden Widerstandes der Fraktion und SPD-Minister von den neuen Vorsitzenden rasch gebremst. Sie standen spätestens nach dem Ausbruch der Corona-Pandemie nicht mehr zur Debatte. Stattdessen bemühten sich Walter-Borjans und Esken um ein möglichst einvernehmliches Auftreten der Führungsspitze. Obwohl sich das im gemeinsamen Krisenmanagement der Regierung gut bewährte, trug es der SPD keine verbesserten Umfragewerte ein. Symptomatisch für das weiter bestehende Führungsvakuum war, dass ausgerechnet Olaf Scholz, dessen Ablösung als Finanzminister nach der verlorenen Vorsitzendenwahl schon fast besiegelt schien, sich jetzt wieder Chancen auf die Kanzlerkandidatur ausrechnen konnte. Seine einstimmige Nominierung durch Präsidium und Vorstand erfolgte bereits im August 2020, also mehr als ein Jahr vor der Bundestagswahl.

Der Aufstieg der Grünen zur zweitstärksten Kraft

Je stärker die internen Führungsstreitigkeiten und -defizite das ohnehin geringe Zutrauen in die Regierungsparteien im Verlauf der Legislaturperiode erschütterten, umso größer wuchs der Zuspruch für die Opposition. Die Gewinne verteilten sich auf die vier Oppositionsparteien dabei jedoch sehr unterschiedlich. Während die AfD im Vergleich zu ihrem Bundestagsergebnis nur unwesentlich zulegen konnte und die Linke bestenfalls stagnierte, musste die FDP sogar Einbußen hinnehmen. Die Wähler trugen es den Liberalen offensichtlich nach, dass sie die Jamaika-Verhandlungen hatten platzen lassen. Auch während der Legislaturperiode fehlte es ihnen an Themen, mit denen sie im Wettbewerb hätten punkten können. Das in der vorangegangenen Wahlperiode dominante Flüchtlingsproblem spielte in der öffentlichen Wahrnehmung keine große Rolle mehr. Gleichzeitig erwischten die aufkommenden Klimaproteste, auf die sie wenig sensibel reagierte, die FDP auf dem falschen Fuß. Die Kritik machte auch vor dem innerparteilich bis dahin unangefochtenen Vorsitzenden Christian Lindner nicht halt. Sie verstärkte sich nach dem Thüringen-Desaster, das die Umfragewerte der FDP noch vor der Corona-Krise in die Nähe der bedrohlichen Fünfprozentmarke drückte.

Das Gegenmodell zu den Liberalen bildeten die Grünen. Sie wurden für ihre konstruktive Rolle bei den Jamaika-Verhandlungen belohnt. Der ernsthafte Regierungswillen und die Regierungsfähigkeit der Partei kamen auch durch die wachsende Zahl ihrer Regierungsbeteiligungen in den Ländern zum Ausdruck. Die eigenen Führungsprobleme aus der vorangegangenen Legislaturperiode lösten die Grünen durch einen überzeugenden personellen Wechsel an der Parteispitze, wo sich die Vorsitzenden

Robert Habeck und Annalena Baerbock optimal ergänzten. Der eine eher für die Außendarstellung, die andere für die internen Abstimmungsprozesse und Organisationsfragen zuständig, drängte das Gespann die konkurrierenden Machtzentren der Fraktion (mit Katrin Göring-Eckardt und Anton Hofreiter an der Spitze) und der vom baden-württembergischen Ministerpräsidenten Winfried Kretschmann angeführten Regierungsgrünen an den Rand. Ein Jahr vor der Wahl lautete die Frage nicht, *ob* einer der beiden, sondern *wer* von ihnen eine mögliche Kanzlerkandidatur übernehmen würde. Die harten innerparteilichen Richtungsauseinandersetzungen ihrer Entstehungs- und Etablierungsphase haben die Grünen ohnehin hinter sich gelassen – ablesbar am Verschwinden der einstmals so prägenden Entgegensetzung von »Fundis« und »Realos« im parteiinternen und journalistischen Sprachgebrauch.

All das hätte aber sicher kaum ausgereicht, um die Grünen in die Nähe oder über die 20-Prozent-Marke zu hieven, wenn nicht ein entscheidender, 2017 noch unabsehbarer Faktor hinzugetreten wäre, nämlich der Bedeutungsgewinn des Klimaschutzthemas. Die von der jungen schwedischen Aktivistin Greta Thunberg initiierten »Fridays for Future«-Proteste, die sich ab März 2019 zu einer weltumspannenden Bewegung entwickelten, führten der Öffentlichkeit und den Regierenden mahnend vor Augen, dass ohne eine erhebliche Verschärfung der Anstrengungen die im Pariser Abkommen festgelegten CO_2-Reduktionsziele scheitern würden. Auf der Agenda der wichtigsten innenpolitischen Probleme in der Bundesrepublik rückte der Klimaschutz nun erstmals ganz nach oben. Als »Umweltpartei« wurde den Grünen von jeher eine hohe Kompetenz auf diesem Gebiet attestiert. Gleichzeitig kam ihnen zugute, dass sie ihre Kritik am vermeintlich unzureichenden Klimaschutzpaket der Bundesregierung aus der Oppositionsrolle heraus formulieren konnten.

Die Auswirkungen der Corona-Pandemie auf das Parteiensystem

Anders als von manchen befürchtet, hat die Corona-Krise nicht zu einer neuen Priorisierung materieller Wachstumsziele geführt. Stattdessen beförderte sie einen gesellschaftlichen und parteiübergreifenden Konsens, die zur Ankurbelung der Konjunktur notwendigen öffentlichen Investitionen gerade für den Klimaschutz zu nutzen. Dass in der ersten Phase der Krise – im März und April 2020 –, als es um die unmittelbare

Gefahrenabwehr ging, die Eindämmung der Pandemie alle anderen politischen Themen überlagern würde, war vorhersehbar. Das Heft des Handelns lag jetzt ganz bei den Exekutiven in Bund und Ländern, wobei sich die Augen naturgemäß zuerst auf die Bundesregierung richteten. Deren entschlossenes Vorgehen im Rahmen eines insgesamt gut funktionierenden föderalen Systems trug dazu bei, dass die Bundesrepublik glimpflicher durch diese erste Phase kam als andere europäische Länder. Die Wähler dankten es der Regierung mit wachsenden Zustimmungswerten, von denen Union und SPD allerdings nicht gleichermaßen profitierten. Während die Kanzlerpartei in den Umfragen nach oben schoss und um mehr als zehn Prozentpunkte zulegte, traten die Sozialdemokraten weiter auf der Stelle – trotz ihrer für die Bekämpfung der wirtschaftlichen und sozialen Krisenfolgen wichtigen Ressortzuständigkeiten in der Finanz-, Sozial- und Familienpolitik.

Die Oppositionsparteien hatten in dieser Situation das Nachsehen. Weil viele der mit Corona zusammenhängenden Fragen sich einer parteipolitischen Logik entzogen, fiel es ihnen schwer Gegenposition zu beziehen. Dass AfD und FDP dabei relativ betrachtet stärkere Verluste verzeichneten als Grüne und Linke, lag zugleich an ihren internen Querelen. Auch der regierungsinterne Wettbewerb zwischen Union und SPD kam in der ersten Phase der Krise weitgehend zum Erliegen. Abgesehen davon, dass der in der öffentlichen Debatte manchmal behauptete Zielkonflikt zwischen strengem Infektionsschutz und dem Inganghalten der Wirtschaft in dieser Form gar nicht bestand, gingen die Meinungen in beiden Parteien quer durcheinander. So stand der seit Ausbruch der Pandemie in allen Medien omnipräsente Gesundheitspolitiker Karl Lauterbach als Verfechter rigoroser Schutzmaßnahmen keineswegs stellvertretend für die gesamte SPD. In der Union wurden die Gegenpole vom bayerischen Ministerpräsidenten Markus Söder und seinem nordrhein-westfälischen Amtskollegen Armin Laschet gebildet, deren öffentliche (Selbst)darstellung als »Warner« beziehungsweise »Lockerer« allerdings mehr mit dem innerparteilichen Machtkampf zu tun hatte als mit der Realität. Auch in Bezug auf die wirtschaftlichen und sozialen Folgen der Krise spielten frühere Unterschiede kaum eine Rolle. In den Unionsparteien gab es nur vereinzelte Stimmen, die mit Blick auf den Umfang der Rettungspakete vor einem Marsch in die Staatswirtschaft warnten. Und in der SPD sorgte Corona nebenbei dafür, dass sich die internen Auseinandersetzungen um

»Schuldenbremse« und »Schwarze Null« vom einen auf den anderen Tag in Luft auflösten.

An dieser Gemengelage sollte sich auch in der zweiten Phase der Krise (zwischen Mai und Juli 2020) nichts Grundlegendes ändern. Der Wiederanstieg der Infektionszahlen seit dem Sommer schob Hoffnungen auf weitere Lockerungen – etwa im Bereich des Gastrogewerbes oder bei Großveranstaltungen – einen Riegel vor. Im November kam es zu einem erneuten Shutdown. Damit dürften sich die wirtschaftlichen und sozialen Folgeprobleme der Pandemie nochmals verschärfen, deren wahres Ausmaß ohnehin erst ab 2021 deutlich werden wird – durch Insolvenzen und steigende Arbeitslosenzahlen. Neben Gewinnern hinterlässt der durch die Krise eintretende Strukturwandel zahlreiche Verlierer, die auf staatliche Hilfe angewiesen sind. Besonders dramatisch ist die Situation an den Schulen, wo auch in den nächsten Monaten eine Rückkehr zum Normalbetrieb ausgeschlossen scheint. Das ohnehin große Bildungsgefälle, das zu den Haupttreibern der sozialen Ungleichheit in diesem Land gehört, wird dadurch noch größer werden.

Der Bedeutungsgewinn verteilungsbezogener Fragen könnte im Wahljahr den linken Parteien, aber auch der fundamentaloppositionellen AfD in die Hände spielen. Kommt es dagegen aus der Sicht der Wähler vor allem auf eine möglichst rasche Gesundung der Wirtschaft an, läge der Vorteil vermutlich eher bei Union und FDP. Der Blick auf vergangene Wahlen zeigt, dass die SPD immer dann am erfolgreichsten war, wenn sie neben ihrer sozialen Kompetenz auch ein bestimmtes Maß an ökonomischer Kompetenz für sich reklamieren konnte. Die Entscheidung für Scholz als Kanzlerkandidaten ist vor diesem Hintergrund folgerichtig. Dies gilt auch, wenn man den Klimaschutz als dritten Schlüsselbereich hinzunimmt. Denn will die SPD die Union aus dem Kanzleramt vertreiben, kann sie dies nur mit den Grünen an ihrer Seite. Deshalb muss sie darauf achten, dass bei den ökologischen Themen und in den soziale Fragen größere programmatische Übereinstimmungen zwischen ihr und den Grünen bestehen als zwischen diesen und den Unionsparteien. Aus Gründen der Stimmenmaximierung wäre es für die Grünen wahrscheinlich lukrativer, als starker Juniorpartner an der Seite der Union zu regieren. Dies gilt umso mehr, als es sich hier um eine Zweier- beziehungsweise, wenn man die CSU separat betrachtet, Dreierkoalition handelte, die FDP also anders als 2017 als Mehrheitsbeschafferin nicht benötigt würde.

Eine sozialdemokratisch geführte Regierung wäre hingegen nur möglich, wenn neben den Grünen die Linke oder die FDP als dritter Partner mit ins Boot stiege.

Der Wandel der Koalitionsbeziehungen

Bei allen Bundestagswahlen seit 2005 traf die SPD das traurige Los, dass ihr eine solche Machtoption fehlte. Hatte sie 2005, als sie nahezu gleichauf mit CDU und CSU lag, immerhin noch die Perspektive einer von ihr geführten Großen Koalition vor Augen, so konnte sie 2009, 2013 und 2017 nicht auf Sieg, sondern nur »auf Platz« spielen – zu groß war ihr Rückstand gegenüber den Unionsparteien.

Das Fehlen einer Machtperspektive rührte zugleich daher, dass die rechnerisch möglichen Koalitionen politisch zumindest von einer Seite nicht gewollt waren. So wie die Liberalen 2005 und 2009 der Ampelkoalition eine Absage erteilten, weigerten sich die Sozialdemokraten 2005 und 2013, eine Zusammenarbeit mit der PDS und späteren Linken auch nur zu erwägen. (2013 hätte ein rot-rot-grünes Bündnis trotz der nach rechts verschobenen Kräfteverhältnisse über eine Sitzmehrheit im Bundestag verfügt, weil sowohl die FDP als auch die AfD an der Fünfprozenthürde gescheitert waren.) Die SPD zog daraus die Lehre, ein solches Bündnis bei der nächsten Wahl nicht mehr von vornherein auszuschließen, was 2017 allerdings bedeutungslos war, weil man von einer gemeinsamen Mehrheit weit entfernt blieb.

Inzwischen ist in das Koalitionsspiel deutlich Bewegung gekommen. Das hängt vor allem mit dem Aufschwung der Grünen zusammen. Diese mögen von ihren politischen Positionen her zwar weiter dem linken Lager zugehören. Elektoral muss man sie aber eher in der bürgerlichen Mitte verorten, wo ihnen seit 2018 besonders in die Unionswählerschaft tiefe Einbrüche gelungen sind. Die Achse des Parteiensystems hat sich dadurch nach links zurückbewegt und die Mehrheitsfähigkeit eines rot-rot-grünen Bündnisses perspektivisch verbessert. In den Umfragen lagen die beiden Lager im März 2020 nahezu gleichauf, bevor die Corona-Krise eine neuerliche Hinwendung zur Union bewirkte. Dass diese ihre aktuellen Werte im Wahljahr halten kann, wenn der Krisenbonus verpufft und den Wählern die Konsequenzen von Merkels Abgang richtig vor Augen treten, erscheint jedoch schwer vorstellbar.

Auch politisch stehen einer – je nach Stärkeverhältnis – rot-rot-grünen oder grün-rot-roten Koalition heute keine unüberwindbaren Hindernisse mehr im Weg, nachdem sich die beteiligten Parteien in den letzten Jahren atmosphärisch und programmatisch aufeinander zubewegt haben. Dies gilt sogar für die Außenpolitik, wo nach wie vor die größten Meinungsunterschiede vorliegen. Wie tief die Gräben aber hier weiterhin sind, haben zuletzt die Äußerungen führender Linken-Politiker zum Giftanschlag auf den russischen Oppositionellen Alexej Nawalny gezeigt, die wenig Distanz zum autoritären Putin-Regime erkennen ließen. Dadurch wurden auch die Bruchlinien innerhalb der Linken zwischen den pragmatischen, auf die Regierungsfähigkeit hinarbeitenden und den fundamentaloppositionellen Kräften erneut offengelegt.

Schwer abschätzbar sind die Auswirkungen auf das Wahlverhalten, sollte die Aussicht auf eine Linkskoalition tatsächlich bestehen. Streben SPD und Grüne ein Zusammengehen mit der Linken an, ist es ratsam für sie, hauptsächlich auf die Wähler aus der politischen Mitte zu zielen, um so eine möglichst breite Wählerkoalition zu erreichen. Gerade diese könnten sich durch ein mögliches Linksbündnis aber verprellt fühlen. Ob sich das Dilemma beheben lässt, indem man die Koalitionsfrage einfach tabuisiert, ist fraglich – Rot-Rot-Grün stünde dann wie der sprichwörtliche Elefant im Raum. Für die Grünen liegt eine solche Strategie nahe, weil sie mit Schwarz-Grün über eine arithmetisch wie politisch relativ sichere Rückfallposition verfügen. Ob die SPD eine Ampel – also das Zusammengehen mit der FDP – als Alternative zur Linkskoalition glaubhaft ins Spiel bringen könnte, erscheint dagegen zurzeit noch eher fraglich.

Dass die FDP eine solche Option inzwischen selbst erwägt, hat zum einen mit ihrem nicht erst seit dem Ausstieg aus den Jamaika-Verhandlungen gestörten Verhältnis zur Union zu tun – die unguten Erinnerungen an die letzte gemeinsame Regierungszeit (2009 bis 2013) wirken bei den Liberalen bis heute nach. Zum anderen weiß die Partei, dass sie für ein neuerliches Jamaika-Bündnis, das ihr programmatisch immer noch näher stünde als die Ampel, wahrscheinlich gar nicht benötigt wird, weil es für Union und Grüne alleine zur Mehrheit reicht. Unter diesen Vorzeichen macht die Hinwendung zur SPD Sinn – zumal nach deren Entscheidung für Olaf Scholz als Kanzlerkandidaten. In einer Koalition mit Sozialdemokraten und Grünen hätte die FDP die Chance, sich als wirtschaftsfreundliches Korrektiv zu profilieren. Ob die Aussicht darauf so viele Unions- und

Merkelwähler verlockt, ihr die Stimme zu geben, dass eine Mehrheit für ein Ampelbündnis zustande kommt, ist schwer abschätzbar. Für solche Wähler wäre es wahrscheinlich genauso rational oder rationaler, bei der Union zu bleiben und dafür zu sorgen, dass diese in einem Bündnis mit den Grünen kräftemäßig die Oberhand behält.

Eine in fast jeder Hinsicht offene Wahl

Nimmt man die hier betrachteten, miteinander verbundenen Schlüsselfaktoren – Kandidaten, Themenagenda und Koalitionsbeziehungen – zusammen, bleibt der Ausgang der kommenden Bundestagswahl in fast jeder Hinsicht ungewiss. Sicher voraussagen lässt sich nur, dass den Umfragen in den verschiedenen Phasen der Auseinandersetzung eine große Rolle zukommen dürfte. Signalfunktion für den Wahlkampf gewinnen überdies die im Frühjahr anstehenden Landtagswahlen in Baden-Württemberg, Rheinland-Pfalz, Sachsen-Anhalt und Thüringen, deren heutige Regierungen von Ministerpräsidenten aus vier verschiedenen Parteien – Grüne, SPD, CDU und Linke – angeführt werden.

Wie rasch sich die Stimmungen innerhalb der Wählerschaft verändern können, hat die Bundestagswahl 2017 gezeigt, als die SPD mit ihrem neuen Vorsitzenden und Kanzlerkandidaten Martin Schulz äußert verheißungsvoll in das Wahljahr gestartet war, bevor ihre Kampagne binnen weniger Wochen kollabierte. Zumindest was den frühen Zeitpunkt der Nominierung angeht, scheinen die Sozialdemokraten aus den damaligen Fehlern gelernt zu haben. Dass bei der Entscheidung für Scholz der Zufall der Corona-Krise kräftig mitspielte, steht auf einem anderen Blatt. Im Unterschied zur SPD müssen die Grünen die Kandidatenfrage noch klären. Die beiden Vorsitzenden – Habeck und Baerbock – wollen das einvernehmlich unter sich ausmachen, lassen aber offen wann. Am schwierigsten bleibt trotz ihrer aktuell strahlenden Umfragewerte die Situation für CDU und CSU. Weil Merkel eine geregelte und rechtzeitige Machtübergabe während der Legislaturperiode versäumt hat, befindet sich die Union in einer anhaltenden Führungskrise. Ob damit ihr Abschied von der Macht nach 16-jähriger Regierungszeit begonnen haben könnte, werden wir im nächsten Jahr wissen.

Alles schwarz-grün oder was?

Der Ausgang der Bundestagswahl im September wird von drei Faktoren entschieden: Kandidaten, Themen und Koalitionsmöglichkeiten. Was die beiden ersten Punkte angeht, ist heute fast alles offen. Union und Grüne müssen ihre Kanzlerkandidaten noch finden. Auch bei der Linken und der AfD ist unklar, wer für sie als Spitzenkandidaten ins Rennen zieht. Nur bei der FDP dürfte der Vorsitzende Lindner als gesetzt gelten.

Welche Themen den Wahlkampf beherrschen werden, lässt sich ebenfalls nicht absehen. Wird die Rückschau auf die Fehler beim Corona-Management, über die gerade heftig gestritten wird, im August und September noch eine große Rolle spielen oder der Blick eher nach vorne gerichtet sein? Mit welcher Perspektive wird man auf die wirtschaftlichen Folgen der Krise schauen? Geht es vorrangig um eine möglichst rasche Erholung der Wirtschaft, dürfte der Vorteil eher auf der Seite von Union und FDP sein. Rücken dagegen Verteilungskonflikte und -ungerechtigkeiten in den Vordergrund, könnten die linken Parteien (zu denen auch die Grünen zählen) profitieren, womöglich auch die fundamentaloppositionelle AfD.

Was den dritten Faktor – die Koalitionsmöglichkeiten – angeht, lassen sich zwar verschiedene Szenarien durchspielen, aber ebenfalls keine Voraussagen treffen. Der Grund liegt in den unsicheren Mehrheitsverhältnissen. Im Moment weisen die Umfragen eine komfortable Mehrheit für ein schwarz-grünes Bündnis aus. Auch die bestehende schwarz-rote Koalition könnte, wenn sie denn wollte, weiterregieren. Ein Linksbündnis oder eine Ampelkoalition aus SPD, Grünen und FDP wären mit jeweils etwas über 40 Prozent von einer Mehrheit dagegen weit entfernt.

Ob das bis September so bleiben wird, ist aber nicht sicher. Das derzeitige Umfragehoch der Union ist vor allem ihrer Führungsrolle bei der Pandemiebekämpfung und der ungebrochenen Beliebtheit der Kanzlerin geschuldet. Wie groß die Gruppe der Wähler ist, die sich von einer CDU ohne Angela Merkel abwenden könnten, lässt sich schwer abschätzen – und genauso wenig, welcher anderen Partei sie sich dann zuwenden würden: der SPD mit ihrem Merkel im Habitus ähnlichen Kanzlerkandidaten Olaf Scholz, den in die bürgerliche Mitte gerückten Grünen oder der FDP, die der Union programmatisch nach wie vor am nächsten steht. Alle drei

Parteien werden diese Merkelwähler umwerben. Sind sie darin erfolgreich, könnten auch ein Linksbündnis oder eine Ampel mehrheitsfähig werden.

Doch sind die möglichen Alternativen zu Schwarz-Grün von den jeweils beteiligten Partnern überhaupt erwünscht und wären sie politisch gangbar? Die Antwort darauf hängt zum einen von den inhaltlichen Schnittmengen der Parteien ab, zum anderen vom Kräfteverhältnis. Letzteres entscheidet unter anderem darüber, wer als stärkste Partei in der Koalition das Amt des Regierungschefs beanspruchen kann. In Baden-Württemberg und in Thüringen hat die SPD bereits die Erfahrung gemacht, sich gegenüber den Grünen beziehungsweise der Linken mit der Rolle des Juniors begnügen zu müssen. Auf der Bundesebene würde sie es vermutlich ähnlich halten, wenn damit die Bildung einer Regierung ohne die Union möglich wäre. Bei den Grünen ist es dagegen eine offene Frage, ob sie die Juniorrolle in einem Dreierbündnis mit SPD und Linken oder SPD und FDP einem schwarz-grünen Zweierbündnis vorziehen würden.

Was die inhaltlichen Schnittmengen angeht, wäre ein Linksbündnis wohl leichter machbar als eine Ampel, bei der die FDP fürchten müsste, von den beiden deutlich links von ihr stehenden Partnern »untergebuttert« zu werden. Die Linke ist heute prinzipiell regierungsbereit. Umgekehrt haben SPD und Grüne zwar weiterhin Vorbehalte gegen eine Zusammenarbeit, schließen diese aber nicht mehr aus. Die Fallstricke liegen insbesondere in der Außen- und Sicherheitspolitik. Ob die jüngste Volte der SPD in Sachen Drohnenbewaffnung als Öffnungssignal in Richtung Linke gedeutet werden kann, sei dahingestellt. Der Beschluss wird aber sicher nicht das letzte Wort bleiben. Auch die Russlandfreundlichkeit der Linken, die im Zuge des Giftanschlags auf den Regimekritiker Alexej Nawalny für manche irritierende Äußerung gesorgt hat, dürfte gerade im Verhältnis zu den Grünen schwierige Konflikte bergen. Dies könnte schon im Vorfeld auf Wähler abschreckend wirken, wenn durch die Umfragen ein Linksbündnis als Möglichkeit tatsächlich im Raum steht.

Mehr noch als ein Linksbündnis ist die Ampel ein Thema, über das sich die beteiligten Seiten im Vorfeld der Wahl am liebsten in Schweigen hüllen würden. SPD und Grüne hegen starke Abneigungen gegen die aus ihrer Sicht allzu marktfreundlichen Positionen der FDP, die einer fortschrittlichen Sozial- und Klimapolitik im Wege stünden. Auch diese kann mit der Möglichkeit eines Zusammengehens mit Rot und Grün nicht offen hausieren gehen, weil sie damit Gefahr liefe, ihre unionsaffine Wählerschaft zu verprellen. Die jüngsten Avancen in Richtung Jamaika lassen sich wahrscheinlich so deuten.

Dabei wäre eine Ampel vielleicht gar nicht so abwegig, wie es auf den ersten Blick scheint. Die FDP hätte mit ihr die Chance, sich als wirtschaftspolitisches Korrektiv in einer linken Regierung zu profilieren. Gleichzeitig könnte sie mit der Bildungspolitik und Digitalisierung Felder besetzen, die sie schon 2017 stark machen wollte und als Grund für ihren Ausstieg aus den Jamaika-Verhandlungen genannt hat. SPD und Grüne hätten wiederum den Vorteil, über einen außenpolitisch verlässlichen Partner zu verfügen – anders als bei der Linken.

Auftrieb bekommen könnte die Diskussion über eine Ampel nach den Landtagswahlen in Rheinland-Pfalz und Baden-Württemberg. In Rheinland-Pfalz hat die FDP schon deutlich gemacht, dass sie die bestehende Koalition mit SPD und Grünen gerne weiterführen würde. Weil ihr dortiger Spitzenmann Volker Wissing mittlerweile Generalsekretär der Bundespartei ist, liegt darin mehr als eine nur landespolitische Entscheidung. In Baden-Württemberg kommt die »grüne« Ampel als Regierungsalternative gerade ins Spiel. Dass die FDP offiziell eher mit einer »Deutschland-Koalition« ohne die Grünen liebäugelt, muss man als Pflichtübung abbuchen, da ein solches Bündnis, wie sie selbst weiß, mit der SPD nicht zu machen wäre. Im Südwesten könnten die Zeichen also auf »Grün-Rot-Gelb« stehen. Auch wenn einem im Moment vielleicht noch etwas die Phantasie fehlt, sich das als Modell auch für den Bund vorzustellen, würde es die Debatte um eine mögliche Regierung »jenseits der Union« bis zum Herbst beflügeln.

Berliner Morgenpost / Der Hauptstadtbrief am Samstag vom 16. Januar 2021 (online).

Dreikampf um das Kanzleramt – droht der Union der Machtverlust?

Die Kanzlerkandidaten stehen fest, der Kampf um das Kanzleramt ist eröffnet. In den Umfragen liegen alle drei Kandidaten – Armin Laschet für die Union, Olaf Scholz für die SPD und Annalena Baerbock für die Grünen – momentan relativ nahe beieinander. Bemerkenswerter als das ist freilich der Umstand, dass ein erheblicher Anteil der Wähler noch von keinem der Kandidaten wirklich überzeugt ist. Bei Laschet und Scholz spiegelt sich darin die schwache Unterstützung in der eigenen Anhängerschaft, bei Baerbock ihre vergleichsweise geringe Bekanntheit.

Die schwierigste Aufgabe und der größte Druck lastet auf Armin Laschet. Er muss das Kanzleramt für die Union verteidigen, kann dies aber nicht in der Rolle und dem Bonus eines Amtsinhabers tun. Dass auf der Machtteilung mit Merkel auch für ihn kein Segen liegt, hat sich beim Duell um die Kanzlerkandidatur gezeigt: Die Kanzlerin vermied es schon fast demonstrativ, den eigenen CDU-Vorsitzenden gegen Markus Söder zu unterstützen. Wie sich diese Bürde weiter auswirkt, bleibt offen. Als Problem für den Unionskandidaten könnte sich auch erweisen, dass der programmatische Erneuerungsprozess in der CDU seit 2019 nahezu zum Erliegen gekommen ist. Zum Zeitpunkt von Laschets Kandidatur hatten CDU/CSU als einzige der sechs Bundestagsparteien noch kein Wahlprogramm beschlossen oder einen Entwurf für ein solches vorgelegt.

Für die SPD hat die früh beschlossene Kandidatur von Olaf Scholz bisher wenig erbracht. Die Partei scheint deshalb auf das Prinzip Hoffnung zu setzen und diese vor allem an die heiße Wahlkampfphase zu knüpfen, in der sie auf den Nochregierungspartner Union keine Rücksichten mehr zu nehmen braucht. Scholz' langjährige Regierungserfahrung sowie sein betont sachlich-nüchterner Regierungsstil, der dem von Angela Merkel ähnelt, könnten als Argumente für den Kandidaten in die Waagschale geworfen werden. Sie korrespondieren freilich mit einer hölzernen, wenig Empathie ausstrahlenden Wähleransprache, die in einem Medienwahlkampf eher unvorteilhaft sein dürfte.

Bei Annalena Baerbock stellt sich die Herausforderung umgekehrt dar: Sie wird im Wahlkampf dem Vorwurf entgegentreten müssen, dass es ihr an Regierungserfahrung fehle und sie mit ihren 40 Jahren für das Amt zu jung sei. Wieweit dies verfängt, hängt auch davon ob, ob ihre Gegenkandidaten Laschet und Scholz die von Union und SPD verantwortete Regierungsbilanz als Beleg für den Nutzen einer größeren Regierungserfahrung glaubhaft ins Feld führen können. Die Rückstände bei der Digitalisierung und das unprofessionell wirkende Krisenmanagement in der zweiten Phase der Corona-Pandemie drängen sich hier als Kontermöglichkeiten auf.

Wieweit das Pandemiemanagement den Wahlkampf bestimmen wird, ist schwer abschätzbar. Je schneller es durch den Fortschritt beim Impfen gelingt, zu einem wieder halbwegs normalen Leben zurückzukehren, um so günstiger dürfte sich das auf die Wahlchancen von Union und SPD auswirken. Eine umso größere Rolle werden dann Fragen spielen, die die Folgen der Corona-Krise betreffen: Wie kommt die Wirtschaft wieder in Schwung? Sollte man die Schuldenbremse längerfristig aussetzen? Brauchen wir Steuererhöhungen? Wie können die durch die Krise gewachsenen Bildungsungleichheiten aufgefangen werden? Müssen wir mehr in den Gesundheitsbereich und die Pflege investieren? Braucht man mehr Regulierungen in der Arbeitswelt (beispielsweise ein Recht auf Homeoffice)?

Die Antwort auf die Frage, wer aus dieser Agenda den meisten Nutzen zieht, hängt davon ab, ob die die Prioritäten eher auf Belebung der Wirtschaft und Rückgewinnung des gewohnten Lebensstils liegen, oder auf einer an Nachhaltigkeits- und Gerechtigkeitskriterien ausgerichteten Neuorientierung. Eine Schlüsselrolle wird in jedem Falle der Klimaschutz spielen. In der Auseinandersetzung geht es hier vor allem um dessen Vereinbarkeit mit wirtschaftlichen und sozialen Zielen. Dies birgt viel Zündstoff, weil die Maßnahmen, die für die Erreichung der Reduktionsziele notwendig sind, in die Lebenswirklichkeit der Menschen an fast allen Stellen eingreifen – bei der Energieversorgung, im Verkehr, bei der Ernährung, beim Reisen und im Konsum.

Überwölbt werden die inhaltlichen Themen von der für die Regierungsbildung am Ende entscheidenden Koalitionsfrage. Die Wahlumfragen werden bis zum Wahltag Woche für Woche anzeigen, welche Konstellationen jeweils mehrheitsfähig wären. Die politischen Akteure müssen dann vor der Wählerschaft deutlich machen, ob sie die entsprechenden Bündnisse anstreben oder sie sich zumindest vorstellen können.

Nach der nur knapp gewonnenen Bundestagswahl 2005 ging die Union aus allen drei nachfolgenden Wahlen als mit Abstand stärkste Partei hervor und konnte deshalb sichergehen, dass eine Mehrheitsbildung gegen sie nicht möglich war. Das hat sich mit dem Erstarken der Grünen geändert – und das nicht erst seit der Corona-Krise. Zwei Alternativen zu einer unionsgeführten Regierung stehen im Raum: ein grün-rot-rotes Bündnis oder eine Ampelkoalition aus Grünen, SPD und FDP.

An der Parteibasis gibt es sowohl bei den Grünen als auch bei der SPD eine Präferenz für das Linksbündnis, die von den Wählern beider Parteien allerdings nicht im selben Maße geteilt wird. Ob es für eine solche Koalition rechnerisch reichen würde, wenn diese vor der Wahl als wahrscheinlichste Variante tatsächlich ins Spiel kommt, bleibt zweifelhaft. Anders verhält es sich mit der Ampelkoalition. Auch deren Unterstützung in der Wählerschaft mag zwar im Moment noch gering sein. Das dürfte aber vor allem damit zu tun haben, dass die Bürger sie bisher kaum auf dem Schirm haben und es in den Ländern mit Rheinland-Pfalz nur ein Beispiel für ein solches Bündnis gibt.

Wenn der Eindruck nicht trügt, setzen die Parteispitzen von SPD und Grünen inzwischen längst auf die »Ampel«. Würden entsprechende Signale ausgesendet, ließen sich in der Tat mehrere Probleme lösen. Erstens könnte man zusätzliche Wähler in der Mitte ansprechen, zumal aus dem Unionslager, für die dann mit der FDP eine bürgerliche Alternative bereit stünde. Zweitens müsste man die unüberbrückbaren Differenzen mit der Linken in der Außenpolitik nicht verbrämen. Und drittens könnte die Aussicht auf eine Ampel das rot-rot-grüne Schreckgespenst bannen und Warnungen der Union und der FDP vor einer Linkskoalition ins Leere laufen lassen. Den Wahlstrategen im Konrad-Adenauer-Haus dürfte bei einem solchen Szenario nicht sehr wohl sein.

Ob es eintritt, hängt vor allem davon ab, wie die Unionsparteien und die Grünen abschneiden. Anders als 2009, 2013 und 2017 scheint das Rennen dieses Mal offen. Noch bevor den Bürgern das Abtreten der immer noch populären Bundeskanzlerin Merkel wirklich ins Bewusstsein tritt, hat seit März eine Wechselstimmung eingesetzt, die zu wenden für den Unionskandidaten Armin Laschet schwer wird. Wie die vergangenen Wahlkämpfe gezeigt haben, ist sein Scheitern damit aber nicht programmiert – dafür ist die Wählerschaft viel zu volatil. Dasselbe gilt für den Siegeszug der Grünen, der keinesfalls anhalten muss.

Egal wie die Wahl ausgeht, liefert sie mit ihrer Vorgeschichte das in der Geschichte der Bunderepublik vielleicht schlagendste Beispiel für einen misslungenen Machtübergang. So wie die nochmalige Bildung der Großen Koalition rückblickend als Fehler betrachtet werden muss, so hat die Unwilligkeit Angela Merkels, eine rechtzeitige Ämterübergabe herbeizuführen, nicht nur der CDU, sondern dem ganzen Land Schaden zugefügt. Die Versäumnisse der Regierung beim Management der Corona-Pandemie sind auch eine Folge des so entstandenen Führungsvakuums. Dass ihre lange Kanzlerschaft unrühmlich endet, hat Merkel gewiss nicht verdient. Dennoch trägt sie eine Mitschuld, wenn im September das lange für undenkbar Gehaltene eintritt und CDU und CSU die Bundestagwahl verlieren.

Neue Zürcher Zeitung vom 10. Mai 2021 (online).

Das Schwächeln der Ränder

Als es 2005 zur Bildung der zweiten Großen Koalition in der Bundesrepublik kam, fehlte es nicht an Warnungen, dass ein Zusammengehen der beiden Volksparteien unweigerlich zu einem Erstarken der politischen Ränder führen werde. Im Hintergrund stand dabei die Erfahrung der ersten Großen Koalition von 1966 bis 1969, die vom Aufstieg der rechtsextremen NPD begleitet wurde. Diese scheiterte bei den Bundestagswahlen 1969 nur knapp an der Fünfprozenthürde. Wäre sie ins Parlament gelangt, hätte die sozialliberale Koalition unter Kanzler Willy Brandt nicht gebildet werden können.

Anders als 1966 war das 2005 von Union und SPD eher widerwillig geschlossene Bündnis kein Intermezzo. 2009 kam es zwar zur Rückkehr zur vertrauten »kleinen Koalition«, nachdem es durch die hohen Stimmenzuwächse für die FDP zu einer »bürgerlichen« Mehrheit mit der Union reichte. Die gemeinsame Regierung geriet aber zu einem solchen Desaster, dass sie ihrerseits Episode blieb und von der FDP sogar mit ihrem Ausscheiden aus dem Bundestag bezahlt werden musste. Die Nachwirkungen zeigten sich bei den Jamaika-Verhandlungen nach der Bundestagswahl 2017, deren Scheitern vor allem auf das Misstrauen zwischen Union und FDP zurückging. Gab es 2013 zur erneuten Bildung der Großen Koalition keine wirkliche Alternative – für ein schwarz-grünes Bündes waren insbesondere die Grünen zu dieser Zeit noch nicht bereit –, so sollte sich die Fortsetzung der Großen Koalition, in die die SPD nach dem Jamaika-Aus regelrecht hineingezwungen werden musste, für beide Seiten als verheerend erweisen.

Lässt man die 16 Jahre lange Ära Merkel mit ihren drei Großen Koalitionen Revue passieren, wird die These der erstarkenden Ränder scheinbar eindrucksvoll belegt. Sowohl die Gründung der gesamtdeutschen Linkspartei und deren großer Wahlerfolg bei der Bundestagswahl 2009 als auch die erstmalige feste Etablierung einer neuen Kraft am rechten Rand des Parteiensystems in Gestalt der AfD fielen in die gemeinsame Regierungszeit von Union und SPD. Die Entstehungsursachen waren aber in beiden Fällen schon vorher gesetzt worden. Bei der Linken lagen sie in den Sozial- und Arbeitsmarktreformen der rot-grünen Regierung unter Gerhard

Schröder, die 2005 zu einer von Gewerkschaftsmitgliedern betriebenen Abspaltung von der SPD geführt hatten (Wahlalternative für Arbeit und soziale Gerechtigkeit, WASG), während bei der AfD nicht nur die Entstehung, sondern auch ihre offizielle Gründung im April 2013 in die Zeit der schwarz-gelben Koalition fiel. Sie stellte nicht zuletzt eine Reaktion darauf dar, dass die FDP trotz starker innerparteilicher Widerstände die Eurorettungspolitik der Bundesregierung mittrug – womit sich das Gelegenheitsfenster für eine neue euroskeptische Oppositionspartei öffnete.

Die These der erstarkenden Ränder muss auch für die zu Ende gehende Legislaturperiode relativiert werden. Hatten AfD und Linke 2017 mit 12,6 beziehungsweise 9,2 Prozent eindrucksvolle oder zumindest respektable Wahlergebnisse erzielt, so konnte die AfD in der Folge nur für kurze Zeit (bis September 2018) und die Linke überhaupt nicht vom »Oppositionseffekt« profitieren. Bei der AfD gingen die bereits gesunkenen Zustimmungswerte nach dem Beginn der Corona-Krise nochmals deutlich zurück und erholten sich erst zu Beginn des Wahljahres, als die Unzufriedenheit der Bevölkerung mit der Pandemiepolitik der Regierung zunahm. Die Linke näherte sich in den Umfragen unterdessen der bedrohlichen Fünfprozenthürde und musste vor allem bei den Landtagswahlen in Ostdeutschland 2019 und 2021 schmerzliche Verluste hinnehmen, die nicht zuletzt auf die neu entstandene Konkurrenz der AfD zurückgingen. Diese konnte sich bei den Wahlen im Osten mit Stimmenanteilen von über 20 Prozent gut behaupten, während sie im Westen hinter die seit 2013 erreichten Ergebnisse mehr oder weniger stark zurückfiel.

Die Schwäche der Randparteien ist vor dem Hintergrund der Misere der beiden Regierungsparteien umso bemerkenswerter, die ab 2018 einen beispiellosen Niederlang erlebten und in schwere Führungskrisen gerieten. Konnten Union und SPD bei der Bundestagswahl 2017 zusammen immerhin 53,4 Prozent der Stimmen erzielen, kamen sie bis zum Beginn der Corona-Pandemie über Zustimmungswerte von 40 Prozent kaum noch hinaus. Erst durch das überzeugende Krisenmanagement in der ersten Phase der Pandemie kletterten die Werte wieder nach oben – bei der Union allerdings deutlich stärker als bei der SPD –, bevor sie ab März 2021 auf die vorangegangenen Tiefstmarken zurückfielen.

Nutznießer dieser Entwicklung waren nicht die radikalen, sondern die gemäßigten Vertreter der Opposition, die Grünen und die FDP. Nachdem es den erstgenannten schon vor den im Frühjahr 2019 einsetzenden weltweiten Fridays-for-Future-Demonstrationen gelungen war, sich als zweitstärkste Partei vor die SPD zu setzen, konnten sie diese Position im Windschatten der Protestbewegung nicht nur behaupten, sondern sogar weiter ausbauen. Die Liberalen hatten dagegen vor und während der Corona-Krise mit stagnierenden oder sogar rückläufigen Umfragewerten zu kämpfen. Für sie wendete sich das Blatt erst mit der zweiten und dritten Welle der Pandemie, als sie die verbreitete Unzufriedenheit mit der Regierungspolitik erfolgreich auf ihre Mühlen lenken konnten.

Warum hatten die Linke und die AfD dem nichts vergleichbares entgegenzusetzen? Wer nach Gründen für das Schwächeln der Randparteien sucht, muss vor allem deren innere Verfassung in den Blick nehmen. Von bloßen Richtungskonflikten oder personellen Zwistigkeiten zu sprechen, käme im einen wie im anderen Fall einer Untertreibung gleich. Zwar ist es richtig, dass radikale und fundamentaloppositionelle Parteien häufig nur aus Protestgründen gewählt werden. Für ihre Unterstützer kommt es also nicht unbedingt darauf an, wofür die Parteien stehen, ob sie bessere Alternativen bereithalten oder wie es in ihren eigenen Reihen zugeht. Richtet sich das Votum primär gegen die anderen, etablierten Parteien, könnten sie sogar geneigt sein, extremistische Tendenzen nicht nur zu dulden, sondern insgeheim sogar zu begrüßen, weil dies den »Denkzettel«-Charakter der Wahl umso mehr unterstreicht.

Hier mag eine der Erklärungen dafür liegen, dass die AfD ihre Wählerunterstützung gerade in den ostdeutschen Ländern kaum eingebüßt hat – trotz der seit ihrer Gründung 2013 stetig voranschreitenden Radikalisierung. Der Extremismus steht dem Erfolg nicht nur nicht im Wege, er scheint ihn sogar zu »beflügeln«. In Ostdeutschland ist es den Rechtspopulisten gelungen, der Linken deren einstige Rolle als Stimme und Fürsprecherin des Ostens zu entwinden, obwohl sie programmatisch in diesem Bereich genauso wenig aufzubieten hat wie in anderen Politikfeldern. Dass sie für die anderen Parteien, auch für die CDU, als Regierungspartner nicht infrage kommt, scheint keine Rolle zu spielen. Die Wähler haben erkannt, dass ihr Protestvotum auch so wirkt, zwingt es die anderen Parteien doch, sich auf die Positionen und Themen der AfD zuzubewegen – die Verweigerung der Erhöhung des Rundfunkbeitrags durch die CDU in Sachsen-Anhalt ist nur eines von vielen Beispielen.

Im Westen stellt sich die Situation anders dar. Hier zielt die Partei vor allem darauf, ein länger eingesessenes bürgerliches Wählerspektrum zu adressieren, das sich von den Unionsparteien und der FDP nicht mehr repräsentiert fühlt. Extremistische Tendenzen wirken dabei abschreckend. Dies erklärt die Vehemenz, mit der sich der Exponent des gemäßigteren Parteiflügels, der Ko-Vorsitzende Jörg Meuthen, der angekündigten und auf Landesebene zum Teil schon stattfindenden Beobachtung der AfD durch den Verfassungsschutz widersetzt hat – sie würde besonders dem nicht-extremistischen Teil der Partei schaden und das interne Machtgleichgewicht damit weiter zu dessen Ungunsten verschieben. Mit Meuthens Kampfansage an die extremistischen Kräfte ist aus dem latenten Machtkonflikt jetzt ein offen ausgetragener Machtkampf geworden. Ob Meuthen daraus als Sieger hervorgehen und er sein Amt als Parteichef behalten kann, erscheint nach den Entwicklungen zu Beginn des Wahljahres eher zweifelhaft. Mit der Wahl von Tino Chrupalla und Alice Weidel zum Spitzenkandidatenduo für die Bundestagswahl, die gegen seinen Willen erfolgte, haben die Parteimitglieder ein Signal für den weiteren Schulterschluss mit den extremistischen Kräften gesetzt, der die AfD in den westlichen Bundesländern Stimmen kosten dürfte.

Neben dem tiefen innerparteilichen Riss wirkt sich auch die veränderte politische Themenagenda nachteilig auf die Wahlchancen der Rechtspopulisten aus. Einerseits hat die Flüchtlings- und Migrationspolitik an Dringlichkeit verloren. Andererseits nimmt die AfD in den beiden Themenkomplexen, die die aktuelle Debatte dominieren – der Klima- und der Corona-Krise –, Positionen ein, die in ihrer faktenverleugnenden Radikalität beim bürgerlichen Mainstream ebenfalls wenig Anklang finden dürften. Auffällig war, dass die Partei ihre Kritik an der Corona-Politik ganz auf das Thema »Freiheits- und Demokratieeinschränkungen« abstellte und eine Verknüpfung mit der Migrationsfrage vermied. Weil sie die Notwendigkeit harter Bekämpfungsmaßnahmen mit Blick auf die aus ihrer Sicht übertrieben dargestellte Gefährlichkeit des Virus generell anzweifelte, konnte und wollte die AfD weder den Beitrag des »Auslands« zur Verursachung und Ausbreitung der Pandemie thematisieren noch eine Politik der »nationalen Präferenzen« bei der Impfstoffbeschaffung oder Impfreihenfolge anmahnen.

Fast gegensätzlich dazu, aber mit Blick auf die Wählerresonanz noch weniger erfolgreich gestalteten sich die Positionen der Linken zur Corona-Politik. Beim Thema Freiheitseinschränkungen lagen diese bisweilen näher bei der Bundesregierung und bei den Grünen, die die

Regierungsmaßnahmen weitgehend mittrugen, als bei der hier stärker oppositionell auftretenden FDP. Erwartbarerweise versuchte die Partei ihr Augenmerk auf die sozialen Begleiterscheinungen und Folgen der Krise zu richten, womit sie aber kaum öffentlichen Widerhall fand. Mit ihren sonstigen Themen, etwa den stark steigenden Mieten, konnte sie ebenfalls nicht durchdringen. Stattdessen machte die Linke ähnlich wie die AfD vor allem mit ihren eigenen innerparteilichen Querelen von sich reden. Dabei ging es zum einen um die leidige Frage der Regierungsbeteiligung. Diese wurde zwar auch von den fundamentaloppositionellen Teilen in der Partei nicht rundweg abgelehnt, die gleichzeitig jedoch keinerlei Bereitschaft erkennen ließen, die Voraussetzungen dafür zu schaffen – etwa durch die Räumung überkommener Positionen in der Außen- und Verteidigungspolitik. Zum anderen kam es zu einer öffentlich ausgetragenen Auseinandersetzung um die »identitätspolitischen« Positionen der Linken, bei der Sahra Wagenknecht, die mit Abstand bekannteste und populärste Linken-Politikerin, den von der Basis mit klarer Mehrheit unterstützten linksliberalen Kurs der Parteispitze heftig attackierte. Der Burgfrieden innerhalb der Partei, der über all die Jahre mühsam aufrechterhalten werden konnte, schien damit ein halbes Jahr vor der Bundestagswahl zerbrochen.

Welche Folgen ergeben sich aus der Schwäche der Randparteien für das Parteiensystem und die Regierungsbildung? Eine positive Folge liegt darin, dass sich innerhalb des von Union, SPD, Grünen und FDP gebildeten Zentrums neue Koalitionsmöglichkeiten auftun. So wären zum Beispiel nach den Umfragen zu Beginn des Wahlkampfes (Anfang Juli) sowohl eine schwarz-grüne Zweierkoalition als auch eine Ampel oder ein Jamaika-Bündnis mit jeweils drei Parteien mehrheitsfähig und politisch gangbar. Jede dieser drei Varianten ist wahrscheinlicher als ein Linksbündnis, selbst wenn es für ein solches ebenfalls eine Mehrheit gäbe. Zugleich gingen sie mit einem zumindest partiellen Regierungswechsel einher, im Falle der Ampelkoalition sogar mit einem Wechsel der Kanzlerpartei. Die bundesdeutsche Demokratie würde damit ihre Funktionsfähigkeit auch in einer komplizierter gewordenen Parteienlandschaft weiter beweisen.

Juni 2021 (unveröffentlicht).

Leiernde Wahlkampfschlager

Angesichts ihrer niederschmetternden Umfragewerte suchen Armin Laschet und die Unionsparteien ihr Heil jetzt in der Neuauflage einer »Roten-Socken-Kampagne« und warnen eindringlich vor einem möglichen Linksbündnis aus SPD, Grünen und der Partei Die Linke nach der Bundestagswahl. Ob sie gut daran tun, ist fraglich. Erstens könnte es für einen verschärften Konfrontationskurs schon zu spät sein, nachdem die Briefwahl längst im Gange ist und bis zum Urnengang nur noch drei Wochen verbleiben. Und zweitens stellt Rot-Grün-Rot in den Augen eines Großteils der Wählerschaft heute kein Schreckgespenst mehr dar. Was 1994 als Wahlkampfschlager noch funktioniert hatte, ließ sich schon vier Jahre später – beim rot-grünen Wahlsieg unter Gerhard Schröder – nicht mehr wiederholen. Im Jahr 2021 wirkt es wie vollends aus der Zeit gefallen.

Die jüngsten Umfragen der Forschungsgruppe Wahlen und anderer Institute sollten der Union zu denken geben. Nicht nur, dass bei der Bewertung der verschiedenen Bündnisse die – von der SPD angeführte – Ampel am besten abschneidet. Selbst mit einer Linkskoalition können sich inzwischen mehr Wähler anfreunden als mit einer Regierung unter Führung der Union – sei es Jamaika, eine Deutschland-Koalition oder die Fortsetzung des jetzigen rot-schwarzen Bündnisses. Dass SPD und Grüne vor diesem Hintergrund keine große Nervosität verspüren, liegt auf der Hand, so unvorteilhaft ihr »Rumeiern« in der Koalitionsfrage in den Fernsehdebatten auch wirken mag. Selbst wenn die Warnung vor Rot-Grün-Rot den ein oder anderen verunsicherten Wähler von der Stimmabgabe für SPD oder Grüne abhält, bleibt es aus strategischer Sicht für beide Parteien ratsam, ein Zusammengehen mit der Linken nicht schon vor der Wahl auszuschließen.

Zwei Gründe sind dafür maßgeblich. Zum einen geht es bei der Wahl ja darum, ein Maximum der potenziellen Wählerschaft zu erreichen. Dies würde verhindert, wenn man durch den Ausschluss einer bestimmten Koalitionsoption einen Teil dieser Wähler ohne Not verprellt. Weil SPD und Grüne sich als linke Parteien verstehen, gibt es sowohl in der Wählerschaft als auch unter ihren Mitgliedern und Funktionären große Gemeinsamkeiten mit den inhaltlichen Positionen der Linkspartei. Dies gilt bis hinein in die Außenpolitik, obwohl diese weiterhin den größten Stolperstein für eine Zusammenarbeit darstellt. Zum anderen haben sich die Modalitäten der Koalitionsbildung durch die Auffächerung der Parteienlandschaft grundlegend verändert. Zweierkoalitionen mit dem Wunschpartner an der Seite, wie sie bis Mitte der 2000er Jahre noch gang und gäbe waren, sind passé. Im heutigen Sechsparteiensystem sind faktisch nur noch lagerübergreifende Dreiparteienkoalitionen möglich. Damit erhöht sich zugleich die Zahl der arithmetisch möglichen und politisch gangbaren Bündnisvarianten.

Im von Union, SPD, Grünen und FDP gebildeten demokratischen Zentrum sind längst alle Parteien untereinander koalitionswillig und -fähig. Während sich Union und Grüne schon seit Ende der 2000er Jahre für Bündnisse wechselseitig öffneten, schloss die FDP eine Ampelkoalition mit SPD und Grünen sowohl 2005 als auch 2009 aus. Nachdem die Sozialdemokraten umgekehrt keine Bereitschaft für ein Zusammengehen mit der Linken erkennen ließen (an den Grünen wäre ein solches Bündnis seinerzeit nicht gescheitert), fehlte es Rot-Grün deshalb an einer Machtoption. Das galt auch 2013, als SPD, Grüne und Linke nach dem knappen Scheitern der FDP und AfD an der Fünfprozenthürde im Bundestag überraschend über eine Mehrheit verfügten. Die SPD zog daraus ihre Lehren, indem sie in einem förmlichen Parteitagsbeschluss 2013 festschrieb, auf Koalitionsaussagen oder -absagen vor Wahlen – auch in Richtung der Linken – künftig generell zu verzichten. 2017 spielte das keine Rolle, weil das Linksbündnis von einer gemeinsamen Mehrheit weit entfernt war. Warum sollten die Sozialdemokraten ausgerechnet jetzt, da eine solche Mehrheit im Raum steht, von dem Beschluss abrücken?

Dass Olaf Scholz die Ampel einem Linksbündnis vorziehen würde, darf man unterstellen. Die von ihm in dieser Richtung ausgesandten Signale waren spätestens seit März unüberhörbar und stellen vermutlich kein Täuschungsmanöver dar. Ob seine Präferenz auch von der Partei- und Fraktionsführung geteilt wird, ist dagegen nicht gewiss. Saskia Esken, Norbert Walter-Borjans und Rolf Mützenich stehen in ihren politischen Positionen deutlich links von Scholz, von Kevin Kühnert ganz zu schweigen. Der mögliche künftige Kanzler wird also sein ganzes Gewicht aufbringen müssen, um das Liebäugeln mit Rot-Grün-Rot in den eigenen Reihen zu beenden und der SPD das Bündnis mit den ungeliebten Liberalen nach der Wahl schmackhaft zu machen. Helfen könnten ihm dabei die Grünen, deren inhaltliche und mentale Distanz zur Linken mittlerweile größer ausfällt als jene der SPD.

Am deutlichsten zeigt sich das in der Außenpolitik. Dass die vermeintliche Regierungsunfähigkeit der Linken ausgerechnet im Kontext der Debatte um den deutschen Afghanistan-Einsatz erneut zum Thema geworden ist, entbehrt nicht der Ironie, waren und sind es doch die anderen Parteien (einschließlich der Grünen und der FDP), die das Desaster dieses Einsatzes seit 2002 zu verantworten haben. Die Gelegenheit, sich bei aller berechtigten Grundsatzkritik in der Stunde der Not auf die Seite der Soldatinnen und Soldaten zu stellen und die Evakuierungsmission zu unterstützen, ließ die Linke ungenutzt – so wie sie es die gesamte Legislaturperiode über versäumt hat, ihre außen- und friedenspolitischen Positionen programmatisch anzupassen.

SPD und Grüne kommt dieses Versäumnis jetzt indirekt zugute – es hilft ihnen, die »Rote-Socken-Kampagne« der Union ins Leere laufen zu lassen, ohne die Option eines Linksbündnisses als mögliches Druckmittel in Koalitionsverhandlungen von vornherein aus der Hand zu geben. Denn wenn das Wahlergebnis neben einer – heute schon fast sicher erscheinenden – Mehrheit für die Ampel auch eine Mehrheit für Rot-Grün-Rot hergibt, läge es allein an der FDP, ein solches Szenario zu verhindern. Dass die Liberalen sich ihrer »staatspolitischen« Verantwortung ein weiteres Mal verweigern werden, erscheint nach dem Jamaika-Fiasko von 2017 nur schwer vorstellbar.

Berliner Morgenpost / Der Hauptstadtbrief am Samstag vom 4. September 2021.

Die FDP sitzt in der Falle

Warum eine Ampelkoalition wahrscheinlich ist, die Liberalen unter Zugzwang stehen und CDU-Kanzlerkandidat Armin Laschet scheitern musste, erklärt der Bonner Politikwissenschaftler Frank Decker im Gespräch mit Hannah Bethke.

Herr Decker, sind Sie vom Ausgang der Bundestagswahl überrascht?

Nicht wirklich. Man orientiert sich ja an den Umfragen, die bis kurz vor der Wahl gemacht werden. Da hatte sich bereits in den letzten beiden Wochen zwar keine Trendwende, aber doch ein gewisses Aufholen der Union angedeutet. Es war allerdings kein Wimpernschlagfinale zwischen CDU/CSU und SPD, wie Markus Söder gemeint hat. Denn mit 1,6 Prozentpunkten Vorsprung ist es dann doch ein relativ klarer Platz eins für die Sozialdemokraten. Aber das war vorher natürlich noch offen.

Die Union hat mit einem Verlust von fast neun Prozentpunkten eine herbe Niederlage erlitten. Ist Armin Laschet daran schuld?

Ein Wahlergebnis erklärt sich niemals nur aus einem Faktor. Ein zentraler Punkt ist der Kandidat. Die Union hätte aus meiner Sicht mit Markus Söder deutlich bessere Chancen gehabt, die SPD zu schlagen. Dass es den Sozialdemokraten gelungen ist, sich binnen vier Wochen an die Spitze zu setzen, hängt nicht unbedingt mit der Stärke des eigenen Kandidaten zusammen. Aber unter den Blinden ist der Einäugige König. Ein mittelfristiger Faktor ist außerdem die veränderte Themenlage. Seit 2018 steht durch die Proteste von »Fridays for Future« das Klimathema oben auf der Agenda. Das hat den Grünen sehr in die Hände gespielt. Und auch Ereignisse können in Wahlkämpfen eine Rolle spielen, etwa die Flutkatastrophe im Juli. Bis dahin hatte sich die Union stabilisiert. Dann kam der größte Fauxpas in der misslungenen Kampagne von Laschet: sein Lacher während der Ansprache von Bundespräsident Frank-Walter Steinmeier.

Was ist in der Kanzlerkandidatur von Armin Laschet schief gelaufen?

Die ganze Kür des Kandidaten. In einem parlamentarischen Regierungssystem muss der Machtübergang in einer Partei normalerweise inmitten einer Legislaturperiode erfolgen, damit der Nachfolger oder die Nachfolgerin einen Amtsbonus aufbauen kann, mit dem man dann in die Wahlauseinandersetzung zieht. Angela Merkel hat diesen Machtübergang nicht geschafft. Sie hat Armin Laschet in eine ganz schwierige Situation gebracht, nämlich einerseits diese Amtszeit mit vertreten zu müssen, andererseits selber ein eigenes Profil zu entwickeln. Laschet ist ein Kandidat gewesen, der sich genau wie Annegret Kramp-Karrenbauer nur knapp durchsetzen konnte in der Partei. Er war nicht der gesetzte Kanzlerkandidat, sondern wurde herausgefordert von Markus Söder, mit dem er sich dann einen harten Machtkampf geliefert hat. Wenn eine Partei nicht geschlossen auftritt, vermindert das ihre Wahlchancen. Für die Union gilt das ganz besonders.

Was haben die Unionsparteien falsch gemacht?

Die SPD hat 1998 bei der Kanzlerkandidatur von Schröder die Wählerlogik über die Parteilogik gestellt. Denn die Parteilogik hätte dafür gesprochen, den Parteivorsitzenden Oskar Lafontaine zum Kanzlerkandidaten zu machen. Er wusste aber, dass Schröder ein besseres Ergebnis erzielen würde, deshalb hat Lafontaine auf die Kandidatur verzichtet. So hätte Laschet es eigentlich auch machen müssen. Seine Unterstützer, vor allem Volker Bouffier und Wolfgang Schäuble, haben aber die Parteilogik über die Wählerlogik gestellt. Sie wollten nicht, dass die kleinere Schwesterpartei ihnen den Kanzlerkandidaten vorschreibt. Das ist ein schwerer Fehler gewesen.

Olaf Scholz gilt als klarer Sieger dieser Wahl. Das hätte im August letzten Jahres wohl kaum jemand gedacht, als die SPD seine Kanzlerkandidatur verkündete. Was kann die deutsche Sozialdemokratie, was andere nicht können?

Die Erklärung für diesen Erfolg liegt primär in der Schwäche der politischen Konkurrenz. Die SPD hat allerdings in dieser Situation auch keinen Fehler gemacht. Es hat sich als richtig erwiesen, den Kanzlerkandidaten sehr früh auszurufen. Und es war auch sehr viel Glück im Spiel.

SPD und Union kommen zwar auf über zwanzig Prozent, dennoch haben sie längst den Status einer Volkspartei verloren. Gleichzeitig wachsen einst kleinere Parteien wie FDP und Grüne auf zweistellige Ergebnisse an. Was bedeuten diese Verschiebungen für das deutsche Parteiensystem?

Zunächst einmal, dass die Koalitions- und Regierungsbildung sehr viel schwieriger wird. Zum ersten Mal muss im Bund eine Dreierkoalition gebildet werden. Dabei haben wir immer noch eine Lagerstruktur. Es gibt zwei Kernbündnisse im deutschen Parteiensystem: Auf der einen Seite Union und FDP, die sich als das bürgerliche Lager bezeichnen. Auf der anderen Seite die Grünen, die nach wie vor im linken Lager zu verorten sind, gemeinsam mit der SPD. Diese Kernbündnisse können aber ohne einen Partner aus dem jeweils anderen Lager heute nicht mehr regieren, wie bis zu Beginn der 2000er Jahre stets der Fall war. Für die Demokratie entsteht aus dieser Situation noch ein anderes Problem: Die Parteien halten sich mit ihren Koalitionsabsichten bedeckt. Die Wähler wissen am Ende gar nicht so genau, in welches Regierungsbündnis eine Stimme fließen kann.

Könnte man nicht auch sagen, dass diese neue Dynamik dem politischen Parteiensystem gut tut? Immerhin überdenken viele Wähler jetzt bisherige parteipolitische Präferenzen und setzen sich stärker mit den Inhalten auseinander.

Theoretisch ja. Parteien haben ja Wähler nicht gemietet. Aber die Frage ist, auf welcher Basis sie sich mit Inhalten auseinandersetzen. Dass es davon zu wenig im Wahlkampf gegeben habe, kann ich in dieser Pauschalität nicht nachvollziehen. Bedenklich finde ich aber gewisse Effekte, die durch soziale Medien erzeugt werden, wenn zum Beispiel Falschnachrichten in die Debatte getragen werden. Das vergiftet den politischen Diskurs. Ich würde auch sagen, die Art und Weise, wie mit Annalena Baerbock umgegangen worden ist, hätte es ohne die sozialen Medien in dieser Heftigkeit nicht gegeben.

Grüne und FDP haben jetzt die Rolle von Kanzlermachern. Worauf läuft die Regierungsbildung hinaus: Ampel- oder Jamaika-Koalition?

Ich kann nachvollziehen, dass Armin Laschet sich die Option eines Jamaika-Bündnisses offen halten will. Denn es kann ja durchaus sein, dass die Ampel-Verhandlungen scheitern. Wir haben das vor vier Jahren schon einmal erlebt. Da hat die SPD etwas voreilig gesagt, sie gehe in die Opposition. Am Ende musste sie dann doch in die Regierung eintreten, nachdem die FDP die Jamaika-Verhandlungen scheitern ließ. Ich bin mir ziemlich sicher, dass wir auf eine Ampelkoalition zusteuern. Die Schlüsselrolle liegt nicht bei den Liberalen, sondern bei den Grünen. Die Grünen sind auch stärker als die FDP. Und Olaf Scholz ist erfahren genug, um eine solch schwierige Koalition wie die Ampel zu schmieden – übrigens im Unterschied zu Angela Merkel, die überhaupt keine gute Koalitionspolitikerin war.

Aber ohne die FDP geht es auch nicht. Oder?

Die FDP sitzt in der Falle. Denn ihr bleibt am Ende nichts übrig, als die Ampelkoalition zu akzeptieren. Eine Wiederholung von 2017 kann sie sich nicht leisten. Sie darf die Verhandlungen also nicht zum Scheitern bringen. Das wissen alle Beteiligten.

2013 ist die FDP aus dem Bundestag geflogen und drohte, eine politisch bedeutungslose Partei zu werden. Nun ist es den Liberalen zum zweiten Mal in Folge in einer Bundestagswahl gelungen, ein zweistelliges Ergebnis zu erzielen. Wie erklären Sie sich den Erfolg der Partei?

Es gibt einen Oppositionseffekt, speziell unter den Bedingungen einer Großen Koalition. Die FDP ist neben der AfD ein Nutznießer der Schwäche der Union, die auch durch eine Entkernung der konservativen und wirtschaftsliberalen Elemente der Partei verursacht worden ist. Das wurde forciert, weil die Union in zwölf von sechzehn Jahren mit der SPD regiert hat. Außerdem hat die FDP während der Corona-Krise ihre Doppelkompetenz als Partei der Wirtschaft, aber auch als Anwältin der Bürgerrechte gut ausspielen können. Christian Lindner als unumstrittene Führungsfigur hat zudem für einen relativ geschlossenen Auftritt gesorgt.

Die FDP zieht erstaunlich viele junge Wähler an. Bei den Erstwählern haben 23 Prozent die FDP gewählt. Damit steht sie an der Spitze der Parteien. Was macht sie für die Jungen so attraktiv?

Da spielen Lifestyle-Elemente eine Rolle, eine gewisse Modernität im Auftritt und ein Vorsitzender, der jugendlich wirkt. Wichtig ist auch die programmatische Öffnung der Partei. Das verbindet sich mit dem Image als progressive Kraft, das die FDP selber zu entwickeln versucht. Wenn man sich die Größe der Wählergruppen anschaut, darf man das aber nicht überbewerten. In einer alternden Gesellschaft sind rein quantitativ die über Sechzigjährigen viel bedeutsamer als die jungen Wählergruppen. Die SPD hat die Wahl auch deshalb gewonnen, weil es ihr gelungen ist, in der Gruppe der über Sechzigjährigen massiv Wähler von der Union zu gewinnen.

Die Grünen haben sich im Laufe des Wahlkampfs den Ruf einer Verbotspartei eingehandelt. Zu Recht?

Dieser Vorwurf ist absurd. Die Grünen versuchen schon seit Ende der achtziger Jahre, ihre systemoppositionellen, kapitalismuskritischen Positionen abzuschütteln. Sie werben stattdessen für Reformkonzepte einer ökologischen Marktwirtschaft. Dazu gehören ordnungsrechtliche Elemente, aber auch Bepreisungen. Das sind klassische marktwirtschaftliche Elemente.

Aber Annalena Baerbock hat ja tatsächlich behauptet, aus Verboten entstünden Innovationen.

Damit hat sie aber nicht unrecht. Wenn man zum Beispiel der Automobilindustrie nicht signalisieren würde, dass durch ein baldiges Verbot der Zulassung von Verbrennern dieses Geschäftsmodell für sie gestorben ist, dann würde sie alternative Antriebe nicht so schnell auf den Markt bringen.

Finden Sie, dass diese Art von klimapolitischer Steuerung mit dem liberalen Prinzip vereinbar ist?

Ja, selbstverständlich. Die Rechte begrenzen sich doch gegenseitig. Es geht immer darum, Abwägungen vorzunehmen. Das haben wir auch während der Corona-Pandemie erlebt. Die Maßnahmen müssen verhältnismäßig sein. Da kann man auch aus einer liberalen Position zu unterschiedlichen Abwägungen kommen. Um ein anderes Beispiel zu nennen: das Tempolimit. Wenn ich empirisch nachweisen kann, dass ich eine bestimmte Zahl von Menschenleben retten kann, sofern ich ein Tempolimit einführe, wäre das für mich aus einer liberalen Position überhaupt kein Problem. Die Straßenverkehrsordnung ist nichts anderes als eine Ansammlung von Verboten.

Dann kommen wir noch zu den politische Rändern: Die Linkspartei liegt unter der Fünfprozenthürde und käme nicht in den Bundestag, hätte sie nicht drei Direktmandate geholt. Sind die Deutschen nicht mehr links genug?

Nein, das hat andere Gründe. Die SPD hat diesen Wählern ein Angebot gemacht. Manche sagen, sie sei in Fragen der sozialen Gerechtigkeit nach links gerückt. Wenn man als Wähler glaubt, dass die Linkspartei keine Chance auf eine Regierungsbeteiligung hat, stimmt man eher für die SPD oder die Grünen. Ich glaube, dass die Linken an dieser Misere hauptsächlich selber schuld sind, weil sie es bisher nicht geschafft habe, ihre eigenen internen Konflikte mit Blick auf die Regierungsfähigkeit zu lösen. Dazu hatten sie vier Jahre Zeit, die haben sie nicht genutzt.

FDP-Chef Christian Lindner hat gesagt, mit dieser Wahl sei die bürgerliche Mitte gestärkt worden. Trotzdem hat die AfD über zehn Prozent erzielt. Spricht das nicht eher für eine gespaltene Gesellschaft?

Beim Begriff der Spaltung ist immer die Frage anzuschließen, wo die Spaltungslinie verläuft. Wenn sie zwischen 90 und 10 Prozent verläuft, ist das weniger dramatisch, als wenn sie wie in anderen Gesellschaften, etwa in den USA, zwischen 50 und 50 Prozent verläuft. Hier haben sich die Dinge eigentlich eher entspannt. Die AfD und die Linke sind zusammen genommen von 22 auf 15 Prozent zurückgegangen. Wenn Sie überlegen, dass etwa in Italien die beiden Rechtsparteien zusammen bei 40 Prozent liegen, ist das Ausweis einer erstaunlichen demokratischen Stabilität. Dennoch gibt es ein radikalisiertes Wählerpotenzial, das durch die AfD im Parteiensystem abgebildet wird, vor allem in Ostdeutschland. Die AfD ist im Osten mittlerweile fast dreimal so stark wie im Westen. Wir haben eine Spaltung im deutschen Parteiensystem zwischen Ost und West. Nach über dreißig Jahren deutscher Einheit ist das ein erstaunlicher Befund.

Viele fürchten, uns könnten wie bei der letzten Bundestagswahl wieder wochenlange Sondierungen bevorstehen. Was tippen Sie: Wann wird Deutschland eine neue Regierung haben?

Ich denke, dass die Verhandlungen für eine Ampelkoalition nicht scheitern werden. Das muss dann aber schneller gehen und sollte in zwei Monaten abgeschlossen sein. Das ist ein ehrgeiziges Ziel, aber durchaus realistisch. Alle Beteiligten haben Lehren aus 2017 gezogen.

Neue Zürcher Zeitung vom 30. September 2021, S. 2.

TEIL III:
EUROPA UND
DIE EUROPÄISCHE UNION

Wo der Kern des EU-Demokratiedefizits liegt

(mit Florian Grotz)

Lars Feld und Michael Wohlgemuth haben in der FAZ vom 22. April 2013 die Vorzüge der Schweizer Referendumsdemokratie gepriesen. Sie verweisen auf diverse Forschungsergebnisse, nach denen die Präferenzen der Schweizer Bürger dank der dortigen direktdemokratischen Mitwirkungsmöglichkeiten besser berücksichtigt werden als in repräsentativen Demokratien. Die »Volksmeinung« wirke in der Alpenrepublik »als Schuldenbremse, Steuermoral- und Effizienzförderer sowie Subsidiaritätsstütze«. Daher täte »Mehr Schweiz« der Bundesrepublik Deutschland und der gesamten Europäischen Union gut – und zwar als »anspruchsvolles Reformprogramm politischer Institutionen«.

Zweifellos ist die Schweiz eine ökonomisch und politisch besonders erfolgreiche Demokratie. Auch bestreiten wir nicht, dass direktdemokratische Verfahren das Regieren »durch das Volk und für das Volk« grundsätzlich verbessern können. Als institutionelles Reformmodell ist die eidgenössische Referendumsdemokratie jedoch ungeeignet – für Deutschland ebenso wie für die Europäische Union. Die Gleichsetzung von »Felix Helvetia« und Direktdemokratie, wie sie Feld und Wohlgemuth vornehmen, verdeckt einige grundsätzliche Schwierigkeiten, die sich bei einem Export des Schweizer Modells auftun. Diese Probleme haben einerseits mit den Schweizer Erfahrungen selbst zu tun, die gemischter sind, als die Autoren glauben machen wollen. Zum anderen liegen sie in kulturellen und politischen Besonderheiten begründet, die nicht ohne Weiteres »mitexportiert« werden können und deshalb bei der Analyse Beachtung finden müssen.

Die sozialwissenschaftliche Forschung attestiert direktdemokratischen Verfahren, die als unmittelbare Oppositionsrechte ausgestaltet sind, eine überwiegend konservierende, bremsende Funktion. Dies gilt auch und gerade für das fakultative Referendum in der Schweiz. Dieses gibt den Bürgern die Möglichkeit, über jedes von Regierung und Parlament beschlossene Gesetz einen plebiszitären Nachentscheid zu verlangen und es bei Bedarf zu Fall zu bringen. In der Fiskalpolitik wirkt die eidgenössische Referendumspraxis ausgabenmindernd und mithin schuldenbegrenzend. Allerdings führt die konservierende Tendenz der Volksabstimmungen nicht immer und überall zu normativ erwünschten Ergebnissen. Besonders deutlich wird dies im gesellschaftspolitischen Bereich. So gehen die verspätete Einführung des Frauenwahlrechts und die Diskriminierung von Migranten und Minderheitengruppen in der Schweiz unmittelbar auf die direkte Demokratie zurück. Wer die nützlichen Wirkungen der Volksrechte rühmt, sollte ihre Negativseiten nicht verschweigen.

Auch was den fiskalpolitischen Bereich angeht, bleibt das von den Autoren gezeichnete Bild unvollständig. Dass die Schweizer im Jahre 2001 eine Schuldenbremse in ihrer Bundesverfassung verankert haben und die Kantone dem anschließend bis auf wenige Ausnahmen gefolgt sind, wird nicht erwähnt. Es könnte als Hinweis aufgefasst werden, dass man auch in der Schweiz der Weisheit der Bürger in diesen Fragen nicht ganz traut. Dabei ist es gerade diese verfassungsstaatliche Fiskalregel, die zu einem Exportschlager in anderen europäischen Demokratien avanciert ist. So wie die Schuldenbremse hier die Volksrechte einhegt, soll sie dort der Neigung der Parteien entgegenwirken, den Bürgern unerfüllbare Wahlversprechen zu machen.

Für Feld und Wohlgemuth gehen geringe Verschuldung, niedrige Steuern und ein schlanker Sozialstaat miteinander einher. Auf die Schweiz trifft das sicherlich zu. Allerdings zeigen Länder wie Schweden, dass ein restriktives Schuldenregime auch mit einem hohen Steuer- und wohlfahrtsstaatlichen Leistungsniveau kombiniert werden kann. Ob man einen schlanken oder ausgebauten Sozialstaat für besser hält, ist eine Frage der politischen Bewertung. Was für die Schweizer richtig ist, muss aber nicht zugleich für die Schweden, Deutschen, Franzosen oder Niederländer richtig sein. In der Schweiz fußen die direktdemokratischen Verfahren auf bestimmten sozioökonomischen und -kulturellen Bedingungen – einem liberal-individualistischen Staatsverständnis, der Kleinheit und sprachlich-religiösen Heterogenität des Landes, seiner föderal-dezentralisierten Struktur und einer ausgeprägten Konsensorientierung –, mit denen sie ein gleichsam unauflösliches Amalgam bilden. Diese Bedingungen lassen aus ihrem Kontext nicht einfach isolieren, geschweige denn auf andere Länder übertragen.

Die Fixierung auf das Schweizer Modell verkennt zugleich, dass Deutschland seit einiger Zeit eigene Erfahrungen mit der direkten Demokratie macht – nicht im Bund, so aber doch in den Ländern und Kommunen. Die Volksrechte sind dort als Initiativrechte ausgestaltet und damit jenen der Schweiz durchaus ähnlich. Die in allen Bundesländern vorgesehene »Volksgesetzgebung« reicht sogar noch über das Schweizer Vorbild hinaus, indem sie den Bürgern nicht nur die Kassation bereits beschlossener Gesetze gestattet, sondern sie selbst anstelle des parlamentarischen Gesetzgebers treten lässt. In der Schweiz bleibt die »positive« Initiative im Bund dagegen auf Verfassungsänderungen beschränkt, das Volk kann also keine einfachen Gesetze begehren.

Ein Blick auf die bisherige Verfassungspraxis der deutschen Länder zeigt, dass auch die »positive« Volksgesetzgebung überwiegend eingesetzt wird, um beschlossene oder geplante Vorhaben der Regierenden zu durchkreuzen – man denke etwa an die Hamburger Schulreform oder das Nichtraucherschutzgesetz in Bayern. In der oppositionellen Stoßrichtung unterscheidet sich das Instrument also nicht sonderlich von den Effekten des fakultativen Referendums in der Schweiz. Der systemische Kontext, in den die Verfahren eingebettet sind, könnte allerdings unterschiedlicher nicht sein: In der Schweiz hat die Einführung des Volksvetos dazu geführt, dass alle relevanten Parteien des Landes in die Regierung vorsorglich integriert wurden: Konkordanzsystem und direkte Demokratie sind in der Eidgenossenschaft Seiten derselben Medaille. In der parlamentarischen Parteiendemokratie der Bundesrepublik stellen die Volksrechte dagegen einen potenziell funktionswidrigen Fremdkörper dar. Hier wird der politische Prozess durch das Gegenüber von regierender Mehrheit und Opposition bestimmt. Dieses Prinzip würde unterminiert, wenn man der Opposition die Möglichkeit gäbe, die Regierungspolitik mithilfe der plebiszitären Verfahren zu konterkarieren.

Die Verfassungsgeber in den Ländern begegnen dem Widerspruch dadurch, dass sie die Anwendbarkeit der direkten Demokratie durch eine Vielzahl von Ausschlussgegenständen, hohe Quoren und weitere Verfahrensvorschriften stark beschränken. Man entscheidet sich also einerseits für ein sehr weitreichendes Modell der Direktdemokratie und sorgt auf der anderen Seite dafür, dass dieses Modell in der Praxis gar nicht zum Tragen kommt. Daher erscheint eine häufig vorgebrachte Forderung zunächst folgerichtig: Um das Versprechen der direkten Demokratie einzulösen, müssten die Anwendungsbedingungen der Verfahren erleichtert werden. Laut Feld und Wohlgemuth sollte dies vor allem für den Bereich Steuern und Finanzen gelten, der dem plebiszitären Zugriff in der Bundesrepublik fast vollständig entzogen ist. Dass eine Abkehr vom Finanztabu den Konflikt zwischen parlamentarischem und Volksgesetzgeber dramatisch verschärfen würde, kommt den beiden Ökonomen nicht in den Sinn.

Wenn das Schweizer Modell für die Bundesrepublik untauglich ist, könnte es dann nicht zumindest auf die europäische Ebene übertragen werden? Auch in dieser Frage ist die Argumentation der Autoren nicht schlüssig. Volksabstimmungen über europäische Fragen halten sie nur im nationalen Rahmen für angebracht, wenn es darum gehe, über die Übertragung von Souveränitätsrechten auf die EU-Ebene zu entscheiden. Die Möglichkeit europaweiter Referenden wird dagegen mit dem bekannten Hinweis abgetan, in der EU mangele es an der Grundvoraussetzung der Demokratie schlechthin: einem europäischen Demos, der untereinander solidarisch sei und eine gemeinsame öffentliche Meinung ausbilden könne. Deshalb bürgen solche Abstimmungen die Gefahr, »dass Mehrheiten sich auf Kosten anderer mit Transfers und Sondervorteilen eindecken würden – nach dem Motto, dass wir entscheiden und ihr zahlt.«

Die Vorstellung, das EU-Demokratiedefizit sei in erster Linie »auf der Ebene der Mitgliedstaaten« zu bekämpfen, führt jedoch in die integrationspolitische Sackgasse. Ignoriert wird dabei zum einen, dass die EU seit dem Lissabon-Vertrag bereits über ein direktdemokratisches Verfahren verfügt: Mit der europäischen Bürgerinitiative können eine Million Bürger, die aus mindestens acht Mitgliedstaaten stammen, die Kommission im Rahmen ihrer Zuständigkeiten zu einer Gesetzesinitiative auffordern. Damit besteht ein – wenn auch bescheidenes – Instrument, mit dem sich die Funktionsfähigkeit transnationaler Volksinitiativen ansatzweise erproben lässt. Zum anderen wäre gerade die mehrsprachige Schweiz geeignet, die »non-demos«-These mit Blick auf die EU zu relativieren. So wie in der EU bilden die Sprachgemeinschaften in der Schweiz segmentierte Öffentlichkeiten; nur die Eliten können sich außerhalb ihrer Muttersprache leidlich verständigen. Anders als die Schweizer haben die europäischen Bürger aber bis heute nicht die Möglichkeit, über ihre gemeinsamen Angelegenheiten innerhalb der EU tatsächlich gemeinsam zu entscheiden – in europäischen Wahlen und Abstimmungen, die diesen Namen verdienen. Hier – und nicht in der Verletzung des Souveränitätsprinzips auf der

Ebene der Mitgliedstaaten – liegt der eigentliche Kern des Demokratiedefizits.

Frankfurter Allgemeine Zeitung vom 3. Juni 2013, S. 18 (erweiterte Fassung).

Kandidaten zweiter Klasse

Wurden Europawahlen in der Vergangenheit von Parteien und Wählern stets überwiegend unter nationalen Gesichtspunkten betrachtet, so dürfte das bei der jetzt anstehenden Wahl erstmals anders sein. Zum einen hat die Euro-Krise dafür gesorgt, dass in der Auseinandersetzung die europäischen Themen weit nach vorne rücken – es geht um die richtigen Wege der Krisenbewältigung und um die prinzipielle Frage, ob wir in Zukunft in der EU mehr oder weniger Integration brauchen. Zum anderen haben die beiden großen Parteienfamilien im Europäischen Parlament – die Christdemokraten und Konservativen sowie die Sozialdemokraten – durch die Nominierung gemeinsamer europäischer Spitzenkandidaten eine Verknüpfung der Parlamentswahl mit der anschließend stattfindenden Neubesetzung des Chefpostens in der EU-Kommission vorgenommen. Die am Ende stärkere Fraktion kann oder könnte danach das Amt des Kommissionspräsidenten für sich reklamieren.

Ob es dazu kommt, ist allerdings nicht ausgemacht. Der Lissabon-Vertrag bestimmt, dass die Staats- und Regierungschefs dem Europäischen Parlament mit qualifizierter Mehrheit einen Kandidaten vorschlagen, den die Abgeordneten dann mit absoluter Mehrheit wählen. Bei dem Vorschlag sei das Ergebnis der Parlamentswahlen zu »berücksichtigen«. Diese Formulierung lässt sich so verstehen, dass der Europäische Rat niemanden benennen darf, dessen Partei im Parlament keine Mehrheit hat oder hinter sich bringen kann. So wurde es auch bei der letzten Wahl gehandhabt, als José Manuel Barroso als Vertreter des siegreichen EVP-Lagers seine zweite Amtszeit antrat. Die Entscheidung für den Portugiesen wurde aber erst nach der Wahl im Kreis der Staats- und Regierungschefs getroffen, die durch die Kräfteverhältnisse im Parlament insofern nur auf die politische Zugehörigkeit des zu nominierenden Kandidaten festgelegt waren, nicht auf die konkrete Person.

Angela Merkel, die Bundeskanzlerin, wollte sich diese Freiheit auch bei der jetzigen Wahl nicht nehmen lassen und hätte deshalb auf die Aufstellung eines EVP-Spitzenkandidaten am liebsten verzichtet. Nachdem jedoch die Sozialdemokraten mit der Nominierung von Parlamentspräsident Martin Schulz vorgeprescht waren, blieb ihr aber keine andere Wahl, als gute Miene zum bösen Spiel zu machen und zusammen mit ihren EVP-Parteifreunden ebenfalls einen gemeinsamen Kandidaten auf den Schild zu heben – den Luxemburger Jean-Claude Juncker.

Der Unterschied könnte kaum größer sein. Während der selbstbewusst auftretende und von breiter Unterstützung in den eigenen Reihen getragene Schulz tatsächlich damit rechnen kann, Kommissionspräsident zu werden, wenn die europäischen Sozialdemokraten die Wahlen gewinnen, wird bei den Christdemokraten und Konservativen offen kolportiert, dass Juncker lediglich im Schaufenster stehe und nach der Wahl einer anderen Person weichen müsse. Wie wenig ernst man seine Spitzenkandidatur nimmt, zeigt sich zum Beispiel daran, dass die Europawahlkampagne der deutschen Christdemokraten ganz auf die nationale Vorsitzende, Bundeskanzlerin Merkel, ausgerichtet bleibt, die am 25. Mai bekanntlich gar nicht zur Wahl steht.

Von diesen speziellen Begleitumständen abgesehen, ist es aber auch grundsätzlich zweifelhaft, ob die Aufstellung von Spitzenkandidaten den Durchbruch der EU zur parlamentarischen Demokratie bewirken kann, den manche erhoffen. Der Grund dafür liegt in der stark ausgeprägten Konsensorientierung des europäischen Regierungssystems. Sie lässt sich nicht nur an den hohen Mehrheitshürden ablesen, die für die Herbeiführung von Beschlüssen im Ministerrat überwunden werden müssen. Sie macht sich auch im Europäischen Parlament bemerkbar, wo es durch die wechselnden Abstimmungsmehrheiten die Tendenz zu einer informellen großen Koalition gibt. Die Europäische Volkspartei EVP und die sozialdemokratische S&D arbeiten seit Jahren gut zusammen.

Dies wird vermutlich auch so bleiben, selbst wenn beide Parteien bei der Wahl des Kommissionspräsidenten gegeneinanderstehen. Weil es die Möglichkeit einer vorzeitigen Parlamentsauflösung in der EU nicht gibt und die Kommission – anders als in einem normalen parlamentarischen System – vom EP nur mit einer Zweidrittelmehrheit abgewählt werden kann, ist die Exekutive der EU auf die dauerhafte Unterstützung der sie bestellenden Mehrheit nicht angewiesen. Die Wahl des Kommissionspräsidenten durch eine Koalition bestimmter Parteien bedeutet also nicht, dass diese Parteien tatsächlich »regieren« und die anderen in der Opposition sind.

Der demokratische Mehrwert der Spitzenkandidaten relativiert sich noch mehr, wenn man die Binnenstruktur der Kommission anschaut.

Entscheidet die Europawahl faktisch über die Person des künftigen Kommissionspräsidenten, so wird dieser über eine wesentlich stärkere demokratische Legitimation verfügen als seine Amtsvorgänger. Damit hat er ein Mandat, die politischen Positionen durchzusetzen, für die er und seine Parteienfamilie im Wahlkampf angetreten sind. Dies kann er aber nur mit einer Kommissionsmannschaft an seiner Seite, die für dieselben Ziele steht beziehungsweise diese loyal mitträgt. So wie die Kommissare heute bestellt werden, lässt sich das kaum gewährleisten. Einerseits hat jedes Land das Recht, einen Kommissar zu stellen. Andererseits werden die Kommissare ausschließlich von den Regierungen der Mitgliedsstaaten entsprechend den dortigen Mehrheitsverhältnissen nominiert, sodass dem Kommissionspräsidenten bei der personellen Auswahl praktisch die Hände gebunden sind. Lediglich bei der Ressortzuteilung verfügt er über einen gewissen Spielraum.

Der manchmal vorgebrachte Einwand, die durch die Spitzenkandidaten bewirkte Polarisierung der parteipolitischen Auseinandersetzung gehe am Konsenscharakter des EU-Systems vorbei oder würde diesen zerstören, ist unzutreffend, weil es in jeder Demokratie ein Minimum an Wettbewerb und mehrheitlicher Entscheidung geben muss. Das Demokratiedefizit der EU besteht darin, dass sie weit davon entfernt bleibt, dieses Minimum zu realisieren.

Die Erwartungen in Europas Spitzenkandidaten sollten folglich nicht überspannt werden: Wenn Demokratie bedeutet, dass die Bürger in Wahlen über das Regierungspersonal und die Grundrichtung der Politik entscheiden, verspricht ihre Aufstellung mehr, als sie halten kann. Es ist ein erster Schritt hin zu einer institutionellen Aufwertung der Europawahlen. Ihm müssen weitere Schritte folgen.

Süddeutsche Zeitung vom 19. Mai 2014, S. 2.

»Kriegserklärung« oder »kleine Revolution«?

Die achten Direktwahlen zum Europäischen Parlament, die zwischen dem 22. und 25. Mai 2014 stattfanden, markieren in der institutionellen Entwicklung der europäischen Politik eine wichtige Zäsur. Denn nachdem die großen Parteienfamilien zum ersten Male bereit waren, mit EU-weiten Spitzenkandidaten für das Amt des Kommissionspräsidenten anzutreten, ist es dem Europäischen Parlament gelungen, dem Europäischen Rat das Bestellungsrecht der europäischen Exekutivspitze faktisch zu entwinden. Damit wurde eine Verfassungspraxis etabliert, hinter der die Union auch bei künftigen Wahlen kaum mehr zurückfallen dürfte – selbst wenn einige Mitglieder des Europäischen Rates (wie Kanzlerin Angela Merkel) das heute noch nicht wahrhaben wollen.

Wie epochal der Vorgang ist, lässt sich daran ablesen, dass er von den einen als »Kriegserklärung« des Parlaments (Merkel) und von anderen als »kleine Revolution« bezeichnet wurde (so der Vorsitzende der sozialistischen Fraktion im Europäischen Parlament, Gianni Pittella). In Wahrheit handelt es sich eher um eine »Selbstermächtigung«. Mit ihr schreibt das Parlament den kontinuierlichen Machtzuwachs fort, den es im Verhältnis zu Rat und Kommission in der Vergangenheit erfahren hat. Dieser Machtzuwachs ist gemeint, wenn von der »Parlamentarisierung« des EU-Regierungssystems gesprochen wird. Er lässt sich zum einen an den legislativen Kompetenzen festmachen, die das EP in weiten Teilen zum gleichberechtigten Gesetzgeber gemacht haben, zum anderen an seinen Mitwirkungsrechten bei der Bestellung der Kommission.

Mit der Vorab-Festlegung auf die Spitzenkandidaten haben Rat und Parlament ihre Rollen bei der Bestellung jetzt getauscht. Die bisherige förmliche Wahl des Kommissionspräsidenten durch das Parlament wird zur faktischen Wahl aufgewertet, während die bisherige faktische Nominierung durch den Rat auf ein förmliches Vorschlagsrecht absinkt. Befürworter dieser Entwicklung weisen darauf hin, dass sich die Emanzipation der Parlamente in den nationalen Demokratien Europas historisch ähnlich vollzogen habe und das förmliche Vorschlags- oder Ernennungsrecht des

Regierungschefs dort bis heute bei den jeweiligen Staatsoberhäuptern liege. Im Unterschied zu den Präsidenten und Monarchen in den nationalstaatlichen Demokratien bleiben die Staats- und Regierungschefs der EU bei der faktischen Bestellung aber nicht ganz außen vor, da sie als Vorsitzende der großen nationalen Parteien an der Nominierung der gemeinsamen europäischen Kandidaten unmittelbar beteiligt sind.

Heißt das nun, dass die EU mit den Europawahlen einen weiteren, vielleicht sogar den entscheidenden Schritt hin zu einer parlamentarischen Demokratie gemacht hat? Um diese Frage zu beantworten ist es notwendig, zwischen der *Demokratisierung* und *Parlamentarisierung* des Regierungssystems zu unterscheiden. Demokratie bedeutet, dass die Bürger eines Staates beziehungsweise politischen Systems die Möglichkeit haben (müssen), in Wahlen über das Regierungspersonal und die Grundrichtung der Regierungspolitik zu entscheiden. Unter Parlamentarismus versteht man, dass ein gewähltes Parlament im Rahmen einer gewaltenteiligen Struktur über substanzielle (Mit)Regierungsbefugnisse verfügt. Diese Befugnisse umfassen in jedem Falle die Gesetzgebung, sie können – müssen aber nicht zwingend – auch das Recht umfassen, die Regierung zu bestellen und abzuberufen. Im ersten Fall liegt ein *präsidentielles*, im zweiten ein *parlamentarisches* Regierungssystem vor. Zu beantworten sind demnach zwei Fragen: Ist die europäische Politik durch den Übergang der Bestellungsfunktion vom Europäischen Rat auf das Europäische Parlament demokratischer geworden? Und hat sie sich institutionell in Richtung der parlamentarischen Regierungsform weiterentwickelt?

1. Was die demokratische Qualität der europäischen Politik angeht, zeigt ein nüchterner Blick auf die Wahlbeteiligung bei den Europawahlen, dass der stetige Kompetenzzuwachs des Parlaments nicht zu einem gleichlautenden Legitimationszuwachs der supranationalen Institutionen geführt hat. Betrug die Beteiligung bei der ersten Direktwahl 1979 immerhin 62 Prozent, so ist sie anschließend von Wahl zu Wahl bis auf 43 Prozent (2009) zurückgegangen. Wer gehofft hatte, dass durch die Aufstellung EU-weiter Spitzenkandidaten 2014 ein Mobilisierungsschub eintreten und die Wahlbeteiligung ansteigen würde, sah sich enttäuscht; der Wert wurde mit 42,5 Prozent sogar unterboten. Dass er nicht noch weiter absank, lag vor allem an der Eurokrise, mit der die europäischen Themen bei dieser Wahl diesmal mehr in den Vordergrund rückten. Die Spitzenkandidaten spielten demgegenüber in den wie gehabt stark national geprägten Wahlkämpfen

praktisch keine Rolle. Die einzige Ausnahme – wegen der Personalie Martin Schulz – war Deutschland. Eine nennenswerte Mobilisierung ging von dessen »Duell« mit Jean-Claude Juncker allerdings auch hier nicht aus: Die im Vergleich zu 2009 um fünf Prozentpunkte höhere Wahlbeteiligung dürfte größtenteils darauf zurückzuführen gewesen sein, dass in mehreren Bundesländern zeitgleich Kommunalwahlen stattfanden.

Die geringe Attraktivität der Europawahlen hängt mit der Konfliktstruktur der europäischen Politik zusammen. So wie bei früheren Wahlen verliefen die Trennlinien auch bei dieser Wahl in erster Linie zwischen den pro- und antieuropäischen Kräften, und nicht zwischen »links« und »rechts«. Unter dem Druck der rechtspopulistischen Euroskeptiker waren die beiden großen Parteienfamilien sogar gezwungen, politisch noch enger zusammenzurücken. Weil die beiden Spitzenkandidaten keine grundsätzliche Alternative bereithielten und unterschiedliche Positionen nur in Nuancen sichtbar machten, stand in den Augen des Publikums bei der Wahl zu wenig auf dem Spiel. Der fehlende Charakter einer Richtungsentscheidung verweist dabei zugleich auf das generelle Problem der Zuständigkeitsverteilung zwischen europäischer und nationaler Ebene. Einerseits bleiben Bereiche wie die Sozial-, Steuer- oder Energiepolitik, die aufgrund ihrer Legitimationswirkung für den Parteienwettbewerb besonders geeignet wären, eine Domäne der Mitgliedsstaaten, andererseits entzieht die EU auch ihre eigenen Zuständigkeiten (bei der Schaffung des gemeinsamen Marktes) dem politischen Wettstreit, indem deren Inhalte in den europäischen Verträgen bis ins Detail festgelegt sind. Die daraus resultierende Verselbstständigung der exekutiven und judikativen Organe der Gemeinschaft beschreibt nach Ansicht von Kritikern den eigentlichen Kern des EU-Demokratiedefizits.

2. Auch die zweite Frage lässt sich nur bedingt bejahen. Die Bestellung des Kommissionspräsidenten durch das Parlament ist noch nicht gleichbedeutend mit der Etablierung eines parlamentarischen Regierungssystems. Ein solches läge erst vor, wenn die Kommission in ihrer Amtsführung und ihrem Bestand dauerhaft auf die Unterstützung der sie bestellenden Parlamentsmehrheit angewiesen wäre, was institutionell durch die Möglichkeit der Abberufung (in Gestalt eines Misstrauensvotums) verbürgt wird. In der EU ist dieses Merkmal nicht erfüllt. Art. 17 Abs. 8 EUV bestimmt zwar, dass die Kommission »als Kollegium dem Europäischen Parlament verantwortlich (ist)«. Weil die Abwahl der Kommission

eine Zweidrittelmehrheit im Parlament voraussetzt, handelt es sich dabei aber um keine politische Verantwortlichkeit im engeren Sinne. So wie das Impeachment im präsidentiellen System ist das Misstrauensvotum gegen die Kommission in erster Linie als Vorkehrung gegen Rechtsverstöße oder sonstige Pflichtverletzungen gedacht. Auch die Absetzung einzelner Kommissare kann laut Art. 245 AEUV nur durch Beschluss des Europäischen Gerichtshofs (auf Antrag des Rates oder der Kommission) erfolgen. Der »abweichende« Charakter des Misstrauensvotums erklärt zugleich, warum es im Regierungssystem der EU keine Möglichkeit der vorzeitigen Parlamentsauflösung gibt. Beides sind im »normalen« parlamentarischen System Seiten derselben Medaille. Wenn die Regierung ihre Mehrheit im Parlament verliert, muss ja Vorsorge getroffen werden, dass eine neue Mehrheit entsteht. Auch in dieser Hinsicht ähnelt die EU folglich eher der präsidentiellen Regierungsform.

Die Affinität spiegelt sich in der Funktionsweise ihres Parlamentarismus wider. An die Stelle eines festgefügten Dualismus von regierungstragender Mehrheit und Opposition treten im EP unterschiedliche legislative Abstimmungskoalitionen. Auch in den Fraktionen ist die Geschlossenheit geringer ausgeprägt, als es die Parlamentarier von ihren nationalen Regierungssystemen her gewohnt sind. Die meisten von ihnen empfinden die Arbeit im EU-Parlament deshalb als wohltuend. Im normalen parlamentarischen System erleiden die Abgeordneten das Schicksal, dass sie entweder – wenn sie zur Opposition gehören – nicht regieren können oder – wenn sie Teil des Regierungslagers sind – nicht regieren dürfen. In der EU hat sich das Parlament dagegen gerade durch seine relative Unabhängigkeit von der Kommission ein erhebliches Maß an eigener Gestaltungsmacht bewahrt. Diese würde es in einem System, das auf dem Gegenüber von Regierung und Opposition basiert, zwangläufig einbüßen. Zudem ist fraglich, ob ein solches Gegenüber ohne ideologisch und organisatorisch gefestigte Parteien – die es auf EU-Ebene bislang nicht gibt – überhaupt funktionieren kann.

Die Alternative wäre eine Fortentwicklung des Systems auf dem präsidentiellen Pfad. Anstelle des Parlaments (und/oder des Europäischen Rates) erhielten die Bürger das Recht, den Kommissionspräsidenten direkt zu wählen. Ein solcher Reformansatz wäre nicht nur institutionell schlanker als das parlamentarische Modell, da er weder Veränderungen beim Misstrauensvotum noch die Einführung eines Auflösungsrechts nach sich zöge; er würde auch geringere Anforderungen an eine Europäisierung des Parteiensystems stellen. In der wissenschaftlichen und politischen Diskussion findet der Vorschlag inzwischen immer mehr Befürworter; die CDU hat ihn auf Drängen von Wolfgang Schäuble sogar offiziell in ihr Parteiprogramm aufgenommen. Nachdem das Parlament die Bestellungsfunktion an sich gezogen hat, sieht es zwar jetzt so aus, als ob das System eher in die andere, parlamentarische Richtung tendiert; angesichts der eben geschilderten, gravierenden Hindernisse auf dem Weg dorthin dürfte das aber wohl kaum das letzte Wort bleiben.

Bonner Perspektiven. Magazin der Bonner Akademie für Forschung und Lehre praktischer Politik (September 2014), S. 28–32.

Europäische Wutbürger

Im Vorfeld der Europawahlen war allenthalben von einem Erdbeben die Rede, das der EU durch den erwarteten Stimmenzuwachs euroskeptischer Parteien am linken und insbesondere rechten Rand des politischen Spektrums drohe. Dieser Stimmenzuwachs ist tatsächlich eingetreten, allerdings in geringerem Umfang als vorausgesagt. Und ob man darin ein Erdbeben sieht, hängt stark von der Perspektive ab. Die Stimmengewinne der Rechtsparteien gingen im wesentlichen auf das Konto von vier Ländern: Frankreich (mit dem Front National), Großbritannien (mit der United Kingdom Independence Party), Dänemark (mit der Dänischen Volkspartei) und Deutschland (mit der Alternative für Deutschland). Weil es sich bei drei von diesen um große Mitgliedsstaaten handelt, denen für die weitere Entwicklung der europäischen Integration eine Schlüsselrolle zukommt, dürfte der Vormarsch der Rechtspopulisten hier in der Tat nicht folgenlos bleiben. Dem stehen aber auf der anderen Seite stagnierende, rückläufige oder ganz ausbleibende Wahlerfolge der Rechtsparteien in den übrigen Mitgliedstaaten gegenüber. Betrachtet man nur den harten Kern der westeuropäischen Rechtspopulisten, über dessen Zusammengehen in einer gemeinsamen Fraktion vor der Wahl spekuliert worden war – die Partij voor de Vrijheid von Geert Wilders in den Niederlanden, die italienische Lega Nord, den belgischen Vlaams Belang, die Freihheitliche Partei Österreichs (FPÖ) und den Front National –, so hat dieser gegenüber 2009 um 13 Sitze zugelegt (von 24 auf 37). Von diesen 37 Sitzen entfallen aber wiederum allein 23, also fast zwei Drittel auf den Front National. Dieser konnte sich gegenüber 2009 allein um 16 Sitze steigern, während die übrigen Parteien (mit Ausnahme der FPÖ) an Stimmen und Mandaten einbüßten.

Betrachtet man die Zusammensetzung des Europäischen Parlaments nach der Neukonstituierung der Fraktionen entlang eines Links-Rechts-Schemas, zeigt sich eine bemerkenswerte Stabilität. Das linke Lager aus Sozialdemokraten, Grünen und Linkssozialisten konnte sich danach von 287 auf 293 Mandate leicht verbessern, das rechte Lager aus Christdemokraten, Konservativen und Rechtspopulisten (einschließlich der fraktionslosen Teile) büßte nur marginal ein (391 gegenüber 394 Mandaten).

Die Liberalen (ALDE), die sich als zentristischste Fraktion weder dem einen noch dem anderen Block zurechnen lassen, fielen demgegenüber deutlicher (von 83 auf 67 Mandate) zurück.

Größere Unterschiede zwischen dem rechten und linken Lager gibt es allerdings mit Blick auf die internen Kräfteverhältnisse. Während die nicht allzu großen Gewinne der Linksaußenparteien hier stärker auf Kosten der Grünen als der Sozialdemokraten gingen, die ihren Sitzanteil nahezu halten konnten, mussten die Christdemokraten im rechten Lager wesentlich mehr Federn lassen, auch wenn sie am Ende die stärkste Fraktion blieben und damit das Amt des Kommissionspräsidenten für sich beanspruchen konnten. Ihren Verlusten von 52 Sitzen standen Zuwächse der Konservativen von 16 Mandaten und der Rechtspopulisten von 36 Mandaten gegenüber. Von den letzteren entfielen 17 auf die Fraktion »Europa der Freiheit und der direkten Demokratie«, der auch die britische UKIP angehört, und 19 auf die fraktionslosen Abgeordneten, die die Vertreter des oben genannten »harten Kerns« umfassen. Die Konservativen profitierten wiederum vom Fraktionswechsel der Dänischen Volkspartei und der Neuaufnahme der deutschen AfD-Abgeordneten, die von den britischen Tories (die zusammen mit der polnischen Partei Recht und Gerechtigkeit das Gros der Abgeordneten in der Fraktion stellen) gegen den Willen der deutschen Kanzlerin mit ermöglicht wurde.

Eine Kräfteverschiebung lässt sich auch erkennen, wenn man die Parteien beziehungsweise Fraktionen in solche einteilt, die der europäischen Integration eher positiv, und solche, die ihr eher skeptisch oder gar feindlich gegenüberstehen. Die erste Gruppe, zu der neben Christ- und Sozialdemokraten auch die Liberalen und die Grünen gehören, büßten nach dieser Aufteilung 79 Mandate ein, während die rechten und linken EU-Kritiker 66 Sitze zulegten. Die Ausdünnung der politischen Mitte hat auch für die Koalitionsbildung Folgen, indem sie die beiden großen Parteien familien zwingt, im Europäischen Parlament noch enger zusammenzurücken, als das bereits in der Vergangenheit der Fall war. Die Perpetuierung ihrer informellen Großen Koalition ist unter Demokratiegesichtspunkten prekär, weil sie den Parteienwettbewerb von der politischen Mitte (wo er eigentlich hingehört) an die politischen Ränder verschiebt. Die Hauptverursacher dieser Konstellation – die euroskeptischen Populisten von links und rechts – sind insofern zugleich deren größte Nutznießer, gehört die Kritik am Demokratiedefizit der EU doch zu ihrem Standardrepertoire.

Wie lässt sich der Aufstieg der EU-skeptischen Populisten erklären? Zunächst ist hier darauf hinzuweisen, dass Außenseiterparteien des rechten und linken Rands auch bei vergangenen Europawahlen in der Regel besser abgeschnitten haben als bei den nationalen Wahlen in ihren Ländern. Der Grund dafür liegt im *second order*-Charakter der europäischen Wahlen, die einerseits von den Bürgern in ihrer Bedeutung als nachrangig betrachtet und andererseits von den Parteien primär unter nationalen Gesichtspunkten geführt werden. Beides zusammen verleitet einen Teil der Wähler dazu, mit ihrer Stimme leichtfertiger umzugehen, als sie es bei den nationalen Wahlen tun würden. Weil Europa für die eigene Lebenswirklichkeit als nicht so wichtig empfunden und gleichzeitig dem Europäischen Parlament innerhalb der EU kein großes Gewicht beigemessen wird und weil die Europawahlen auf den Bestand oder Nicht-Bestand der nationalen Regierungen keine direkten Auswirkungen haben, glaubt man sich die Wahl solcher Außenseiterparteien (gegen die eigentliche Parteipräferenz) gefahrlos leisten zu können.

Der zuletzt genannte Aspekt hat auch diesmal wieder zahlreiche Wähler motiviert, ihr Mütchen an den Parteien der jeweiligen nationalen Regierungen zu kühlen; es handelt sich um denselben Effekt, den wir von anderen »Zwischenwahlen« gewohnt sind, seien es Landtagswahlen (wie in Deutschland und Österreich), Nachwahlen (wie in Großbritannien) oder landesweite Kommunalwahlen (wie in Frankreich und Italien). Etwas anders verhält es sich mit dem ersten Teil der Gleichung. Dank der Euro-Krise rückten bei den Europawahlen diesmal zum ersten Mal tatsächlich europäische Themen nach vorne, auch wenn diese weiterhin stark oder sogar ausschließlich durch die nationale Brille betrachtet wurden. Hinzu kommt, dass die europäischen Parteienfamilien ebenfalls zum ersten Mal mit gemeinsamen Spitzenkandidaten zur Wahl angetreten sind, was zu einer institutionellen Aufwertung des Parlaments geführt und den Wählereinfluss auf die Regierungsbildung in der EU gestärkt hat. Die Erwartung, dass beides zusammengenommen einen Mobilisierungsschub auslösen und eine Trendumkehr der 2009 auf ein Rekordtief (43,0 Prozent) gefallenen Wahlbeteiligung bewirken würde, wurde allerdings enttäuscht: die Marke fiel mit 42,5 Prozent sogar noch darunter. Hinter diesem Wert verbergen sich enorme Unterschiede zwischen den einzelnen Ländern. Während in Belgien und Luxemburg, wo Wahlpflicht besteht, 90 Prozent der Wähler zu den Urnen gingen, waren es in der Slowakei ganze

13 (!) Prozent. Die höchste Wahlbeteiligung unter den 2004 und 2006 beigetretenen Ländern Mittel- und Nordosteuropas verzeichnete Litauen mit knapp 45 Prozent, die niedrigste unter den sechs Gründungsmitgliedern die Niederlande mit 37 Prozent.

Zu den Paradoxien der Europäisierung gehört, dass sie ausgerechnet durch die euroskeptischen Parteien befördert worden ist. Diese wenden sich nicht nur gegen eine weitere Vergrößerung der EU und Vertiefung ihres supranationalen Charakters, sondern möchten den bereits erreichten Integrationsstand am liebsten zurückdrehen. Das Paradoxe liegt auch darin, dass die antieuropäische Ausrichtung diese Parteien stärker miteinander verbindet, als es die pro-europäische Ausrichtung bei den etablierten Parteien tut. Ideologisch eint sie dagegen weniger, was unter anderem daran ablesbar ist, dass nur ein Teil der EU-Skeptiker bereit ist, sich im Europaparlament zu einer gemeinsamen Fraktion zusammenzuschließen. Bei den etablierten Parteien ist es genau umgekehrt: Sie verbindet weltanschaulich mehr als sie integrationspolitisch trennt, doch war die gemeinsame inhaltliche Klammer in der Auseinandersetzung mit den anderen europäischen Parteienfamilien bisher stets zu schwach, um eine diesen Namen verdienende Europäisierung der Wahlen herbeizuführen. Dies lag und liegt zum einen daran, dass es der EU gerade den Bereichen, die sich für eine parteipolitische Abgrenzung eignen, an Zuständigkeiten fehlt, etwa der Steuer-, Sozial- oder Energiepolitik. Zum anderen entzieht die EU auch ihre eigenen Zuständigkeiten (bei der Schaffung des gemeinsamen Marktes) dem politischen Wettstreit, indem deren Inhalte in den europäischen Verträgen bis ins Detail festgelegt sind. Die daraus resultierende Verselbstständigung der exekutiven und judikativen Organe der Gemeinschaft markiert nach Ansicht von Kritikern wie dem früheren Verfassungsrichter Dieter Grimm den eigentlichen Kern des EU-Demokratiedefizits.

Euroskeptiker finden sich nicht nur innerhalb der rechtspopulistischen Parteienfamilie, sondern auch in den Reihen anderer Parteien (einschließlich der Linken). Unter den rechtspopulistischen Parteien ist die Euroskepsis heute allerdings allgegenwärtig, gehört sie sozusagen zur programmatischen Grundausstattung. Das war nicht von Anfang an so. Als die neuen Rechtspopulisten in den 1980er Jahren die politische Bühne betraten und sich in den westeuropäischen Parteiensystemen reihum festsetzten, verfochten die meisten von ihnen zum Teil dezidiert pro-europäische Positionen. Dies hatte einerseits mit ihrer damals noch überwiegend wirtschaftsliberalen Ausrichtung zu tun (wie beim französischen Front National), zum anderen spiegelte sich darin die Antihaltung zur Regierungspolitik auf nationaler Ebene, gegenüber der die europäischen Institutionen als leuchtendes Vorbild erschienen (wie bei der italienischen Lega Nord). Die Hinwendung zum Anti-Europäismus erfolgte erst, als sich die Schattenseiten der neoliberalen Modernisierung in den 1990er Jahren zunehmend bemerkbar machten. Diese wurden nun auch und verstärkt der europäischen Politik angelastet. Bei den Wahlen zahlte sich das zunächst nicht direkt aus – am Beginn der neuen Dekade (zwischen 2000 und 2005) hatten die Rechtspopulisten sogar mit Verlusten zu kämpfen. Als die Finanz- und Eurokrise einsetzte, konnten sie jedoch ihre Antihaltung zur EU voll ausspielen und damit neue Rekordwerte der Wählerunterstützung verbuchen. Einige Parteien (wie die Wahren Finnen oder die Alternative für Deutschland) sind sogar erst im Umfeld der Eurokrise entstanden.

Der Euroskeptizismus knüpft an die programmatische und elektorale Gewinnerformel des europäischen Rechtspopulismus nahtlos an. In ökonomischer Hinsicht profitieren seine Vertreter von den Abstiegsängsten, die im Zuge der beschleunigten Modernisierung immer größere Teile der Mittelschichten erfassen. In kultureller Hinsicht greifen sie das Bedürfnis nach Zugehörigkeit und Identität auf, die in der scheinbaren Wertebeliebigkeit der multiethnisch zusammengesetzten Gesellschaften verloren zu gehen drohen. Und in politischer Hinsicht thematisieren sie die wachsende Kluft zwischen Regierenden und Regierten, die das Vertrauen in das demokratische System untergrabe. Die EU bündelt diese Krisenphänomene wie unter einem Brennglas. Ökonomisch wird sie als Urheber von Verteilungsungerechtigkeiten innerhalb der Gesellschaften sowie Konflikten zwischen den auseinanderdriftenden Mitgliedern der Währungsunion betrachtet. Kulturell nährt sie die Sorgen vor unkontrollierter Zuwanderung und dem Verlust nationaler Eigenständigkeit. Und politisch leidet sie unter einem angeborenen und / oder von den Eliten bewusst in Kauf genommenen Demokratiedefizit.

Die Wirkungsmacht dieser Programmformel ergibt sich aus ihrer vermeintlichen oder tatsächlichen Kohärenz. Als gemeinsame Klammer oder übergeordnetes Kriterium fungiert die Kritik an den herrschenden (politischen und gesellschaftlichen) Eliten, die den eigentlichen Kern des

Populismus umschreibt. In ihm spiegelt sich zugleich das Festhalten am Primat der Politik, also dem Anspruch, die wirtschaftlichen und gesellschaftlichen Verhältnisse im Rahmen der demokratischen Herrschaftsordnung gestalten zu können. Ähnlich enge Querverbindungen bestehen zwischen den wirtschaftlichen und kulturellen Aspekten der Modernisierung. Indem sie die gesellschaftlichen Folgen einer Wirtschaftspolitik anprangern, die einseitig auf Wachstum, Flexibilisierung und die Beseitigung von Marktbarrieren programmiert ist, bewegen sich die Rechtspopulisten in der Tradition sowohl der konservativen als auch der linken Kapitalismuskritik. Ökonomisch vertreten ihre Protagonisten heute hauptsächlich etatistisch-protektionistische, in der Gesellschaftspolitik national-konservative Positionen. Diese antiliberale Grundhaltung, die sich einerseits von der Marktgläubigkeit der christdemokratischen und konservativen Parteien, andererseits von der kulturellen Modernität der Sozialdemokraten abhebt, verleiht den rechtspopulistischen Botschaften ihre Überzeugungskraft und Glaubwürdigkeit. Die größte Resonanz entfaltet sie weiterhin beim Thema Zuwanderung.

Die Finanz- und Schuldenkrise hat die ökonomische und soziale Destabilisierung der europäischen Gesellschaften beschleunigt. Auch in den Ländern, die aus der Krise vergleichsweise unbeschadet hervorgingen – wie etwa Deutschland – beobachten wir eine wachsende Kluft zwischen den Gewinnern und Verlierern der Globalisierung. Während die erstgenannten über sichere Arbeitsplätze verfügen und meistens gut verdienen, befinden sich die letztgenannten in prekären, schlecht bezahlten Beschäftigungsverhältnissen oder fürchten dorthin zu geraten. Hinzu kommt, dass durch die Bewältigung der Schuldenkrise die Staaten selbst in einen Verteilungskonflikt hineingetrieben worden sind. Um das Vertrauen der Finanzmärkte wiederherzustellen, wurden den von der Krise besonders gebeutelten Ländern drastische Sparmaßnahmen in ihren Haushalten verordnet, die die Arbeitslosigkeit stark anschwellen ließen und die Lebensbedingungen weiter Bevölkerungsteile verschlechterten. Dies hat nicht nur in den betroffenen Gesellschaften die sozialen Gegensätze vergrößert, sondern auch die Interessengegensätze innerhalb der EU verschärft: Während in den vermeintlich stabilitätsorientierten Nordländern der Eurogruppe die Bereitschaft an Grenzen stößt, den überschuldeten Südländern mit immer neuen Steuermitteln unter die Arme zu greifen, wehren sich diese dagegen, durch die Austeritätspolitik zu finanz- und wirtschaftspolitischen Befehlsempfängern degradiert zu werden. Dies gibt den rechtspopulistischen Parteien auf beiden Seiten die Möglichkeit, ihre gemeinsame Antihaltung gegenüber der EU durch unterschiedliche nationale Positionen zu akzentuieren.

Seit dem Aufstieg Hitlers in den 1930er Jahren hat sich in den Sozialwissenschaften die Idee verbreitet, dass rechtsextreme Parteien vorzugsweise in wirtschaftlichen Krisenzeiten reüssieren, wenn Arbeitslosigkeit und Inflation steigen. Vergleicht man die Europawahlergebnisse in den Nord- und Südländern miteinander, ergibt sich freilich ein anderer Befund. Die Rechtsparteien haben danach gerade in den Ländern am besten abgeschnitten beziehungsweise ihre stärksten Zugewinne erzielt, die von den Folgen der Krise vergleichsweise wenig betroffen waren: Österreich, Dänemark, Deutschland, Frankreich, Niederlande und Schweden. Die einzige Ausnahme ist Ungarn, das von der Krise hart getroffen wurde: Hier verbuchte die rechtsextreme *Jobbik* das viertbeste Ergebnis einer rechtsextremen Partei unter allen 28 Mitgliedsstaaten.

Dieser Befund deckt sich mit den von der Forschung mittlerweile gut ausgeleuchteten Entstehungsgründen und -bedingungen der rechtspopulistischen Parteien in den 1970er und 1980er Jahren. Geht man in Übereinstimmung mit der heutigen Politikwissenschaft davon aus, dass die Parteiensysteme demokratischer Staaten im wesentlichen durch zwei Konfliktlinien geprägt sind, einen sozioökonomischen Verteilungs- und einen soziokulturellen Wertekonflikt, so handelt es sich bei den neuen Rechtsparteien in erster Linie um ein Phänomen der Wertepolitik. Das verbindet sie mit den in den 1970er Jahren entstandenen grünen Parteien, deren ideologischen Gegenpol sie auf der kulturellen Konfliktachse markieren. Die ökonomischen Entwicklungen sind also nicht der eigentliche Auslöser der populistischen Reaktion. Stattdessen fügen sie sich in das breitere Bild eines Gesellschaftswandels, dessen Rückwirkungen auf die Lebenswirklichkeit durch die Wirtschaft lediglich verstärkt werden. Die Schlüsselbegriffe dieses Wandels lauten Flexibilisierung und Individualisierung. Die Wähler der neuen Rechtsparteien werden häufig als »Modernisierungsverlierer« apostrophiert, was sie aber nur in einem relativen oder subjektiven Sinne sind. Das heißt, ihre Misere ist nicht an die tatsächliche soziale Lage gebunden, sondern an empfundene Verlustängste, das Gefühl, zum benachteiligten und abstiegsbedrohten Teil der Gesellschaft zu gehören. Diese Wähler mögen objektiv noch etwas zu verlieren haben.

Im Kern verweist ihre Angst jedoch auf ein tieferliegendes Problem, das man als soziokulturelle Entwurzelung bezeichnen könnte und das die neuen populistischen Parteien mit der Wiederherstellung traditioneller Ordnungsvorstellungen und gemeinschaftlicher Bindungen, sei es an die Nation, Religion oder Familie, zu beantworten suchen.

Wirtschaftliche Krisen spielen den Rechtspopulisten dabei durchaus in die Hände, lassen sie sich doch an den identitätspolitischen Kern ihrer Programmatik gut anschließen. Dies gilt gerade für Länder mit einem hohen Niveau sozialstaatlicher Leistungen, wo sich die Ressentiments der eingesessenen Bevölkerung gegen die vermeintlich nicht zugehörigen und mithin nicht teilhabeberechtigten Zuwanderer richten. Sozialökonomische Verteilungskonflikte werden auf diese Weise sozialkulturell aufgeladen und in ethnische oder nationale Konflikte »umgefälscht«, wie es Jürgen Habermas in Bezug auf die Euro-Krise ausgedrückt hat. Dass dafür auch und gerade solche Wähler empfänglich sind, die aufgrund ihrer sozioökonomischen Position und Interessen eigentlich nach links tendieren müssten, birgt keine große Überraschung, da diese in kulturellen Fragen fast immer weiter rechts stehen als ihre Parteien (*working class authoritarianism*). Für die Linke könnte es also lohnend sein, sich in der Wählersprache bestimmter Versatzstücke rechtspopulistischer oder konservativer Ideologien zu bedienen, um die eigene Unterstützungsbasis zu verbreitern. Umgekehrt hat der unerwartet hohe Zulauf, den die neuen Rechtspopulisten seit den 1990er Jahren unter Arbeitern und Arbeitslosen erzielen konnten, zu einer Linksverschiebung in deren Programmatik geführt. Nachdem diese zunächst noch sehr stark neoliberal akzentuiert war, treten die neuen Rechtsparteien heute in vielen Ländern als die vehementesten Verteidiger des Wohlfahrtsstaates auf.

Die Einschränkung »in vielen Ländern« ist wichtig. Der gemeinsame ideologische Nenner und gesellschaftliche Entstehungshintergrund des neuen Rechtspopulismus darf nämlich nicht darüber hinwegtäuschen, dass es innerhalb der rechtspopulistischen Parteienfamilie immense Unterschiede gibt. Nur ein Teil von ihnen, der oben erwähnte »harte Kern« aus Front National, Lega Nord, Vlaams Belang, Partij voor de Vrijheid und FPÖ, fand sich im Vorfeld der Wahl zu einer engeren Zusammenarbeit bereit, die der Vorbote einer gemeinsamen Fraktion sein sollte. Diese Parteien weisen in ideologischer Hinsicht untereinander die größten Schnittmengen auf und stimmen auch in ihren europapolitischen Positionen stark überein. Letzteres rührt zugleich daher, dass sie alle aus Ländern stammen, die der europäischen Integration bislang positiv gegenüberstanden. In einem ganz anderen Umfeld agieren die schwedischen und britischen Rechtspopulisten, die sich darüber hinaus vom bisweilen offenen Rassismus ihrer kontinentaleuropäischen »Schwesterparteien« bewusst abgrenzen. Die deutsche AfD hält wiederum zu beiden Gruppen Abstand. Sie möchte weder als EU-feindlich gelten – trotz ihrer Forderung nach einer kontrollierten Auflösung der Währungsunion –, noch in irgendeiner Form mit Rechtspopulismus in Verbindung gebracht werden. Dasselbe gilt für die Dänische Volkspartei, die bei einer weiteren Mitgliedschaft in der EFDD-Fraktion ihre Salonfähigkeit als potenzielle Regierungspartei im eigenen Land womöglich eingebüßt hätte und sich deshalb genauso wie ihr finnisches Gegenstück der Partei Die Finnen (vormalig: Wahre Finnen) der gemäßigteren konservativen Fraktion anschloss.

Noch wesentlich bezeichnender für die Heterogenität des Rechtspopulismus als dessen parteipolitische Zersplitterung ist das Scheitern der Fraktionsbildung im harten Kern der Rechtsparteien, wo sich Geert Wilders und Marine Le Pen vergeblich mühten, über den Fünferkreis hinaus zwei weitere nationale Parteien zur Mitarbeit zu bewegen; dies wäre für das Zustandekommen einer Fraktion notwendig gewesen. Damit entgehen den Parteien nicht nur finanzielle Mittel, sondern auch wichtige parlamentarische Einflussmöglichkeiten. Ob während der Legislaturperiode ein zweiter Anlauf erfolgt, oder ob Teile der Fünfergruppe wie zuletzt die Lega Nord erneut Anschluss bei anderen Fraktionen suchen werden, bleibt abzuwarten.

Auch wenn sie zahlenmäßig zugelegt haben, werden die Rechtspopulisten im nächsten Europaparlament von daher keinen nachhaltigen Einfluss ausüben. Zu einer abgestimmten Obstruktion sind schon aufgrund ihrer immanenten Schwäche außerstande, was sich zugleich an den oftmals selbstzerstörerischen Tendenzen ablesen lässt, den diese Parteien in ihrer eigenen Organisation entwickeln. Für die europäische Politik liegt darin kein wirklicher Trost. Sie bräuchte im Grunde einen neuen Aufbruch, der aus der Unzulänglichkeit des bisherigen Integrationsprojekts Konsequenzen zieht. Denn so wie eine Währungsunion ohne sie begleitende Fiskal-, Konjunktur- und Wachstumspolitik auf Sand gebaut ist, so kann es nicht funktionieren, wenn die Bewältigung der sozialen, ökologischen und kulturellen Nebenwirkungen, die sich aus dem Marktgeschehen ergeben, in der EU weiter dauerhaft den Nationalstaaten aufgebürdet wird. Zu einem offensiven Gegenentwurf für »Mehr Europa«, der mit einem Bekenntnis zur Politischen Union und einer Absage an den heute vorherrschenden intergouvernementalen Integrationsmodus einhergeht, scheinen die großen Parteien zurzeit jedoch nicht in der Lage. Stattdessen begeben sie sich viele von ihnen selbst auf das Terrain des Rechtspopulismus, indem sie in das *bashing* der Brüsseler Bürokratie einstimmen und sich mit Vorschlägen überbieten, welche Zuständigkeiten der Gemeinschaft am besten entzogen werden könnten.

Hier – und nicht in der direkten Beeinflussung der Entscheidungsprozesse durch die gestärkte Gruppe der versammelten EU-Skeptiker im Europäischen Parlament – liegt denn auch die eigentliche Gefahr. Im Grunde haben sich die Populisten mit den Wahlen zum EP die falsche Bühne gewählt. Ihre eigentlichen Gegner sind ja die nationalen Parteien, die die Integrationspolitik aus den Mitgliedsstaaten heraus betreiben. Von daher würde es naheliegen, sie gerade dort – bei den Parlamentswahlen auf der nationalen Ebene – zu stärken. Wie weit die etablierten Kräfte unter dem Druck der Rechtspopulisten inzwischen zurückweichen, zeigt sich nirgendwo deutlicher als im Vereinigten Königreich, wo Premierminister Cameron gegen seinen Willen gezwungen worden ist, ein Referendum über den Verbleib des Landes in der EU anzukündigen. Die anderen Länder können auf diesen Sonderweg nicht mit einem »recht erst jetzt« antworten, denn auch hier befinden sich die Befürworter weiterer mutiger Integrationsschritte längst in der Defensive. Unter diesen Bedingungen wäre es schon ein Erfolg, wenn der Weg des »Durchlavierens«, den die EU im Zuge der Euro-Krise eingeschlagen hat, in den kommenden Jahren fortgesetzt wird und es zu keinen größeren Rückschlägen des Integrationsprozesses kommt. Alles andere erscheint im Moment ziemlich illusorisch.

Mut. Forum für Kultur, Politik und Geschichte Nr. 560 (Oktober 2014), S. 6–15.

Die nationalistische Internationale

Als die nach dem von unten herbeigezwungenen Systemwechsel neu- oder wiedererstandenen demokratischen Verfassungsstaaten in Mittelosteuropa ihren politischen Transformationsprozess mit dem Beitritt zur Europäischen Union in den 2000er Jahren förmlich »krönten«, hätte man nicht vermutet, dass ein Teil von ihnen bald zu Trendsettern einer gegenläufigen Entwicklung werden würde. Was in Ungarn unter der Fidesz-Regierung schon länger im Gange ist – der Umbau des Staates zu einem quasi-demokratischen autoritären System –, kündigt sich nach der Machtübernahme der rechtsnationalen Partei »Recht und Gerechtigkeit« jetzt auch in Polen an. Damit eifern ausgerechnet jene beiden Länder, die den eigenen Freiheitswillen in der kommunistischen Zeit gegen die Sowjetunion am konsequentesten unter Beweis gestellt hatten, dem – von seinem Urheber Wladimir Putin zynisch als »gelenkte« Demokratie titulierten – Herrschaftsmodell des verhassten russischen Nachbarn nach.

Der Nimbus des starken Führers, der Putin trotz oder gerade wegen der ökonomischen Schwäche seines Riesenreiches umgibt, strahlt inzwischen auch auf die »alten« westlichen Demokratien aus. Marine Le Pen und Alexander Gauland fühlen sich ebenso zum demokratischen Autoritarismus hingezogen wie der US-amerikanische Präsidentschaftsanwärter Donald Trump. So groß die Unterschiede innerhalb der rechtspopulistischen Familie in ideologisch-pro- grammatischer und organisatorischer Hinsicht sein mögen, eint sie der »identitäre« Gegenentwurf zu einem liberalen, universalistischen Politikverständnis, dessen Wohlstands- und Teilhabeversprechen wachsende Teile der heutigen Gesellschaft nicht mehr erreicht.

Ein Blick auf die Wählerstruktur der neuen populistischen Parteien legt dabei zwei Differenzierungen nahe: Erstens handelt es sich um »Verlierer« allenfalls in einem relativen Sinne, das heißt: Die Misere dieser Personen ist nicht an ihre tatsächliche soziale Lage gebunden, sondern an empfundene Verlustängste, an das Gefühl, zum benachteiligten und abstiegsbedrohten Teil der Gesellschaft zu gehören. Zweitens sind die Verlustängste nicht in erster Linie durch materielle Erwartungen bestimmt. Stattdessen verweisen sie auf ein tiefer liegendes Problem, das man als sozial-kulturelle Entwurzelung bezeichnen könnte und das eine Folge gesellschaftlicher Individualisierungsprozesse ist. Weil sie die Möglichkeiten einer autonomen Lebensführung, die die globalisierte und digitalisierte Welt eröffnet, nicht nutzen können oder wollen, flüchten sich diese Personen in antiliberale Ressentiments. Zum Hauptkristallisationspunkt ihrer Angst werden dabei die Fremden.

Gegen diese Tendenzen setzen die Rechtspopulisten die Rückbesinnung auf das »Wir-Gefühl« der Nation, die aber nicht mehr nur (oder primär) in einem partikularen Sinne aufgefasst wird, sondern eingebettet ist in ein nationenübergreifend-gemeinsames, (west-)europäisches Verständnis von kultureller Zugehörigkeit, dessen Gegenbild die überwiegend nichtwestliche Zuwandererbevölkerung verkörpert. Dies findet auch in organisatorischer Hinsicht Niederschlag. Nachdem ihre nationale Ausrichtung und die Stigmatisierung als rechtsextrem in der Vergangenheit wechselseitige Berührungsängste ausgelöst hatten, ist die europaweite Zusammenarbeit der neuen Rechtsparteien inzwischen zu einer Selbstverständlichkeit geworden.

Innerhalb des gemeinsamen ideologischen Kerns weist der Rechtspopulismus eine große inhaltliche Bandbreite auf. Einerseits ergeben sich bei Parteien wie dem Front National oder den Schwedendemokraten Schnittmengen mit rassistischen und extremistischen Positionen. Andererseits ist der Rechtspopulismus auch an nicht-nativistische Begründungen der kulturellen Identität und gesellschaftspolitisch liberalere Positionen anschlussfähig, wie etwa bei Pim Fortuyn, der sich in seiner Islamkritik ausschließlich auf die liberalen und demokratischen Werte des Westens berief – Trennung von Kirche und Staat, Gleichberechtigung von Mann und Frau und Freiheit der sexuellen Orientierung. In dieser Tradition steht auch die heutige niederländische Freiheitspartei unter Geert Wilders.

Ähnlich facettenreich wie seine »Identitätspolitik« gestaltet sich die wirtschaftspolitische Programmatik. In der Entstehungsphase verfolgten dessen Vertreter noch fast allesamt einen »neoliberalen« Kurs, bevor in den 1990er Jahren in den meisten Parteien protektionistische Positionen die Oberhand gewannen. Statt den Wohlfahrtsstaat zu verschlanken, sollte dieser nun verteidigt und sogar weiter ausgebaut werden. Dazu galt es auch der europäischen Politik in den Arm zu fallen, die sich einseitig auf die Beseitigung der Marktschranken konzentrierte. Mit diesem Wechsel nach links entsprachen die neuen Rechtsparteien nicht nur ihrer veränderten Wählerbasis, die sozialpopulistischen Forderungen knüpften auch an die identitätspolitischen Kernthemen der Zuwanderungsbegrenzung und Multikulturalismuskritik an. Die Rechtspopulisten konnten damit den linken Parteien zum Teil das Wasser abgraben beziehungsweise das Aufkommen neuer linkspopulistischer Konkurrenten verhindern. Die in der Literatur als »Wohlfahrtschauvinismus« bezeichnete Haltung, wonach der eigene Wohlstand vor der ungerechtfertigten Inanspruchnahme durch »Dritte« (seien es Zuwanderer oder seien es Angehörige anderer Nationen) zu schützen sei, traf und trifft vor allem in den wirtschaftsstarken Ländern auf fruchtbaren Boden, die ein vergleichsweise hohes sozialstaatliches Leistungsniveau aufweisen.

Hatte es zu Beginn der 2000er Jahre noch Anzeichen für eine allmähliche Erschöpfung der populistischen Mobilisierungsfähigkeit gegeben, so verstärkten die am 11. September 2001 in den USA beginnende Serie islamistischer Terroranschläge, die durch die Bürgerkriege im Nahen Osten seit 2013 stark ansteigenden Flüchtlingszahlen sowie die 2007 ausgebrochene Finanz- und Eurokrise die bereits vorhandene Unsicherheit. Während die Angst vor dem Islam Wasser auf die Mühlen der rechten Einwanderungskritiker lenkte, verschaffte die Finanz- und Eurokrise den linkspopulistischen Kritikern des »neoliberalen« Modernisierungsprojekts neuen Zulauf. Dessen Schattenseiten hatten sich in Europa schon in den 1990er Jahren zunehmend bemerkbar gemacht und dafür gesorgt, dass auch jene Rechtspopulisten, die wie etwa die Lega Nord vorher zum Teil noch pro-europäisch aufgestellt waren, nun zu rigorosen EU-Gegnern mutierten. Folgt man deren Argumentation, steht die Europäische Union stellvertretend für sämtliche Kehrseiten der Modernisierung: materielle Wohlstandsverluste, multikulturelle »Überfremdung« und Krise der politischen Repräsentation. Die sonst so abstrakte Globalisierung findet mit ihr einen konkreten Schuldigen.

So wenig der Rückzug auf den Nationalstaat und das von den Rechtspopulisten propagierte autoritäre Demokratiemodell geeignet sind, den Problemen des Regierens in der globalisierten Wirtschaft und Gesellschaft zu begegnen, so falsch wäre es, darin nur Rückwärtsgewandtheit zu erkennen. Das Aufeinanderfolgen von Öffnungs- und Schließungseffekten ist ein Kennzeichen jeglicher Modernisierungsprozesse. Indem die populistischen Herausforderer das Augenmerk auf dessen negative Begleiterscheinungen legen, könnten sie also einen Beitrag leisten, dass die Protestgründe aufgenommen werden und auf diese Weise eine neue politische Balance entsteht. Solange die Rechtspopulisten diese Protestfunktion aus der Opposition heraus wahrnehmen, dürfte von ihnen für die verfassungsmäßige Ordnung keine Gefahr ausgehen. Bedenklich wird es erst, wenn sie selbst über (ungeteilte) Regierungsmacht verfügen und ihre autoritären Demokratievorstellungen – wie in Ungarn und Polen – aktiv betreiben können.

Welche Handlungsempfehlungen lassen sich aus dem Scheitern der bisherigen Bekämpfungsstrategien des Rechtspopulismus ableiten? Neben der unmittelbaren politischen Auseinandersetzung, die sich als Empfehlung von selbst versteht, erscheinen die folgenden drei Aufgaben wesentlich. Erstens muss man versuchen, der Konkurrenz auf deren eigenem Feld zu begegnen – der Wertepolitik. Dies stellt vor allem für die in ihrem Werteverständnis eher materialistisch geprägten Sozialdemokraten ein schwieriges Problem dar, die verloren gegangenen Kredit aber nur zurückgewinnen können, wenn sie der rechten »Gegenmodernisierung« ein eigenes, nicht- regressives Modell einer guten Gesellschaft entgegenstellen, das die Bedürfnisse der Menschen nach Zugehörigkeit aufnimmt. Dies gilt vor allem für die Zuwanderungspolitik.

Zweitens muss man deutlich machen, warum eine Politik, die die Märkte auf der europäischen und transnationalen Ebene reguliert und dazu nationale Zuständigkeiten abgibt (beziehungsweise abzugeben bereit wäre), dennoch im nationalen Interesse ist. Diese Herausforderung stellt sich in der Auseinandersetzung mit dem rechten und linken Populismus gleichermaßen. Die zunehmend europamüden Bürger lassen sich für das Integrationsprojekt nur zurückgewinnen, wenn die sozialen und kulturellen Nebenfolgen, die sich aus dem Marktgeschehen ergeben, nicht mehr ausschließlich der nationalstaatlichen Politik auf- gebürdet werden. In anderen Bereichen – etwa der Außen- und Verteidigungspolitik – wäre es geboten, dass die politischen Eliten selbst über ihren Schatten springen; hier scheitert die Überwindung des nationalen Denkens nicht an den Widerständen der Bevölkerung.

Und drittens müssen die Parteien sich nach außen hin gegenüber den Bürgern öffnen. In einer Gesellschaft, die über das Internet immer stärker vernetzt wird, ist das heutige Modell der von oben gesteuerten Mitglieder- und Funktionärsparteien nicht mehr adäquat. Überlegt werden sollte auch, wieweit die (auf der Bundesebene) bisher ausschließlich repräsentativen Entscheidungsprozesse durch direktdemokratische Verfahren verbessert werden könnten. Vor allem braucht es eine neue Kultur des Zuhörens und Aufeinanderzugehens. Die in einer Demokratie unverzichtbare Volksnähe des Politikers gebietet nicht, dem Volkswillen hinterherzulaufen, sondern den Bürgern Gehör zu schenken. Dies setzt voraus, dass man die Lebenswirklichkeiten seiner Wählerinnen und Wähler kennt, ihnen zumindest nicht ausweicht.

böll Thema 2/2016, S. 10–12.

Europawahlen im Zeichen populistischer Herausforderungen

Jenseits der beträchtlichen Unterschiede, die zwischen ihren Vertretern bestehen, bilden euroskeptische und -kritische Positionen einen gemeinsamen Nenner der rechtspopulistischen Parteienfamilie, der diese zugleich mit den Angehörigen anderer Parteienfamilien verbindet. Versteht man unter Euroskeptizismus eine Haltung, die die weitere Vertiefung der Europäischen Integration ablehnt und den erreichten Integrationsstand durch eine Rückgabe von Zuständigkeiten an die nationalen Mitgliedstaaten zurückdrehen möchte, so wird diese Position von Teilen der populistischen und/oder radikalen Linken und von Teilen des konservativen Lagers geteilt. Zu den letztgenannten gehörten von jeher die britischen Tories, die im Europäischen Parlament deshalb außerhalb der christdemokratischen EVP mit der späteren EKR eine eigene Fraktion bildeten. Daneben wird das Lager der nationalkonservativen Euroskeptiker vor allem von Parteien aus den mittelosteuropäischen Ländern angeführt. Seine wichtigsten Exponenten sind die polnische PIS (Recht und Gerechtigkeit), deren Abgeordnete 2009 zur EKR dazu stießen, und die ungarische Fidesz, die zum Unwillen vieler ihrer Schwesterparteien bis heute der pro-europäischen EVP-Fraktion angehört. Rechnet man all diese Gruppen zusammen, so belief sich der Anteil der Euroskeptiker unter den EU-Abgeordneten in der zu Ende gehenden Wahlperiode auf etwa 30 Prozent.

Im nächsten EP könnte sich deren Gewicht weiter erhöhen, weshalb die pro-europäisch aufgestellten Parteien die Wahl bereits jetzt zu einer grundlegenden Richtungsentscheidung für oder gegen das gemeinsame Europa ausrufen. Insbesondere den Rechtspopulisten wird ein nochmaliger Stimmenzuwachs vorausgesagt, der an die Erfolgsserie anknüpfen würde, die die meisten ihrer Vertreter bei den seit 2014 auf nationaler Ebene stattgefundenen Wahlen hingelegt haben. 2014 hatte es durchaus die Hoffnung gegeben, dass die im Zuge der Finanz- und Eurokrise aufgebrochenen Konflikte innerhalb der EU eingedämmt und die Kritiker damit zurückgedrängt werden könnten. Dies sollte sich jedoch nicht bewahrheiten, im Gegenteil: Durch mehrere – konkret: vier – miteinander verbundene Entwicklungen spitzte sich die Krise so dramatisch zu, dass zum ersten Mal in ihrer Geschichte die Möglichkeit eines Auseinanderfallens der EU zumindest im Raum stand und offen diskutiert wurde.

Die europäische »Polykrise«

2015 stand die Mitgliedschaft Griechenlands in der Währungsunion auf Messers Schneide. Nachdem die im Januar 2015 aus den Parlamentswahlen siegreich hervorgegangene linkspopulistische Syriza die Verhandlungen mit der EU über ein zweites Hilfspaket abgebrochen und die Bevölkerung dies in einem vom neuen Regierungschef Alexis Tsipras angesetzten Referendum mit deutlicher Mehrheit unterstützt hatte, konnte ein Ausscheiden des Landes aus dem Euro nur vermieden werden, weil Tsipras anschließend eine 180-Grad-Wende vollzog und der Vereinbarung über ein weiteres Hilfsprogramm zustimmte. Dieses bestand in einer Fortführung und -entwicklung der bereits zuvor beschlossenen Sparmaßnahmen, die Lohnempfänger und Bezieher staatlicher Leistungen hart trafen und von den Menschen als demütigendes Oktroi empfunden wurden. In den vermeintlichen Geberländern mehrten sich unterdessen die öffentlichen Forderungen nach einem »Grexit« – unbeschadet der Tatsache, dass die neuen Kredite auch in deren eigenem Interesse lagen, indem sie die einheimischen Banken vor Zahlungsausfällen bewahrten.

Kaum war die Einigung mit Griechenland erzielt, wurde die Solidarität unter den EU-Staaten durch einen rapiden Anstieg der infolge der Bürgerkriege im Nahen Osten und der schwierigen Lebenssituation in Teilen Afrikas nach Europa strömenden Flüchtlinge auf eine bis dahin nicht bekannten Weise herausgefordert. Nachdem sich die Flüchtlingszahlen 2015 und 2016 gegenüber 2014 auf jeweils 1,3 Millionen verdoppelt hatten, brach das Dublin-System der EU, das den Ankunftsländern im Süden die Verantwortung für die Registrierung der Asylbewerber zuweist, faktisch zusammen. Die Entscheidung der Bundesregierung unter Kanzlerin Angela Merkel, durch ein Offenhalten der Grenze zu Österreich die Einreise von fast einer Million Menschen nach Deutschland innerhalb weniger Monate zu ermöglichen, verschärfte die Konflikte innerhalb und zwischen den Mitgliedsstaaten massiv. Sie wurde insbesondere von den Anrainern der Balkan-Route und den mittelosteuropäischen Ländern als angebliche »Einladung« an die Flüchtlinge kritisiert. Dem von EU-Kommission und

Ministerrat beschlossenen Schlüssel für die Verteilung der Flüchtlinge auf die Mitgliedsstaaten verweigern sich die MOE-Staaten bis heute beharrlich. Gleichzeitig forcierten die Kritiker die Schließung der Balkan-Route im Oktober 2015 gegen den Willen der deutschen Kanzlerin, die ihre Hoffnungen stattdessen auf ein Rücknahmeabkommen mit der Türkei setzte. Durch die Kombination beider Maßnahmen sind die Flüchtlingszahlen seit 2017 deutlich zurückgegangen. Die grundsätzlichen Fragen – wieviele Flüchtlinge aufgenommen und wie diese auf die einzelnen Länder verteilt werden sollen – bleiben aber zwischen den Partnern in der EU weiter ungelöst.

Im Juni 2016 stimmten knapp 52 Prozent der Briten in einer Volksabstimmung für den Austritt ihres Landes aus der EU. Mit der Anberaumung des Referendums löste der konservative Premierminister David Cameron ein Wahlversprechen ein – seine Hoffnung war, dass mit dem von ihm erbetenen Ja der Konflikt in der Konservativen Partei über die Zugehörigkeit des Landes zur EU befriedet oder wenigstens zurückgedrängt werden könnte. Um seine Siegchancen zu verbessern, hatte der Premier im Vorfeld gegenüber Brüssel auf bessere Konditionen für die EU-Mitgliedschaft Großbritanniens gedrungen, in den Verhandlungen aber nur wenig erreicht. Wenn es zum »Brexit« kommt, wird es das erste Mal sein, dass ein Mitgliedsstaat die Union verlässt – eine Möglichkeit, die Artikel 50 des EU-Vertrages ausdrücklich vorsieht. Der im selben Artikel geregelte, sich über zwei Jahre erstreckende Austrittsprozess wurde von Camerons Nachfolgerin Theresa May im März 2017 in Gang gesetzt. Er mündete nach schwierigen Verhandlungen Ende 2018 in ein Abkommen, das im britischen Parlament freilich durchfiel, weil ihm auch große Teile von Mays eigener Konservativer Partei die Zustimmung versagten. Auch andere Alternativen wie ein Verbleib in der Zollunion, eine Verschiebung des Austritts oder ein zweites Referendum waren beziehungsweise sind in Großbritannien nicht mehrheitsfähig. Damit droht die Gefahr eines ungeregelten Austritts, der Wirtschaft und Politik auf beiden Seiten des Kanals zumindest kurzfristig vor unkalkulierbare Probleme stellen würde.

Wenn vom Demokratiedefizit der EU die Rede ist, denkt man für gewöhnlich zuerst an die Beschaffenheit und Funktionsweise ihrer in Brüssel, Straßburg und Luxemburg ansässigen Institutionen. Spätestens seit der Machtübernahme rechtsnationaler Parteien in Ungarn und Polen ist jedoch ins Bewusstsein gelangt, dass die EU noch ein anderes, womöglich gravierenderes Demokratieproblem hat, nämlich das der Einhaltung demokratischer und rechtsstaatlicher Standards in den Mitgliedsstaaten. Was in Ungarn nach dem Wahlsieg der ehemals liberal und nachfolgend zunehmend nationalkonservativ ausgerichteten Fidesz-Partei schon seit 2010 im Gange ist – der Umbau des Landes zu einem quasi-demokratischen autoritären System –, findet unter der Verantwortung der PIS seit 2015 auch in Polen statt. Das Muster ist stets dasselbe. Um Regierungsinstitutionen und den Wahlprozess unter Kontrolle zu bringen, werden zunächst die Gerichte und hier vor allem das Verfassungsgericht in ihrer Macht beschränkt beziehungsweise mit eigenen Gefolgsleuten der Regierung besetzt. Anschließend kann man dann ungehindert den gesellschaftlichen Pluralismus zurückdrängen und die öffentliche Meinungsbildung »gleichschalten«. Die EU hat solchen Bestrebungen bislang kaum etwas entgegensetzen können oder wollen. Im ungarischen Falle war und ist sie durch die Mitgliedschaft von Fidesz in der EVP befangen, im polnischen Falle haben ihre Versuche, die Regierung über die Aktivierung des Rechtsstaatsmechanismus zum Nachgeben zu bewegen, nur wenig bewirkt.

Die vier Krisen sind nicht unabhängig voneinander zu betrachten, sondern bilden ein zusammenhängendes Konglomerat – eine »Polykrise«, wie sie Kommissionspräsident Jean-Claude Juncker treffend genannt hat. So wie die ihnen auferlegte Austeritätspolitik die von der Finanz- und Eurokrise gebeutelten Südländer nicht geneigt machte, sich in der Flüchtlingsfrage gegenüber den Nordländern – und hier vor allem Deutschland – solidarisch zu verhalten, so war die Migrationspolitik zugleich ein wichtiger Katalysator für die Anti-EU-Stimmung in Großbritannien und autoritären Bestrebungen in Ungarn oder Polen. Die Entsolidarisierung hat den Auftrieb der euroskeptischen Populisten in den Parteiensystemen befördert. Dennoch konnten die mitgliedsstaatlichen Regierungen ihren Zusammenhalt in zentralen Fragen bewahren. So wurden etwa bei den Brexit-Verhandlungen jedwede Versuche der »Rosinenpickerei« von britischer Seite geschlossen abgewehrt, um etwaige Nachahmereffekte zu verhindern. Auch die Sanktionen gegenüber Russland, verhängt wegen der völkerrechtswidrigen Annexion der Krim-Halbinsel im Gefolge der Ukraine-Krise, wurden 2014 gemeinsam beschlossen und anschließend von allen eingehalten. Und in der Eurozone war man bereit, mit der Schaffung einer Bankenunion weitere Souveränitätsrechte auf die europäischen Institutionen zu übertragen.

West- und Nordeuropa, Südeuropa, Mittelosteuropa

Ein Vergleich der Parteiensystementwicklung in den europäischen Demokratien offenbart neben interessanten Parallelen und Gemeinsamkeiten charakteristische Unterschiede. Diese rühren einerseits aus den spezifischen historischen Entstehungsbedingungen der Parteiensysteme sowie aus den ungleichen Startpunkten der Demokratisierung. So lassen sich zum Beispiel Abweichungen der Parteiensystemstrukturen in den jungen Demokratien Mittelosteuropas von den älteren Demokratien erklären oder bis heute nachwirkende Unterschiede zwischen den nord- und westeuropäischen Systemen und den demokratischen Nachzüglern an der südeuropäischen Peripherie (Spanien, Portugal, Griechenland).

Andererseits sind die Unterschiede den in den jeweiligen Gesellschaften anzutreffenden ökonomischen und kulturellen Konflikten zuzuschreiben, die die Entwicklung der Parteien und Parteiensysteme seit ihrer Entstehung begleiten. Betrachtet man die Wahlergebnisse der populistischen Herausforderer, so fällt auf, dass in den west- und nordeuropäischen Ländern hauptsächlich die rechten Vertreter reüssieren, während in Südeuropa der Linkspopulismus dominiert. Bei der erstgenannten Gruppe handelt es sich um wettbewerbsstarke, offene Volkswirtschaften, die – als Folge ihrer Wettbewerbsfähigkeit – ein hohes Wohlfahrtsstaatsniveau und zugleich einen hohen Migrantenanteil in der Bevölkerung aufweisen. Wertbezogene Konflikte über die kulturelle Zugehörigkeit der Zuwanderer verquicken sich hier mit verteilungsbezogenen Auseinandersetzungen, die an der Konkurrenz um Löhne und Sozialleistungen festzumachen sind. Sie betreffen vor allem das untere Drittel oder Viertel der Bevölkerung, aber auch die um ihren Abstieg fürchtenden Mittelschichten, und werden verschärft, indem der Wohlfahrtsstaat durch den globalen Wettbewerb – dessen Verlierer er eigentlich schützen soll – selbst unter Druck gerät.

Anders liegt der Fall in den wettbewerbsschwächeren südeuropäischen Ländern, die sich durch einen weniger ausgebauten Wohlfahrtsstaat und niedrigeren Migrantenanteil auszeichnen. Hatten es die niedrigen Kapitalmarktzinsen Ländern wie Griechenland oder Italien lange Zeit ermöglicht, ihre Konsumausgaben über wachsende Staatsschulden zu finanzieren, so setzte die Eurokrise dem ab 2010 ein abruptes Ende. Die drei erfolgreichsten Vertreter des südeuropäischen Linkspopulismus – Syriza,

Podemos und die Fünf-Sterne-Bewegung – sind im Umfeld dieser Krise entstanden beziehungsweise groß geworden. In ihren Ländern sind sie heute direkt oder indirekt an der Regierung beteiligt. Auch die sozialdemokratische Regierung in Portugal wird seit 2015 von einem Bündnis linksradikaler Parteien gestützt. Italien stellt insofern einen Sonderfall dar, als sich hier der wirtschaftliche Nord-Süd-Konflikt in Europa durch das eigene Land zieht. Der rechtspopulistische Teil wird dabei von der – sich seit 2018 offiziell nur noch »Lega« nennenden – Lega Nord repräsentiert, die mit ihren fremdenfeindlichen und chauvinistischen Positionen vor allem im wohlhabenderen Norden auf Zustimmung trifft, während die Hochburgen der stärker sozialpopulistisch auftretenden Fünf-Sterne-Bewegung im wirtschaftsschwachen Süden liegen.

Eine besondere dritte Gruppe bilden die in den 1990er Jahren neu entstandenen mittelosteuropäischen Demokratien, in denen die populistischen und nationalistischen Kräfte die Parteienlandschaften mittlerweile dominieren. Sie treten dort freilich selten in Reinform auf, sondern überformen die bestehenden Parteien. Diese werden auf der europäischen Ebene der christdemokratischen, konservativen, sozialdemokratischen oder liberalen Familie zugeschlagen, obwohl sie mit ihren Pendants in West-, Nord- und Südeuropa häufig nur den Namen gemein haben und auch untereinander beträchtliche Unterschiede aufweisen. Nahm der Fragmentierungsgrad der Parteiensysteme in den neun MOE-Staaten bis Ende der 2000er Jahre kontinuierlich ab, hat er seither wieder zugenommen. Legt man die Mitgliedschaft in den EU-Parteienverbünden und -fraktionen zugrunde, werden von den Regierungen heute jeweils zwei von Christdemokraten, Sozialdemokraten und Liberalen, und jeweils eine von Konservativen, Grünen (Bauern) und einer erst 2014 gegründeten Quereinsteiger-Partei angeführt (in Slowenien).

Die starke Polarisierung der Parteiensysteme in Mittelosteuropa tritt im Verhältnis zum übrigen Europa zugunsten einer gemeinsam geteilten Abwehrhaltung gegenüber den anderen Ländern zurück, wenn Fragen der nationalen Selbstbehauptung berührt sind. So wurde zum Beispiel der Austeritätskurs der Nordländer gegenüber den Krisenstaaten im Süden von den MOE-Staaten einhellig unterstützt und die von den Ländern im Süden wie im Norden angemahnte Solidarität in der Migrationsfrage ebenso einhellig verweigert. Die von den Regierungen bewusst geschürte Feindseligkeit gegen jegliche »kulturfremde« Flüchtlinge wirkt vor dem Hintergrund einer kaum vorhandenen Zuwanderung scheinbar widersprüchlich. Sie wurzelt in der Geschichte, in der Demografie und in den Verwerfungen der postkommunistischen Übergangsphase. Gleichzeitig stellt sie eine spezifisch mittelosteuropäische Revolte gegen die Globalisierung und den Zwang zur Imitation des westlichen Modernisierungsmodell dar.

Auch in Italien und Griechenland haben rechte und linke Populisten heute keine Probleme, in der Regierung zusammenzuarbeiten. Insbesondere bei den rechten Vertretern ist der gemeinsame Nenner nationaler Interessen oftmals größer als die Übereinstimmung mit den ihnen programmatisch eigentlich näher stehenden Parteien im übrigen Europa. Dass die Rechtspopulisten sich dort an die Spitze der Kritiker der Währungsunion und der zur Stützung der Südländer beschlossenen Hilfspakete setzten, ist kein Zufall, konnten sie doch mit dieser Position zusätzliche Wähler mobilisieren und ihre bereits vorher bestehende ablehnende Haltung gegenüber der EU untermauern. Der prominenteste Spätankömmling der rechtspopulistischen Parteienfamilie in Europa – die Alternative für Deutschland – ist sogar erst im Umfeld der Eurokrise entstanden

Rechtsverschiebung der Parteiensysteme und Bröckeln der Volksparteien

Hauptleidtragende des Aufstiegs der Rechts- und Linkspopulisten sind die in den Ländern der alten EU früher systembestimmenden christlich-konservativen und sozialdemokratischen Parteien. Bewegte sich deren gemeinsamer Stimmenanteil in der EU 15 von Mitte der 1970er bis Mitte der 2000er Jahre in einem stabilen Korridor von 63 bis 67 Prozent, so sank er zwischen 2011 und 2015 erstmals unter die 60-Prozent- und seit 2016 sogar unter die 50 Prozent-Marke. Die Sozialdemokraten waren dabei von den Verlusten stärker betroffen (21 Prozent gegenüber 27 Prozent für die christlich-konservativen Parteien). Sie hatten seit den 2000er Jahren einen kontinuierlichen Abwärtstrend zu verzeichnen, während Christdemokraten und Konservative ihre Ergebnisse bis 2015 noch relativ gut halten konnten. Ihr Einbruch erfolgte erst danach, was vor allem den herben Verlusten in bevölkerungsreichen Ländern wie Deutschland, Frankreich, Italien und Spanien geschuldet war.

Die größten Einzelverluste hatten die Sozialistische Partei in Frankreich, die niederländische Arbeitspartei und die griechische Pasok zu verzeichnen, die bei den Wahlen auf einstellige Werte zurückfielen und damit schlechter abschnitten als ihre jeweiligen linkssozialistischen und -populistischen Konkurrenten. In Griechenland war es Syriza schon 2012 gelungen, die Sozialdemokraten als stärkste Kraft des linken Lagers abzulösen, in Spanien verfehlte Podemos dieses Ziel 2015 und 2016 nur knapp.

In den west- und nordeuropäischen Ländern sind die vergleichsweise höheren Verluste der Sozialdemokraten vor allem damit zu erklären, dass sie die Stimmen sowohl innerhalb des linken Lagers als auch an Christdemokraten / Konservative und Rechtspopulisten verloren, während die christlich-konservativen Parteien vornehmlich im rechten Lager – an Liberale und Rechtspopulisten – abgeben mussten. Die Achse der Parteiensysteme hat sich dadurch nach rechts verschoben und die Möglichkeit einer linken Mehrheit in den meisten Ländern in weite Ferne gerückt – lediglich Großbritannien fällt hier mit dem überraschend guten Abschneiden der Labour Party bei der Unterhauswahl 2018 aus dem Rahmen.

Die veränderten Kräfteverhältnisse spiegeln sich in der Regierungszusammensetzung wider. Von elf Ländern in West- und Nordeuropa wurde zu Beginn des Jahres 2019 nur noch eines – Schweden – von den Sozialdemokraten regiert; deren Koalition mit den Grünen bleibt dabei auf die Unterstützung von Parteien des anderen Lagers (Zentrumspartei und Liberale) angewiesen. Die christlich-konservativen Parteien stellen in vier Ländern (Deutschland, Großbritannien, Irland, Österreich) den Regierungschef. In den übrigen sechs Ländern – Frankreich eingeschlossen – werden die Regierungen von Vertretern liberaler Parteien angeführt, obwohl diese nur in der Hälfte der Fälle die stärkste Kraft im Parlament sind. In zwei Ländern sind rechtspopulistische Parteien direkt oder indirekt an der Regierung beteiligt: in Österreich (als Koalitionspartner der ÖVP seit 2017) und in Dänemark (als Stützpartner einer bürgerlichen Dreierkoalition seit 2016). In Finnland wurde die 2015 gebildete Koalition der Zentrumspartei und Nationalen Sammlungspartei mit den Wahren Finnen von den beiden erstgenannten 2017 beendet, weil die Rechtspopulisten ihren bis dahin gemäßigten Kurs zu verlassen drohten.

In Südeuropa stellen sich die Verhältnisse anders dar: Von den vier Ländern werden hier zwei – Spanien und Portugal – von linken Koalitionen unter sozialdemokratischer Führung und zwei – Italien und Griechenland – von einem Bündnis rechts- und linkspopulistischer Parteien regiert. In Italien verständigten sich die Koalitionspartner 2018 auf den parteilosen

Giuseppe Conte als Regierungschef, der von der Fünf-Sterne-Bewegung zuvor als Mitglied ihres Schattenkabinetts nominiert worden war. In Griechenland hat die rechtspopulistische Anel die Regierung Anfang 2019 verlassen; um seine Parlamentsmehrheit zu erhalten, ist Ministerpräsident Tsipras seither auf die Unterstützung einzelner Abgeordneter angewiesen.

In Mittelosteuropa, wo die Grenzen sowohl zwischen den rechten und linken Populisten als auch innerhalb des Mitte-Rechts-Lagers zwischen populistischen, nationalkonservativen und extremistischen Kräften fließender sind, führten populistische (oder als populistisch geltende) Parteien Anfang 2019 die Regierungen – bei enger Auslegung des Begriffs – in zwei (Polen und Ungarn), bei großzügigerer Auslegung in weiteren drei Ländern an (Slowakei, Slowenien und Tschechien); in Bulgarien waren sie an der Regierung beteiligt.

Konsequenzen für das Regieren in der EU

Den populistischen EU-Gegnern wird häufig vorgehalten, dass sie die Mitgliedschaft im Europäischen Parlament als Plattform benutzen, um eben dieses Parlament zu delegitimieren und langfristig ganz abzuschaffen. Wenn sie eine solche Strategie verfolgen, hätte das jedoch zugleich eine positive Kehrseite, würde es doch die Europawahlen tatsächlich zu Wahlen machen, die um europäische Themen und Personen geführt werden. In der Vergangenheit konnten rechte und linke Außenseiter sich die vermeintlich nachrangige Bedeutung der Europawahlen dadurch zunutze machen, dass die Wähler mit ihren Stimmen »leichtfertiger« umgingen als bei den nationalen Wahlen. Inzwischen dürfte immer mehr Wählern bewusst sein, dass bei den Wahlen zum EP Wichtiges auf dem Spiel steht. Dies hat auch damit zu tun, dass die Wahl mit der Bestellung des Kommissionspräsidenten – also der Exekutivspitze der EU – verkoppelt ist. Ausgerechnet hier könnte es jedoch durch die absehbare Veränderung der parteipolitischen Kräfteverhältnisse zu einem demokratischen Rückschlag kommen.

Der Grund dafür liegt nicht primär in dem befürchteten weiteren Erstarken der populistischen und euroskeptischen Kräfte. Weil mit dem EU-Austritt Großbritanniens sowohl die UKIP-Abgeordneten als auch die traditionell euroskeptischen Tories verschwinden, dürfte die pro-europäische Mehrheit im EP relativ stabil bleiben. Deutliche Verschiebungen stehen dagegen innerhalb des pro-europäischen Lagers bevor. Während die Christdemokraten vom Abgang der britischen Konservativen nicht betroffen sind, würde mit den 20 britischen Abgeordneten der Labour Party eine der europaweit stärksten sozialdemokratischen Parteien aus den Reihen der S&D-Fraktion ausscheiden. Da die Sozialdemokraten auch in anderen wichtigen Ländern mit Verlusten rechnen müssen, kann die EVP deshalb schon heute nahezu sicher sein, dass sie ihre Position als stärkste Kraft im Parlament behält.

Ob der von ihr gekürte Spitzenkandidat Manfred Weber damit automatisch Kommissionspräsident wird, ist freilich nicht ausgemacht. 2014 konnten sich Christdemokraten und Sozialdemokraten das Versprechen, wonach das Amt der jeweils stärkeren Partei zusteht, gegenseitig abnehmen, weil beide zusammen im EP über eine eigene Mehrheit verfügten. Geht ihnen diese Mehrheit 2019 verloren, braucht Weber auch die Zustimmung von Abgeordneten aus anderen Fraktionen. Hier kommt insbesondere der liberalen ALDE eine Schlüsselrolle zu, zumal diese auch von der LREM unterstützt wird, der Partei Emmanuel Macrons. Der französische Präsident macht keinen Hehl daraus, dass er den 2014 vorgenommenen Rollentausch zwischen Rat und Parlament bei der Bestellung des Kommissionspräsidenten am liebsten rückgängig machen würde. Dabei dürfte er auch die Kräfteverhältnisse im Europäischen Rat im Blick haben, wo die Liberalen mit neun Regierungschefs derzeit den größten Block stellen.

Ebenso offen wie das Rennen um den Kommissionspräsidenten ist die Frage, wie sich die rechtspopulistischen Parteien nach der Wahl im Parlament gruppieren werden. Am sichersten erscheint der Fortbestand der ENF-Fraktion, die die ältesten und prominentesten Vertreter des europäischen Rechtspopulismus vereint; zu diesen würde sich vermutlich die – inzwischen deutlich radikalisierte – AfD gesellen. Der EFDD droht dagegen die Auflösung. Nach dem Ausscheiden der UKIP-Abgeordneten würden ihr im Kern nur noch die Vertreter der Fünf-Sterne-Bewegung verbleiben, die sich aufgrund ihrer eher linkspopulistischen Ausrichtung in der Fraktion ohnehin deplatziert vorkamen. Nachdem die Fünf Sterne 2017 vergeblich um die Aufnahme in die ALDE-Fraktion nachgesucht hatten, könnte ein neuer Anlauf nach der Wahl erfolgreicher sein, wenn sie ihre euroskeptischen Positionen bis dahin weiter abstreifen. Ansonsten bliebe ihnen nur die Fraktionslosigkeit.

Wenig spricht dafür, dass die übrigen Parteien, die eine weichere Spielart des Rechtspopulismus und Euroskeptizismus bevorzugen und zurzeit vor allem in der EKR-Fraktion versammelt sind, bereit sein könnten, mit den Angehörigen des harten Kerns eine gemeinsame Front der EU- und Migrationsgegner im Europaparlament zu bilden – womöglich noch erweitert um Viktor Orbáns Fidesz. Eine solche Sammlungsbewegung, wie sie Steve Bannon, dem früheren Chefstrategen Donald Trumps, und Matteo Salvini vorschwebt, dürfte einstweilen Vision bleiben. Für die pro-europäischen Kräfte stellt sie jedoch zugleich eine Mahnung dar, sich auf den internen Zwist und die Politikunfähigkeit ihrer Herausforderer nicht zu sehr zu verlassen. Diese werden sich auf Dauer nur zurückdrängen lassen, wenn es gelingt, dem europäischen Projekt wieder mehr Akzeptanz zu verschaffen; dazu muss die EU handlungsfähiger und zugleich demokratischer werden.

Welche Zukunft hat das Spitzenkandidatensystem?

Nach 2014 wurde in Brüssel jetzt zum zweiten Mal ein großes Schauspiel um die Besetzung des Amts des Kommissionspräsidenten aufgeführt, bei dem sich dieses Mal der Rat der Staats- und Regierungschefs gegen das Parlament durchsetzte. Erneut ging es dabei um das sogenannte Spitzenkandidatensystem, das aus zwei Verabredungen beziehungsweise Regeln besteht. Erstens sollen nur solche Personen für das Amt vorgeschlagen und in dieses gewählt werden können, die bei den Wahlen zum Europäischen Parlament als Spitzenkandidaten einer Parteienfamilie dafür kandidiert haben. Und zweitens steht das Amt derjenigen Parteienfamilie zu, die aus den Wahlen als stärkste Kraft hervorgegangen ist und im Parlament über die meisten Mandate verfügt.

Die Machtprobe war programmiert, weil die Akteure, die über die Bestellung des Kommissionspräsidenten zu entscheiden haben, diese Verabredungen längst nicht alle teilten. Die Liberalen, die dank des Zuwachses durch Emmanuel Macrons LREM im Europäischen Parlament deutlich gestärkt wurden, lehnten das Spitzenkandidatensystem rundweg ab. Das hatte auch damit zu tun, dass sie im Europäischen Rat, der das Vorschlagsrecht für das Amt hat, mittlerweile genauso viele Staats- und Regierungschefs stellten wie die Christdemokraten. Die Sozialdemokraten rückten wiederum vom Prinzip der »stärksten Partei« ab, das sie 2014, als Jean-Claude Juncker gegen Martin Schulz antrat, noch ausdrücklich akzeptiert hatten.

Damals waren die Machtverhältnisse freilich andere gewesen. Weil Christdemokraten und Sozialdemokraten zusammen über eine eigene Mehrheit verfügten, konnten sie sich wechselseitig zusichern, dass der jeweils stärkere von ihnen den Kommissionspräsidenten stellen würde. 2019 kam es für die Mehrheitsbildung dagegen entscheidend auf die Liberalen an. Die Sozialdemokraten witterten deshalb die Chance, mit deren Unterstützung den Christdemokraten Manfred Weber als Vertreter der stärksten Fraktion ausbooten und ihren eigenen Spitzenkandidaten Frans Timmermans als künftigen Kommissionspräsidenten installieren zu können. Weil die Liberalen und Macron dazu nicht bereit waren, zauberten sie als christdemokratischen Ersatz für Weber die deutsche Verteidigungsministerin Ursula von der Leyen aus dem Hut, die dann am 16. Juli 2019 im Parlament mit knapper Mehrheit zur neuen Kommissionspräsidentin gewählt wurde.

Der erneute Machtpoker um das Amt des Kommissionspräsidenten bestätigt die grundsätzlichen Zweifel am sogenannten »Spitzenkandidatensystem«. Die Hoffnungen, dass mit ihm bei den Wahlen zum Europäischen Parlament »mehr Demokratie« einzieht und die Bürger näher an die europäischen Institutionen herangeführt werden, haben sich nicht bewahrheitet. Warum ist das so? Die Befürworter des Spitzenkandidatensystems orientieren sich erkennbar an den Prinzipien und Regeln der parlamentarischen Regierungssysteme ihrer nationalen Herkunftsländer. Dabei verkennen sie aber, dass diese auf die europäische Politik nicht ohne Weiteres übertragbar sind. Dies gilt sowohl für die Demokratie im Allgemeinen, die an bestimmte Voraussetzungen wie eine gemeinsame Öffentlichkeit oder ein (staats)bürgerschaftlliches Verbundenheitsgefühl gebunden ist, die in der EU erst ansatzweise vorliegen. Und es gilt auch mit Blick auf die institutionelle Gestalt des EU-Regierungssystems, die der parlamentarischen Regierungsform nur bedingt entspricht.

Letzteres zeigt sich insbesondere im Fehlen des für das parlamentarischen System typischen Gegenübers von Regierungsmehrheit und Opposition. Denn anders als in den nationalen politischen Systemen ist die EU-Kommission, nachdem sie einmal gewählt ist, auf die dauerhafte Unterstützung einer parlamentarischen Mehrheit nicht zwingend angewiesen. Ursache dafür ist, dass sie vom Parlament nur mit Zweidrittelmehrheit gestürzt werden kann, ihre Abberufung also höheren Hürden unterliegt als die Bestellung. Dem entspricht das Nichtvorhandensein einer vorzeitigen Parlamentsauflösung, das in einem normalen parlamentarischen System das Pendant zum Misstrauensvotum bildet. Damit soll dafür Sorge getragen werden, dass beim Verlust der parlamentarischen Mehrheit der Regierung jederzeit eine neue Mehrheit erzeugt werden kann.

Diese Abweichungen erklären, warum der Parlamentarismus in der EU anders funktioniert als in den nationalstaatlichen Demokratien. Während das Regieren mit »wechselnden Mehrheiten« in den dortigen parlamentarischen Systemen meistens verpönt ist, stellt es im Europäischen Parlament von jeher die Regel dar, indem sich bei den Gesetzesbeschlüssen – je nach Materie – unterschiedliche Abstimmungskoalitionen herausbilden. Auch innerhalb der Fraktionen ist das Abstimmungsverhalten häufig uneinheitlich, was auf deren heterogene Zusammensetzung und die fortbestehenden nationalen Prägungen der Fraktionsmitglieder verweist. Dem Europäischen Parlament mögen zwar bis heute ein eigenes Initiativrecht oder die volle gesetzgeberische Gleichstellung mit dem Rat fehlen. Wo es mitentscheidet, übt es de facto aber größeren Einfluss aus als die Parlamente in den Mitgliedstaaten, die die Funktion der Gesetzgebung weitgehend an die jeweiligen Regierungen abgetreten haben.

Sucht man nach Vergleichsbeispielen für eine solche Struktur, kommt einem am ehesten der US-amerikanische Kongress in den Sinn. Auch dessen starke Position im Gesetzgebungsprozess gründet – nur scheinbar paradox – darauf, dass ihm das zentrale Recht der Parlamente in den parlamentarisch genannten Regierungssystemen fehlt, nämlich das Recht, die Regierung zu bestellen und abberufen. Der mit dem Spitzenkandidatensystem eingeschlagene Weg einer stärkeren Anbindung der Kommission an die Parlamentsmehrheit führt so betrachtet in die falsche Richtung. Entwindet das EP den Staats- und Regierungschefs das Recht, den Kommissionspräsidenten zu bestellen, würde das die EU zwar demokratischer machen. Das Parlament selbst hätte davon aber keinen Gewinn, weil es seine heutige Unbefangenheit gegenüber der Kommission verlöre.

Die naheliegende Alternative läge darin, den Kommissionspräsidenten in einem separaten Wahlakt zeitgleich mit den Wahlen zum Europäischen Parlament direkt zu wählen. Wie hätte man sich das vorzustellen? In der heutigen Vielparteienstruktur würde vermutlich kein Kandidat in der Lage sein, auf Anhieb eine (absolute) Mehrheit zu erzielen. Bei Präsidentenwahlen auf nationaler Ebene wird in den meisten europäischen Ländern dann üblicherweise eine Stichwahl zwischen den beiden bestplatzierten Bewerbern des ersten Wahlgang fällig, was aber auf EU-Ebene angesichts von 420 Millionen Wahlbürgern kaum gangbar wäre. Um eine ausreichende Legitimation jenseits der relativen Mehrheit zu erzeugen, kämen folgende Varianten in Betracht: 1.) ein Alternativstimmensystem, bei dem die Wähler Zweit- oder Drittpräferenzen angeben könnten, 2.) ein indirektes Verfahren nach US-Vorbild – die Wahl erfolgt hier getrennt nach Mitgliedstaaten, denen eine vorab festgelegte Zahl von »Wahlmännern« zusteht, und 3.) eine Verlegung der Stichwahl zwischen den beiden Bestplatzierten in das Europäische Parlament. (Dasselbe Verfahren könnte bei der zweiten Variante zum Zuge kommen, wenn ein Bewerber die absolute Mehrheit der Wahlmännerstimmen verfehlt.)

Die Volkswahl des Kommissionspräsidenten würde die EU noch nicht zu einer Mehrheitsdemokratie machen. Auch ein mit größerer demokratischer Legitimation versehener Exekutivchef bliebe auf ein konsensuelles Zusammenwirken der an der Gesetzgebung beteiligten Organe angewiesen. Dennoch würde die mehrheitsdemokratische Komponente des Regierungssystems gestärkt. Ein vom Volk ins Amt getragener Kommissionspräsident hätte das Vorrecht und die Bürde der politische Initiative, könnte sich also nicht mehr ohne Weiteres hinter seinen Beamten oder den Vertretern des Ministerrats verstecken; gleichzeitig wäre er derjenige, der die Einheit der Gemeinschaft institutionell verkörpert, ihre politischen Ziele nach innen und außen vertritt. Dies ließe sich auch durch die Zusammenlegung mit dem Amt des permanenten Ratspräsidenten deutlich machen, die – im Unterschied zur Direktwahl selbst – bereits im Rahmen der heutigen Verträge möglich wäre. Dies entspräche der »Doppelhut«-Lösung, die man für das Amt des/der Außenbeauftragten der EU gefunden hat.

Um diesen gleichzeitigen Europäisierungs- und Demokratisierungseffekt zu erreichen, wären allerdings noch mindestens zwei weitere Schritte notwendig. Der erste Schritt betrifft die Auswahl und Bestellung der Kommissare. Wird die Position des Kommissionspräsidenten durch die Direktwahl demokratisch gestärkt, muss sich das auch in der Zusammensetzung und Ausrichtung seiner Regierungsmannschaft widerspiegeln. Mit dem heutigen Bestellungsverfahren der Kommissare lässt sich das nicht gewährleisten. Einerseits beschränkt das Festhalten am gleichberechtigten Vertretungsanspruch aller 27 Mitgliedstaaten – jedes Land stellt einen Kommissar oder eine Kommissarin – die Arbeitsfähigkeit des Gremiums; die Kommission ist zu groß und die Abgrenzung der Ressorts wenig sachgerecht. Andererseits hat der Kommissionspräsident kaum Möglichkeiten, auf die personelle Auswahl der Kommissare Einfluss zu nehmen, deren Nominierung ausschließlich den nationalen Regierungen zusteht. Die Mehrheitsverhältnisse innerhalb der Kommission entsprechen von daher eher den nationalen Wahlergebnissen als dem Ergebnis der Europawahl.

Wie könnte man die beiden Probleme lösen? Was die Verkleinerung der Kommission angeht, würde es schon ausreichen, wenn man die

Länderparität etwas flexibler handhabt. Denkbar wäre zum Beispiel, dass man die Vertretung rotieren lässt oder sie unter den Mitgliedstaaten auslost. Dabei müsste den großen Ländern ein gewisser Vorrang eingeräumt werden. Gleichzeitig könnte man eine Abstufung nach Kommissaren und Vizekommissaren vornehmen, sodass jedem Land zumindest ein Stellvertreterposten sicher wäre. Bei der Bestellung der Kommissare sind ebenfalls verschiedene Varianten denkbar. Der Kommissionspräsident könnte etwa das Recht erhalten, einen Teil der Kommissare selbst zu benennen. Oder man verpflichtet die Regierungen, mehrere Kandidaten vorzuschlagen, damit er aus einem größeren Pool auswählen kann. Vorstellbar wäre aber auch, dass man das Nominierungsrecht von den Regierungen in die Hände der Wähler legt. Diese würden dann in der Europawahl zugleich über die jeweiligen nationalen Kandidaten für die Kommission entscheiden.

Eine solche Direktwahl der Kommissionskandidaten durch die europäischen Bürger würde die Kommission demokratisch weiter aufwerten und den Europäisierungseffekt verstärken. Es gäbe nicht nur einen zusätzlichen Anreiz, sich an den Wahlen zu beteiligen. Auch den Parteien fiele es vermutlich leichter, für einen europäischen Spitzenkandidaten aus einem anderen Land zu trommeln, wenn diesem ein Kandidat aus dem eigenen Land zur Seite stünde. Die nationale Orientierung der Wähler, die sich allein schon aufgrund der Sprachbarrieren ergibt, würde auf diese Weise für die europäischen Zwecke »eingespannt«. Die Anwärter auf das Amt des Kommissionspräsidenten hätten wiederum den Vorteil, dass sie schon im Vorfeld der Wahl in ihrer Parteienfamilie auf die Aufstellung geeigneter Bewerber hinwirken könnten, mit denen sie die spätere Kommissionsmannschaft bilden. Dies würde auch den Zusammenschluss der bisher nur locker verbundenen nationalen Parteiorganisationen zu wirklichen europäischen Parteien befördern.

Letzteres verweist auf eine weitere Schwachstelle: das Fehlen eines zumindest ansatzweise integrierten europäischen Parteiensystems. In der EU besteht die paradoxe Situation, dass die zu Fraktionen zusammengeschlossenen EU-weiten Parteienfamilien zwar den Parlamentsbetrieb bestimmen, bei den Wahlen zum EP aber nach wie vor nur die nationalen Herkunftsparteien kandidieren. Diese Merkwürdigkeit ist einerseits dem Parlamentsrecht geschuldet, das keine inhaltlichen Kriterien für die Fraktionsbildung kennt. Es reicht, wenn genügend Abgeordnete aus genügend

Mitgliedstaaten zusammenkommen. Zum anderen – und noch wichtiger – ist sie auf das Nicht-Vorhandensein eines gemeinsamen, EU-einheitlichen Wahlsystems zurückzuführen, das laut EU-Vertrag eigentlich längst hätte geschaffen werden müssen.

Die meisten Befürworter eines stärker europäisierten Wahlsystem wollen das Defizit durch die Einführung zusätzlicher transnationaler Listen beheben. Dies geht aber am Kern des Problems vorbei. Auch bei der Bundestagswahl in der Bundesrepublik treten die Parteien bekanntlich mit Landeslisten an – ihre nationalen Kanzlerkandidaten tauchen, sofern sie nicht selbst Teil einer solchen Landesliste sind, auf den Stimmzetteln nirgends auf. Auch in der EU würden, wenn man an den Sitzkontingenten der Mitgliedstaaten im EP festhält, nationale Politiker auf nationalen Listen kandidieren. Diese müssten aber – anders als heute – zu den Wahlen als Vertreter europäischer Parteien antreten, wobei die nationale »Herkunftspartei« auf dem Stimmzettel zusätzlich auszuweisen wäre (also zum Beispiel EVP/CDU oder SPE/SPD).

Der Schlüssel für die Transformation der bestehenden nationalen zu europäischen Parteien liegt in der Einführung eines EU-weiten Verhältniswahlsystems mit moderater Zwei- oder Dreiprozent-Sperrklausel. Letztere würde dafür sorgen, dass allenfalls große Parteien aus großen Mitgliedstaaten noch die Chance hätten, aus eigener Kraft in das Europäische Parlament zu gelangen – die Parteien wären damit gezwungen, sich europaweit zusammenzuschließen. Transnationale Listen wären unter diesen Bedingungen entbehrlich. Sie könnten allerdings in anderer Hinsicht eine positive demokratische Funktion erlangen, wenn man sie zusätzlich zu den nationalen Sitzkontingenten einführt – nämlich als Mittel für einen (nachträglichen) Verhältnisausgleich zwischen den Fraktionen. Damit könnte ein Makel des bisherigen Systems zumindest partiell beseitigt werden, den Kritiker der parlamentarischen Demokratisierungsstrategie regelmäßig hervorheben und der in der aktuellen Debatte um den neuen Kommissionschef wiederholt wurde: der Verstoß des Europäischen Parlaments gegen das Prinzip der demokratischen Wahlrechtsgleichheit.

Die Sitzkontingente, die den Mitgliedsländern in der Straßburger Versammlung zugeteilt werden, orientieren sich bekanntlich nicht streng an deren Bevölkerungsgröße, sondern entsprechen dem Prinzip der »degressiven Proportionalität«. Darin einen grundlegenden Verstoß gegen die Demokratie zu sehen, erscheint jedoch aus zwei Gründen zu puristisch:

Erstens wird die ungleiche Repräsentation im Europäischen Parlament teilweise dadurch ausgeglichen, dass die unterschiedlichen Bevölkerungsgrößen auch in den Abstimmungsregeln des Rates Berücksichtigung finden (durch das Prinzip der »doppelten Mehrheit«). Die EU folgt also nicht dem Modell klassischer Zweikammersysteme wie der USA oder der Schweiz, wo die eine Kammer strikt nach dem demokratischen und die andere nach dem föderativen Gleichheitsprinzip zusammengesetzt ist, sondern »mischt« die Prinzipien in ihren beiden Kammern.

Zweitens – und noch wichtiger – kommt es für die Gleichheit nicht primär auf die territoriale, sondern auf die (partei)politische Repräsentation an. Gerade hier könnte sich eine zusätzliche transnationale Liste bewähren. Aus ihrem Kontingent würden den Parteien beziehungsweise Fraktionen, die infolge der degressiven Proportionalität im Parlament weniger Mandate haben, als ihrem gesamteuropäischen Stimmenanteil entspricht, Ausgleichsmandate zugewiesen. Auf diese Weise wäre der demokratischen Gleichheit zumindest in (partei)politischer Hinsicht genüge getan, ohne dass man an der ungleichen territorialen Repräsentation rütteln müsste.

Juli 2019 (unveröffentlicht).

Am liebsten abperlen lassen

Ob das Urteil zu den EZB-Anleihekäufen ähnlich ausgefallen wäre, wenn das Bundesverfassungsgericht die Umstände der jetzigen Corona-Krise in dem Verfahren noch mit berücksichtigt hätte, darf man bezweifeln. So oder so ist die Unruhe, die das Karlsruher Verdikt in Brüssel, Berlin und anderen europäischen Hauptstädten ausgelöst hat, gewaltig – und sie war absehbar. Mit einer PR-Offensive versuchen der scheidende Gerichtspräsident Andreas Voßkuhle und der zuständige Berichterstatter Peter Michael Huber seit einigen Tagen die Wogen zu glätten, nach dem Motto: alles halb so schlimm.

Politisch ist das verständlich und vielleicht auch klug. Ob es dem Inhalt des Urteils entspricht, bleibt aber offen. Nimmt man die Reaktionen aus Politik und Öffentlichkeit, könnte das Spektrum nicht größer sein. Während die einen in dem Richterspruch einen gefährlichen Sprengsatz für die EU sehen (eine »Atombombe« – so der Bielefelder Verfassungsrechtler Franz Mayer), sprechen die anderen von einer nachvollziehbaren und in ihren Konsequenzen »überschaubaren« Entscheidung.

Die Wahrheit liegt wahrscheinlich wie so oft in der Mitte. Richtig ist, dass sich das Urteil durchaus in der Kontinuität der Karlsruher Rechtsprechung zur EU bewegt. Deren gemeinsamer Nenner liegt in der Rückführung der gemeinsamen europäischen Rechtsetzung auf die demokratische Legitimation der Mitgliedstaaten, weil eine gleichwertige Legitimation durch die supranationalen Institutionen der EU (Parlament und Kommission) nicht bestehe. Die Rechtsakte der EU müssten sich deshalb innerhalb der Zuständigkeiten halten, die der EU von den Parlamenten der Mitgliedstaaten – im deutschen Falle also dem Bundestag – übertragen worden seien. Das Bundesverfassungsgericht behält sich damit vor, die europäische Rechtsetzung am Maßstab des deutschen Verfassungsgerichts zu überprüfen. Dies stellt eine potenzielle Kampfansage an den Europäischen Gerichtshof dar, der den Vorrang des Unionsrechts vor nationalem Recht regelmäßig zugunsten der EU ausgelegt und so zu einer schleichenden Entmachtung der nationalen Ebene beigetragen hat. Das jetzige Urteil, mit dem sich das Verfassungsgericht erstmals explizit über ein EuGH-Urteil hinwegsetzt, macht aus dem schwelenden einen manifesten Konflikt.

Dass das Urteil mit der Europäischen Zentralbank eine Institution betrifft, die von der These des europäischen Demokratiedefizits gar nicht erfasst werden kann, ist vor dem Hintergrund der früheren Karlsruher Rechtsprechung bemerkenswert. Im Maastricht-Urteil von 1993 hatte das Gericht die Abtretung der geldpolitischen Souveränität an die EZB noch mit dem Hinweis gerechtfertigt, auch die Deutsche Bundesbank sei ja keine demokratisch kontrollierte Institution gewesen. Jetzt wird die Tätigkeit der Währungshüter ausgerechnet von deutscher Seite in Zweifel gezogen, die die politische Unabhängigkeit der Zentralbank als eine Bedingung für die Preisgabe der D-Mark seinerzeit durchgesetzt hatte.

Wie werden die herausgeforderten Institutionen auf das Urteil reagieren? Um unerwünschten Nachahmungseffekten von falscher Seite vorzubeugen, wird in Brüssel und Berlin über die Möglichkeit eines Vertragsverletzungsverfahrens gegen Deutschland spekuliert. Dieses würde sich dann ironischerweise auch gegen Bundestag und Bundesregierung richten, die für das Urteil gar nicht verantwortlich sind und seinen Inhalt nicht teilen. Noch weitergehende Forderungen gehen dahin, den Vorrang des europäischen Rechts im Grundgesetz festzuschreiben, womit Deutschland dem Vorbild anderer Länder, etwa Irlands folgen würde. Stellungnahmen des EuGH und der EZB deuten wiederum darauf hin, dass man das Urteil am liebsten an sich abperlen lassen und das deutsche Verfassungsgericht mit einer oberflächlichen Antwort auf die Monita abspeisen möchte. Die Corona-Krise, die massive neue Anleihekäufe erforderlich macht, spielt ihnen dabei in die Hände.

Alle genannten Optionen erscheinen nicht sinnvoll, da sie den institutionellen Konflikt zwischen EuGH und Verfassungsgericht nur weiter anheizen würden. Klüger beraten wären die nationalen und europäischen Vertreter, wenn sie das Problem an der Wurzel packten und die demokratischen Defizite der europäischen Politik endlich angingen. Hinter den von den Karlsruher Verfassungshütern kritisierten Nebenwirkungen der Kaufprogramme, die die EZB der Öffentlichkeit angeblich nicht hinreichend erklärt habe, verbergen sich ja vor allem die Folgen der Niedrigzinsen für die deutschen Sparer.

Im Kern handelt es sich also um einen Verteilungs- oder Solidaritätskonflikt innerhalb der Eurozone zwischen den von Deutschland angeführten wettbewerbsstarken Ländern West- und Nordeuropas und den wettbewerbsschwächeren Südländern. Dieser Konflikt lässt sich nur dann wirksam befrieden, wenn die vergemeinschaftete Geldpolitik um eine – diesen Namen verdienende – gemeinsame Wirtschafts- und Fiskalpolitik erweitert wird, was gleichzeitig eine Demokratisierung der europäischen Institutionen voraussetzt. Die Einführung gegenseitiger Schuldtitel zur Überwindung der wirtschaftlichen Folgen der Corona-Krise könnte dafür vielleicht einen Anstoß geben.

Berliner Morgenpost / Der Hauptstadtbrief am Sonntag vom 17. Mai 2020.

TEIL IV:
POLITIKWISSENSCHAFT UND POLITISCHE BILDUNG

Demontage eines Denkmals

Vorstand und Beirat der Deutschen Vereinigung für Politische Wissenschaft (DVPW) haben im Oktober 2013 beschlossen, den 1999 ins Leben gerufenen und bisher vier Mal verliehenen Theodor-Eschenburg-Preis für das politikwissenschaftliche Lebenswerk künftig nicht mehr zu vergeben. Der Grund liegt in einer Kontroverse um den Namensgeber, die durch einen Aktenfund des Osnabrücker Politologen Rainer Eisfeld Anfang 2011 ins Rollen gebracht wurde. Eschenburg war danach in seiner Tätigkeit als Verbandsfunktionär der Bekleidungs- und der holzverarbeitenden Industrie 1938 an der Enteignung des jüdischen Unternehmers Wilhelm Fischbein beteiligt gewesen. Ein von der DVPW in Auftrag gegebenes Gutachten kam zwar – anders als Eisfeld – zu dem Schluss, dass er in dem Verfahren keine große Rolle gespielt hatte. Die Gutachterin Hannah Bethke schloss sich aber dem Vorwurf an, dass der nachmalige Gründervater der bundesdeutschen Politikwissenschaft durch seine Verbandstätigkeit und Mitgliedschaft in der Motor-SS ein stabilisierendes Element der nationalsozialistischen Herrschaft gewesen sei und dass er, statt sich damit kritisch auseinandersetzen, seine eigene und die Rolle der anderen Funktionsträger des Regimes in der Nachkriegszeit beschwiegen beziehungsweise beschönigt habe.

Maßgeblich befeuert wurde der Streit durch den Berliner Soziologen Claus Offe, der sich in seiner Dankesrede für die Verleihung des Lebenswerk-Preises auf dem DVPW-Kongress 2012 ausgerechnet in Tübingen – der früheren Wirkungsstätte Eschenburgs – von diesem offen distanzierte. Offe ging dabei nicht nur mit Eschenburgs vermeintlich unaufrichtiger Darstellung seiner Vergangenheit im Dritten Reich hart ins Gericht. Er kritisierte auch dessen theoriefernen, »institutionenpflegerischen« Ansatz, der in seiner volkspädagogischen, auf bloße Achtung der staatlichen Autorität zielenden Intention kein positives Vorbild für die gegenwärtige Politikwissenschaft abgeben könne. Dass der Preisträger damit die Verantwortlichen der Vereinigung selbst verhöhnte, die Eschenburg 1999 gerade wegen dieser »volkspädagogischen« Verdienste als geeigneten Namensgeber ausgewählt hatten, schien den Vorstand der DVPW nicht zu stören, als er sich gegen die Weiterführung des Preises entschied.

Die heftige Reaktion, die der Schritt in der Öffentlichkeit und im Verband nach sich zog, machte deutlich, dass es bei der Kontroverse nicht nur um »Vergangenheitspolitik« ging, sondern zugleich um grundsätzliche Fragen des eigenen Fachverständnisses.

Kaiserreich, Weimar, NS-Staat, Bundesrepublik – Leben in vier Zeiten

Theodor Eschenburg wurde am 24. Oktober 1904 in Kiel in eine großbürgerliche Patrizierfamilie hinein geboren – sein Vater war Konteradmiral der Marine, sein Großvater Senator und Bürgermeister der Hansestadt Lübeck gewesen. Nach dem Abitur studierte er in Tübingen und Berlin Geschichtswissenschaft und Nationalökonomie, ab 1928 – nach Abschluss seiner geschichtswissenschaftlichen Dissertation – auch Jura. Daneben engagierte Eschenburg sich in der rechtsgerichteten Burschenschaft »Germania«.

Prägenden Einfluss auf den in einem monarchistisch gesinnten Umfeld aufgewachsenen Studenten hatte die Begegnung mit Gustav Stresemann. Als Eschenburg den wegen seiner Verständigungspolitik umstrittenen Reichsaußenminister 1926 zu einem Vortrag vor der »Germania« nach Tübingen einladen wollte, kam es zu heftigen Auseinandersetzungen innerhalb der Burschenschaft, die ihn mit seiner national-konservativen Gesinnung brechen ließen. Die Hinwendung zum Liberalismus, die Eschenburg in die Deutsche Volkspartei und später in die Deutsche Staatspartei führte, schlug sich zugleich in der 1929 veröffentlichten Dissertation nieder (*Das Kaiserreich am Scheideweg*), in der er die mangelnde Reformbereitschaft der Konservativen und das Scheitern der Blockpolitik als Hauptursachen für den Sturz der monarchischen Institutionen ausmachte. Stresemann, der an Eschenburg Gefallen gefunden hatte und diesen zu einem persönlichen Vertrauten machte, steuerte das Vorwort zu der Arbeit bei. Durch ihn kam Eschenburg in unmittelbaren Kontakt mit den führenden Kreisen der ersten deutschen Demokratie.

1930 kandidierte Eschenburg erfolglos für die von ihm mit gegründete Deutsche Staatspartei zum Reichstag. Seine Pläne, nach dem Studienabschluss die wissenschaftliche Laufbahn einzuschlagen, waren schon vorher zerplatzt, da sich keine passende Assistentenstelle finden ließ. Alexander Rüstow, der nach dem Krieg für den Aufbau der westdeutschen

Politikwissenschaft eine wichtige Rolle spielen sollte, vermittelte Eschenburg eine Referentenstelle beim Verein Deutscher Maschinen-Anstalten in der dortigen Grundsatzabteilung. Von hier aus wechselte er 1932 in die Geschäftsführung des Verbandes der Knopf- und Reißverschlusshersteller. 1933 trat Eschenburg als gleichberechtigter Partner des jüdischen Rechtsanwalts Berthold Cohn in eine Sozietät ein, die als Verbindungsbüro etwa zwei Dutzend Verbände der Kurzwarenindustrie betreute. Nach Cohns Emigration in die USA 1936 führte er das Büro als Syndikus allein weiter. Dem Nationalsozialismus in innerer Distanz gegenüberstehend und antisemitischer Neigungen unverdächtig, trat Eschenburg gleichwohl der SS zunächst als Anwärter und später als Mitglied (1934) bei – nach eigenen Angaben als Konzession, um seinen jüdischen Partner zu schützen. Für die von Eschenburg behauptete Beendigung der Mitgliedschaft nur wenige Monate später gibt es in den Akten keine Belege. Insgesamt darf er als typischer »Mitläufer« des Regimes gelten, der aus seiner Angstgetriebenheit und fehlenden Courage in dieser Zeit keinen Hehl gemacht hat.

1945 in die südwestdeutsche Heimat seiner Frau Erika zurückgekehrt, nutzte Eschenburg die Netzwerke der eigenen Studienjahre in Tübingen, um seine glanzvolle Karriere im Nachkriegsdeutschland zu starten. Auf Vorschlag von Carlo Schmid, dem sozialdemokratischen Regierungschef des neu geschaffenen Landes Württemberg-Hohenzollern (dessen Hauptstadt Tübingen war), wurde er 1946 von der französischen Besatzungsmacht zum Flüchtlingskommissar bestellt. Schmid war es auch, der Eschenburg drängte, an der Tübinger Universität eine Vorlesung über die Geschichte der Weimarer Republik zu halten. Von den Franzosen wegen Unbotmäßigkeit seiner Funktion vorübergehend enthoben, wechselte Eschenburg kurze Zeit darauf in das Innenministerium unter Viktor Renner, wo er bis 1952 das Amt eines Ministerial- beziehungsweise Staatsrates bekleidete und dort unter anderem für die Verhandlungen zur Bildung des »Südweststaates« Baden-Württemberg zuständig war. Parallel dazu setzte er seinen Lehrauftrag an der Universität fort und engagierte sich durch Gründung des »Heimatdienstes Südwürttemberg-Hohenzollern« zugleich in der politischen Bildung. 1949 ernannte die Universität Tübingen Eschenburg zum Honorarprofessor für das neu eingerichtete Fach »Politik«. Als er 1952 – ohne habilitiert zu sein – zum ordentlichen Professor berufen wurde, schied Eschenburg aus der Ministerialverwaltung aus. Dem Land Baden-Württemberg sollte er aber auch später – als Mitglied des Staatsgerichtshofes – in offizieller Funktion erhalten bleiben. An seiner Universität übernahm er von 1961 bis 1963 das Amt des Rektors.

Als Universitätsprofessor war Eschenburg ein Grenzgänger zwischen Wissenschaft und Praxis. Das Angebot, in die Politik zurückzugehen und als Ministerialdirektor Leiter der Verfassungsabteilung im Bundesinnenministerium zu werden, schlug er Anfang der 1960er Jahre aus. Er blieb aber ein viel gefragter Ratgeber, der in unzählige Gremien und Kommissionen berufen wurde, um seine politische Expertise zur Geltung zu bringen. Diese erstreckte sich nicht nur auf Fragen der Verfassungsentwicklung und des Verwaltungsaufbaus, sondern auch auf die Universitätspolitik, die Organisation der Fachdisziplinen und die staatsbürgerliche Bildung. Einer breiteren Öffentlichkeit wurde Eschenburg durch seine Kolumnen bekannt, die von Ende der 1950er Jahre an regelmäßig in der Wochenzeitung »Die Zeit« erschienen, in denen er sich zu institutionellen und tagespolitischen Fragen äußerte. Sie begründeten seinen legendären Status als »Praeceptor Germaniae«, der sittenstreng über die Einhaltung der demokratischen Spielregeln wachte. Eschenburg blieb auch nach seiner Emeritierung in Tübingen 1973 weiter aktiv und zog sich erst in hohem Alter aus der öffentlichen Diskussion allmählich zurück. 1995 erschien der erste Band seiner Erinnerungen – den zweiten hat er selbst nicht mehr fertigstellen können. Hochgeachtet und mit zahlreichen Ehrungen (unter anderem dem Orden *Pour le Mérite*) versehen, starb er am 10. Juli 1999 in Tübingen im Alter von 94 Jahren – 12 Jahre, bevor ihn die Schatten der Vergangenheit einholten.

Vorbild der Kritik – aber nicht in eigener Sache

Geht man allein vom Ouevre aus, war Eschenburg kein »großer« Wissenschaftler im landläufigen Sinne. Es fehlen vor allem die Monografien. Das 1956 erschienene umfangreiche Werk über »Staat und Gesellschaft in Deutschland« blieb zu sehr dem Verfassungsrecht verhaftet – ein zweiter geplanter Band, der eher politikwissenschaftlich angelegt sein sollte, kam nicht zustande. Das späte Werk über die »Jahre der Besatzung« (1983) fand unter den Rezensenten ebenfalls wenig Anklang. Für die große Form fehlte dem vielbeschäftigten Eschenburg der sprichwörtliche lange Atem, in mancher Weise vielleicht auch das wissenschaftliche Rüstzeug. Dabei spielte es gewiss eine Rolle, dass er die Lebensjahre, die gemeinhin als die produktivsten gelten – von Ende zwanzig bis Anfang vierzig –, außerhalb der Wissenschaft verbracht hatte.

Die Zahl der übrigen Schriften ist immens. Auch hier bleiben die streng wissenschaftlichen Abhandlungen in der Minderzahl. Die meisten der aus Reden und Vorträgen hervorgegangenen Arbeiten kommen ohne Anmerkungapparat aus. Für die Zeitungsbeiträge gilt das ohnehin. Diese kleinere Form des Essays beherrschte Eschenburg freilich meisterhaft. Neben der Fähigkeit zur Analyse und zum klaren, pointierten Urteil konnte er hier auch sein anekdoktisches Talent zur Entfaltung bringen, das sich aus seinem persönlichen Beziehungsnetzwerk und der eigenen Praxiserfahrung speiste. Manche Titel seiner Arbeiten – etwa die »Herrschaft der Verbände« – sind zu geflügelten Worten geworden. Als Universitätsdozent und Vortragsredner ging von Eschenburg eine enorme Attraktivität aus, die mit seiner späteren Wirkung als Publizist und Politikberater korrespondierte. Nimmt man das Engagement in der Schul- und Hochschulpolitik hinzu, war er in den 1950er und 1960er Jahren wahrscheinlich der einflussreichste deutsche Politologe.

Das Gegenteil eines Leisetreters, hatte Eschenburg keine Probleme, sich bei Bedarf mit den Mächtigen anzulegen. Auch in seinen politischen Ämtern und an der Universität bewies er Courage, ging Konflikten nicht aus dem Weg. Indem er die Wirklichkeit der Verfassung an deren Normen und Prinzipien maß und die politischen Akteure mahnte, diese zu respektieren, wurde Eschenburg zu einem unbequemen, bisweilen unerbittlichen Begleiter der Zeitläufte. Die kritische Funktion der Wissenschaft nahm er damit vorbildhaft wahr; sie entsprach seiner Offenheit im Umgang mit anderen Positionen, die sogar seine Freunde gelegentlich irritierte. Diese Haltung, die in der Persönlichkeit wurzelte, wurde durch den öffentlichen Status, den Eschenburg in den 1950er Jahren erlangte, zweifellos gefördert. Wer will, kann in ihr aber auch einen Kontrast zu der Ängstlichkeit sehen, die Eschenburg im Dritten Reich an den Tag gelegt hatte.

Bleibt die Frage nach der demokratischen Gesinnung Eschenburgs und seinem Verhältnis zur nationalsozialistischen Vergangenheit. Die These, wonach Eschenburg bereits in der Weimarer Zeit zum – nach eigenem Bekunden – »Vernunftrepublikaner« geworden sei und sich vorbehaltlos zur parlamentarischen Demokratie bekannt habe, wird mittlerweile von einigen jüngeren Historikern angezweifelt. Wirklich belastbare Belege für das Gegenteil fehlen allerdings. Auch die apologetisch anmutenden

Beiträge, die Eschenburg zum Problem der bürokratischen Kontinuität im NS-Staat verfasst hat, lassen nicht auf eine besondere Empathie für die konservativen Funktionseliten schließen, zu denen er selbst gehörte – sie entsprangen vielmehr einem »weberianischen« Verständnis der instrumentellen Rolle des Berufsbeamtentums, das sich der exekutivischen Herrschaftslogik des Regimes habe anpassen müssen. Dass Eschenburg damit argumentativ auf eine schiefe Ebene geraten ist, muss man ihm aus heutiger Sicht anlasten. In den 1950er und 1960er Jahren entsprach diese unkritische Haltung freilich dem allgemeinen Bewusstsein, das sich auch im Verhalten der Adenauer-Regierung und der Rechtsprechung des Bundesgerichtshofs niederschlug.

Die Beschädigung eines Erbes

Eschenburgs Rezeption im Fach und in der Öffentlichkeit hat die pädagogischen und politischen (auch wissenschaftspolitischen) Verdienste stärker betont als die wissenschaftlichen. Mit der Kontroverse um seine Person könnten nun auch diese Verdienste in den Hintergrund treten. Eschenburgs »verschlüsselte« Auseinandersetzung mit der eigenen Vergangenheit im NS-Staat und seine unkritische Haltung zur Rolle der Funktionseliten lässt viele Fragen offen. Auch Eschenburgs Unterstützer haben sich gegen dessen Feststellung verwahrt, den Zeitzeugen stünde eine Art »Vetoposition« zu, wenn es um die Betrachtung und Bewertung von Verhaltensweisen in einer Diktatur gehe. Was an Belegen bisher vorliegt, reicht freilich nicht aus, um Eschenburg persönliche Schuld nachzuweisen oder ihn gar in die geistige Nähe zum Nationalsozialismus zu rücken. Selbst wenn die Fakten klar liegen, wird es immer unterschiedliche Bewertungen geben, ab welchem Punkt notwendige Kontextualisierung in falsche Nachsicht umschlägt. Dasselbe gilt für die Frage, inwieweit vergangene Fehler durch künftige Leistungen aufgewogen beziehungsweise wettgemacht werden können.

Das Problem der Kontextualisierung stellt sich auch bei der Bewertung von Eschenburgs Werk. Wer darin – wie Claus Offe – lediglich »Institutionenpflege« sieht und Eschenburg eine einseitig etatistische Orientierung vorhält, orientiert sich allzu sehr an heutigen Maßstäben. In den 1950er und 1960er Jahren tat die von Eschenburg betriebene Institutionenpflege dringend not. Dieser fügte sich damit ganz in das vorherrschende Verständnis der Politologie als »Demokratiewissenschaft«, die den neu aufzubauenden Staat auf ein sicheres normatives Fundament stellen wollte und sich dabei zugleich um ein realistisches Modell der demokratischen Herrschaft bemühte. Dass Eschenburg von einem konservativ-liberalen Standpunkt aus Aspekte der staatlichen Handlungs- und Entscheidungsfähigkeit höher gewichtete als solche der demokratischen Partizipation, machte ihn noch nicht zu einem Gegner der parlamentarischen Demokratie. Zentrales Element des Eschenburgschen Demokratieverständnisses war die institutionell gesicherte Rechtsstaatlichkeit. Im Kontext der aktuellen Debatten um demokratische Transformationsprozesse und die Globalisierung des Regierens kommt einem das fast schon wieder modern vor.

Merkwürdig deplatziert wirkt auch die Abwertung des »Publizisten« Eschenburg. Es ist kein Zufall, dass dessen Fürsprecher in der Diskussion um die Namensgebung des Lebenswerk-Preises auf die hochgradige Irrelevanz des Faches in der Öffentlichkeit und politischen Praxis hingewiesen haben. Dass Eschenburg als politischer Ratgeber und öffentlicher Intellektueller zu seiner Zeit eine so herausragende Rolle spielen konnte, wurde durch die damaligen Umstände sicherlich begünstigt. Dennoch steht es in augenfälligem Kontrast zum Unwillen (oder Unvermögen) vieler Vertreter der heutigen Politologengeneration, ihre wissenschaftliche Expertise in politische Debatten einzubringen und für die praktische Politik nutzbar zu machen. Eschenburg hat gezeigt, dass wissenschaftliche Analyse, publizistisches Wirken und Praxisbezug keine Gegensätze sind, sondern sich produktiv ergänzen. Indem sie den Preis nach ihm benannte, wollte die DVPW zugleich ein Signal für eine stärkere Präsenz des Faches in der Öffentlichkeit setzen. Wenn sie sich von Eschenburg jetzt lossagt, was angesichts der bekannten Fakten unangebracht, zumindest voreilig erscheint, wirkt das wie ein nachträgliches Dementi dieser Bemühungen. Mit ihrer Entscheidung, den Preis abzuschaffen, hat die Vereinigung nicht nur Eschenburg schweren Schaden zugefügt, sondern auch sich selbst. Dies dürfte kaum wieder gut zu machen sein.

Mut. Forum für Kultur, Politik und Geschichte Nr. 554 (März 2014), S. 28–36.

Fach ohne Ausstrahlung

(mit Eckhard Jesse)

Am September 2015 veranstaltete die »Deutsche Vereinigung für Politische Wissenschaft« (DVPW) ihren 26. Wissenschaftlichen Kongress zum Thema »Vorsicht, Sicherheit! Legitimationsprobleme der Ordnung von Freiheit« an der Universität Duisburg-Essen. Das Motto sollte eine Reminiszenz an den legendären Kongress von 1975 sein, auf dem sich Jürgen Habermas und Wilhelm Hennis an gleicher Stätte einen denkwürdigen Schlagabtausch geliefert hatten. Tatsächlich beschlichen einen bei der zentralen Plenumsveranstaltung wehmütige Gefühle. Gerade einmal dreißig Zuhörer wollten im riesigen Duisburger Audimax wissen, was die deutsche Politikwissenschaft zum Spannungsverhältnis von Freiheit und Sicherheit in der heutigen Welt zu sagen hat.

Dass der Kongress in der Öffentlichkeit überhaupt eine gewisse Resonanz erfuhr, ging auf die personellen Querelen innerhalb des Verbandes zurück, der sich als unfähig erwies, einen neuen Vorsitzenden zu finden. Michael Zürn, einer der Ko-Direktoren am Berliner Wissenschaftszentrum und führender Vertreter im Bereich der Internationalen Politik, wurde zwar – hauchdünn – gewählt, erklärte aber schon kurz darauf seinen Rücktritt, weil die Mitgliederversammlung die von ihm vorgeschlagenen weiteren Vertreter des Vorstands reihum durchfallen ließ. Seither steht die DVPW »kopflos« da.

Zwei Jahre vorher waren die deutschen Politologen aufgrund einer Personalangelegenheit schon einmal in die Schlagzeilen geraten, als sie den nach Theodor Eschenburg benannten Preis für ein wissenschaftliches Lebenswerk kurzerhand abgeschafft hatten. Der Preis könne wegen Eschenburgs Verhalten im Dritten Reich die ihm zugedachte Funktion, für das Fach identitätsstiftend zu wirken, nicht mehr erfüllen. Dem Beschluss unter dem Vorsitz der Tübinger Politikwissenschaftlerin Gabriele Abels war ein offener Brief von mehr als hundert Kolleginnen und Kollegen vorausgegangen, darunter Klaus von Beyme, Peter Graf Kielmansegg, Dieter Nohlen und Hans-Peter Schwarz, mit Helga Haftendorn und Gerhard Lehmbruch auch die beiden früheren Preisträger. Drei ehemalige

Vorsitzende der DVPW – Jürgen W. Falter, Christine Landfried und Lehmbruch – erklärten ihren Austritt aus dem Verband. Die Unterzeichner entstammten überwiegend der älteren Generation. Dies hatte nicht nur mit der »Vergangenheitspolitik« zu tun, sondern auch mit grundsätzlichen Fragen des Fachverständnisses.

Eschenburg stand für eine die historischen Grundlagen betonende Politikwissenschaft. Zugleich spielte er die Rolle eines öffentlichen Intellektuellen, der durch seine Zeitungskolumnen in der »Zeit« großen Einfluss auf die politischen Debatten der Bonner Republik ausübte, ohne sich dabei von einer bestimmten Schule oder Partei vereinnahmen zu lassen. Die starke Sichtbarkeit des Faches in den 1950er und 1960er Jahren hatte gewiss mit den Zeitumständen zu tun. Zum einen gab es in der neu aufzubauenden Demokratie einen hohen Bedarf an normativer Position, zum anderen kamen die Gründerväter der deutschen Politologie allesamt aus Nachbardisziplinen – der Geschichte, Rechtswissenschaft, Philosophie oder Nationalökonomie. Das Fach verstand sich als eine Integrations- oder gar »Königswissenschaft«, die weit über die eigenen Grenzen ausstrahlte.

Mit der »Versozialwissenschaftlichung« und Professionalisierung der Politikwissenschaft in den 1960er und 1970er Jahren, die stark vom amerikanischen Vorbild bestimmt war, ging der Siegeszug der quantitativ-statistischen Methoden einher (»behavioralistische Wende«). Ursache-Wirkungs-Interaktionen wurden nun nicht mehr gedanklich-argumentativ rekonstruiert, sondern »gemessen« und damit zugleich gegen die empirische Widerlegbarkeit immunisiert. Die Folge: eine zunehmende Selbstreferentialität und Kleinteiligkeit, mit der sich das Fach gesellschaftlich und politisch marginalisiert hat. Statt die großen Fragen der Zeit sprachlich luzide und mit klarem Urteil zu sezieren, dominiert in der heutigen Zunft methodisches und theoretisches »l'art pour l'art«.

Wer die Zahl der Professuren zugrunde legt, sieht die deutsche Politikwissenschaft im internationalen Vergleich positiv. Doch reicht dieser Maßstab aus? Da die Politikwissenschaft durch ihren sozialwissenschaftlichen Fokus stärker internationalisiert (in diesem Fall: amerikanisiert) ist als zum Beispiel die Geschichts- oder Rechtswissenschaft, unterliegt sie auch stärker den Zwängen der Drittmittelanträge. Eigensinnige Ansätze bleiben oft auf der Strecke.

Überdies bindet das ausgeuferte Drittmittelwesen viele Kapazitäten. Forscher schreiben Anträge und begutachten im Gegenzug die ihrer

Kollegen. Zugleich wandeln sich die Publikationsformen: Statt Bücher – noch dazu in deutscher Sprache – zu verfassen, sind Nachwuchspolitologen gehalten, ihre Erkenntnisse in möglichst hoch »gerankten« englischsprachigen Journalen zu publizieren, deren Auflagen und Leserschaft sich meistens im unteren dreistelligen Bereich bewegen. Die Existenz kumulativer Habilitationen ist nicht selten, bald wohl auch die kumulativer Dissertationen.

Vor diesem Hintergrund ist der Einfluss der Politikwissenschaft gesunken. Das Fach bleibt in der öffentlichen Resonanz und Wirksamkeit hinter der Wirtschaftswissenschaft, der Rechtswissenschaft und der Geschichtswissenschaft weit zurück. Die wichtigsten Debatten zur Europafrage in den letzten Jahren stammen zum Beispiel von Jürgen Habermas, einem Philosophen, von Wolfgang Streeck, einem ökonomisch bewanderten Soziologen, oder von Udo Di Fabio, einem Juristen. Auch zur aktuellen Flüchtlingskrise fehlen Stimmen aus der Politologie – trotz einer breiten, stark geförderten EU-Forschung.

Das Terrain der Institutionen- und Verfassungspolitik haben die Politologen weithin den Verfassungsjuristen überlassen. Beim Wahlrecht ist das etwa an den Schwierigkeiten erkennbar, sinnvolle Vorschläge wie eine Abkehr vom Zweistimmensystem oder eine Reform der Sperrklausel in die Verfassungsdebatten einzubringen. In der Föderalismuskommission kämpften die politikwissenschaftlichen Sachverständigen Arthur Benz und Fritz W. Scharpf gegen den institutionellen Dogmatismus ihrer juristischen Kollegen auf verlorenem Posten. Und im Bereich der direkten Demokratie blockiert das Staatsrecht allein durch sein »pfadabhängiges« Festhalten am Modell der Volksgesetzgebung eine realistische Debatte um das Für und Wider.

Noch schwieriger gestaltet sich das Verhältnis zur Ökonomie. Selbst in den 1970er Jahren, als die Policy-Forschung in ihrer Blüte stand, gab es eine merkwürdige Beißhemmung, sich auf deren Gebiet vorzuwagen. Bis heute sind die deutschen Politikwissenschaftler, die sich im engeren Sinne mit Wirtschafts-, Finanz- oder Fiskalpolitik befassen, an einer Hand abzuzählen. Dabei müsste die Rückkehr der grundsätzlichen, nach dem Niedergang des Kommunismus obsolet geglaubten Frage im Zuge der globalen Finanzkrise, ob Kapitalismus und Demokratie miteinander vereinbar seien, der Politologie doch geradewegs in die Karten spielen. Die Zeitgeschichte, von der historischen Zunft nahezu vollständig absorbiert, ist für die heutige Politikwissenschaft ebenfalls praktisch verloren, von wenigen Ausnahmen wie dem Göttinger Parteienforscher Franz Walter abgesehen.

Nach der Gründungsphase, in der sich das Fach als primär normativ grundierte Demokratiewissenschaft begriff, haben die Vertreter der zweiten und dritten Politologengeneration bedeutende Beiträge zur Demokratieforschung geleistet. Mit Blick auf das Herrschaftsproblem gilt das zum Beispiel für Fritz W. Scharpf und Michael Zürn, im Bereich der institutionenorientierten komparatistischen Forschung für Gerhard Lehmbruch, Klaus von Beyme, Manfred G. Schmidt, Wolfgang Merkel, und Roland Sturm, in der Ideengeschichte und Demokratietheorie für Peter Graf Kielmansegg und vor allem Herfried Münkler. Was auffällt, ist das weitgehende Fehlen solcher Beiträge aus der Feder der unter Fünfzigjährigen. Dies allein mit den veränderten wissenschaftlichen und universitären Rahmenbedingungen zu erklären greift zu kurz.

Während sich die Politikwissenschaft unter den Zwängen der Drittmitteleinwerbung und Publikation in referierten englischsprachigen Periodika weiter spezialisiert und bis zu einem bestimmten Grade selbst genügt, legen Universitäten immer stärkeren Wert auf öffentliche Wirksamkeit. Dies kommt einem anderen Typus von Wissenschaftlern entgegen, der weder Berührungsängste mit Medien noch der politischen Praxis hegt. Die Gefahr liegt auf der Hand, dass sich beide Kulturen verselbstständigen und voneinander entfernen. Ebenso könnten sie sich aber im Sinne der Arbeitsteilung produktiv ergänzen. So erhielte das Fach in der Bundesrepublik wieder einen Teil des einstigen Ranges zurück.

Frankfurter Allgemeine Zeitung vom 20. April 2016, S. N4.

Glossar ausgewählter Begriffe

Antiamerikanismus | Unter dem Begriff werden Haltungen zusammengefasst, die dem gesellschaftlichen, wirtschaftlichen und politischen System der USA sowie ihrer Kultur ablehnend bis feindlich gegenüberstehen. Die Kritik macht sich insbesondere an der Außenpolitik der USA fest, der unterstellt wird, die eigenen Interessen und Werte weltweit durchzusetzen und sich dazu vor allem militärischer Mittel zu bedienen. Antiamerikanische Positionen sind nicht nur am linken, sondern auch am rechten Rand des politischen Spektrums gängig. Sie gehen in der Regel mit → Antikapitalismus einher.

Antikapitalismus | Bezeichnung für Haltungen, die die liberale, auf Marktsteuerung und Privateigentum basierende Wirtschaftsordnung der verfassungsstaatlichen Demokratien ablehnen und überwinden wollen. Als Alternative wird ein sozialistisches System propagiert, in dem der Staat die Wirtschaft kontrolliert und lenkt. Antikapitalistische Positionen werden von Linkssozialisten und → Linkspopulisten, der extremen Rechten und in abgeschwächter Form teilweise auch von → Rechtspopulisten vertreten. Sie gehen in der Regel mit → Antiamerikanismus einher.

Asylmissbrauch | Abwertend gemeinter Begriff, der dazu dienen soll, zuwanderungskritische Positionen zu rechtfertigen. In der Asyl- und Zuwanderungsdebatte in Deutschland wird der Begriff zu Agitationszwecken nicht nur von → rechtspopulistischer und rechtsextremistischer Seite eingesetzt, sondern gelegentlich auch von Vertretern konservativer Parteien, insbesondere der CSU. Der Begriff zielt vor allem auf sogenannte Wirtschaftsflüchtlinge, die mangels nachweisbarer politischer Verfolgung kein Recht auf Asyl geltend machen können.

Autoritarismus | Darunter versteht man zum einen Werthaltungen, die die natürliche Ordnung und Hierarchie betonen, an konventionellen Lebensformen (wie der Ehe von Mann und Frau) festhalten wollen und die sich durch eine übersteigerte Hinwendung zur ethnisch und / oder kulturell verstandenen nationalen Identität sowie Ablehnung von Minderheiten auszeichnen. Ihren Gegenpol bilden liberale oder libertäre Haltungen. Zum anderen steht der Begriff für ein nicht-demokratisches

Herrschaftssystem, das den politischen Wettbewerb, die Gewaltenteilung und die Bürgerrechte unterdrückt.

Euroskeptizismus | Als euroskeptisch werden politische Haltungen bezeichnet, die eine weitere Vertiefung und Erweiterung der EU ablehnen und den bereits erreichten Stand der Integration am liebsten zurückführen möchten. Letzteres bezieht sich vor allem auf die Währungsunion im Euro-Raum, die ganz oder teilweise aufgelöst werden soll. Euroskeptische Positionen sind heute ein Merkmal sämtlicher → rechtspopulistischer Organisationen und Parteien in den west- und mittelosteuropäischen Demokratien, sie finden sich aber auch bei → Linkspopulisten und im Mainstream-Konservativismus.

Genderwahn | Abwertend gemeinter Begriff, der dazu dienen soll, Maßnahmen zur Gleichstellung von Frauen (zum Beispiel in der Sprache) ins Lächerliche zu ziehen und sie dadurch zu delegitimieren. In der politischen Debatte in Deutschland wird er vor allem von → Rechtspopulisten verwendet, gelegentlich aber auch von konservativen Vertretern. Hauptzielscheibe der Kritik ist das sogenannte Gender-Mainstreaming, das die Durchsetzung der Gleichstellung als eine alle Politik- und Gesellschaftsbereiche umfassende Aufgabe begreift.

Islamisierung | Das von Rechtsextremisten und -populisten verwendete Schlagwort beschwört die Gefahr einer Überfremdung durch muslimische Zuwanderer, die die christlich-abendländisch geprägte Identität der eigenen Nation allmählich verdränge. Aufgrund ihrer kulturellen Andersartigkeit gehörten die Muslime zur nationalen Gemeinschaft nicht dazu beziehungsweise seien in diese nicht integrierbar. Die ihren radikalen Vorkämpfern nachgesagte Absicht, den Westen zu unterwerfen, wird mit der Häufung islamistischer Terroranschläge scheinbar plausibel belegt. Mit dem Dresdner Verein »Patriotische Europäer gegen die Islamisierung des Abendlandes« (Pegida) wurde der Begriff erstmals offizieller Namensbestandteil einer rechtspopulistischen Organisation.

Linkspopulismus | Sammelbegriff für politische Bestrebungen, die sich seit den 1990er Jahren in der Neugründung beziehungsweise -formierung linker Parteien in verschiedenen Ländern West- und Mittelosteuropas manifestiert haben. Die Anti-Establishment-Positionen und -Rhetorik des Linkspopulismus richten sich insbesondere gegen die angebliche

Hegemonie des Neoliberalismus und gehen mit → antikapitalistischen, → antiamerikanischen, globalisierungskritischen und antimilitaristischen Haltungen einher. In der Zuwanderungsfrage und beim → Euroskeptizismus gibt es auch Berührungspunkte mit → rechtspopulistischen Positionen.

Lügenpresse | Ein im Umfeld der Dresdner Pegida-Bewegung neu entdeckter → rechtspopulistischer und rechtsextremistischer Kampfbegriff, der darauf abzielt, die angeblich systematische Unterdrückung bestimmter Meinungen und Sachverhalte in der Berichterstattung der etablierten Medien, zumal der Tages- und Wochenzeitungen sowie des öffentlich-rechtlichen Rundfunks, zu brandmarken. Das seit Mitte des 19. Jahrhunderts im deutschen Sprachraum nachweisbare Wort wurde mit ähnlicher Stoßrichtung in der Weimarer Republik bereits von den Nationalsozialisten verwendet.

Populismus | In der Alltagssprache wird Populismus häufig mit der Anbiederung an populäre Positionen gleichgesetzt, die den vorgeblichen Mehrheitswillen der Bevölkerung repräsentieren. Dies trifft den wissenschaftlichen Begriff nur zum Teil. Hier steht Populismus primär für den Rekurs auf das vermeintlich gute, einfache Volk und die Kritik am herrschenden Establishment, das den Willen des Volkes missachtete. Der Begriff bezeichnet also eine in Opposition zum gesellschaftlichen und politischen Mainstream stehende Grundhaltung, die mit verschiedenen programmatischen oder ideologischen Inhalten aufgefüllt sein kann.

Rechtspopulismus | Sammelbezeichnung für eine seit den 1970er Jahren neu entstandene Gruppe von Parteien und Organisationen, die sich in vielen westlichen Demokratien etabliert haben. Im politischen Spektrum nimmt der Rechtspopulismus eine Zwischenposition zwischen den konservativen beziehungsweise christdemokratischen Mitte-Rechts-Parteien und den Vertretern der extremen Rechten ein. Sein Schüsselthema ist die kulturelle Identität. Rechtspopulisten verfechten nationale, zuwanderungsfeindliche und in der Gesellschaftspolitik überwiegend konservativ-autoritäre Positionen, während es in sozial- und wirtschaftspolitischen Fragen auch starke Überschneidungen mit dem → Linkspopulismus gibt.

Verschwörungstheorie | Gedankliche Annahmen beziehungsweise Hypothesen, die gesellschaftliche und politische Ereignisse oder Missstände auf das planvolle, im Verborgenen stattfindende Handeln bestimmter Personen oder Personengruppen zurückführen. → Populisten und insbesondere → Rechtspopulisten nutzen solche Theorien gerne, um das »Volk« und sich selbst als unschuldige, schwache Opfer der herrschenden, mächtigen Eliten hinzustellen. Das Böse verkörpernd, sollen Letztere als Sündenböcke von eigenen Unzulänglichkeiten und Minderwertigkeitsgefühlen ablenken.

bpb:magazin #09, März 2016, S. 24–25.

Ambivalenzen des Populismus

Was unter Populismus im Allgemeinen und Rechtspopulismus im Besonderen zu verstehen sein soll, darüber scheiden sich sowohl im Alltagssprachgebrauch als auch in der Wissenschaft die Geister. In der Wissenschaft werden in der Regel die folgenden drei Merkmale genannt: Als erstes Merkmal kennzeichnet den Populismus die radikale Kritik an den gesellschaftlichen und politischen Eliten, denen der Vorwurf gemacht wird, dass sie die Interessen und Meinungen des Volkes systematisch missachteten und hintergingen. Damit verbunden ist als zweites Merkmal die Behauptung der Populisten, sie und nur sie selbst wüssten, was der wahre, eigentliche Volkswille sei, und nur sie verträten diesen. Daraus wiederum wird als weiteres Merkmal insbesondere des rechten Populismus ein Verständnis von Volk abgeleitet, das dieses als kulturell oder sogar ethnisch homogene Einheit begreift. Der Populismus negiere damit die tatsächliche Meinungs- und Interessenvielfalt der Gesellschaft, sei mithin seinem Wesen nach »antipluralistisch«.

Gegen alle drei Zuschreibungen lassen sich Einwände vorbringen, die deutlich machen, dass es sich beim Populismus um ein heterogenes und zum Teil widersprüchliches Phänomen handelt. So darf zum Beispiel die Anti-Establishment-Orientierung nicht so verstanden werden, als ob der Populismus Eliten und das Prinzip der Elitenherrschaft als solche ablehnt. Einerseits stammen populistische Akteure häufig selbst aus den Eliten, oder sie waren beziehungsweise sind ein Teil der politischen Klasse, andererseits geht es ihnen ja gerade darum, die herrschenden Eliten zu verdrängen und sich selbst an deren Stelle zu setzen. Wo ihnen dieses gelingt, sind sie dann zwangsläufig genötigt, Teile ihrer Herrschafts- oder Systemkritik abzustreifen, was ihnen bei den eigenen Anhängern Sympathien kosten könnte.

In Bezug auf das zweite Merkmal muss bedacht werden, dass es sich bei der – zugegebenermaßen anmaßenden – Berufung auf den wahren Volkswillen auch um eine rhetorische Übertreibung handeln könnte. Dass Parteien für sich reklamieren, sie verträten die »richtige« und ihre politischen Kontrahenten eine »falsche« Konzeption des Gemeinwohls, gehört zu den normalen Begleiterscheinungen des politischen Wettbewerbs, der ja auch dem Ziel dienen soll, klare Alternativen herauszuarbeiten und dem Wähler eine Wahl zwischen diesen Alternativen zu ermöglichen. Wenn man sich daran erinnert, mit welcher Schärfe und ausgrenzenden Rhetorik Sozialdemokraten und Union in den 1970er Jahren einander bekämpft haben (»Ihre Republik ist nicht unsere Republik«), kommt einem der Unterschied zu der Agitation der heutigen Rechtspopulisten nicht sonderlich groß vor. Dennoch würde niemand bezweifeln, dass es sich bei Helmut Schmidt, Franz Josef Strauß und Helmut Kohl um überzeugte Demokraten gehandelt hat.

Auch die These, der Populismus sei per se antipluralistisch und antiliberal (und damit antidemokratisch) greift zu kurz. Populismus stellt keine mildere Form des Extremismus dar, auch wenn er – wie das deutsche Beispiel zeigt – mit einer extremistischen Ausrichtung zusammengehen kann. Die AfD vertritt zum Beispiel in der Wirtschafts- und Sozialpolitik überwiegend marktliberale Positionen, was sie von den meisten ihrer Schwesterparteien in den anderen europäischen Ländern unterscheidet. Auch in wertebezogenen und gesellschaftspolitischen Fragen treten die Rechtspopulisten nicht durchweg antiliberal auf. Geert Wilders hat mit der Gleichstellung der Frau und den Rechten sexueller Minderheiten ebenso wenig ein Problem wie Marine Le Pen. Dass sie diese liberalen Werte gegen die vermeintliche kulturelle Rückständigkeit der muslimischen Zuwandererbevölkerung instrumentalisieren, mag man als doppelbödig oder sogar heuchlerisch kritisieren, ändert aber nichts an dem Sachverhalt. Was den Linkspopulismus betrifft, trifft die Charakterisierung als antipluralistisch noch viel weniger zu, steht dieser doch auch in der Zuwanderungs- und Migrationspolitik mehrheitlich für offene, liberale Positionen.

Die Entstehung und der große Zuspruch der rechtspopulistischen Parteienfamilie werden von der Wissenschaft vor allem darauf zurückgeführt, dass wertebezogene, gesellschafts- und identitätspolitische Fragen in der heutigen Gesellschaft gegenüber den klassischen verteilungsbezogenen Auseinandersetzungen an Bedeutung gewonnen hätten. Hier liegt eine wichtige Erklärung für die gewachsene Polarisierung. Wertekonflikte sind im Unterschied zu Verteilungskonflikten moralisch hoch aufgeladen und als vorletzte oder letzte »Wahrheitsfragen« nur bedingt kompromissfähig. In den USA lässt sich dieser Rigorismus etwa bei den militanten Abtreibungsgegnern beobachten, in Europa bei den »Skeptikern« der

Zuwanderung (und – neuerdings – bei den Verfechtern eines strengen Klimaschutzes). Wer in der Abtreibung einen Verstoß gegen das göttliche Recht sieht oder wer glaubt, dass ein Land sich durch die Zuwanderung aus fremden Kulturkreisen selbst »abschafft«, wird denen, die Abtreibungen zulassen und die Zuwanderung ermöglichen, wenig Toleranz entgegenbringen. Der politische Gegner gerät so leicht zum Feind, dem man die moralische Integrität und damit zugleich die demokratische Legitimität grundsätzlich abspricht. Ein solcher Feind gehört nicht nur bekämpft, sondern muss ausgeschaltet werden. Dafür sind dann auch undemokratische oder ungesetzliche Mittel recht.

Solange die Herausforderer in der Oppositionsrolle verharren und ihre Unterstützung eine bestimmte Schwelle nicht erreicht, mögen die demokratiefeindlichen Gesinnungen keine ernsthafte Bedrohung darstellen. Gelangen die Populisten jedoch selber an die Macht, könnten sie versucht sein, ihren autoritären Neigungen nachzugeben und die Außerkraftsetzung der demokratischen Spielregeln zu betreiben. Dass solche Befürchtungen keineswegs aus der Luft gegriffen sind, zeigen die Entwicklungen in Ungarn und Polen – immerhin beide Mitglieder der Europäischen Union. Um der Gefahr einer demokratischen Regression vorzubeugen, ist es deshalb wichtig, zum einen die Ursachen des populistischen Wählerprotests zu verstehen und durch entsprechende Gegenmaßnahmen anzugehen. Zum anderen gilt es, in der Auseinandersetzung mit den potenziellen Demokratiefeinden die richtigen Rezepte zu finden.

Gerade Letzteres birgt freilich ein schwieriges Dilemma. Denn grenzt man die Parteien oder Akteure, die auf dem Kriegsfuß mit bestimmten demokratischen Prinzipien stehen, allein deshalb aus dem politischen Diskurs aus, grenzt man ja nicht nur deren Wähler gleichzeitig aus, sondern auch diejenigen kritischen bis systemoppositionellen Positionen, die bei aller Zuspitzung und Übertreibung auf möglicherweise bedenkenswerten Argumenten beruhen. Der an die Adresse des linksliberalen Mainstream gerichtete Vorwurf, dass dieser seinerseits Denkverbote errichte und bestimmte Themen, Positionen oder Sprechweisen aus dem Meinungsstreit verbannt sehen möchte, hat durchaus Berechtigung. Das betrifft die Minderheitenpolitiken im Allgemeinen und die Migrationspolitik im Besonderen. Der deutsche Altbundespräsident Joachim Gauck dürfte mit seiner Forderung nach einer »Erweiterung der Toleranz in Richtung rechts« genau das gemeint haben – und nicht eine Verschiebung der Grenzlinien zwischen einem noch demokratiekonformen Populismus und einem systemfeindlichen Extremismus, die manche Kritiker in seinen Äußerungen anschließend erblicken wollten.

In der Auseinandersetzung mit dem Rechtspopulismus wird es vor allem darauf ankommen, diese Trennlinie zwischen legitimem politischen Meinungsstreit und Missachtung des demokratischen Werte- und Verfahrenskonsenses so zu ziehen, dass die Herausforderer es sich nicht ohne Not in einer Opferrolle bequem machen können. Nur so können die von den Populisten adressierten Probleme in ihrer tatsächlichen Substanz erkannt und politisch bearbeitet werden.

Neue Zürcher Zeitung vom 13. November 2019, S. 18.

Zur »Versozialwissenschaftlichung« der Politikwissenschaft

Im Dezember letzten Jahres hat die Deutsche Vereinigung für Politikwissenschaft (DVPW) eine Thementagung zu der Frage veranstaltet: Wie relevant ist die Politikwissenschaft? Das Fragezeichen am Ende des Titels signalisiert zum einen, dass hier unterschiedliche Positionen möglich sind, zum anderen kann es aber auch schlicht und einfach »Unsicherheit« bedeuten – Unsicherheit darüber, ob die Politikwissenschaft heute relevant ist. Nun begleitet die Frage nach ihrer gesellschaftlichen Bedeutung die Politikwissenschaft schon seit längerer Zeit. Schon Ende der 1990er Jahre haben eine Reihe von Politikwissenschaftlern wie zum Beispiel Kurt Sontheimer kritisiert, dass ihre Erkenntnisse zu einer Art Geheimwissen geworden seien, das lediglich die Spezialisten interessiere, jedoch nicht das allgemeine Publikum. Die Politikwissenschaft beeinflusse keine öffentlichkeitswirksamen Debatten. Was sie produziere, sei ohne Belang für die Gestaltung des politischen Lebens.

POLITIKUM: Herr Decker, Sie selbst haben in einem Artikel in der FAZ vor wenigen Jahren, zusammen mit Eckhard Jesse, die Politikwissenschaft »Ein Fach ohne Ausstrahlung« genannt. Können sie für unsere Leser_innen noch einmal ihre zentralen Thesen und ihre Hauptkritikpunkte darstellen?

FRANK DECKER: Unser Artikel ist damals von einigen als Kritik am wissenschaftlichen Nachwuchs und an der jüngeren Professorengeneration missverstanden worden. Das war ein gewolltes Missverständnis. Uns ging es vor allem um die Verengung von Forschungsinteressen, Themensetzungen und methodischen Herangehensweisen – hier liegt aus unserer Sicht der Hauptgrund, warum die Politikwissenschaft an öffentlicher Wirkung eingebüßt hat. Diese Verengung ist auch den Zwängen des Wissenschaftsbetriebs geschuldet, denen sich die Forscher_innen nicht ohne Weiteres entziehen können. Der Vorwurf richtet sich insofern eher gegen den grassierenden Drittmittelfetischismus an unseren Hochschulen und die Stilisierung von international sichtbaren Peer Review-Publikationen zu wissenschaftlichen Alleinstellungsmerkmalen.

Der Kollege Carlo Masala hat in einem Artikel in der Zeit wenig später die Politikwissenschaft als inhaltsleer und irrelevant bezeichnet. Würden Sie auch so weit gehen?

Ich würde es vielleicht etwas weniger pauschal formulieren und von einem Relevanzverlust sprechen. Dieser rührt daher, dass die Politikwissenschaft viele wichtige Themen und Problemstellungen, die sie eigentlich auf den Plan rufen müsste, ignoriert, weil sich deren Bearbeitung in der Währung des heutigen Wissenschaftssystems nicht auszahlt. Ein Kollege hat mir vor einigen Tagen berichtet, dass ihm ein Aufsatz zur bundesdeutschen Wahlrechtsreform von der »Politischen Vierteljahresschrift (PVS)« – dem Aushängeschild der Disziplin hierzulande – abgelehnt worden sei, weil darin die international vergleichende Perspektive fehle. Diese darzustellen war aber gar nicht seine Absicht. Solche falschen Anreizstrukturen führen dazu, dass das Fach inhaltlich verarmt und wir die besagten Themen ohne Not anderen Disziplinen – im genannten Beispiel etwa der Staatsrechtslehre – überlassen.

Der ehemalige Vorsitzende der Deutschen Vereinigung für Politikwissenschaft Ferdinand Müller-Rommel hält der Kritik entgegen, dass die deutsche Politikwissenschaft national und international recht gut aufgestellt sei. Unter anderem sei ihre Präsenz auf internationalen Kongressen und in international renommierten Peer Review-Journals beachtlich. Politikwissenschaft sei also durchaus ein Fach mit Ausstrahlung. Man könnte noch hinzufügen, dass die Politikwissenschaft bei Studierenden einen immer größer werdenden Zuspruch bekommt und die Zahl der Professor_innen im internationalen Vergleich hoch ist. Scheint Ihnen vor diesem Hintergrund die Sorge um den Einfluss der Disziplin nicht übertrieben?

Was die Nachfrage seitens der Studierenden und die Zahl der Professoren angeht, kann man dem schlecht widersprechen, wobei Quantität natürlich nicht immer gleich Qualität ist. Den ersten Teil der Aussage halte ich dagegen für falsch. Die Präsenz auf internationalen Kongressen und in angelsächsischen Journals beweist erst einmal nur, dass die deutschen Politikwissenschaftler Teil der weltweiten Fachgemeinde sind. Alles andere wäre ja auch merkwürdig für eine Disziplin, die die Internationalen

Beziehungen oder die vergleichende politische Systemforschung zu ihren Kernbereichen zählt. Auch die internationale Gemeinde zeichnet sich aber durch eine starke Binnenzentrierung und hochgradige Segmentierung aus – sie kreist vor allem um sich selbst. Die Fachzeitschriften, die immer spezialisierter werden, erreichen nur ein verschwindend kleines Publikum. Von »Ausstrahlung« zu sprechen, die ja schon vom Begriff her nach außen gerichtet sein müsste, scheint mir hier irreführend. Ich verstehe darunter die Sichtbarkeit und Wirkung des Faches in der politischen und medialen Öffentlichkeit. Die kann ich bei der deutschen Politikwissenschaft heute leider nur in Ansätzen entdecken.

Bei der Frage, wie die Politikwissenschaft in Gesellschaft und Politik wieder Relevanz gewinnen könnte, haben sie in ihrem Beitrag in der FAZ auch auf gegenläufige Tendenzen verwiesen, etwa darauf, dass die Universitäten heute stärkeren Wert auf öffentliche Wirksamkeit legten. Und tatsächlich sind doch gerade Politikwissenschaftler in den Medien, nicht zuletzt in Rundfunk und Fernsehen, sehr präsent. Steht das nicht in Widerspruch zu Ihrer These?

Politikwissenschaftler werden von den elektronischen Medien gerne eingeladen, um das Zeitgeschehen kommentierend einzuordnen. Besonders stark vertreten sind sie immer, wenn Wahlen oder Parteitage anstehen. Diese Präsenz ist freilich eine eher oberflächliche und flüchtige, sozusagen Tagesgeschäft. Ein Mehrwert gegenüber journalistischen Analysen lässt sich zudem häufig nicht erkennen – um es freundlich auszudrücken. Nachhaltige, prägende Wirkungen gehen davon jedenfalls nicht aus. Dasselbe gilt aus meiner Sicht für die Debatten, die im Internet und den sozialen Medien stattfinden und stärker von der jüngeren Wissenschaftlergeneration bestritten werden. Auch sie können ihre Wirkung nur im Zusammenspiel mit den überregionalen Qualitätszeitungen entfalten, denen in der traditionellen Medienöffentlichkeit nach wie vor eine Leitfunktion zukommt.

Sie sagen, dass sich die Politikwissenschaft zu wenig öffentlich an den »großen gesellschaftlichen Debatten« beteiligt und nennen als Beispiele Europa und die Flüchtlingskrise. Man könnte auch noch die Corona-Krise hinzufügen, wo sich, so mein Eindruck, die Politikwissenschaft wenig zu Wort gemeldet hat und eher – von den Virologen einmal abgesehen – Soziologen wie Armin Nassehi den Diskurs bestimmen. Worin sehen sie die Hauptursachen für diese Zurückhaltung?

Der Hauptgrund liegt in der eingangs erwähnten thematischen und methodischen Selbstbeschneidung. Die Politikwissenschaft wird heute von quantitativ-statistischen Forschungsansätzen dominiert. »Verstehende« Methoden, die auch die historischen und kulturellen Grundlagen der Politik in die Analysen einbeziehen und in unserem Fach lange Zeit einen festen Platz hatten, sind darüber immer mehr in den Hintergrund gedrängt worden – sie fristen nur noch ein Schattendasein. Wenn Sie sich aber anschauen, welche deutschen Politikwissenschaftler – leider sind es weniger Politikwissenschaftlerinnen – in den letzten Jahren und Jahrzehnten durchaus wirkmächtig in öffentliche Debatten eingegriffen haben – als erstes würde ich hier Herfried Münkler nennen, neben ihm aber auch Kollegen wie Peter Graf Kielmansegg, Eckhard Jesse, Claus Leggewie oder Franz Walter, die aus politisch ganz unterschiedlichen Richtungen kommen –, dann handelt es sich gerade nicht um die Vertreter des heutigen Mainstreams. Wer kann ihre Stafette weitertragen? Meine Befürchtung ist, dass eine Politikwissenschaft ohne historische Fundierung auch ihre politische und öffentliche Anschlussfähigkeit verliert.

Halten Sie denn die Erkenntnisse, die der von Ihnen so bezeichnete Mainstream der Politikwissenschaft mit seinen quantitativ-statistischen Methoden produziert, für durchweg belanglos?

Keineswegs. Es gibt Themen und Fragestellungen, die sich anders gar nicht bearbeiten lassen. Adressieren diese politisch relevante Probleme, die auch unter normativen Gesichtspunkten von Interesse sind, sollten sie sich eigentlich leicht in die Öffentlichkeit hinein vermitteln lassen – vorausgesetzt, die Wissenschaftler wollen und können dies. Letzteres setzt natürlich voraus, dass sie sich verständlich ausdrücken, was leider nicht jedem gegeben und von manchen nicht einmal beabsichtigt ist. Als Beispiel für einen gelungenen Transfer von statistisch gewonnenen Forschungsergebnissen in den letzten Jahren würde ich die Arbeiten von Armin Schäfer – dem derzeitigen Vorsitzenden der DVPW – zur wachsenden sozialen Ungleichheit der Wahlbeteiligung in der Bundesrepublik nennen, auch wenn die durch sie ausgelöste Debatte mit dem Aufstieg der AfD rasch zum Erliegen kam. Die positiven Beispiele können aber nicht darüber hinwegtäuschen, wie viele belanglose, nicht selten banale Erkenntnisse und methodische Selbstbeschäftigung der quantitative Ansatz produziert. Dennoch finden diese dankbare Abnehmer, vor allem in der PVS. Dort wurden zum Beispiel 2017 in einem Sonderteil zur bevorstehenden Bundestagswahl auf fünfzig Seiten Zusammenhänge aufgedeckt, die wir bis dahin allenfalls erahnt hatten, etwa der, dass die Wahlchancen einer Partei auch von der Popularität ihrer Spitzenkandidaten abhängen. Meine Frage an den Chefredakteur, ob der Zeitschrift keine gehaltvolleren Manuskriptangebote vorlägen, ließ dieser verständlicherweise an sich abprallen.

Gerade die Corona-Krise hat gezeigt, dass die Öffentlichkeit von der Wissenschaft eindeutige Aussagen erwartet und die Bürgerinnen und Bürger enttäuscht und verunsichert sind, wenn diese Erwartungen nicht erfüllt werden. Dass Wissenschaftler unterschiedliche Positionen haben, sich widersprechen und Konflikte austragen, irritiert. Es scheint, als gäbe es wenig Verständnis für die Funktionsbedingungen von Wissenschaft. Wäre es nicht auch Aufgabe der Politikwissenschaft, der Öffentlichkeit diese Funktionsbedingungen nahezubringen und deutlich zu machen, dass in Demokratien wie der Bundesrepublik nicht wissenschaftlich, sondern politisch entschieden wird?

In der Tat müssen wir uns heute auf etwas zurückbesinnen, was die deutsche Politikwissenschaft in den 1950er und 1960er Jahren stark ausgezeichnet hat, nämlich das Verständnis einer auch normativ angelegten Demokratiewissenschaft. Dass der demokratische Verfassungsstaat keine Selbstverständlichkeit ist, sondern gegen Anfeindungen von innen wie von außen immer wieder neu begründet, erklärt und verteidigt werden muss, haben die krisenhaften Entwicklungen seit den 2000er Jahren schmerzhaft vor Augen geführt. Auch hier könnte und müsste aus meiner Sicht die öffentliche Stimme der Politikwissenschaft im Vergleich zu Nachbardisziplinen wie der Geschichte, Soziologie und den Rechts- und Wirtschaftswissenschaften vernehmbarer sein, was nicht ausschließt, dass einzelne Autoren – ich nenne etwa Philip Manow, Wolfgang Merkel oder Jan-Werner Müller – wichtige Beiträge zur Aufklärung geleistet haben (und weiter leisten).

Der Politikwissenschaftler Wilhelm Bleek hat in seiner »Geschichte der Politikwissenschaft in Deutschland« geschrieben: Die Politikwissenschaft sei hierzulande immer dann stark gewesen, wenn sie dem Bildungsprinzip Vorrang eingeräumt habe. Man könnte dies konkretisieren durch die These, dass die Existenzberechtigung der Politikwissenschaft in der gesellschaftlichen

Vermittlung von Wissen über das Politische liegt und dass eine wichtige Aufgabe der Politikwissenschaft in der politischen Bildung liegt. Würden sie, Herr Decker, darin eine Möglichkeit für die Politikwissenschaft sehen, in Zukunft wieder mehr gesellschaftliche Relevanz zu gewinnen?

Dessen bin ich mir sogar ziemlich sicher. Es wird jedoch nur gelingen, wenn sich die Politikwissenschaft thematisch und methodisch wieder breiter ausrichtet. Wenn die historische Fundierung des Faches Voraussetzung für die politische und öffentliche Anschlussfähigkeit ist, gilt das erst recht für den Bildungsauftrag. Dass die Vermittlungswege im Zeitalter des Internets und der sozialen Netzwerke andere sind als früher, stellt dabei eine der zentralen Herausforderungen dar, der sich gerade die jüngere Wissenschaftlergeneration annehmen muss.

Wenn es Ziel der Politikwissenschaft sein müsste, sowohl wissenschaftlich anerkannt als auch öffentlich sichtbar zu sein, wie einige Kollegen in Auseinandersetzung mit ihrer Position geschrieben haben, benötigen wir dann nicht auch mehr Zeitschriften zwischen Massenmedien und Fachzeitschriften, die sich ausdrücklich dem Austausch zwischen Politikwissenschaft, Politik und Zivilgesellschaft widmen, Wissenschaft also verständlich für die Praxis aufbereiten?

Ja, aber dabei darf es eben nicht stehen bleiben. Wir benötigen dann auch ein System, das Beiträge in solchen Zeitschriften als wissenschaftliche Leistungen genauso prämiert wie die Einwerbung möglichst vieler Drittmittel oder die Publikation von begutachteten Artikeln in hoch gerankten Journals – dem vermeintlichen »Goldstandard«. Dasselbe gilt für Bücher, selbst wenn sie »nur« auf deutsch geschrieben sind. Gleichzeitig und damit zusammenhängend bedarf es einer Aufwertung der Lehre. Die alljährliche Auslobung von Dozentenpreisen kann deren faktische Geringschätzung im heutigen Unisystem nicht kaschieren. Diese lässt sich auch daran ablesen, dass die Reduktion der Lehrverpflichtung hierzulande geradezu als Erfolgsausweis von Hochschullehrern und Forschenden gilt, die damit für andere vermeintliche Leistungen, und sei es nur die eines »Rektoratsbeauftragten«, belohnt werden. Der Typus des »Gremienwissenschaftlers« war mir schon immer suspekt. Wer sich in der Lehre und bei der Betreuung der Studierenden engagiert, erntet dagegen oft nur ein mildes Lächeln.

Haben Sie die Hoffnung, dass Ihre Intervention etwas bewirkt und die deutsche Politikwissenschaft sich in der von Ihnen gewünschten Richtung verändern wird?

So wie in der Politik können auch in der Wissenschaft einzelne Persönlichkeiten einen Unterschied machen und Dinge bewegen, sei es weil sie innerhalb des Mainstreams herausragen oder weil sie erfolgreich gegen diesen anrudern. Für letzteres ist der schon erwähnte Franz Walter ein Beispiel, dessen 2010 mit Unterstützung des Landes Niedersachsen eingerichtetes Göttinger Demokratieinstitut sich durch seinen historischen Ansatz von der »etablierten« universitären Parteien- und politischen Kulturforschung bewusst absetzte und heute wohl gerade deshalb um seinen Fortbestand fürchten muss. Anzeichen dafür, dass die Fokussierung auf Drittmittelprojekte und Peer Review-Artikel nachlassen wird, sehe ich nicht. Damit dürfte auch die »Versozialwissenschaftlichung« der Politikwissenschaft voranschreiten, die ihrem Relevanzverlust – wie beschrieben – maßgeblich zugrunde liegt. Trotzdem möchte ich nicht zu pessimistisch sein. Unter den Fachvertretern wird es weiterhin Außenseiter geben, die sich dem sozialwissenschaftlichen Trend widersetzen. Und innerhalb des Mainstreams gewinnen in Zukunft vielleicht doch die vernünftigen Stimmen die Oberhand, die anstelle einer ausschließlich wissenschaftlichen Orientierung zugleich die Brückenfunktion des Faches betonen.

Politikum 6 (2020) H. 4, S. 18–21.

Personenregister

Abels, Gabriele 306
Adenauer, Konrad 102, 151, 191, 213, 304
Albrecht, Ernst 75
Al-Wazir, Tarek 203

Baerbock, Annalena 97, 204 f., 218, 223, 227 f., 241, 243
Bannon, Steve 285
Barroso, José Manuel 252
Beck, Kurt 34 f., 147, 155
Beck, Ulrich 78
Benz, Arthur 308
Berlusconi, Silvio 158
Bethke, Hannah 239 ff., 299
Beyme, Klaus von 306, 309
Bleek, Wilhelm 322
Bouricius, Terrill 43
Bouffier, Volker 240
Brandt, Willy 75, 107 f., 151, 213, 231
Braun, Stephan 21
Buchstein, Hubertus 43

Cameron, David 269, 277
Chrupalla, Tino 234
Clinton, Bill 99 f.
Cohn, Berthold 301
Collier, Paul 185
Conte, Giuseppe 283
Crouch, Colin 51

Dahrendorf, Ralf 180
Decker, Frank 8, 14, 239, 318 ff., 323
Dienel, Peter C. 93
Di Fabio, Udo 308
Dowlen, Oliver 43

Eisfeld, Rainer 299
Erhard, Ludwig 213
Erler, Gisela 92
Eschenburg, Theodor 32, 75, 299 ff.
Esken, Saskia 216, 237

Fahimi, Yasmin 56
Falter, Jürgen W. 307
Feld, Lars 247 f., 250
Fishkin, James 43
Fortuyn, Pim 120, 158, 271

Gabriel, Sigmar 134, 151, 156 f., 174
Gauck, Joachim 316
Gauland, Alexander 161, 169, 194, 270
Geisler, Alexander 21
Geißler, Heiner 20
Geywitz, Klara 216
Goodwyn, Lawrence 158
Göring-Eckardt, Katrin 218
Grimm, Dieter 263
Grotz, Florian 247
Guttenberg, Karl-Theodor zu 144
Gysi, Gregor 125

Habeck, Robert 186, 204 f., 210, 223
Habermas, Jürgen 131, 210, 267, 306, 308
Haftendorn, Helga 306
Haider, Jörg 119, 121, 124, 158
Hamilton, Alexander 99 f.
Hennis, Wilhelm 32, 306
Hitler, Adolf 118, 266
Höcke, Björn 107 f.
Hofreiter, Anton 218
Huber, Peter Michael 293

Jesse, Eckhard 7, 306, 318, 321
Johnson, Lyndon B. 100
Juncker, Jean-Claude 253, 257, 278, 286

Kemmerich, Thomas 73, 107 f., 197, 209, 215
Kielmansegg, Peter Graf 306, 309, 321
Klöckner, Julia 163
Köhler, Horst 144
Kohl, Helmut 101 f., 123, 188 f., 191, 315
Koopmans, Ruud 126
Kraft, Hannelore 147, 154
Kramp-Karrenbauer, Annegret 214 f., 240
Kretschmann, Winfried 163, 218
Kühnert, Kevin 216, 237
Künast, Renate 134

Lafontaine, Oskar 124 f., 129, 181, 240
Lammert, Norbert 29, 39, 46, 63
Landfried, Christine 307
Laschet, Armin 214, 219, 227 ff., 236, 239 ff.
Lauterbach, Karl 219
Leggewie, Claus 321
Lehmbruch, Gerhard 306 f., 309
Le Pen, Jean-Marie 121, 158
Le Pen, Marine 268, 270, 315
Lewandowsky, Marcel 14
Leyen, Ursula von der 144, 287
Lincoln, Abraham 41
Lindner, Christian 207, 209, 212, 217, 224, 242, 244
Lipset, Seymour M. 129
Lohse, Eckart 153
Lucke, Bernd 130, 159, 161, 169

Maaßen, Hans-Georg 216
Macron, Emmanuel 177, 284, 286 f.
Manow, Philip 322

Masala, Carlo 319
May, Theresa 277
Mayer, Franz 293
Merkel, Angela 8, 87, 101 f., 123, 130 f., 135, 139 f., 143 ff., 152, 157, 159, 167, 169 f., 173, 191 ff., 203 f., 206, 210, 213 ff., 221, 223 ff., 227, 229 f., 231, 240, 242, 252 f., 255, 276
Merkel, Wolfgang 309, 322
Merz, Friedrich 193, 214
Meuthen, Jörg 161, 234
Milbradt, Georg 74
Möllemann, Jürgen W. 123, 127, 209
Müller, Jan-Werner 322
Müller-Rommel, Ferdinand 319
Müntefering, Franz 147
Mützenich, Rolf 237

Nahles, Andrea 178, 216
Nassehi, Armin 320
Nawalny, Alexej 222, 225
Nixon, Richard 99
Nohlen, Dieter 306
Nüßlein, Georg 88

Obama, Barack 99 f.
Offe, Claus 299, 304
Orbán, Viktor 285

Patzelt, Werner J. 66
Petry, Frauke 161
Pitkin, Hanna F. 49, 93
Pukelsheim, Friedrich 47
Putin, Wladimir 222, 270

Ramelow, Bodo 66, 74 f., 107, 109, 197, 200 ff.
Reagan, Ronald 99 f.
Renner, Viktor 301

Reybrouck, David Van 41 ff.
Rittinghausen, Moritz 59 f.
Röttgen, Norbert 214
Rohwer, Lars 110
Roosevelt, Franklin D. 99
Roth, Claudia 134
Rosanvallon, Pierre 15
Rüstow, Alexander 300
Ruhose, Fedor 84, 196

Salvini, Matteo 285
Sarrazin, Thilo 120, 124, 128, 159
Schäfer, Armin 50, 321
Schäuble, Wolfgang 64, 93, 240, 259
Scharpf, Fritz W. 129, 308 f.
Scheuer, Andreas 188
Schill, Ronald B. 121, 124, 127, 161
Schmid, Carlo 301
Schmidt, Helmut 151, 213, 315
Schmidt, Manfred G. 48, 309
Schönhuber, Franz 121
Scholz, Olaf 156, 204, 216 f., 220, 222 ff., 227 f., 237, 240, 242
Schröder, Gerhard 37, 89, 164, 180, 187, 191, 193, 232, 236, 240
Schulz, Martin 170, 173 f., 176, 178, 223, 252 f., 257, 286
Schwarz, Hans-Peter 306
Seehofer, Horst 215
Simonis, Heide 74
Sintomer, Yves 43
Söder, Markus 189, 219, 227, 239 f.
Solar, Marcel 14
Sontheimer, Kurt 318
Spahn, Jens 89, 214
Steinbrück, Peer 134, 144, 174
Steinmeier, Frank-Walter 147, 178, 239
Storch, Beatrix von 159
Strauß, Franz Josef 188 f., 192, 315

Streeck, Wolfgang 129, 308
Stresemann, Gustav 300
Sturm, Roland 309

Thunberg, Greta 218
Timmermans, Frans 286
Trittin, Jürgen 134, 146
Trump, Donald J. 99 f., 166, 173, 270, 285
Tsipras, Alexis 276, 283

Vogel, Johannes 208
Voßkuhle, Andreas 293

Wagenknecht, Sahra 235
Walter, Franz 309, 321, 324
Walter-Borjans, Norbert 216, 237
Washington, George 99
Weber, Manfred 284, 286 f.
Wehner, Herbert 107, 151
Wehner, Markus 153
Weidel, Alice 234
Wilders, Geert 260, 268, 271, 315
Wissing, Volker 163, 211, 226
Wohlgemuth, Michael 247 f., 250
Wolf, Guido 163
Wulff, Christian 144

Ypsilanti, Andrea 34, 147, 155

Zürn, Michael 306, 309

DIETZ & *DAS*
Der Podcast zu Politik, Gesellschaft und Geschichte aus dem Dietz-Verlag

Unsere Autor*innen stellen hier ihre neuen Bücher vor und diskutieren über politische und gesellschaftliche Themen – informativ, unterhaltsam, inspirierend!

Zum Anhören auf Spotify, iTunes und allen Podcast-Plattformen sowie auf www.dietz-verlag.de